ଧ୍ୟାନ ବୁଦ୍ଧତ୍ୱର ବିଜ୍ଞାନ

ଧ୍ୟାନ ବୁଦ୍ଧତ୍ୱର ବିଜ୍ଞାନ

ଆଚାର୍ଯ୍ୟ ସ୍ୱାମୀ ଜଗନ୍ନାଥ

ବ୍ଲାକ୍ ଇଗଲ୍ ବୁକ୍ସ
ଭୁବନେଶ୍ୱର, ଓଡ଼ିଶା

BLACK EAGLE BOOKS
Dublin, USA

ଧ୍ୟାନ ବୁଦ୍ଧତ୍ୱର ବିଜ୍ଞାନ / ଆଚାର୍ଯ୍ୟ ସ୍ୱାମୀ ଜଗନ୍ନାଥ

ବ୍ଲାକ୍ ଈଗଲ୍ ବୁକ୍ସ : ଭୁବନେଶ୍ୱର, ଓଡ଼ିଶା • ଡବ୍ଲିନ୍, ଯୁକ୍ତରାଷ୍ଟ୍ର ଆମେରିକା

BLACK EAGLE BOOKS

USA address:
7464 Wisdom Lane
Dublin, OH 43016

India address:
E/312, Trident Galaxy, Kalinga Nagar,
Bhubaneswar-751003, Odisha, India

E-mail: info@blackeaglebooks.org
Website: www.blackeaglebooks.org

First International Edition Published by
BLACK EAGLE BOOKS, 2023

DHYANA BUDHATWARA BIGYAN
by **Acharya Swami Jagannath**

Copyright © **Acharya Swami Jagannath**

All rights reserved. No part of this publication may be reproduced, stored in a retrieval system, or transmitted, in any form or by any means, electronic, mechanical, photocopying, recording or otherwise without the prior permission of the publisher.

Cover & Interior Design: Ezy's Publication

ISBN- 978-1-64560-437-2 (Paperback)

Printed in the United States of America

ନିଶବ୍ଦରୁ ପଦେ....

ବୁଦ୍ଧତ୍ୱ ପ୍ରତ୍ୟେକ ବ୍ୟକ୍ତିର ସମ୍ଭାବନା

ଗୌତମ ସିଦ୍ଧାର୍ଥ ପରମ ସତ୍ୟକୁ ଜାଣିଲେ ଓ ବୁଦ୍ଧ ହେଲେ। ବର୍ଦ୍ଧମାନ ଯେବେ ସତ୍ୟକୁ ଜାଣିଲେ, ତାଙ୍କୁ ମହାବୀର କୁହାଗଲା। ସେହିପରି ରଜନୀଶ ଯେବେ ସତ୍ୟକୁ ସାକ୍ଷାତ କଲେ, ତାଙ୍କୁ ଓଶୋ କୁହାଗଲା। ତେଣୁ ବୁଦ୍ଧତ୍ୱ ପ୍ରତ୍ୟେକ ବ୍ୟକ୍ତିର ସମ୍ଭାବନା। ସ୍ୱୟଂର ସତ୍ତାକୁ ଜାଣିବା, ମାନବର ଜନ୍ମଗତ ଅଧିକାର। ନିଜ ବ୍ୟତୀତ କେହି ଜମିଦାରୀ ନୁହଁନ୍ତି। ତେବେ ଆଧ୍ୟାତ୍ମ ଯାତ୍ରା ହିଁ ବ୍ୟକ୍ତିଗତ ଓ ଏକାନ୍ତର ଯାତ୍ରା। କିନ୍ତୁ ସେହି ପରମ ସତ୍ୟକୁ ବାହାରୁ, ମାଧ୍ୟମରୁ, ବିଜ୍ଞାନରୁ, ଶ୍ରମରୁ, ଦାନରୁ ଓ ଆଶ୍ରିପାଦରୁ ମିଳିନଥାଏ। ଯେତେ କ୍ରିୟାକାଣ୍ଡ, ଜପତପ, ସ୍ନାନ ଗମନ, ଭଜନ ଅର୍ଚ୍ଚନ, ଦାନ ଅନୁଷ୍ଠାନ, ଯଜ୍ଞ ହବନ, ଗୀତା ବେଦ ପଠନ ଓ ଆସନ ପ୍ରାଣାୟାମ କର, କିଛି ବାଟ ନେବ, କିନ୍ତୁ ପହଞ୍ଚାଇ ପାରିବ ନାହିଁ। ତେଣୁ ବୁଦ୍ଧତ୍ୱର ସ୍ୱାଦୁ ପାଇଁ, ପ୍ରାର୍ଥନା ସହିତ ସାଧନା ଜରୁରୀ। ଯେଉଁ ସହଜ ସାଧନାର ଉଦ୍‌ଗମ ଶୂନ୍ୟତା। ସେହି ଶୂନ୍ୟ ବିଚାର ସ୍ୱୟଂର ନିଶ୍ଚିନ୍ତତାରେ ପହଞ୍ଚାଇ ଦେବ। ଏହି ତ ପରମବୋଧର ପରିଭାଷା।

ତେବେ ଯାହା ପାଇବାର ଯୋଗ୍ୟ, ତାହା ନିଜ ଭିତରେ ମହଜୁଦ ଥାଏ। ଏହା ଅସ୍ତିତ୍ୱର ଅନୁକମ୍ପାର ଏକ ସ୍ୱତନ୍ତ୍ର ବ୍ୟବସ୍ଥା। ସେହି ଅମୂଲ୍ୟଧନ ଯାହାକୁ ପରମନାଦ, ପରମ ପ୍ରକାଶ, ଅମୃତ, ଆନନ୍ଦ,

ପ୍ରେମ, ଶାନ୍ତି, ବିଶ୍ରାମ, ମୁକ୍ତି ବା ମୋକ୍ଷ କହିପାରନ୍ତି। ସେହି ସବୁକୁ ପାଇବାକୁ ସମସ୍ତ ମଣିଷ ଯୋଗ୍ୟ ଓ ସମର୍ଥ। କିନ୍ତୁ ନିଜର ଅଜ୍ଞାନତା ପାଇଁ, ମଣିଷ ପରମାତ୍ମା ବା ପରମ ଊର୍ଜାକୁ ବାହାର ଜଗତରୁ ଖୋଜୁଛି। ଆନନ୍ଦ, ଅମୃତ, ଜ୍ଞାନ, ଧ୍ୟାନ ଓ ପରମାତ୍ମା ବାହାରୁ, ପ୍ରୟାସରୁ ମିଳିଯିବ ତାଙ୍କର ଧାରଣା।

ତେବେ ପରମାତ୍ମା କୁହ ବା ସତ୍ୟ, ଭଗବାନ କୁହ ବା ଭଗବତ୍ତା, ତାକୁ କେହି ବାହାରୁ ପାଇଛନ୍ତି ନା ପାଇବେ ? ଯଦି କେହି କେବେ ପାଇଥାଆନ୍ତି, ସେ ପ୍ରାର୍ଥନା ଓ ସାଧନା ଉଭୟର ମିଳିତ ପ୍ରସାଦରୁ ଅବଶ୍ୟ ପାଇଥିବେ।

ବୁଦ୍ଧତ୍ୱ ଆମର ସ୍ୱଭାବ।

Enlightenment is our Reality. Every one can realise it provided he does Right Meditation & Right Love. ସେହି ବୁଦ୍ଧତ୍ୱର ବିଜ୍ଞାନ ସମ୍ୟକ ଧ୍ୟାନ ଓ ସମ୍ୟକ ପ୍ରେମ।

ସମ୍ୟକ ଧ୍ୟାନ - ଶୂନ୍ୟ ବିଚାର।

ସମ୍ୟକ ପ୍ରେମ - ଶୂନ୍ୟ ବାସନା।

ଏହି ଦୁଇଟିର ଉପଯୋଗରୁ ଶୂନ୍ୟ ବିଜ୍ଞାନର ଜନ୍ମ। ଯାହାକୁ Science of Emptiness କହନ୍ତି, ସନ୍ଥ।

ଶୂନ୍ୟ ବିଚାର ହିଁ ଆତ୍ମ ଜ୍ଞାନର ଉଦ୍‌ଗମ, ଯାହାକୁ ଧ୍ୟାନ ବା ଅସ୍ତିତ୍ୱର ପରମ ଧ୍ୱନିକୁ ଶ୍ରବଣ କରିଥାନ୍ତି, ଅନୁଭବୀ। ସେହି ଏକା ବହୁମୂଲ୍ୟ ଘଟଣା। ଅତି ଆବଶ୍ୟକ, ଶୃଙ୍ଖଳା, ଶାନ୍ତି ଓ ସମାଧି ପାଇଁ। ତେବେ ଧ୍ୟାନରୁ ସମାଧି, ସମାଧିରୁ ସମ୍ବୋଧି (Enlightenment) ଉପଲବ୍ଧି ସମ୍ଭବ। ଯାହାକୁ ଯୋଗର ଶିଖର ଓ ଅସ୍ତିତ୍ୱର ଅନ୍ତିମ ପ୍ରସାଦ କହିଥାନ୍ତି।

ସେହି ବୁଦ୍ଧତ୍ୱ ଆମର ଚେତନାର କମଳ। (Flowering of Consciousness) କହନ୍ତି। ବ୍ୟକ୍ତିଗତ ଚେତନା ଯେବେ ବ୍ରହ୍ମ ଚୈତନ୍ୟ, ବା Cosmic Consciousness ସହିତ ମିଶି ଏକାକାର ହୁଏ, ତା'ରି ସୁଗନ୍ଧ ଧରିତ୍ରୀରେ ଅଦିନ ବସନ୍ତ ଆଣେ।

ସନ୍ଥ କହନ୍ତି, ଯେବେ କେହି ଆମ ଭିତରୁ ଉପଲବ୍ଧି ପାଏ, ତାହା ଅସ୍ତିତ୍ୱର ଅନୁଦାନ ଜଗତବାସୀଙ୍କ ପାଇଁ। ତେଣୁ ସହଜ, ଜାଗୃତ, ଶାନ୍ତ ହୋଇ ପରମ ବିଶ୍ରାମ ପାଇବା ସମସ୍ତଙ୍କର ଅଧିକାର। କିନ୍ତୁ ସମ୍ୟକ ଧ୍ୟାନ ଓ ସମାଧି ଯାତ୍ରାରେ ପାଦ ଦେବା ଅତି ଜରୁରୀ।

ସଂବୋଧି ବାସ୍ତବିକ ସମ୍ପଦ। ତାକୁ ଆବିଷ୍କାର କରିବାର କ୍ଷମତା ସମସ୍ତଙ୍କର ଅଛି। କେବଳ ସମ୍ୟକ ଶ୍ରମ, ଶୁଦ୍ଧ ଶ୍ରଦ୍ଧା ଓ ଅନ୍ତର ଶ୍ରବଣ କଲେ ଯଥେଷ୍ଟ ହେବ।

ମନୁଷ୍ୟ ଜାତିର ଇତିହାସରେ ଆଗାମୀ ବର୍ଷ ବହୁତ ମହତ୍ତ୍ୱପୂର୍ଣ୍ଣ। ଯଦି ବଡ ଧରଣର ସମ୍ୟକ ଧ୍ୟାନର ଜାଗରଣ ସୁରୁ ନହୁଏ, କୋଟି କୋଟି ଲୋକ ଭୌତିକବାଦର ମହାଗର୍ଭରେ ପଡିବା ସୁନିଶ୍ଚିତ, ଯାହାକୁ କେହି ବଞ୍ଚାଇ ପାରିବେ ନାହିଁ। କେବଳ ବଞ୍ଚିବାର ଓ ବଞ୍ଚାଇବାର ଗୋଟିଏ ରାସ୍ତା ଆତ୍ମ ଜାଗରଣ। ତାହା ପାଇଁ ଏକ ସମ୍ୟକ ଓ ନିଶୁଳ୍କ ଧ୍ୟାନ ଅଭିଯାନରେ ଯୋଗଦାନ ଦେଇ, ସଂବୁଦ୍ଧ, ସମ୍ପୂର୍ଣ୍ଣ ଓ ସମାଧିସ୍ଥ ହୁଅନ୍ତୁ। ସେହି ପରିପ୍ରେକ୍ଷୀରେ ସମସ୍ତ ଦୃଶ୍ୟସ୍ଥ ଓ ଅଦୃଶ୍ୟସ୍ଥ ଆତ୍ମାଙ୍କୁ ବିନମ୍ର ପ୍ରଣତି। ସେହି ପରମ ଆବଶ୍ୟକତାରୁ ଉଦୟ ଏକ ଆମନ୍ତ୍ରଣ, ଯେଉଁ ଜାଗରଣର ସନ୍ଦେଶରୁ ଜନ୍ମ ନେଲା "ଧ୍ୟାନ ବୁଦ୍ଧତ୍ୱର ବିଜ୍ଞାନ"।

- ଆଚାର୍ଯ୍ୟ ସ୍ୱାମୀ ଜଗନ୍ନାଥ

ଓଶୋ ଜୀବନ ଜାଗୃତୀ କେନ୍ଦ୍ର, ପୁରୀ

ସୂଚୀ ସନ୍ଦେଶ

ଧ୍ୟାନ କ'ଣ ବୁଦ୍ଧିତ୍ୱର ବିଜ୍ଞାନ	୧୧
ଧ୍ୟାନ ପ୍ରଭୁଙ୍କ ଦ୍ୱାର	୧୪
ଜୀବନ ଏକ ଜାହାଜ	୧୫
ପ୍ରେମ କୁଂଚୀ ଓ ଜ୍ଞାନ ତାଲା	୧୭
ଜୀବନର ପ୍ରଥମ ଶିକ୍ଷା	୧୯
ସମାଜରେ ଏତେ ହିଂସା କାହିଁକି ?	୨୧
ବାସ୍ତବିକ ଜ୍ଞାନ କ'ଣ ?	୨୬
ଅସଲି ଭିକାରୀ କିଏ ?	୨୮
ଧର୍ମର ଆଢୁଆଳରେ ଅଧର୍ମ	୩୦
ମଣିଷ ସ୍ୱୟଂ ସମ୍ବନ୍ଧିତ ପ୍ରଶ୍ନ- କେବେ ନିଜକୁ ପଚାରେ କି ?	୩୨
କ'ଣ ଜୀବନ ଅନ୍ଧକାରରେ ବୁଡିଯିବ ?	୩୪
ଜୀବନ ପ୍ରତି ହୋଷ ଜରୁରୀ	୩୭
ଆତ୍ମ ପରିଚୟ	୪୦
ଜୀବନ ଅର୍ଥହୀନ କାହିଁକି ଲାଗେ ?	୪୩
ଅଭିଯୋଗ ପୂର୍ଣ୍ଣ ଚିତ୍ତ	୪୭
ପାଗଳାମୀ କ'ଣ ଧାର୍ମିକତା ?	୪୯
ଆଜି ମନୁଷ୍ୟ କାହିଁକି ଜୀବିତ ଥାଇକି ମରୁଛି କାହିଁକି ?	୫୧
ଆତ୍ମ ନିର୍ମାଣର କଳା	୫୧
ଅନ୍ତର ଶଙ୍ଖଧ୍ୱନିରୁ ଧ୍ୟାନ	୫୬
ଧ୍ୟାନର ଦ୍ୱାର ଅଷ୍ଟାଙ୍ଗିକ୍ ମାର୍ଗ	୬୨
ଅଷ୍ଟାଙ୍ଗିକ୍ ମାର୍ଗର ବିଜ୍ଞାନ	୬୭
ଧ୍ୟାନ ହିଁ ଦୁଃଖରୁ ମୁକ୍ତିର ଉପାୟ	୭୨
ଧ୍ୟାନ, ଜୀବନର ଏକ ଆଧାରଭୂତ ନିୟମ	୭୬
ଏକାନ୍ତ ଓ ଧ୍ୟାନ	୭୮
ଧ୍ୟାନ, ଜାଗୃତ ମୃତ୍ୟୁ	୮୧
ଜୀବନ ମନ୍ଦିର ମୃତ୍ୟୁର ଦ୍ୱାର	୮୩
କାମନା ଓ ହୋଷ ସାଧନା	୮୫
ସାକ୍ଷୀ ଓ ଧ୍ୟାନ	୮୭
ଧ୍ୟାନର ୩ ଚରଣ ପ୍ରଜ୍ଞା	୯୦

ସ୍ତ୍ରୀର ରହସ୍ୟ ଓ ଧ୍ୟାନ	୯୩
ସାକ୍ଷୀଭାବ ପରମ ସୂତ୍ର	୯୮
ଦୁଃଖରୁ ଦର୍ଶନ	୧୦୦
ସମାଜରୁ ଭୟ, ଭୟରୁ ମୁକ୍ତି ଧ୍ୟାନ	୧୦୧
ଭୟରୁ ଅଭୟକୁ ଗତି	୧୦୪
ବୃଦ୍ଧ ଅବସ୍ଥାରେ ଭୟ	୧୦୬
ସାହସ ଧର୍ମ ଓ ଅଧର୍ମ	୧୦୮
ଦୁଃଖ ଓ ସୁଖ ସବୁଠାରୁ ବଡ଼ ଭୟ	୧୧୦
ଧ୍ୟାନ ମନ୍ଦିରର ବୈଜ୍ଞାନିକତା	୧୧୩
ଧ୍ୟାନର ବୈଜ୍ଞାନିକ ଉପଯୋଗ	୧୧୯
ଭୟ ନୁହେଁ, ପ୍ରେମ ଦ୍ଵାରା କ୍ରାନ୍ତି	୧୨୩
ଶିକ୍ଷା କ୍ରାନ୍ତିର ମୂଳ, ଧ୍ୟାନ	୧୨୮
ଧ୍ୟାନର ଔଚିତ୍ୟ	୧୩୨
ଭଜ ଗୋବିନ୍ଦଂ, ଭଜ ଗୋବିନ୍ଦଂ, ଭଜ ଗୋବିନ୍ଦଂ, ମୂଢ଼ ମତେ	୧୩୪
କୁଣ୍ଡଳିନୀ ଜାଗରଣରେ ବିପଦ	୧୩୭
ଅପ୍ରମାଦ, ପଞ୍ଚବ୍ରତର ମୁଖ୍ୟ ସାଧନା	୧୩୯
ଅପ୍ରମାଦ ସାଧନାର ୩ ପାହାଚ	୧୪୩
ବିପାସନା, ଧ୍ୟାନର ଜଗତରେ	୧୪୬
ଶୁଷ୍କ ପ୍ରେମର ଅକୁହା କଥା	୧୪୯
ବିରାଟ ପ୍ରେମରେ ଯୋଡ଼ିଯାଅ	୧୫୩
ଧ୍ୟାନରୁ ଧ୍ୱନି, ପ୍ରକାଶିତ ପ୍ରଭାତ	୧୫୮
ଧ୍ୟାନରୁ ନିର୍ବାଣ	୧୬୧
ଧ୍ୟାନର ଜଗତରେ ନିର୍ବାଣ	୧୬୫
ଧ୍ୟାନରୁ ଦିବ୍ୟ ଅନୁଭୂତି	୧୬୯
ଧ୍ୟାନରୁ ବ୍ରହ୍ମ ଜ୍ଞାନ	୧୭୩
ଧ୍ୟାନ, ଧର୍ମର ମୂଳ	୧୭୫
ସାକ୍ଷୀ, ସବୁ ଯୋଗର ସାର	୧୮୧
ଧ୍ୟାନ ଅନ୍ତିମ ଅନୁଭବ	୧୮୪
ଧ୍ୟାନ ଅନ୍ତିମ ପ୍ରତୀକ୍ଷା, ଅଭୟର ବିଜ୍ଞାନ	୧୮୮
ଅନ୍ତିମ ସତ୍ୟ ଧ୍ୟାନ	୧୯୧
ଧ୍ୟାନରୁ ଭକ୍ତି, ଭକ୍ତି ହିଁ ଅହୋଭାବ	୧୯୪
ଆୟୋଜନ ଅନେକ, ପ୍ରୟୋଜନ ଏକ	୧୯୭

ଧ୍ୟାନ କ'ଣ ବୁଦ୍ଧତ୍ୱର ବିଜ୍ଞାନ ?

ଧ୍ୟାନ, ପରମଊର୍ଜା ଅନୁଭବର ବ୍ୟବସ୍ଥା। ଅସ୍ତିତ୍ୱକୁ ବା ପରମାତ୍ମାଙ୍କୁ ଉପଲବ୍ଧିର ବିଜ୍ଞାନ। ସ୍ୱୟଂ ଭିତରୁ ବିରାଟ ଊର୍ଜାର ଅନୁଭବ, ଯେପରି ପ୍ରେମ ଅନ୍ୟ ଭିତରେ ପରମାତ୍ମାଙ୍କୁ ଦେଖିବାର ରାସ୍ତା। ସନ୍ଥ କହନ୍ତି, ଧ୍ୟାନ ଅସ୍ତିତ୍ୱକୁ ସ୍ମରଣ ଯାହା ଭାରତୀୟ ଋଷିଙ୍କର ସର୍ଜନା। ଧ୍ୟାନ ଏକ ସହଜ ଅବିଷ୍କାର। ଭଗବାନ ଶିବ, ଯେ କି ଧରିତ୍ରୀର ୧ମ ବୁଦ୍ଧପୁରୁଷ, ତାଙ୍କରି ଅବଦାନ ଧ୍ୱନି ଶ୍ରବଣ, ଯାହାର ଅନ୍ୟନାମ ଧ୍ୟାନ। ଧ୍ୱନି ଅସ୍ତିତ୍ୱର ଧଡକନ, ବା Heart Beating of Existence। ଆତ୍ମ ପରିଚୟର ବ୍ରହ୍ମରହସ୍ୟ, ଯାହାର ଚାବି, ଏକ ଓଁକାର ସତ୍‌ନାମ ଓ ବୁଦ୍ଧତ୍ୱର ବିଜ୍ଞାନ କହନ୍ତି, ସନ୍ଥ। ବୁଦ୍ଧତ୍ୱ ଚେତନାର କମଳ। (Flowering of Consciousness) ବିରାଟ ଊର୍ଜା (ଚେତନା)କୁ ଅସ୍ତିତ୍ୱମୟ କରିବାର ବ୍ରହ୍ମରହସ୍ୟ। ଯା'ର ଉଦ୍‌ଗମ- ଧ୍ୟାନ ଓ ଗନ୍ତବ୍ୟ ସମାଧି, ସବୁ ବ୍ୟାଧିର ମହୋଷଧି ଓ ସବୁ ସମସ୍ୟାର ସମାଧାନ। ସେହି ପରମ ଆତ୍ମ ଯାତ୍ରାର ପ୍ରସ୍ତୁତି ପର୍ବର ନାମ ଧ୍ୟାନ, ତା'ରି ଅନ୍ୟ ପରିଭାଷା ଧ୍ୱନି ଶ୍ରବଣ।

ବିଶ୍ୱରେ ବହୁଧର୍ମ ଓ ଧର୍ମର ଧାରା ବିକଶିତ ହେଲେ ମଧ, ସବୁ ସ୍ତରରେ ମତଭେଦ ଦେଖାଯିବା ଏକ ପ୍ରାକୃତିକ ବ୍ୟବସ୍ଥା। କିନ୍ତୁ ପରମ ନାଦ ବା ଓଁକାର ଉପରେ କୌଣସି ମତଭେଦ ନାହିଁ। ତେଣୁ ଏହା ଏକ ନିର୍ବିବାଦୀୟ ପରମ ଜ୍ଞାନ। ତେବେ ପରମଜ୍ଞାନୀ ଅନୁଭବୀ ସନ୍ଥ କହିଥାନ୍ତି, ଅନେକ ପରିଭାଷିକ ଶବଦ। କିନ୍ତୁ ସଭିଙ୍କର ଗନ୍ତବ୍ୟ ନିଷାନା କରେ ଓଁକାରକୁ। ତା'ରି ଭିତରେ ପୁରା ଆଧାତ୍ମ ଛପି ରହିଛି।

ଆତ୍ମାର ବା ସ୍ୱୟଂ ସ୍ୱଭାବର ପିରଚୟ ପାଇବା ସମସ୍ତ ମନୁଷ୍ୟର ଜନ୍ମଗତ ଅଧିକାର। ସେହି ଅନ୍ତର ଯାତ୍ରାର ପ୍ରସ୍ତୁତି ପର୍ବର ଅନ୍ୟନାମ ଧ୍ୟାନ। ଆଜି ପର୍ଯ୍ୟନ୍ତ, ବିଶ୍ୱବ୍ୟାପୀ କ୍ରାନ୍ତୀକାରୀ ଆତ୍ମ ଅଭିଯାନର ମୂଳ ରହସ୍ୟ, ଧ୍ୟାନର ଉପଲବ୍ଧି। ଧ୍ୟାନ, ମଣିଷର ଅନ୍ତର ସର୍ତ୍ତା। ଜୀବନ ଯାତ୍ରାକୁ ସହଜ, ଶୃଙ୍ଖଳ ଓ ସମ୍ପୂର୍ଣ୍ଣ କରାଇବାର ପରମ ଉପାୟ।

ତା'ରି ଅଭ୍ୟାସ ବଳରେ, ଜଣେ ମାନବର ବାହାର ଓ ଭିତର ଜଗତରେ ଶାନ୍ତି ଓ ଶୂନ୍ୟତା ଆସିଯିବ। ସେହି ଶୂନ୍ୟ ଦର୍ଶନ ହିଁ ଧ୍ୟାନ ପର୍ବର ଗହୀରା ସନ୍ଦେଶ।

ଶୂନ୍ୟତାର ଅର୍ଥ ଯେଉଁଠି ବିଚାର, ବିଷୟ, ଆଶା, ଆକାଂକ୍ଷା ଓ ଲକ୍ଷ୍ୟ ନଥାଏ। କେବଳ ସହଜ, ଶାନ୍ତ, ଶ୍ରବଣ ସହିତ ଥାଏ ବିଶ୍ରାମ। ସେହି ପରମ ସ୍ଥିତିରୁ ଧ୍ୟାନର ଉଦୟ। ଧ୍ୟାନରେ କିଛି କରିବାକୁ ପଡେ ନାହିଁ। କାରଣ ଏହା କୌଣସି କ୍ରିୟା ନୁହଁ, ଏକ ଅକ୍ରିୟା। ନା ବିଚାର, ନା ଭାବ, ନା ଉର୍ଜାର ଅପଚୟ ହୁଏ। ବରଂ ଅନ୍ତର ଉର୍ଜାର ସଂରକ୍ଷଣ ଓ ବୃଦ୍ଧି ଘଟାଇଥାଏ। ଧ୍ୟାନ, ଏକ ଜାଗ୍ରତ ବିଶ୍ରାମ, ଯେଉଁଠୁ ପରମାନନ୍ଦର ରାଜ ମିଳେ। ତାହା କିନ୍ତୁ ବାହାରୁ, ମାଧ୍ୟମରୁ ନୁହଁ, ବରଂ ସ୍ୱୟଂର ଭିତରୁ। ସେହି ସହଜ ପ୍ରକ୍ରିୟାରୁ ପରମ ଉର୍ଜାକୁ, ନଜ ଭିତରୁ ଅନୁଭବ କରିବା, ସମସ୍ତ ମାନବ ପକ୍ଷେ ସମ୍ଭବପର। ଏହା ଏକ ପରମ ସତ୍ୟ।

ଯେବେ ବ୍ୟକ୍ତି, କ୍ରିୟାରୁ ଅକ୍ରିୟାକୁ ଯାଏ, ତା'ର ବିଚାର ଭିତରେ ଶୂନ୍ୟ ହେବାକୁ ଲାଗେ। ଏହି ବିଚାର ଶୂନ୍ୟତା, ଧ୍ୟାନର ୧ମ ସୂତ୍ର, ଯେପରି ପ୍ରେମର ବାସନା ଶୂନ୍ୟତା। କ୍ରିୟା ଯେବେ ଶାନ୍ତ ହୋଇଥାଏ, ସେ ନିଷ୍କ୍ରିୟ ବିଶ୍ରାମକୁ ଯାଏ। ତା'ରି ବିଚାର, ଚିନ୍ତନ ଅବଚେତନରେ ଯୋଡିଥାଏ। ଏହା ଧ୍ୟାନର ଆରମ୍ଭ। ଧ୍ୟାନକୁ ସଂସାରୀ ଓ ସନ୍ନ୍ୟାସୀ, ଏକାଗ୍ରତା ବୋଲି କହିଥାନ୍ତି। ବାସ୍ତବରେ, ଧ୍ୟାନ ଏକାଗ୍ରତା ନୁହେଁ। ଏକାଗ୍ରତାରେ, ବହିର୍ଜଗତ ପ୍ରତି ଯୋଡିବା ହୋଇଯାଏ। କିନ୍ତୁ ଧ୍ୟାନ, ଅନ୍ତର ଚେତନା ସହିତ ଯୋଡିବାର ବିଜ୍ଞାନ। ବାହାର ଜଗତ ସହିତ ଜଡିତ କ୍ରିୟାରେ ଆସେ ନାହିଁ।

ଧ୍ୟାନ, ଅନ୍ତର ଶୂନ୍ୟତା, ମୌନତାରୁ ଜନ୍ମ। କୌଣସି କମ୍ପନ ନଥାଇ, ହୋଷରେ ରହି, ବିଶ୍ରାମରେ ସ୍ଥିତ ହେବାରୁ ଧ୍ୟାନର ଉଦୟ। କେବଳ ନିରନ୍ତର ଅଭ୍ୟାସ ଜରୁରୀ। ଏହି ବିଜ୍ଞାନର ସନ୍ଦେଶ, ଶିକ୍ଷା, ଶାସ୍ତ୍ରରୁ କିଛି ମିଳିଥାଏ କିନ୍ତୁ ଯୋଡିପାରେ ନାହିଁ ଧ୍ୟାନରେ। କଥାରେ ଅଛି, ସନ୍ତରଣ ପାଇଁ ପ୍ରଶିକ୍ଷଣ ଶିକ୍ଷାରୁ ମିଳିନଥାଏ। ଯେବେ ନଦୀ ଭିତରେ ପଶି, ସୁରୁଆତ୍ କଲେ, ସମ୍ଭାବନା ଅନୁଭବ ଦିଏ। ତେବେ କୌଣସି ଅନୁଭବୀ ସନ୍ଥଙ୍କର ସଙ୍କେତକୁ ଧରି, ପ୍ରଶିକ୍ଷଣ ଶୁଭାରମ୍ଭ ହୁଏ। କିନ୍ତୁ ସମାଜରେ ଭ୍ରମ ଦର୍ଶନ ସବୁଠି ଭରପୁର ଥିଲେ ମଧ୍ୟ, ସତ୍ୟ ସର୍ବଦା ଉପଲବ୍ଧ। ଅଭ୍ୟସ୍ତ ପରେ, ଯେକୌଣସି ସ୍ଥାନରେ, ବା ସମୟରେ ସାଧନା କରାଯାଏ।

ଧ୍ୟାନ ଅନ୍ତର ଯାତ୍ରାର କଳସ ସ୍ଥାପନା, ଯେଉଁଠି କର୍ତ୍ତାଭାବନା ନଥାଏ। କେବଳ ଦ୍ରଷ୍ଟା ସାକ୍ଷୀ ସହିତ ଯୋଡିଯାଏ, ଫଳରେ ଦୃଶ୍ୟ, ଦର୍ଶନ ସବୁ ମିଶି ଏକ ହୁଏ। ଜାଣିବାର ଅଛି, କିପରି ଜଣେ ସାକ୍ଷୀ ହେବ ?

ଦେଖୁଛ, ଗୋଟିଏ ପକ୍ଷୀ ରାବୁ ଥିବାର, ତୁମେ ଶୁଣୁଛ। ଏଥିରେ ଦୁଇଟି ଜିନିଷ ସାମନାକୁ ଆସୁଛି।

୧- ବିଷୟବସ୍ତୁ (Objective Sense)

୨- ଅଦୃଶ୍ୟ ତତ୍ତ୍ୱ (Subjective Essence)

ତୁମେ କେବେ ଦୁହିଁଙ୍କୁ ଦେଖିଛ କି ? ଭାବିଛ କି ? କିଏ ତୁମ ଭିତରୁ ଦେଖୁଛି। ସେ ଦେଖୁଛି, ଜାଣୁଛି ତୁମ ଶରୀରକୁ, ବାହାରିଆ ସଂଯୋଗକୁ। ସବୁ ସ୍ଥିତିରେ ସେ ଅପରିବର୍ତ୍ତିତ ରହେ। ଯେବେ ମନକୁ ଆସେ ଯେ, ଏହି ଜଗତରେ ଓ ତୁମ ଭିତରେ, ସବୁ କିଛି କ୍ଷଣକ୍ଷଣରେ ପରିବର୍ତ୍ତନ ଘଟୁଛି। ଶରୀର, ମନ, ବିଚାର, ଭାବ, ଶ୍ୱାସ ଠାରୁ ବସ୍ତୁ, ପଦାର୍ଥ ଓ ପ୍ରକୃତି ମଧ୍ୟ। ଏହି ପରିବର୍ତ୍ତନଶୀଳ ଦୁନିଆରେ, ଗୋଟିଏ ଅପରିବର୍ତ୍ତନ ତତ୍ତ୍ୱ ସାମନାକୁ ଆସେ। ସେହି ଶାଶ୍ୱତ ଓ ଅଜନ୍ମା ରହସ୍ୟର ପରିଭାଷା ସାକ୍ଷୀ। ସେହି ହୋଇଥାଏ, ସ୍ୱୟଂର ଚେତନା, ଯିଏ ସମସ୍ତଙ୍କୁ ଦେଖେ। ତୁମକୁ, ପକ୍ଷୀଟିକୁ, ତା'ରି କଣ୍ଠସ୍ୱରକୁ ମଧ୍ୟ। ସେହି ତୁମର ସ୍ୱୟଂ ସ୍ୱରୂପ।

ଯେବେ ଭିତରର ସଙ୍କେତକୁ ଜାଣିବ, ଦ୍ରଷ୍ଟା, ଓ ଯେବେ ଭିତର ଓ ବାହାର ଉଭୟକୁ ଜାଣିବ, ହୋଇଯିବ ସାକ୍ଷୀ। କେହି କେହି ସନ୍ଥ, ଉଭୟ ଦ୍ରଷ୍ଟା ଓ ସାକ୍ଷୀକୁ, ଏକ ବୋଲି ସମ୍ବୋଧନ କରିଥାନ୍ତି। ସାକ୍ଷୀ, ଧ୍ୟାନର ଆତ୍ମା। ନିଷ୍କପଟ ଭାବେ, ତୁମକୁ, ଜଗତକୁ, ପ୍ରକୃତିକୁ ଦେଖୁଛି। ସେହି ସରଳ, ନିଷ୍ପାପ ଅନୁଭବରୁ, ସାକ୍ଷୀର ଜନ୍ମ। Englishରେ, Witnessing Consciousness କହିଥାନ୍ତି। That means, Silent watching to all is witnessing.

ସାକ୍ଷୀଭାବ, ଧ୍ୟାନର ୧ମ ଅବସ୍ଥା। ସଜାଗ ହେବାର ଗୁଣବତ୍ତା, ଧ୍ୟାନ। ଧ୍ୟାନ ଅର୍ଥ ହୋଷ (Conscionsness)ö ଯାହା କର ସେଥିରେ ହୋଷକୁ ଯୋଡ। ସବୁଠି ସହଜତା ଓ ସମ୍ୟକତା ଜରୁରୀ। ଶାନ୍ତ, ସହଜ, ମୌନ ସ୍ଥିତିରୁ, ଆବିର୍ଭାବ ହୁଏ। ଯେବେ ଭିତରେ ବିଚାର ଶୂନ୍ୟ ହୁଏ, ଶରୀର, ମନ, ଭାବ, ଶ୍ୱାସ ସବୁ ସହଜ, ଶାନ୍ତ ହୋଇପଡେ, ସେହି ଜାଗ୍ରତ, ବିଶ୍ରାମ ସ୍ଥିତିରୁ ଧ୍ୟାନର ଉଦୟ ହୁଏ। ତେଣୁ ଧ୍ୟାନକୁ ବୁଦ୍ଧତ୍ୱର ବିଜ୍ଞାନ କହନ୍ତି।

■

ଧ୍ୟାନ, ପ୍ରଭୁଙ୍କ ଦ୍ୱାର

ପ୍ରଭୁଙ୍କ ଦ୍ୱାର ଅତି ନିକଟ କିନ୍ତୁ ମନୁଷ୍ୟ ତା'ଠାରୁ ବହୁ ଦୂରରେ। ନା ମଣିଷ ପହଞ୍ଚି ପାରୁଛି, ନା ପହଞ୍ଚିବାର ରାସ୍ତା ଖୋଜୁଛି ? ତଥାପି ସମସ୍ତଙ୍କର ଅଭିଳାଶ, ଆନନ୍ଦ ଓ ଶାନ୍ତି ପାଇବା, କିନ୍ତୁ ଭୋଗ ସହିତ। ସର୍ବଦା ଶ୍ରମ, ସଂଗ୍ରହରୁ ସବୁକୁ ହାସଲ କରି ହେବ ବୋଲି ଜାଣେ, ଏପରିକି ପରମାତ୍ମାଙ୍କୁ ବି। ଜୀବନ ସାରା ଅସ୍ତବ୍ୟସ୍ତ ହୋଇ, କିଛି ପାଏନାହିଁ, କିନ୍ତୁ ଦିନ ସରିଥାଏ।

ସେହି ଆନନ୍ଦର ଖଜାନା ନିଜ ଭିତରେ। ନା ମଣିଷ ଖୋଜୁଛି ନା ଖୋଦୁଛି ? ଯିଏ ଜୀବନ ସାରା ଖୋଜୁଥାଏ, ତା'ରି ଖୋଜିବା ନିରନ୍ତର ଜାରିରହେ, ଦିନ ଆସେ ସେ ପହଞ୍ଚିଯାଏ। ତାହା ନିରନ୍ତର ଗୋଟିଏ ଜନ୍ମରେ ହେଉ ବା ଅନେକ ଜନ୍ମ। କେବଳ ପହଞ୍ଚିବା ତା'ର ସାର ହୁଏ। ସେହି ଖଜାନା (deposits) ନିଜ ଭିତରେ, ଯାହାକୁ ଅସ୍ତିତ୍ୱ ଦେଇଥାନ୍ତି ଜନ୍ମରୁ। ତା'କୁ ଆବିଷ୍କାର କରିବାକୁ ପଡେ। କିନ୍ତୁ ମଣିଷ ଖୋଜୁଛି, ସଂସାରରୁ, ସମାଜରୁ, ଜଗତରୁ, ଶାସ୍ତ୍ରରୁ, ବିଜ୍ଞାନରୁ ଓ କ୍ରିୟା କାଣ୍ଡରୁ। ଅବଶ୍ୟ ସେହି ସବୁ ବାହାର ଯାତ୍ରା, କିଛି ବାଟ ନେଇଯାଏ କିନ୍ତୁ ପହଞ୍ଚାଏ ନାହିଁ।

ଏ ପର୍ଯ୍ୟନ୍ତ ଦୁନିଆରୁ କେହି ପରମ ସତ୍ୟକୁ, ବହିର୍ଜଗତରୁ ପାଇଛନ୍ତି ନା ପାଇବେ ? ଯଦି ମିଳିବାର ସମ୍ଭାବନା ଥାଏ, ତାହା କେବଳ ନିଜ ଭିତରୁ। ସେହି ଅନ୍ତର ଗଗନ ହିଁ, ପରମାତ୍ମାଙ୍କ ଦ୍ୱାର, ଯାହାର ମନ୍ଦିର ସ୍ୱୟଂର ଶରୀର। ସେହି ଶରୀରରେ ବିଦ୍ୟମାନ ଆତ୍ମ ସ୍ୱରୂପ, ତା'ରି ପରିଚୟ ପାଇବାର, ଏକ ମାତ୍ର ରାସ୍ତା, ଧ୍ୟାନ, ଯାହାକୁ ପ୍ରଭୁଙ୍କ ଦ୍ୱାର ବୋଲି ସନ୍ଥ କହନ୍ତି।

■

ଜୀବନ, ଏକ ଜାହାଜ

ଜୀବନ ଯାତ୍ରା ଯେତିକି ସମସ୍ୟାପୂର୍ଣ୍ଣ, ତା'ଠାରୁ ଅଧିକ କରିଦିଏ, ସମସ୍ୟା ସମାଧାନର ସୂତ୍ର। ବ୍ୟକ୍ତି କୌଣସି ରାସ୍ତାକୁ ବାହାର କରିବା ପାଇଁ ଚିନ୍ତିତ ରହେ। ସମ୍ୟକ ନିଷ୍ପତ୍ତି ଅଭାବରୁ, ଆହୁରି ନୂତନ ସମସ୍ୟା ପହଞ୍ଚିଥାଏ। ଅବଶ୍ୟ ଆସିବା ସ୍ୱାଭାବିକ। ସମାଧାନର ରାସ୍ତା ନିଜ ପାଖରେ ଓ ସହଜ ଉପାୟରେ।

- ନା ବିଗ୍ରହ, ନା ତ୍ୟାଗ
- ନା ସଂଗ୍ରହ, ନା ସଂଗ୍ରାମ
- ନା ପ୍ରୟାସ, ନା ପ୍ରଚେଷ୍ଟା
- ନା ଭୋଗ, ନା ଯୋଗ

କେବଳ ଜଗ। Be awareful always। ତେଣୁ ଯେବେ ସମସ୍ୟା ଆସିଲା, ଅଧିକ ଚିନ୍ତିତ ହେବାର ନାହିଁ। ସ୍ମରଣ ରହୁ, ଯାହା ଆସିବାର ଅଛି, ଆସିବ ହିଁ ଆସିବ। ଯାହା ଯେତେବେଳେ ଆସୁଛି, ତା'କୁ ସ୍ୱୀକାର କରିନିଅ, ଭବିଷ୍ୟତ ସୁଧୁରିଯିବ। ଅସ୍ୱୀକାର କଲେ, ବହୁତ କାରଣ ଖୋଜେ। ତେବେ ନିରାକରଣ ପାଇଁ, ଶାନ୍ତ ହୋଇ ବସିପଡ। ଦେଖିବ, ବତାସ ବହିବା କମିଯିବ। ସବୁ ପରିବର୍ତ୍ତନ ହେବା କିଛି ବିଚିତ୍ର ନୁହେଁ। ଶାନ୍ତ ହୋଇ ନିର୍ବିଚାର ରହିଲେ, ରାସ୍ତା ଆପେ ଆପେ ତା' ବାଟରେ ପହଞ୍ଚିଯିବ। ସେହି ଶାନ୍ତ ପ୍ରତୀକ୍ଷାର ଅନ୍ୟନାମ ସମାଧି।

ଜାଣ, ଜୀବନ ଏକ ଜାହାଜ ଭଳି, ଏକ ଅଜଣା ସମୁଦ୍ରରେ ଗତି କରୁଛି। କିଛି ଆଗକୁ ଭାବ ନାହିଁ। ସର୍ବଦା ଜାଗ୍ରତ ଥାଇ ସହଜ ହୁଅ। ବର୍ତ୍ତମାନର ପ୍ରତିକ୍ଷଣରୁ ଶିଖ। ତାହା ନହେଲେ ଯାତ୍ରାର ଗଣିତ ଭୁଲ ହୋଇଯିବ। ଅସ୍ତିତ୍ୱ, ମଣିଷର ଶବଦକୁ ବୁଝେନାହିଁ, ବରଂ ନିଶବ୍ଦର ଭାଷାକୁ ବୁଝିପାରେ। ତେବେ ନିଶବ୍ଦରେ ଯୋଡ। ସେହି ନିଶବ୍ଦ ଭିତରୁ

ପରମଧ୍ୱନିକୁ, ସ୍ୱୟଂର ଅନ୍ତର ଆକାଶରୁ ଶୁଣ। ଶୁଣୁଶୁଣୁ ବିଶ୍ରାମ ପାଇଯିବ, ସେ ହିଁ ହୋଇଯିବ ଧ୍ୟାନ।

ମନେରହୁ, ଜାହାଜ କେବେବି, ବୁଡିପାରେ। ଯାନ୍ତ୍ରିକ ତ୍ରୁଟି ପାଇଁ ହେଉ ବା ପ୍ରାକୃତିକ ସମସ୍ୟା। ସବୁ ଯେପରି ଆସିବ, ସେହିପରି ଯିବ ମଧ୍ୟ। ତେଣୁ ଚିନ୍ତାରେ ନପଡି, ସମାଧିରେ ଯୋଡ, ଯେଉଁ ପ୍ରସ୍ତୁତି ପର୍ବର ନାମ ଧ୍ୟାନ, ଜୀବନ ଯାତ୍ରାର ପରମ ଜାହାଜ।

■

ପ୍ରେମ କୁଂଚୀ ଓ ଜ୍ଞାନ ତାଲା

ପ୍ରେମ, ଯେଉଁଦ୍ୱାର ପାଇଁ କୁଂଚୀ, ଜ୍ଞାନ ସେହି ଦ୍ୱାର ପାଇଁ ତାଲା ଦେଖାଯାଏ। ଜୀବନ ଯାତ୍ରା ରୁଖାସୁଖା ହୋଇଯାଏ, ଯେଉଁମାନେ ଜ୍ଞାନ ପାଇଁ କାଙ୍ଗାଳ ଓ ତାଙ୍କର ପ୍ରେମର ପାତ୍ର ଖାଲି।

ଗୋଟିଏ କଥା ମନେପଡେ, ଜଣେ ବ୍ୟକ୍ତି ଜଙ୍ଗଲରେ ଯାଉଥିଲା। ଝରଣା ପାରିକଲା ବେଳେ, କେତେ ପ୍ରକାର ପଥର ଦେଖିବାକୁ ପାଇଲା। ବିଭିନ୍ନ ଆକାର ଓ ରଙ୍ଗରେ ସେହି ପଥର ଗୁଡିକ ଥିଲା। ତାକୁ ଦେଖି ଭାବିଲା, ସେଥିରୁ କିଛି ନେଇଯିବ। ସେହି ପଥରକୁ ଆଣିଲା। ତା'କୁ ଭାରି ଭଲ ଲାଗୁଥିଲା। ତା'ରି ଭିତରୁ କେତୋଟି ବହୁ ମୂଲ୍ୟବାନ ପଥର ବି ଥାଏ। ସେ କିନ୍ତୁ ନ ଜାଣି ଧରି ଚାଲିଲା। ଅବଶ୍ୟ ସେ ଅନଭିଜ୍ଞ ଥିବାରୁ, ତାକୁ ଗୁରୁତ୍ୱ ଦେଉନଥିଲା। କିଛି ସମୟ ପରେ, ସେ ଗୋଟିଏ ବଜାରରେ ପହଞ୍ଚିଲା। ଜଣେ ଚିହ୍ନା ବଣିଆ ଦେଖା ହେବାରୁ, ମଜା ମଜାରେ କହିଦେଲା, ଦେଖନ୍ତୁ ମୁଁ କିଛି ସୁନ୍ଦର ପଥର ପାଇଛି। ତାକୁ ସବୁ ମୋ ନାତିକୁ ଦେବି, ସେ ଖେଳିବ। ବଣିଆ, ସେହି ପଥରକୁ ଦେଖି ଆଶ୍ଚର୍ଯ୍ୟ ହେଲା। ଭାବିଲା, ଏହି ଲୋକଟି ବୁଦ୍ଧୁଟିଏ। ଯେମିତି ହେଉ, ସେହି ହୀରା ଗୁଡିକୁ ତା ପାଖକୁ ଆଣିବାକୁ ହେବ। ବରଂ କିଛି ମୂଲ୍ୟ ତାକୁ ଦେବାକୁ ହେବ। ବଣିଆ ହସ ଖୁସି, ଗପସପ କରି କହିଲା, ମୁଁ ତୁମକୁ କିଛି ଟଙ୍କା ଦେଉଛି, ତୁମ କାମରେ ଲାଗିବ। ତାହା ବଦଳରେ ତୁମେ ସେହି ସୁନ୍ଦର ପଥର ମୋତେ ଦିଅ, ମୋତେ ଭାରି ଭଲ ଲାଗୁଛି।

ସେ ବ୍ୟକ୍ତି ଜଣଙ୍କ କହିଲା, ପଇସାର କଥା ନକୁହ। ମୁଁ ଶ୍ରଦ୍ଧାରେ ପାଇଛି, ପାଖରେ ରଖିବି। ଯଦି ତୁମର ପସନ୍ଦ ହେଉଛି, ତୁମେ ନେଇପାର। କିନ୍ତୁ କିଛି ମୋତେ ଦିଅ ନାହିଁ। ତା'କୁ ଶ୍ରଦ୍ଧାରେ ରଖିବ। ବଣିଆ ହୀରା ପାଇଲା ପରେ, ନାହିଁ ନଥିବା ଖୁସି। ସଙ୍ଗେସଙ୍ଗେ ନିଜ ଘୋଡାରେ ବସି ଦ୍ରୁତ ଗତିରେ ଚାଲିଗଲା। କିଛି ବାଟ ଗଲାପରେ,

ଏକ ଆବାଜ (Sound) ଶୁଣିବାକୁ ପାଇଲା, ତା'ରି ବ୍ୟାଗ ଭିତରୁ। ତା'କୁ ଜଣାଗଲା, ହୀରା କାନ୍ଦିବା ଭଳି। ବଣିଆ କହିଲା, ହେ ମିତ୍ର ! ତୁମେ କାନ୍ଦୁଛ। ମୁଁ ତୁମର ମୂଲ୍ୟ ଜାଣିଛି। ସେ ମୁର୍ଖ ଲୋକଟି ତୁମର ମୂଲ୍ୟ କ'ଣ ବୁଝିବ ? ଏହା ଶୁଣି ହୀରା ଆହୁରି କାନ୍ଦିଲା। କହିଲା, ଅବଶ୍ୟ ସେ ବ୍ୟକ୍ତି ଅଜ୍ଞ, ମୋର ମୂଲ୍ୟ ଜାଣେ ନାହିଁ। କିନ୍ତୁ ମୋତେ ଶ୍ରଦ୍ଧାରେ ଅକାରଣ ଭଲ ପାଉଥିଲା। ସେ ବଡ ପ୍ରେମୀ ଥିଲା। ଜଣେ ପ୍ରେମୀ ଯାହା ଜାଣେ ଓ ଦିଏ, ଜ୍ଞାନୀ ଜାଣେ ନାହିଁ କି, ଦେଇ ବି ପାରେନା।

ଏଥିରୁ ସ୍ପଷ୍ଟ ଇଷାରା ମିଳୁଛି, ପ୍ରେମ ସରଳ ଓ ଶୁଦ୍ଧ ଥିଲେ ପରମାତ୍ମା ବିରାଜମାନ। ସେହି ପ୍ରେମରେ ଶ୍ରଦ୍ଧା ଭରିଥାଏ, ଅକାରଣ ପହଁଞ୍ଚିଯାଏ ଆନନ୍ଦ। ତା'କୁ ବିଚାର ମୁକ୍ତ କରାଇଦିଏ। କିନ୍ତୁ ଯେଉଁଠି ଜ୍ଞାନ ଥାଏ, ସେଇଠି ଅନେକ ପ୍ରଶ୍ନ ଆସି ପହଞ୍ଚେ। ତାରି ମନରେ ବିଚାରର ଭିଡ। ସେହି ବିଚାର ପରମାତ୍ମାଙ୍କ ଦ୍ୱାରର ବାଧା। ତେଣୁ ସନ୍ଥ କହନ୍ତି, ଜ୍ଞାନୀ ବ୍ୟକ୍ତି ଅହଂକାରୀ, ପ୍ରେମୀ ବ୍ୟକ୍ତି ନିରହଂକାରୀ।

ଯେବେ ବ୍ୟକ୍ତିର ପ୍ରେମ ଶୂନ୍ୟ ବାସନାରେ ଯୋଡେ, ତାହା ପରମାତ୍ମା ପର୍ଯ୍ୟନ୍ତ ପହଞ୍ଚାଇ ଦିଏ। ସେହି ବ୍ୟକ୍ତି ଯେବେ ବିଚାର ପୂର୍ଣ୍ଣ ଥାଏ, ସେ ପରମାତ୍ମାଠାରୁ ବେଯୋଡ ହୁଏ। ତେଣୁ ବାହାରରୁ ସଂଗ୍ରହ ଜ୍ଞାନ ତାଲା (Lock) ଓ ଅଶୁଦ୍ଧ, ନିଷ୍ପାପ ପ୍ରେମ କୁଞ୍ଚୀ (Key) ହୋଇ ଅନନ୍ତ ଶୂନ୍ୟର ଦ୍ୱାର ଖୋଲିଥାଏ। ତେବେ ଶୁଦ୍ଧ ପ୍ରେମ ଯେଉଁଠି, ଅସ୍ତିତ୍ୱ ସେଇଠି ବିରାଜମାନ। ସେହି ପ୍ରେମରୁ ଭକ୍ତିକୁ ଯାତ୍ରା, ଆଧ୍ୟାତ୍ମ, ଆତ୍ମାର ମହାଯାତ୍ରା।

■

ଜୀବନର ପ୍ରଥମ ଶିକ୍ଷା

ଜୀବନ ଯାତ୍ରାରେ, ସଂସାରୀ ସର୍ବଦା ଚାହାନ୍ତି ଜିତିବାକୁ । ଅନେକ ସଂଘର୍ଷ ଓ ବିପରୀତ ସ୍ଥିତିକୁ ସହଜରେ ସହିଥାଏ କିଛି ପାଇବା ପାଇଁ । ଜିତିବା ତା'ର ଆକାଂକ୍ଷା । ତେଣୁ ଯେଉଁ ପରିସ୍ଥିତି ଆସୁ, ସେ କେବେ ହାରିବାକୁ ଚାହେଁ ନାହିଁ ।

କିନ୍ତୁ, ପରମାତ୍ମାଙ୍କର ମାର୍ଗ ଅଦ୍ଭୁତ । ତେଣୁ ଜୀବନ ଯାତ୍ରା ସର୍ବଦା ରହସ୍ୟମୟ । ଗଣିତର ନିୟମକୁ ସଂଯୋଗ କଲେ, ତାହାର ଶୃଙ୍ଖଳା ବ୍ୟର୍ଥ ହୋଇପଡେ । ବହୁ ତର୍କ, ପ୍ରଶ୍ନ ମନକୁ ଆସେ । ନିଜର ବିଚାର ତାକୁ ସନ୍ଦେହକୁ ଟାଣିନିଏ ।

କଥାଟିଏ ସ୍ମରଣକୁ ଆସେ, କନଫିୟୁସିଅସ ମରଣ ଶଯ୍ୟାରେ ଥିଲେ । ତାଙ୍କର ଶିଷ୍ୟମାନଙ୍କୁ ଡାକି କହିଲେ, ଶିଷ୍ୟଗଣ ! ମୋର ମୁହଁଟିକୁ ଦେଖ ଓ କୁହ, ମୋର ଜିଭ କେଉଁଠି ? ଶିଷ୍ୟମାନେ ହଇରାଣରେ ପଡିଗଲେ । ଭାବିଲେ, ଜିଭ ତ, ପାଟିଭିତରେ, ବାହାରକୁ କିପରି ଦେଖାଯିବ ?

ପୁଣି ଗୁରୁ କହିଲେ, ମୋର ଦାନ୍ତ ଗୁଡିକୁ ଦେଖ ଓ କୁହ, ତାରି ଅବସ୍ଥା କ'ଣ ? ଶିଷ୍ୟମାନେ ଆହୁରି ଆଶ୍ଚର୍ଯ୍ୟ ହେଲେ । କହିଲେ, ଗୁରୁଜୀ, ଦାନ୍ତ ତ, ଆପଣଙ୍କର ଆଗରୁ ନଥିଲା । ତେବେ କନ୍‌ଫିୟୁସସ୍ କହିଥିଲେ, ଦାନ୍ତ କୁଆଡେ ଗଲା ? ଜିଭ କାହିଁକି ଦେଖାଯାଉନାହଁ, କିନ୍ତୁ ଭିତରେ ଅଛି । ଜିଭ ଆସିଥିଲା ଆଗରୁ, ସେ କିନ୍ତୁ କୋମଳ, ଦେଖା ହୁଏନି ଭିତରେ ଥାଏ ଓ କାମରେ ଲାଗୁଥାଏ । ଏବେ ବି ଅଛି । କିନ୍ତୁ ଦାନ୍ତ ଜନ୍ମପରେ ଆସିଥିଲା, ମଜଭୁତ ମଧ୍ୟ । କିନ୍ତୁ ଆଗରୁ ଖସି ପଡିଲା । ମୁହଁ ଅସୁନ୍ଦର କରିଦେଇଛି ।

ତେବେ ଜାଣନ୍ତୁ, ଯାହା ଜନ୍ମ ପରେ ଆସିଛି ଶରୀରକୁ, ମନକୁ, ଭାବକୁ ତାହା ବାହାରୁ, ମାଧ୍ୟମରୁ, ପ୍ରକୃତିରୁ ଆସିଛି ଓ ତାହା ଦିନେ ଯିବ । ଯାହା ଅସ୍ତିତ୍ୱ ଦେଇଛି ତାହା ରହିଥାଏ ।

ଯାହା ଦେଖା ବାହାରେ, ତାହା ହଜିଯାଏ । ଯାହା ଅଦେଖା ସେ ହଜେନାହିଁ । ତେବେ ଅସ୍ତିତ୍ୱ ଅଜନ୍ମା, ସବୁଠି ସ୍ଥିତ ଥିବାରୁ, ଋଷି କହିଥାନ୍ତି, ଅସ୍ତିତ୍ୱ । ସେହି ଏକା ପରମ ସତ୍ୟ । ଆଗରୁ ଥିଲା ଏବେ ବି ଅଛି ଓ ଆଗକୁ ରହିବ । ଏହି ତ ପରମ ସତ୍ୟର ସଙ୍କେତ । ତାକୁ ଜାଣିବାର ବିଜ୍ଞାନର ନାମ ଧ୍ୟାନ-ସମାଧି । ତାହା ଶିକ୍ଷା ଦିଏ, ସବୁ କିଛି ଜଗତର ପରିବର୍ତ୍ତନଶୀଳ । କେବଳ ଗୋଟିଏ ତତ୍ତ୍ୱ, ଯାହା ଅପରିବର୍ତ୍ତନ, ତାହା ମହଜୁଦ ଥାଏ ସ୍ୱୟଂ ଭିତରେ । ତାକୁ ଆବିଷ୍କାର କରିବା, ମାନବର ୧ମ ଧର୍ମ । ମଣିଷର ମୂଳ ସ୍ୱଭାବ, ତାକୁ ଜାଣିବା, ଆମ ସନାତନ ସଂସ୍କୃତିର ପହିଲା ଶିକ୍ଷା ।

∎

ସମାଜରେ ଏତେ ହିଂସା କାହିଁକି ?

ମଣିଷକୁ ନେଇ ସମାଜ ସୃଷ୍ଟି । ମାନବିକତା ତା'ରି ମୂଳ ଆକର୍ଷଣ । ସମୁହ ବିକାଶ ଓ ସହଯୋଗରୁ ସୁନ୍ଦର ସମାଜର ପ୍ରତିଷ୍ଠା ହେଲା, ଜାଗ୍ରତ ଚେତନା ଦ୍ୱାରା । କିନ୍ତୁ, ଆଜିଭଳି ପରିସ୍ଥିତିରେ ସମସ୍ତେ ଶିକ୍ଷିତ, ସମର୍ଥବାନ । ଅଭାବ, ଅନାଟନ କମି କମି ଆସିଲାଣି । ସବୁ ସୁବିଧା ସୁଯୋଗ ବିଜ୍ଞାନ ଦେଲା । ତଥାପି ମଣିଷ ଆଜି ଅଧିକ ଅଶାନ୍ତ । ସମ୍ୟକତା, ଅହିଂସା, ସତ୍ୟ, ସେବା, ବିଶ୍ରାମ ସବୁ ଆଜି ହଜିବାକୁ ବସିଲାଣି । ପ୍ରଶ୍ନ ଉଠେ କାହିଁକି ଏତେ ହିଂସା, ଆମ ସଭ୍ୟ ସମାଜରେ ? ପୁଣି ଅଶିକ୍ଷିତଙ୍କ ତୁଳନାରେ ଶିକ୍ଷିତଙ୍କ ଦ୍ୱାରା ଅଧିକ । ଉଦାହରଣ ସ୍ୱରୂପ, ଜଣେ ଅଜ୍ଞାନୀ ବ୍ୟକ୍ତି ବେହୋଷରେ, କ୍ଷୁଦ୍ର ଅସ୍ତ୍ର ପ୍ରୟୋଗ କରି, ଆକ୍ରମଣ କରିଥାଏ । ତାକୁ ଦଣ୍ଡ ମିଳେ । ସମାଜର, ଯେଉଁଠି ଉଚ୍ଚଶିକ୍ଷିତ, ପ୍ରଜ୍ଞାବାନ ବ୍ୟକ୍ତି, ନିଜ ଶିକ୍ଷାରୁ ପ୍ରାପ୍ତି ପ୍ରଜ୍ଞାକୁ ଅପଯୋଗ କରି, ଧ୍ୱଂସ ଆଡକୁ ବିଶ୍ୱକୁ ନେଉଛନ୍ତି । ଏହି ପ୍ରସଙ୍ଗକୁ ମାନ୍ୟତା ଦେବେ ନା ନାହିଁ ?

ତେବେ ଜାଣିବା, ହିଂସାର ମୂଳକୁ, ଯାହାକୁ ମହତ୍ତ୍ୱକାଂକ୍ଷା କହିଥାନ୍ତି ସନ୍ଥ । ଅବଶ୍ୟ ଜରୁରୀ ସଦ୍‌ଇଚ୍ଛା, କିନ୍ତୁ ଶବ୍ଦରେ ନରହି, ସେବାରେ ରହୁ । ସେବା, ମାନସରୁ, ହୃଦୟକୁ ଯାଉ, ଯାହା ଶିକ୍ଷାରେ ଅପହଞ୍ଚ ।

ସନ୍ଥ କହନ୍ତି, ମନୁଷ୍ୟ ହୃଦୟରେ ଦୁଇ ପ୍ରକାରର ଚିତ୍ତସ୍ଥିତି ଦେଖାଯାଏ ।

(୧) ମହତ୍ତ୍ୱକାଂକ୍ଷା

(୨) ବିନା ମହତ୍ତ୍ୱକାଂକ୍ଷା ।

ମହତ୍ତ୍ୱକାଂକ୍ଷା ବ୍ୟକ୍ତିର ଚିତ୍ତରୁ, ଅହଂକାର ଜନ୍ମ ନିଏ । ସେ ଭାବେ ସେ କିଛି କରୁ, ତାକୁ ସାମାଜିକ ସ୍ୱୀକୃତୀ ମିଳୁ । କିଛି ପାଇବା ପରେ ତା'ରି ଶ୍ରମ ଓ କର୍ତ୍ତାଭାବନା ସାମନାକୁ ଆସେ । ସେ ଅନ୍ୟକୁ ବାଟ ଦେଖାଇବାରେ ଯୋଡେ । ନିଜର ରୂପାନ୍ତରଣକୁ

ବିସ୍ମରଣ କରି, ଅନ୍ୟକୁ ଶିକ୍ଷା ଦିଏ। ଯେଉଁଠି ରାଜନୀତିର ଜନ୍ମ। କିନ୍ତୁ ବିନା ମହତ୍ତ୍ୱକାଂକ୍ଷା ବ୍ୟକ୍ତିର ଚିତ୍ତରୁ ଧର୍ମ ଜନ୍ମ ନିଏ। ତେଣୁ ମଣିଷର ୨ଟି ଚିତ୍ତ ଦେଖାଯାଏ -

(୧)- ଧାର୍ମିକ

(୨) ରାଜନୈତିକ

ଧାର୍ମିକ ବ୍ୟକ୍ତି, ସ୍ୱାସ୍ଥ୍ୟବାନ। ରାଜନିତୀ ବ୍ୟକ୍ତି ଅସ୍ୱାସ୍ଥ୍ୟବାନ। ସ୍ୱାସ୍ଥ୍ୟର ଅର୍ଥ ମୋଟା, ତାଗଡା, ଶକ୍ତିବାନ ଓ ସେବା ଦାନ ନୁହଁ। ସ୍ୱାସ୍ଥ୍ୟବାନ ବୁଝାଏ, ଯିଏ ସ୍ୱୟଂରେ ସ୍ଥିତ। ତେବେ ଜଣେ ବ୍ୟକ୍ତି ରୋଗାକ୍ରାନ୍ତ, ନିଧନୀ, ଦୁର୍ବଳ ହୋଇଥାଇପାରେ, ସେ କିନ୍ତୁ ସହଜରେ ସ୍ୱୟଂରେ ସ୍ଥିତ ହୋଇପାରେ। କାରଣ ସ୍ୱୟଂରେ ପହଞ୍ଚିବା ଏକ ଅନ୍ତର ମାମଲା।

ସ୍ୱାସ୍ଥ୍ୟବାନ ବ୍ୟକ୍ତିତ୍ୱର ହୀନତା ଆସେ ନାହିଁ। ଅର୍ଥାତ୍ ଯେଉଁଠି ଆତ୍ମହୀନତା ନାହିଁ, ସେଇଠି ମହତ୍ତ୍ୱକାଂକ୍ଷା ନଥାଏ। ତେଣୁ ଆତ୍ମହୀନତା, ଏମିତି ସେମିତି ହଜେନାହିଁ ବ୍ୟକ୍ତିଠାରୁ। ଯେବେ ମହତ୍ତ୍ୱକାଂକ୍ଷାର ଅନ୍ତ ହୁଏ, ଆତ୍ମହୀନତା ସମାପ୍ତ ହୁଏ। ଆତ୍ମହୀନତାର ଅର୍ଥ, ଆତ୍ମବୋଧର ଅଭାବ। ଯିଏ ସ୍ୱୟଂକୁ ନ ଜାଣେ, ତା'ରି ପାଖେ ଘଟିଥାଏ। ତାରି ସୁନ୍ଦର ଉପମା ହୋଇପାରେ, ଆତ୍ମ ଅଜ୍ଞାନତା। କାରଣ ସ୍ୱୟଂର ଜ୍ଞାନ ପାଇଁ, ସବୁପ୍ରକାରର ହୀନତା ଓ ମହାନତାରୁ ମୁକ୍ତ ହେବାକୁ ପଡେ। ତେବେ ସେ ସ୍ୱୟଂରେ ଯୁକ୍ତ ହୁଏ।

ତେଣୁ ଏହି ଦୃଷ୍ଟିକୋଣରେ କୁହାଯାଇଛି, ଯିଏ ସ୍ୱୟଂରେ ସ୍ଥିତ ନୁହେଁ, ସେ ଅସ୍ୱାସ୍ଥ୍ୟବାନ। ଅସ୍ୱାସ୍ଥ୍ୟବାନ ବ୍ୟକ୍ତି ସର୍ବଦା ଅନ୍ୟର ତୁଳନାରେ ରହି, ହାରିବା, ଜିତିବାକୁ ଧ୍ୟାନ ଦିଅନ୍ତି। ଜୀବନ ଯାତ୍ରାରୁ କେବଳ ସଂଗ୍ରହ କରୁକରୁ, କେନ୍ଦ୍ରରେ ନ ପହଞ୍ଚି, ପ୍ରାଣବାୟୁ ଛାଡିଥାନ୍ତି।

ତେବେ ମଣିଷର ମହତ୍ତ୍ୱକାଂକ୍ଷା, ଦ୍ୱନ୍ଦ, ଦ୍ୱୈତ ନିର୍ମାଣରେ ଯୁକ୍ତ ଥିବା ବ୍ୟକ୍ତି ଯେଉଁଠି ରହେ, ରାଜନିତୀରେ ଯୋଡେ। ତା'ରି ବିନାଶ ହେବା ଅବସମ୍ଭାବି। କିନ୍ତୁ ସ୍ୱାସ୍ଥ୍ୟବାନ ଚିତ୍ତ ବ୍ୟକ୍ତି, ସୃଜନଶୀଳ ଓ ସମ୍ୟକ ହୋଇଥାଏ। ଆଜି ମନୁଷ୍ୟର ଏହି ଦୁଃଖ ଯେ, ରାଜନିତୀରେ ଯୋଡନ୍ତି ବା ରାଜନେତା ପାଖରେ ଭିଡ ଜମାନ୍ତି। ଆଉ କିଛି ଲୋକ, ପଣ୍ଡିତ, ପୁରୋହିତଙ୍କ ଉପଦେଶରେ ଧର୍ମନାମରେ ସଂଗଠନ, ସମ୍ପ୍ରଦାୟ, ଅନୁଷ୍ଠାନ ନିର୍ମାଣକରି, ନାମ ଯଶ ପାଇବାରେ ଦୌଡୁଥାନ୍ତି। ଆଜିକାଲି ଶିକ୍ଷିତ ସଭ୍ୟ ସମାଜରେ ୯୦% ବ୍ୟକ୍ତି ଧାର୍ମିକ ବୋଲି ଭାବନ୍ତି। ପୂଜାପାଠ କ୍ରିୟାରେ ଯୋଡନ୍ତି, ବା ଧର୍ମଗୁରୁଙ୍କ ପାଖକୁ ଯାଇ ଆଶ୍ରିତ ହୁଅନ୍ତି। ଜଗତରେ ଧାର୍ମିକ ବିକାଶ ନକରାଇ,

- ନିଜକୁ ଓ ଅନ୍ୟକୁ ହିଂସା,
- ଅନ୍ତର ଭିତରେ ଓ ବାହାରେ ଯୁଦ୍ଧ,

- ଅନ୍ୟାୟରେ ଯୋଡନ୍ତି ବା କରିଥାନ୍ତି,

- ନିଜେ ଅଶାନ୍ତି ରୁହନ୍ତି ଓ କରାନ୍ତି ।

ପରିବେଶ ସହିତ ଆଗାମୀ ପିଢ଼ି ବି ଭୋଗିବାର ରାସ୍ତା ପ୍ରସ୍ତୁତ କରାନ୍ତି । ନିଜର ଅଭିମତକୁ ପ୍ରସାର କରିବା ଦ୍ୱାରା, ନିରିହ ଜନତାକୁ ପ୍ରତାରିତ କରିଥାନ୍ତି ।

ଗୋଟିଏ ଛୋଟିଆ କଥା ମନକୁ ଆସେ । ଦିନେ ଗୋଟିଏ ଛୋଟ ନାଆରେ, ୩ଜଣ ବ୍ୟକ୍ତି ବସି ଯାଉଥିଲେ । ନଦୀ ପାରି ହୋଇ ଯିବେ ଆର ପାରିକୁ । ନଦୀରେ ନାଆ, ଚାଲୁଥିବା ବେଳେ, ଚର୍ଚ୍ଚା ଆରମ୍ଭ ହେଲା । ସମୟ କାଟିବା ଆଳରେ କଥାବାର୍ତ୍ତାରୁ ତର୍କ ଆରମ୍ଭ ହେଲା । ଚର୍ଚ୍ଚାର ବିଷୟ ଥିଲା, ପୃଥିବୀ ଉପରେ ସର୍ବପ୍ରଥମ କାହାର ବ୍ୟବସାୟ ଆରମ୍ଭ ହୋଇଥିଲା । ସେହି ୩ ଜଣଙ୍କ ଭିତରୁ-

- ଜଣେ ସଜ୍ଜନ, (ସାଧାରଣ ବ୍ୟକ୍ତି)

- ଆଉଜଣେ ଉଚ୍ଚ ଶିକ୍ଷିତ (Professionally Qualified)

- ତୃତୀୟ ଜଣଙ୍କ ରାଜନେତା ।

ପ୍ରଥମେ ସଜ୍ଜନ କହିଲା, ବାଇବେଲ ଅନୁସାରେ ଶଲ୍ୟ ଚିକିତ୍ସା ପ୍ରାଚୀନ । ମଣିଷର ପ୍ରଥମ ସ୍ୱାସ୍ଥ୍ୟ, ତେଣୁ ସ୍ୱାସ୍ଥ୍ୟ ବ୍ୟବସାୟ ପ୍ରଥମରୁ ହୋଇଥିଲା ।

୨ୟ ଜଣଙ୍କ କହିଲା, ପୃଥିବୀର ବିକାଶ ଅର୍ଥ, ନିର୍ମାଣ ସୁରୁ ହୋଇଥିଲା, ପ୍ରଜ୍ଞାବାନ ଶିକ୍ଷିତ ବ୍ୟକ୍ତିତ୍ୱ ନରହିଥିଲେ, ବିସ୍ତାର (development) କିପରି ହୋଇଥାନ୍ତା ? ତେଣୁ ଜନ କଲ୍ୟାଣ ପାଇଁ ଇଂଜିନିୟର ଓ professional କର୍ମଜୀବିଙ୍କର ବ୍ୟବସାୟ, ବା ବୃତ୍ତି ପ୍ରଥମେ ଆରମ୍ଭ ହୋଇଥିଲା ।

୩ୟ ଜଣ, ରାଜନେତା କହିଲା, ଯେବେ ଲୋକସଂଖ୍ୟା ବଢ଼ିଲା, ଅରାଜକତା ଦେଖାଗଲା । ତେଣୁ ଶୃଙ୍ଖଳା ଓ ଶାସନ ପାଇଁ, ନିୟମକାନୁନ ଜରୁରୀ ପଡିଲା, ତେବେ ପ୍ରଥମେ ରାଜନିତୀ ଆରମ୍ଭ ହୋଇଥିଲା । ଯଦି ଶାସନ, ଶୃଙ୍ଖଳା ନରହିବ, ଦେଶରେ ଯୁଦ୍ଧ, ଅତ୍ୟାଚାର ବଢ଼ିଯିବ ।

ଶେଷରେ କେହି କାହା କଥାରେ ରାଜି ହେଲେନାହିଁ । ସମସ୍ତେ କୁହାକୁହି ହେଲେ, ଯିଏ ଯାହା କରନ୍ତୁ ପଛେ ବିଶ୍ୱରେ ଅରାଜକତା ଭରିଗଲାଣି । ସମସ୍ତେ ଅଶାନ୍ତି, ଅସ୍ୱାସ୍ଥ୍ୟ ଓ ଅତୃପ୍ତ । ଗତ ୩୦୦୦ ବର୍ଷକୁ ଦେଖନ୍ତୁ, ୫୦୦୦ଥର ଛୋଟ ବଡ ଯୁଦ୍ଧ ହୋଇ ସାରିଛି । ଦେଶ ଭିତରେ ଓ ବାହାରେ, ଯାହା ସମସ୍ତଙ୍କୁ ଜଣା । ଏପରିକି ପ୍ରତି ବ୍ୟକ୍ତି ଭିତରେ ଯୁଦ୍ଧ, ପରିବାରରେ, ସମାଜରେ, ସଂସ୍ଥାରେ, କେଉଁଠି ଯୁଦ୍ଧ ନାହିଁ କୁହନ୍ତୁ । ସବୁ ମୂଳରେ ନିଜର ଭାବନା, ମାଲିକାନା, ଅହଂକାର । ତେଣୁ ବୁଝାମଣା ଅଭାବରୁ ଏହି ସମସ୍ୟା ।

ବିଜ୍ଞାନ ଯେତେ ଆବିଷ୍କାର କଲା, ସବୁ ସୁଖ ଦେଲା। କିନ୍ତୁ ମଣିଷ ସମ୍ୟକ ଉପଯୋଗ ନକରିବାରୁ, ମହାବିପଦକୁ ଭେଟୁଛି ସବୁ ମୁହୂର୍ତ୍ତରେ। ଆଜି ଧ୍ୱଂସ ଦ୍ୱାରରେ ମାନବ ଜାତି ଏକା ନୁହେଁ, ଜୀବ ଜଗତ ବି। ତେବେ ବଞ୍ଚିବାର ରାସ୍ତା ନାହିଁ। ବଞ୍ଚିବାର, ଆନନ୍ଦର, ଶାନ୍ତିର, ପ୍ରେମର ଓ ବିଶ୍ରାମର ଆଶା ସ୍ୱପ୍ନ ହୋଇ ଗଲାଣି।

ଶେଷରେ ନଦୀର ଆରପାରିରେ, ୩ଜଣ ପହଞ୍ଚିଲେ। ଜଣେ ବୁଦ୍ଧପୁରୁଷଙ୍କ ଆଶ୍ରମ ପାଖ ଦେଇ ଯାଉଥିଲେ। ବର୍ତ୍ତମାନର ପରିସ୍ଥିତିରୁ ରକ୍ଷାପାଇଁ, ଉପାୟ କ'ଣ ବୋଲି ମହାତ୍ମାଙ୍କୁ ପଚାରିଲେ।

ବୁଦ୍ଧ ପୁରୁଷ କହିଲେ, ବର୍ତ୍ତମାନ ୨ଟି ରାସ୍ତା ଉନ୍ମୁକ୍ତ -

୧- ସମୁହ ଆତ୍ମହତ୍ୟା

୨- ସମୁହ ରୂପାନ୍ତରଣ

କିନ୍ତୁ ବାଛିବାର ସ୍ୱତନ୍ତ୍ରତା ନିଜ ହାତରେ।

ସମୁହ ଆତ୍ମହତ୍ୟାର ଅର୍ଥ, ସମସ୍ତେ ଅସ୍ୱଭାବିକ ଭାବେ ମରିବେ। କିଛି ବଞ୍ଚିଥାଇକି, ପ୍ରତିକ୍ଷଣରେ ମରିବା ସହିତ ସମାନ। ସମସ୍ତେ ଅସମ୍ୟକ, ଅସନ୍ତୁଳିତ ବିଚାର, ଆକାଂକ୍ଷା ଓ ବାସନା ରେ ଯୁକ୍ତ। ତା'ପାଇଁ ସର୍ବଦା ଦୌଡି ଦୌଡି ସଂଗ୍ରହ କରିଥାନ୍ତି। ସ୍ୱୟଂ ବିଷୟରେ ଚିନ୍ତା କରିବାକୁ ବେଳ ନାହିଁ। ମୃତ୍ୟୁ ଆସିଲେ ଭାବନ୍ତି। ଆମର ପାଳି ବହୁ ଦୁରରେ।

ଅନ୍ୟଟି ସମୁହ ରୂପାନ୍ତରଣ। ଯା'ର ମୂଳ ସମ୍ୟକ ଜୀବନ ଯାତ୍ରା, ତା ସହିତ ଧ୍ୟାନ, ପ୍ରେମ, ସେବା ଓ ସମାଧିରେ ଯୋଡିଗଲେ, ବ୍ୟକ୍ତି ସହଜ, ଜାଗ୍ରତ ଓ ସମ୍ବେଦନଶୀଳ ହେବ। ନିଜେ ଶାନ୍ତି ଓ ବିଶ୍ରାମ ପାଇବା ପରେ, ଅନ୍ୟକୁ ମଧ୍ୟ ଶାନ୍ତି ଓ ସହଜ କରାଇବ। ତେଣୁ ଧରିତ୍ରୀରେ ଶାନ୍ତି ପାଇବାର ଗୋଟିଏ ରାସ୍ତା ନିଜର ଶୁଦ୍ଧିକରଣ, ଯେଉଁଠୁ ଧାର୍ମିକତାର ଜନ୍ମ, ଧର୍ମ ନୁହେଁ।

ତେବେ ଯୁଦ୍ଧ ନୁହେଁ ବରଂ ବୁଦ୍ଧ ଜରୁରୀ। ବୁଦ୍ଧତ୍ୱ ବା ସନ୍ଥତ୍ୱ ମାନବର ଜନ୍ମଗତ ଅଧିକାର। ସେହିଥିରୁ ଆଜି ପ୍ରଜ୍ଞାବାନ ବ୍ୟକ୍ତି ବଞ୍ଚିତ। ତେବେ ସମାଜରେ ଶାନ୍ତି, ମୈତ୍ରୀ କିପରି ପ୍ରତିଷ୍ଠା ହେବ ?

୧ମ କଥା, ସମ୍ୟକ, ସଂସାରୀ ହୁଅ। ସମ୍ୟକ ପୁରୁଷ, ଯେଉଁ ବୃତ୍ତି କରୁଥାଉ, ଧ୍ୟାନ ଓ ପ୍ରେମରେ ଯୋଡ଼ୁ। ନିଜେ ସୁଧୁରି ଯିବ ଓ ଅନ୍ୟକୁ ମଧ୍ୟ। ମନୁଷ୍ୟତାର ଜନ୍ମ ନେବ ନିଜ ଭିତରୁ। ଏହା ଯଥେଷ୍ଟ ସହାୟକ ହେବ ଅହିଂସା, ସତ୍ୟ ପଥରେ ଯାତ୍ରୀ ପାଇଁ। ତେବେ ଶୃଙ୍ଖଳା ଓ ଶାନ୍ତି ପାଇଁ ୨ଟି ଅସ୍ତ୍ର ଯଥେଷ୍ଟ-

୧- ଧ୍ୟାନ - Right Meditation
୨- ପ୍ରେମ - Right Love

ଧ୍ୟାନ, ବିଚାର ଶୂନ୍ୟତା।
ପ୍ରେମ, ବାସନା ଶୂନ୍ୟତା।

ତେଣୁ ଯାହାକର, ପ୍ରଭୁ ସ୍ମରଣରେ ଯୋଡିଯାଅ, ଶବ୍ଦରେ ନୁହେଁ ନିଶବ୍ଦ ଶ୍ରବଣରେ। ତେବେ ଧ୍ୟାନ ଘଟିଯିବ ଓ ଜଗତରେ ଧାର୍ମିକତାର ପ୍ରାଣ ପ୍ରତିଷ୍ଠା ସୁରୁ ହେବ। ଯଦି ଜଣେ ଅଧେ ଧ୍ୟାନୀ ହେଲେ ନୁହଁ, ସବୁ ସ୍ତରରେ ଧ୍ୟାନ ପହଁଞ୍ଚିଲେ ଓ ଉପଯୋଗ କରାଗଲେ, ସମାଜରେ ପ୍ରେମ, ଶାନ୍ତିର ପ୍ରାଣ ପ୍ରତିଷ୍ଠା ଅବଶ୍ୟ ହେବ।

ବାସ୍ତବିକ ଜ୍ଞାନ କ'ଣ ?

ଜ୍ଞାନ, କେବଳ ସ୍ୱୟଂର ଅନୁଭବ। ନିଜ ସ୍ୱଭାବର ପରିଚୟ ପାଇଲେ ଆତ୍ମଜ୍ଞାନୀ କହିଥାନ୍ତି। ସେ ଜାଣିଯାଏ, ସେ କିଏ ? ତା'ର ପରିଚୟ କ'ଣ ? ଅସଲି ବାସଗୃହ କେଉଁଠି ତା'ର ? କିନ୍ତୁ ସାମାଜିକ ଦୃଷ୍ଟିକୋଣରେ ଦୁଇ ପ୍ରକାର ଜ୍ଞାନର ଚର୍ଚ୍ଚା ହୋଇଥାଏ।

(୧)- ବାହାର ଜ୍ଞାନ (ସଂଗ୍ରହ ଜ୍ଞାନ)

(୨)- ଅନ୍ତର ଜ୍ଞାନ (ଅନୁଭବର ଜ୍ଞାନ)

୧ମ ଟିକୁ ବିଜ୍ଞାନ କୁହାଯାଉଥିବା ବେଳେ, ଅନ୍ୟଟିକୁ ଆଧ୍ୟାତ୍ମ କହିଥାନ୍ତି। ବିଜ୍ଞାନ ପାଇଁ, ବହିର୍ଯାତ୍ରା କରିବାକୁ ପଡେ। ଆଧ୍ୟାତ୍ମ ପାଇଁ, ଅନ୍ତର୍ଯାତ୍ରାରେ ଯୋଡିବାକୁ ପଡେ।

ବାହାର ଜ୍ଞାନ:- ମାନବର ସର୍ଜନା, ମାନ୍ୟତାର ଜ୍ଞାନ (Rituals) କୁହାଯାଏ। ଶ୍ରମ ଓ ସଂଘର୍ଷମୟ, ଆଉ ପହଁଞ୍ଚିବା ପରେ ବି ଅଶାନ୍ତ ଓ ଅତୃପ୍ତ। କ୍ରିୟାକାଣ୍ଡ ଭରା ବ୍ୟବସ୍ଥା। ଶାସ୍ତ୍ର, ସାହିତ୍ୟ, ସଂସ୍କାର, ସଂସ୍କୃତି, ଶିକ୍ଷା, ଶିକ୍ଷକ, ଓ ବସ୍ତୁ, ପଦାର୍ଥର ଜରୁରୀ ପଡେ। ଏଠାରେ ଯାତ୍ରୀ, କିଛି ହାସଲ କଲାପରେ, ନିଜର ଶ୍ରମଦାନକୁ ଗୁରୁତ୍ୱଦିଏ। ସେହି କର୍ତ୍ତା ଭାବନାରୁ ଅହଂକାର ଜନ୍ମନିଏ। ଅହଂକାରୀ ବ୍ୟକ୍ତି ନା କେବେ ସୁସ୍ଥ ନା ଆନନ୍ଦିତ ? ନିଜର ପରିଚୟ ନପାଇବାରୁ, ଜିତିବା, ହାରିବା, ସଂଗ୍ରହକରିବା, ପହଞ୍ଚିବା ଓ ଶକ୍ତି ପ୍ରଦର୍ଶନ କରି, ପ୍ରତିଷ୍ଠିତ ହେବା ମୁଖ୍ୟ ହୋଇଯାଏ। ଫଳରେ ସାରା କ୍ରୋଧ, ଇର୍ଷା, ଦ୍ୱେଷ, ମହାରୋଗକୁ ନେଇଯାଏ।

ଅନ୍ତର ଜ୍ଞାନ:- ଶୂନ୍ୟତାର ଜ୍ଞାନ। ଆଧ୍ୟାତ୍ମ ବା spiritual ବି କୁହାଯାଏ। ଏହା ଅସ୍ତିତ୍ୱର ବ୍ୟବସ୍ଥା, ତାକୁ ଆବିଷ୍କାର କରାଯାଏ ନିଜ ଭିତରୁ। ଅର୍ଥାତ୍ ନିଜର ଶୂନ୍ୟ ବିଚାରରୁ ଶୁଦ୍ଧିକରଣ ହୁଏ ନିଜର। ଏହି ବ୍ୟବସ୍ଥାରେ ଶ୍ରମ ନଥାଏ, କେବଳ ଥାଏ ବିଶ୍ରାମ। ସହଜ, ଜାଗ୍ରତ ବିଶ୍ରାମ ତା'ର ମୂଳ। ଶୂନ୍ୟ ବିଚାର ଓ ଶୂନ୍ୟ ବାସନା ହିଁ

ଯାତ୍ରାର ମୂଳଧନ । ପରମ ଶାନ୍ତି, ମୈତ୍ରୀ, ଆନନ୍ଦ, ଅମୃତ ଓ ବିଶ୍ରାମକୁ ଆଣିଦିଏ। ବିଭାଜନ ନଥାଇ, ଯୋଡିଯୋଡି, ଅସ୍ତିତ୍ୱ ସହିତ ଏକ ହୁଏ।

ବାହାର ଜ୍ଞାନକୁ information Knowledge କହିଥାନ୍ତି। ଶାସ୍ତ୍ରରୁ ସଂଗ୍ରହ ଜ୍ଞାନ ଦ୍ୱାରା ସବୁକିଛି ଜାଣିବା ଅସମ୍ଭବ। ସ୍ୱୟଂର ଖବର ଶିକ୍ଷା ବ୍ୟବସ୍ଥାରେ ନଥାଏ। ତେଣୁ ସନ୍ଥ କହନ୍ତି, ଶାସ୍ତ୍ରରୁ ଜ୍ଞାନ, ସମାଜରୁ ଶିକ୍ଷା କିଛିବାଟ ନେଇଥାଏ, ଅର୍ଥାତ୍ ଜୀବନ ବଞ୍ଚିବାପାଇଁ ସାଥ୍ ଦିଏ। କିନ୍ତୁ, ପରମ ଉର୍ଜାର (ପରମାତ୍ମା)ର କିଛି ସୁଗନ୍ଧ ମିଳି ନଥାଏ।

ଯେହେତୁ ଅସ୍ତିତ୍ୱ, ସମସ୍ତ ଜୀବାତ୍ମାଙ୍କୁ ସ୍ୱତନ୍ତ୍ରତା ଦେଇଛି, ତେଣୁ ଦ୍ୱୈତର ବିସ୍ତାର ହେବା ସ୍ୱାଭାବିକ।

ତଥାପି, କିଛି ବେହୋଷତାରେ ରହି Negative Minded, ହୋଇଯାନ୍ତି। ଆଉ କିଛି ହୋଷରେ ରୁହନ୍ତି, Positive Minded ହୋଇଥା'ନ୍ତି। ତେଣୁ ପରମ ଉର୍ଜାର ଅନୁଭବୀ ବ୍ୟକ୍ତି ଏକା ଆନନ୍ଦିତ ଓ ଧାର୍ମିକ। ଆଉ ସବୁ ମଣିଷ ସୁଖ ପଛରେ ଯାତ୍ରୀ। ସେହି ଦୃଷ୍ଟି କୋଣରେ ସ୍ୱୟଂର ଶୁଦ୍ଧିକରଣର ବ୍ୟବସ୍ଥା, ଅସ୍ତିତ୍ୱ ଖଞ୍ଜିଛି। କେବଳ ସମ୍ୟକ ଦୃଷ୍ଟିକୋଣର ଆବଶ୍ୟକତା ଅଛି।

ଜୀବନକୁ ସମ୍ୟକ, ସନ୍ତୁଳିତ ଓ ଜାଗ୍ରତ ନ ରଖିଲେ, ସ୍ୱୟଂର ରୂପାନ୍ତରଣ ହେବ ନାହିଁ, ନାଁ ହେବ ଜ୍ଞାନର ଉଦୟ। ଅସଲି ଜ୍ଞାନର ଅନୁଭବ ନପାଇଲେ, ବ୍ୟକ୍ତି ସର୍ବଦା ଅନ୍ୟର ଦୋଷ ଦେଉଥିବ। ଅଭିଯୋଗ ଭାବନାରେ ଯୁକ୍ତ ଥାଇ, ଆଧ୍ୟାତ୍ମରୁ ମୁକ୍ତ ହୁଏ। ଯିଏ ଅହୋଭାବ (gratitude) ରେ ଯୁକ୍ତ ହୁଏ, ସେ ହୋଇଯିବ ଆଧ୍ୟାତ୍ମ। ତା ପାଇଁ ଶୂନ୍ୟକୁ ଯିବା ଜରୁରୀ। ଶୂନ୍ୟ ଯାତ୍ରାର ଅର୍ଥ ନିଜର ଶୂନ୍ୟ ବିଚାର। କାରଣ ବ୍ୟର୍ଥ ବିଚାର ସବୁ ଅନର୍ଥର ମୂଳ । ସତ୍ୟଠାରୁ, ସମାଧି ଠାରୁ ବହୁ ଦୂରକୁ ନେଇଥାଏ।

ଜୀବନରେ ପରମସତ୍ୟକୁ ନ ଜାଣିଲେ, ଯେତେ ଜ୍ଞାନ ଜଗତରୁ ସଂଗ୍ରହ କଲେବି ବୃଥା। ତେଣୁ ଅନୁଭବ ପାଇଁ, ବିବାଦ, ତର୍କ, ସଂଗ୍ରହ, ଦୌଡରୁ ମୁକ୍ତ ରହି, ସହଜ, ଜାଗ୍ରତ ଓ ଅନ୍ତର ଶ୍ରବଣରେ ଯୋଡିଯାଅ, ଯା'ର ଅନ୍ୟ ପରିଭାଷା, ଧ୍ୟାନ।

ସ୍ୱୟଂର ପୂର୍ଣ୍ଣ ମୌନତା, ଓ ଅନ୍ତର ଶ୍ରବଣରୁ ଜ୍ଞାନ ଅବଶ୍ୟ ଉଦୟ ହେବ। ଏହାକୁ ଜାଣିବାର ଓ ଉପଯୋଗର କଳା ହିଁ ଆଧ୍ୟାତ୍ମ ଶିକ୍ଷା, ଯାହାକୁ ବାସ୍ତବିକ ଜ୍ଞାନ କହନ୍ତି, ସନ୍ଥ।

ଅସଲି ଭିକାରୀ କିଏ ?

ଥରେ ସ୍ୱପ୍ନରେ ଗୋଟିଏ ଅଦ୍ଭୁତ ଘଟଣା ଦେଖାଗଲା । ଜଣେ ଭିକାରୀ, ଧନପତିର ଘରଦ୍ୱାର ପାଖରେ ଛିଡା ହୋଇଛି । ଦେଖିଲା, ଧନୀ ଲୋକଟି, ଭଗବାନଙ୍କ ପାଖରେ ପ୍ରାର୍ଥନା କରୁଛି ଓ ପାଇବା ପାଇଁ କିଛି କହୁଛି । ଭିକାରୀ, ଭାବୁଛି ମୁଁ ତ ମାଗୁଛି, ସେ ବ୍ୟକ୍ତି ଏତେ ବଡ ଧନୀ ହୋଇବି ମାଗୁଛି । ମୁଁ ତ ଖାଇବା ପାଇଁ କିଛି କିଛି ଚାହୁଁଥିଲି । ସେ ତା'ର ଧନ ସମ୍ପତ୍ତିଥାଇ ମଧ୍ୟ, ଆଉ କିଛି ବଡ ଜିନିଷ ମାଗୁଛି । ତା ସହିତ କହୁଛି ପ୍ରଭୁ, ମୋତେ ଏହି ଜିନିଷ ଦିଅ, ତୁମର ଏହି କାମ ମୁଁ କରିଦେବି । ଏତେ ବଡ କୃପଣ, ତା ପାଖରେ ସ୍ତ୍ରୀ କହୁଛି, ପୁଅ ଦେହ ଭଲ ନାହିଁ, Hospital ନେଇଚାଲ । ବରଂ ପ୍ରାଣ ଯାଉ କାହାର, ସେ ଟଙ୍କାଟିଏ ଦେବାକୁ ଶୁଣୁନାହିଁ । ଏହା ଶୁଣି ଭିକାରୀ ଆଶ୍ଚର୍ଯ୍ୟ ହେଲା, କହିଲା ମୁଁ ଭାବୁଥିଲି ମୁଁ ଏକା ଭିକାରୀ । ଏବେଠାରୁ ଜାଣୁଛି, ଏହି ଦୁନିଆରେ ମୋ ଠାରୁ ବଡ ବଡ ଭିକାରୀ ଭରି ରହିଛନ୍ତି ।

ସେ ବ୍ୟକ୍ତି ଜଣଙ୍କ ଦିନେ ଗୋଟିଏ ନିର୍ଜ୍ଜନ ସ୍ଥାନରେ ଏକାକି ଯାଉଥିଲା । କିଛି ଲୁଟେରା ତାକୁ ଦେଖି ଭାବିଲେ, ଏହି ବ୍ୟକ୍ତି ପାଖରେ କିଛି ଅର୍ଥ ଅଛି, ତାକୁ ଲୁଟି ନେବା । ପ୍ରକୃତ, ସେହି କୃପଣ ବ୍ୟକ୍ତି ପାଖରେ କିଛି ନଥିଲା । କିନ୍ତୁ ତା'ପାଖରେ ବହୁତ ଅଛି, ଭାବି, ତାକୁ ଆକ୍ରମଣ କଲେ । ଲୁଟେରା କୃପଣ ବ୍ୟକ୍ତିକୁ କହିଲେ, ତୁମେ ଧନକୁ ଦେଇଦିଅ, ଆମ୍ଭେ ନ ହେଲେ ମାରିଦେବୁ । ସେ ବ୍ୟକ୍ତି କହିଲା, କିନ୍ତୁ ଧନ ପାଖରେ ମୋର ପ୍ରାଣର ମୂଲ୍ୟ କ'ଣ ?

ମୋର ଧନ ଥିଲେ, ବୁଢ଼ା ବେଳେ ମୋ କାମରେ ଲାଗିବ । ବରଂ ମୋ ପ୍ରାଣ ନେଇଯାଅ । ସେହି ବ୍ୟକ୍ତି ପାଖକୁ ମୁଁ ଭିକ ମାଗିବାକୁ ଯାଇଥିଲି । ଚୋରମାନେ ଭାବିଲେ, ଏହି ବ୍ୟକ୍ତି ପାଖରେ ଧନ ଅଛି କି ନାହିଁ କିପରି ଜାଣିବା ? ଜଣେ ବୁଦ୍ଧିମାନ ଚୋର କହିଲା । ଆମ୍ଭେ ତୁମର ଧନ ନେବୁ ନାହିଁ କି, ତୁମକୁ ମାରିବୁ ନାହିଁ । କିନ୍ତୁ ଯଦି

ତୁମେ ତୁମର କେତେ ଧନ ଅଛି କହିଦେବ, ଆମ୍ଭେ ବରଂ ତୁମକୁ ଗୋଟିଏ ସ୍ୱର୍ଣ୍ଣ ମୁଦ୍ରା ଦେବୁ।

କୃପଣ ବ୍ୟକ୍ତି ଜଣଙ୍କ, ଗୋଟିଏ ସ୍ୱର୍ଣ୍ଣମୁଦ୍ରା ପାଇବ ଭାବି, ଖୁସିରେ ଅନେକ ସ୍ୱପ୍ନ ଦେଖିଲା। ମୁଁ ସେହି ଚୋରଙ୍କୁ ନେଇ ମୋ ଘରକୁ ଯିବି ଓ କହିବି ଖାଲି। ଶେଷରେ ତା' କହିବା ଅନୁସାରେ ଚୋରମାନେ ଗଲେ, ତା' ଘରକୁ। ଘରେ କବାଟ ବନ୍ଦ କରି, ତାଙ୍କୁ ସବୁ ସମ୍ପତ୍ତିକୁ ଦେଖାଇଲା, ଲୁଟେରା ସବୁ ଧନ ଦେଖି ଖୁସିରେ ହସିବାକୁ ଲାଗିଲେ।

ସନ୍ଥ କହନ୍ତି, ଭିକାରୀ କିଛି ଅଛନ୍ତି ଯେ ସମ୍ପୂର୍ଣ୍ଣ ନିଃସହାୟ, କୌଣସି କିଛି ସାମର୍ଥ୍ୟ ନଥାଇ, ଖାଦ୍ୟ ଗଣ୍ଡେ ସଂଗ୍ରହ କରିବାକୁ, ଶେଷରେ ଭିକ୍ଷା ମାଗିଥାନ୍ତି। କିନ୍ତୁ ଆଜିର ସମାଜରେ, ସଂସ୍ଥାରେ, ସଂପଦ ଭରା ବ୍ୟକ୍ତିତ୍ୱ, ଅଧିକ ଭିକ୍ଷାବୃତ୍ତି କରୁଛନ୍ତି। ଅନ୍ୟକୁ ଶୋଷଣ କରି, ଜୋର ଜବରଦସ୍ତି, ଶକ୍ତିର ପ୍ରୟୋଗ କରି, ଅଧିକ କମାନ୍ତି। ଏହା କ'ଣ ଏକ ପାଗଳାମୀ ? ତେଣୁ ଭିକାରୀର ପରିଭାଷା ଅନେକ। ଅଶିକ୍ଷିତ, ଶିକ୍ଷିତ, ଜ୍ଞାନୀ, ଅଜ୍ଞାନୀ, ଧନୀ, ବ୍ୟବସାୟୀ, ରାଜନେତା, ପଣ୍ଡିତ, ପୁରୋହିତ, ସରକାରୀ ଚାକିରିଆ ଓ ସାମାଜିକ ସାଧୁସନ୍ଥ ମଧ୍ୟ ବଡ ବଡ ଭିକାରୀ। କିଏ ଶିକ୍ଷାନାମରେ ତ, କିଏ ଦୀକ୍ଷାନାମରେ, କିଏ ରକ୍ଷାନାମରେ କିଛି ନେଇଥାନ୍ତି। ଏହା କ'ଣ ଭିକ୍ଷାବୃତ୍ତି ନୁହେଁ କି ?

ସମସ୍ତେ ଅଜାଗୃତ। ସ୍ୱପ୍ନ ଦେଖି ଦେଖି ଅସ୍ୱାସ୍ଥ୍ୟବାନ। ସନ୍ଥ କହନ୍ତି, ଯିଏ ଦିଏ ସେ ସମ୍ରାଟ। ଯିଏ ମାଗେ ସେ ଭିକାରୀ। ଯିଏ ଦିଏ ଓ ନ ନିଏ ସେ, ଗୁରୁ ବା ଦେବତା। ସେ ଦିଅନ୍ତି ଓ ଭୁଲିଥାନ୍ତି। ତେଣୁ ସେହି ସ୍ୱପ୍ନ ନଥିବା ବ୍ୟକ୍ତିତ୍ୱହିଁ ସ୍ୱୟଂରେ ସ୍ଥିତ। ସେହି ହୋଇଥାଏ ସ୍ୱାସ୍ଥ୍ୟବାନ ଓ ଧାର୍ମିକ। ସେ ମାଗେ ନାହିଁ ଅନ୍ୟ ପାଖରେ, ଏପରିକି ପରମାତ୍ମାଙ୍କ ପାଖେ ବି। ସବୁକୁ ସ୍ୱୀକାର କରିବା, ତା'ରି ଧର୍ମ। ସେ ହୁଏ ବିଚାର ଶୂନ୍ୟ, ସେ ପାଏ ପୂର୍ଣ୍ଣ ଓଁକାର। ସେହି ବ୍ୟକ୍ତି ସ୍ୱୟଂରେ ସ୍ଥିତ ଓ ଧ୍ୟାନୀ।

■

ଧର୍ମର ଆଢୁଆଳରେ ଅଧର୍ମ

ଅଧର୍ମ ସବୁବେଳେ ଧର୍ମର ଆଢୁଆଳକୁ ଖୋଜୁଥାଏ। ତାକୁ ଗୋଟିଏ ସୁରକ୍ଷା ମିଳିଯାଏ। କାରଣ ଅସଲି ଯେଉଁଠି, ଠିକ୍ ପଛରେ ତାର ନକଲି ଛପି ରହିଥାଏ। ତେଣୁ ନକଲି, ସର୍ବଦା ଅନୁକରଣ କରେ। ଠିକ୍ ସେହିପରି, ଧାର୍ମିକତାର ଜଗତରେ, ପରମାତ୍ମାଙ୍କର ଅନେକ ମନ୍ଦିର। ଅବଶ୍ୟ, ପରମସତ୍ତା ସବୁଠି ବିଦ୍ୟମାନ, ନିଜ ଶରୀର (ମନ୍ଦିର)ରେ ଓ ମାନବର ନିର୍ମିତ ସ୍ଥଳରେ। ସବୁଠି ପ୍ରେମ, ଭକ୍ତି ଯୋଡିଥାଏ। କିନ୍ତୁ ଆଜିକାଲି ଧର୍ମର ସ୍ଥଳ ଶୈତାନଙ୍କର ଆବାସ। ଶୈତାନର ପରିଭାଷା ଅନେକ। ସେ ସ୍ୱୟଂକୁ ଲୁଚାଇ ରଖିବାକୁ ଆୟୋଜନ କରୁଥାଏ।

ସନ୍ଥ ଏହି କଥାକୁ, ଅନ୍ୟ ପରିଭାଷାରେ କହନ୍ତି, "ଦ୍ୱୀପ ତଳ ଅନ୍ଧାର"।

ଠିକ୍ ସେହିପରି ଅସତ୍ୟ, ସତ୍ୟର ବସ୍ତ୍ରପିନ୍ଧି, ଦେଖାଣିଆରେ ଥାଏ। ଭିତରେ ପ୍ରେମ ପରିବର୍ତ୍ତେ, ଘୃଣା, ଲୁଣ୍ଠନ, ଶୋଷଣ ଛପି ରହିଥାଏ। ବାହାରେ ଯୋଗ, ଭିତରେ ଭୋଗ। ତା' ସହିତ ଆଜିର ଚକାଚକ ଦୁନିଆରେ, ଦେଖାଣିଆ, ପ୍ରଚାର, ପ୍ରସାର ବହୁତ ଚାଲିଛି। ଲୋକେ, ଝିଣ୍ଟିକା ପରି ଅଗ୍ନି ଶିଖାରେ ଝାସ ଦେଉଛନ୍ତି। ଧର୍ମର ସୁଗନ୍ଧ, ସତ୍ୟର ଅନୁଭବକୁ ବହିର୍ଜଗତ ଓ ମାଧ୍ୟମରୁ ଖୋଜୁଛନ୍ତି, ଯାହା ଦ୍ୱାରା ଏପର୍ଯ୍ୟନ୍ତ କେହି ପାଇ ନାହାନ୍ତି।

ଗୋଟିଏ କାହାଣୀ ମନେପଡେ। ଥରେ ଜଣେ ସାଧୁ, ସତ୍ୟ ଉପରେ କହୁଥିଲେ। ହଠାତ୍, ପ୍ରବଚନ ଆରମ୍ଭରୁ କହିଲେ, ମିତ୍ର! ମୁଁ ଏବେ ସତ୍ୟର କଥା କହିବି। କାରଣ ଅସତ୍ୟ ବୋଲି କୌଣସି ଶାସ୍ତ୍ର ବି ଅଛି। ଯଦି କେହି ଅସତ୍ୟର ୧୭ ଅଧ୍ୟାୟକୁ ପଢିଛନ୍ତି, ହାତ ଉଠାନ୍ତୁ। ସମସ୍ତେ କହିଲେ ଆମ୍ଭେ ପଢ଼ିଛୁ ଓ ହାତ ବି ଉଠାଇଲେ, କିନ୍ତୁ ଜଣକୁ ଛାଡି। ବାସ୍ତବରେ ଅସତ୍ୟର କିଛି ଶାସ୍ତ୍ର ଅଛି, ନା ଅଧ୍ୟାୟ ଅଛି ? ସାଧୁ ଜଣଙ୍କ ହସିଲେ। ସେହିଦିନ ରାତ୍ରୀରେ ସତ୍‌ସଙ୍ଗ ସାରି, ସାଧୁ ମହାତ୍ମା, ଏକୁଟିଆ ରହୁଥିବା ସେହି ବ୍ୟକ୍ତି

ପାଖକୁ ଗଲେ, ଯିଏ ହାତ ଉଠାଇ ନଥିଲା। ସେହି ବ୍ୟକ୍ତି ଜଣକ ଥିଲା ଏକ ସମ୍ୟକ ଓ ଧାର୍ମିକ, ତେଣୁ ସାଧୁ ଗଲେ, ତାଙ୍କ ପାଖକୁ।

ସାଧୁ ପଚାରିଲେ ମିତ୍ର ! ତୁମେ ସତ୍‌ସଙ୍ଗକୁ କାହିଁକି ଯାଇଥିଲ ? ଧର୍ମ ସଭାରେ ତୁମଭଳି ବ୍ୟକ୍ତି ଦେଖାଯାଆନ୍ତି ନାହିଁ। ତୁମେ ଅସତ୍ୟ ସହିତ ହାତ ଉଠାଇଲ ନାହିଁ। ତେଣୁ ମୁଁ ତୁମକୁ ସାଧୁବାଦ ଦେବା ପାଇଁ ଆସିଥିଲି। ସେ ଲୋକଟି ଡରି ଯାଇଥିଲା। କହିଲା, ମୋତେ କ୍ଷମା କରନ୍ତୁ। ଅସଲିକଥା, ମୁଁ ଶୋଇ ପଡିଥିଲି, କିଛି ଶୁଣିନଥିଲି ସଭାରେ, କିନ୍ତୁ ମୁଁ ସମସ୍ତଙ୍କ ସହିତ ଥାଏ।

ବାସ୍ତବିକ ଧର୍ମ ଭିଡ ଭିତରେ ନଥାଏ। ତାହା ଏକ ଶାନ୍ତ, ଏକାନ୍ତ, ନିର୍ବିଚାର ଓ ଶୂନ୍ୟ ସ୍ଥିତି। ସେ କାହା କଥା ଶୁଣେ ନା ମାନେ। ନିଜର ଅନ୍ତରରୁ ଯେଉଁ ପ୍ରେରଣା ଆସେ, ତାକୁ ଜାଣେ।

ଆଜିର ପରିସ୍ଥିତି ପୁରା ଓଲଟା। ସାମାଜିକ ସଂସାରୀ, ସାଧୁ, ସମସ୍ତେ ଅସତ୍ୟ ବାଟରେ ଥାଇ, ସତ୍ୟର ଚର୍ଚ୍ଚା କରନ୍ତି ଓ ଶୁଣୁଥା'ନ୍ତି। ତେବେ ଅସଲି ଧର୍ମର ଉଦୟ କିପରି ହେବ ? ସାଧୁ ସନ୍ୟାସୀ ପାଖକୁ ଗଲେ, ସଂସ୍ଥାରେ ଯୋଡିଲେ, ଓ ଦୀକ୍ଷା ନେଇଗଲେ, କ'ଣ ଅନୁଭବ ହେବ ?

ସନ୍ଥ କହନ୍ତି, ଯାହା ଜନ୍ମରୁ ସ୍ୱୟଂ ଭିତରେ ମହଜୁଦ, ତାକୁ ଆବିଷ୍କାର କରିବା ସାଧନା। କୌଣସି ତୀର୍ଥ ଯାତ୍ରା ନୁହେଁ କି, ଆଡମ୍ବର କ୍ରିୟାକାଣ୍ଡ ନୁହଁ। ଅନୁଭବର ରହସ୍ୟ, ଆତ୍ମା ସହିତ ଯୁକ୍ତ। ଯାହା ସ୍ୱୟଂର ଶୂନ୍ୟ ସ୍ଥିତିରୁ ଉଦୟ ହୁଏ, ସେହି ଶୂନ୍ୟର ଶ୍ରବଣ ହିଁ ଧର୍ମର ମୂଳ, ଯା'ର ଲକ୍ଷ୍ୟ ଧାର୍ମିକତା।

ଧାର୍ମିକତାର ଅର୍ଥ ଧର୍ମନୁହେଁ, ଶାସ୍ତ୍ର, ପ୍ରବଚନ, ପଠନ ଓ ଶ୍ରବଣ ବି ନୁହେଁ। ଏହା ନିଜର ଶୁଦ୍ଧିକରଣର ବିଜ୍ଞାନ। ଯାହାର ଉପଯୋଗରୁ ସ୍ୱୟଂର ଅସଲି ଚେହେରାରର ପରିଚୟ ମିଳିବା ସମ୍ଭବ। ସେହି ଧାର୍ମିକତାର ୪ଟି ଆଧାର, ଯଥା- ସାକ୍ଷୀ, ଧ୍ୟାନ, ସମାଧି ଓ ସୁମିରଣ। ଏହି ଚାରୋଟି ଯେଉଁଠି, ଧର୍ମର ଉଦୟ ସେଇଠି।

ସେହି ଧର୍ମ, ଅସ୍ତିତ୍ୱର ନିୟମରେ ବନ୍ଧା। ଧର୍ମର ଉଦ୍‌ଗମ ନିଶବ୍ଦ ଧ୍ୱନି, ତାହାକୁ ଓଁକାର, ସତ୍‌ନାମ ବୋଲି କହନ୍ତି, ସନ୍ଥ। ସେହି ଦିବ୍ୟ ଓ ଅଜପାକୁ ସ୍ୱୟଂର ଭିତରୁ ଶ୍ରବଣ ପାଇଲେ, ଧ୍ୟାନର ଉଦୟ ହେବ। ଧ୍ୟାନରୁ ସାକ୍ଷୀ, ସମାଧି ଓ ସୁମିରଣ ପହଁଞ୍ଚିଯିବ। କେବଳ ଶ୍ରଦ୍ଧା ଓ ସମୟ ଦାନ ଯଥେଷ୍ଟ ହେବ।

ଯେଉଁଠି ଶବଦ, ସଦ୍‌ଗୁରୁ ଓ ସଦ୍‌ଶିଷ୍ୟର ମହାମିଳନ ହେବ, ସେଇଠୁ ଧର୍ମର ଜନ୍ମ। ତାହାର ମୂଳ ସନ୍ଦେଶ ଧାର୍ମିକତା, ଧାର୍ମିକତାରୁ ଅସଲି ଧର୍ମର ଜନ୍ମ। କେବଳ ସ୍ୱୟଂର ଅନୁଶାସନ ଜରୁରୀ, କିନ୍ତୁ ବାହାର ଓ ମାନବ ସର୍ଜନାର ପରମ୍ପରା ନୁହେଁ।

■

ମଣିଷ, ସ୍ୱୟଂ ସମ୍ବନ୍ଧିତ ପ୍ରଶ୍ନ କେବେ ନିଜକୁ ପଚାରେ କି ?

ମଣିଷ ସର୍ବଦା ସମ୍ବନ୍ଧରେ ଯୋଡେ। ସମ୍ବନ୍ଧ ଅବଶ୍ୟ ଯୋଡିବାର ବିଜ୍ଞାନ। ବାହାରେ ଯୋଡିବାରେ ଯେଉଁ ମଜା, ରସ ପାଏ ମଣିଷ, ତାହା ଶୂନ୍ୟରୁ ତା'କୁ ମିଳିନଥାଏ। ଦିନେ ସେ କେବେ ସ୍ୱୟଂ ବିଷୟରେ ନିଜକୁ ନିଜେ ପଚାରେ କି ? ଯେ ମୁଁ କିଏ ? ମୋର ଅସଲି ପରିଚୟ କ'ଣ ? ମୋର ଗନ୍ତବ୍ୟ କେଉଁଠି ? ମୋର ମିଶନ କ'ଣ ? ଅବଶ୍ୟ ଏପରି ଅନେକ ପ୍ରଶ୍ନ ସାମାଜିକ ଜ୍ଞାନୀଙ୍କର ମୁଣ୍ଡରେ ପଶେ। କିନ୍ତୁ ତା'ରି ଉତ୍ତର ଶାସ୍ତ୍ରରୁ, ପଣ୍ଡିତ, ପୁରୋହିତ, ସାଧୁ, ସନ୍ନ୍ୟାସୀଙ୍କ ପାଖରୁ ପଚାରି ବୁଝନ୍ତି, ଯାହାଙ୍କର ଅନୁଭବ ନଥାଏ। ସତ୍ୟ କ'ଣ ? ତା'ର ଅବ୍ୟକ୍ତ ରହସ୍ୟ ଅନୁଭବୀ ସନ୍ଥଙ୍କୁ ଜଣା।

ମନେପଡେ ଗୋଟିଏ ଛୋଟିଆ କଥା। ଜଣେ ଛୋଟିଆ ପିଲା, ବିଦ୍ୟାଳୟର ଚିତ୍ରାଙ୍କନ ପ୍ରତିଯୋଗୀତାରେ ଚିତ୍ର ଆଙ୍କୁଥିଲେ। ସମସ୍ତ ଛାତ୍ରମାନେ ନିଜର ଶିକ୍ଷା, ଭାବନା, ଦକ୍ଷତା ଅନୁସାରେ ଚିତ୍ର ଆଙ୍କୁଥିଲେ ଓ ସୌନ୍ଦର୍ଯ୍ୟକୁ ବଢ଼ାଉଥିଲେ। କିପରି ଅଧିକ ପ୍ରଶଂସା ପାଇବେ, ଅନ୍ୟ ତୁଳନାରେ। କିନ୍ତୁ ଗୋଟିଏ ପିଲାର ଚିତ୍ର ଅଦ୍ଭୁତ ଥିଲା, ଯାହାକୁ ଦେଖି ଶିକ୍ଷକ ଓ ଅଧିକାରୀ ଚିନ୍ତିତ ଥିଲେ।

ସେହି ପିଲା ଯେଉଁ ଚିତ୍ର ଆଙ୍କିଥିଲା, ସେଥିରେ କେବଳ କଳାରଙ୍ଗରେ ଭରିଥିଲା। ସେ କାଳି ମାରି, କଳାମନ୍ଦିର, କଳାଠାକୁର, କଳାଘର, କଳା ସୁରଜ, କଳା କିରଣ ମଧ୍ୟ ଆଙ୍କିଥିଲା। ଯାହାକୁ ବୁଝିବାପାଇଁ ଜଜ୍‌ଙ୍କୁ କଠିନ ଲାଗିଲା।

ସମସ୍ତେ ଚିନ୍ତାକରି ବିଭିନ୍ନ ଅଭିମତ ଦେଲେ। କିନ୍ତୁ ଅଧିକାରୀ କହିଲେ, କଳା ପ୍ରତି ତା'ର ଆଗ୍ରହ ଅଧିକ। କିଛି କହିଲେ, ସେ ଉଦାସୀ ଓ ଦୁଃଖୀ ସ୍ୱଭାବର ପିଲା। ଶେଷରେ ମନୋବିଜ୍ଞାନୀଙ୍କର ପରୀକ୍ଷାରୁ କିଛି କାରଣ ମିଳିଲା ନାହିଁ। କୌଣସି ସିଦ୍ଧାନ୍ତ

ନ ପାଇବାରୁ, ପିଲାଟିକୁ ଡାକି ପଚାରିଲେ, ଜଜ୍। କଳାରଙ୍ଗ ସବୁ ଚିତ୍ରରେ ଦେବାର କାରଣ କ'ଣ ? ସେ ପିଲା କହିଲା, ମୋର ସବୁ ରଙ୍ଗ ଆଗରୁ ସରିଯାଇଥିଲା। ଅର୍ଥାତ୍ କିଛି ଅନ୍ୟ ରଙ୍ଗ ମୋ ପାଖରେ ନଥିଲା। ତେଣୁ ଗୋଟିଏ ରଙ୍ଗ ଦେଇ ମୁଁ ଚିତ୍ରକୁ ପୂର୍ଣ୍ଣ କଲି।

କ'ଣ ଏହା ମଣିଷ ସମ୍ବନ୍ଧରେ ହୋଇନାହିଁ କି ? ଧର୍ମରେ, ଦର୍ଶନରେ, ବିଚାରରେ, ନିଜର ସ୍ଥିତି ପାଇଁ କ'ଣ ଅଛି ? ସମାଜ, ଶିକ୍ଷା, ପ୍ରଶାସନ, ସାଧୁ, ସନ୍ଥ, ତାଙ୍କୁ ବଦଳାଇବା ପାଇଁ, କ'ଣ କ'ଣ ପ୍ରୟାସ ନକରିଛନ୍ତି ? କାହିଁକି ଗୋଟିଏ କଥାକୁ ଭୁଲି ଯାଉଛନ୍ତି। ସମସ୍ତେ ନିଜ ନିଜର ଦୃଷ୍ଟି କୋଣରେ ବାହାରୁ ଖୋଜୁଛନ୍ତି, ଯାହା ଭିତରେ ମହଜୁଦ। ତାକୁ ଅଣଦେଖା କରି, ସ୍ୱୟଂର ସ୍ୱରୂପକୁ ବିସ୍ମରଣ। ଶାସ୍ତ୍ର, ଶିକ୍ଷାରୁ, ସତ୍ୟ, ପ୍ରେମ, ଧ୍ୟାନ, ପ୍ରାର୍ଥନାକୁ କିପରି ଜାଣିବେ ? ସମସ୍ତେ ଅନୁମାନ, ଅନୁକରଣରେ ଯୁକ୍ତ। ଅନୁଭବ କଥାକୁ ଦିନେ ଧ୍ୟାନ ଦେଇନାହାନ୍ତି। ସ୍ୱୟଂ ବିଷୟରେ, ଶାନ୍ତ ଓ ମୌନସ୍ଥିତିରେ, ଏକାନ୍ତରେ କେବେ ନିଜକୁ ପଚାରିବାକୁ ସମୟ ନାହିଁ।

ସ୍ୱୟଂ ଅଧ୍ୟାୟର ନାମ ଆଧ୍ୟାତ୍ମ, ଆଧ୍ୟାତ୍ମର ବିଜ୍ଞାନ ଯା'ର ଉଦ୍‌ଗମ ଶୂନ୍ୟତା। ଶୂନ୍ୟତାର ଅର୍ଥ ସ୍ୱୟଂର ବିଚାର ଶୂନ୍ୟତା। ଯେବେ ବ୍ୟକ୍ତି ପରମ ଶୂନ୍ୟତାରେ ପହଞ୍ଚେ, ତା'ରି ପ୍ରାଣରୁ ଜନ୍ମ ନେଉଥିବା ପ୍ରଶ୍ନର ସମ୍ୟକ ଉତ୍ତର ସେ ପାଇଥାଏ ନିଃଶବ୍ଦରୁ। ସେହି ପାଏ ଗୋଟିଏ ରାସ୍ତାର ନକ୍ସା, ଯେଉଁଠୁ ବ୍ରହ୍ମ (ବିରାଟ)ର ରହସ୍ୟ ମିଳିଯାଏ। ସେହି ବ୍ୟବସ୍ଥାର ନାମ ଧ୍ୟାନ, ସମାଧି। ସମାଧି, ସବୁ ସମସ୍ୟାର ସମାଧାନ ଓ ଯୋଗର ଅନ୍ତିମ ଉପଲବ୍ଧି।

ସମାଧିର ମୁଖ୍ୟ ଚାବି ଓଁକାର। ସତ୍ୟର ଗୋଟିଏ ନାମ, ଏକ ଓଁକାର ସତ୍‌ନାମ। ତାକୁ କେହି ଅସ୍ୱୀକୃତୀ କରି ପାରିବେ ନାହିଁ। ସେହି ଅବ୍ୟକ୍ତ ଧ୍ୱନିକୁ ଭାଷାରେ, ଶବ୍ଦରେ, ସାହିତ୍ୟରେ, ଶାସ୍ତ୍ରରେ ପ୍ରକାଶିତ କରିହୁଏ ନାହିଁ। ଯେହେତୁ ସେ ଅଜନ୍ମା, ଶାଶ୍ୱତ ଓ ସନାତନ। ସେହି ପରମ ସତ୍ୟ, ଅକୁହା, ଅଲେଖା, କେବଳ ଅନୁଭବ ଦିଏ ଅନ୍ତର ଶ୍ରବଣରୁ, ଯାହା ଅପହଞ୍ଚ ଏ ପର୍ଯ୍ୟନ୍ତ ଜୀବାତ୍ମାଙ୍କ ପାଖକୁ। କେବଳ ନିଜର ସହଜତା, ଜାଗୃତତା ଓ ବିଶ୍ରାମ ପୂର୍ଣ୍ଣ ଅନ୍ତର ଶ୍ରବଣରୁ ପହଞ୍ଚିପାରିବ, ଧ୍ୟାନରେ। ଧ୍ୟାନ ଅସ୍ତିତ୍ୱ ସହିତ ଯୋଡିବାର ପରମ ବିଜ୍ଞାନ, ନିପ୍ରଶ୍ନ ଓ ନିସ୍ୱପ୍ନ ହୋଇ ବିରାଟ ସହିତ ମିଳନ ହେବାର ଏକମାତ୍ର ରହସ୍ୟ।

କ'ଣ ଜୀବନ ଅନ୍ଧକାରରେ ବୁଡିଯିବ ?

ଆମ୍ଭେ ସମସ୍ତ ସଂସାରୀ, ଘନ ଅନ୍ଧକାରରେ ରହୁଛନ୍ତି। ଏହି ଅଜ୍ଞାନତା, ଦିନକୁ ଦିନ ବଢ଼ିବଢ଼ି ଯାଉଛି। ବଡ ଆଶ୍ଚର୍ଯ୍ୟର କଥା ଏହି ଯେ, ଆମ୍ଭେ ନିଜେ, ନିଜ ହାତରେ ବଢ଼ାଉଛନ୍ତି। ଆଲୋକକୁ ଅସ୍ୱୀକୃତୀ କରିବା ଆମର ସ୍ୱଭାବ। ସମସ୍ତେ ସୂର୍ଯ୍ୟଆଡକୁ ପିଠିରଖି ଦଣ୍ଡାୟମାନ।

ଜୀବନ ପଥରେ, ଧର୍ମ ହିଁ ସୂର୍ଯ୍ୟ। ଯିଏ ଧର୍ମକୁ ପିଠିକରି ଯାତ୍ରୀ ହୁଏ, ତାହା କିପରି ପ୍ରକାଶିତ ହେବ ? କଥାରେ କହନ୍ତି, ଘରର ଦ୍ୱାର ଖୋଲା ନରଖିଲେ, ସୂର୍ଯ୍ୟର କିରଣ କିପରି ଘର ଭିତରକୁ ପ୍ରବେଶ କରିବ ? କିରଣ ସବୁଆଡେ ପଡିବା ତା'ର ଧର୍ମ। କିନ୍ତୁ ଦ୍ୱାର ବନ୍ଦ ଥିଲେ, କିପରି ଆସିବ ? ଯଦି ଦ୍ୱାର ବନ୍ଦ ରୁହେ, ଘରଟି ଅନ୍ଧକାରରେ ସବୁଦିନ ରହିଯିବ।

ଗୋଟିଏ କଥା ମନକୁ ଆସେ। ଦିନେ କୌଣସି ଏକ ବ୍ୟକ୍ତିର ଦ୍ୱାର ଦେଶରେ, ଜଣେ ଶବ୍ଦ-କୋଷ (Dictionary) ବିକିବା ବାଲା ଆସି ଛିଡା ହୋଇଥିଲା। ବହି ଖଣ୍ଡିଏ ନ କିଣିବା ପର୍ଯ୍ୟନ୍ତ, ସେହି ଦ୍ୱାର ଆଗରେ ଛିଡା ଥିଲା। ଗୃହିଣୀ ଜଣକ ନଦେଖି କହିଲା, ଆମେ ଶବ୍ଦ-କୋଷ ନେବାକୁ ଚାହୁଁନାହୁଁ। ଆମ ପାଖରେ ଅଛି। ଏହା ଶୁଣି ବିକ୍ରେତା ହସି ହସି କହିଲା। ତା'ର ହସ ଦେଖି, ଗୃହିଣୀ କହିଲା ଦେଖ, ଆମ ଟେବୁଲ ଉପରେ ବହି ସବୁ ପଡିଛି।

ବାଧ୍ୟ ହୋଇ ବିକ୍ରେତା କହିଲା, ମା ତାହା ଶବ୍ଦକୋଷ ନୁହେଁ, ଧର୍ମଶାସ୍ତ୍ର। ଏହା ଶୁଣି ଗୃହିଣୀ ହଇରାଣ ହେଲା। ଭାବିଲା, ସେ ତ ସତ୍ୟକଥା କହୁଛି। ଆମ ପାଖେ ଯାହା ଅଛି, ସେ ତ ଧର୍ମଶାସ୍ତ୍ର। ପୁଣି ବିକ୍ରେତା କହିଲା, ଦେବୀ ଜୀ ! ତୁମ ଗ୍ରନ୍ଥ ଉପରେ ଯେତିକି ଧୂଳି ପଡିଛି, ତାହା ସ୍ପଷ୍ଟ ସନ୍ଦେଶ ଦେଉଛି। ଧର୍ମ ଆଜି ଉପେକ୍ଷିତ, ଉପେକ୍ଷାର ଧୂଳି ଯମାହୋଇ ଗଲାଣି। ପରିଣାମ ଆମର ରାସ୍ତା ଅନ୍ଧକାର ପୂର୍ଣ୍ଣ।

ତେବେ ଧର୍ମଶାସ୍ତ୍ର ଉପରୁ ଧୂଳିକୁ ଛଡାଇବାକୁ ପଡିବ। ଯିଏ ସଫା ସୁତୁରା କରି ପାରିବ, ସେ ହିଁ ତାର ଜୀବନର ପ୍ରକାଶକୁ ଜାଣିପାରିବ। ତେଣୁ ନିଜର ଦୃଷ୍ଟିକୋଣକୁ ବଦଳାଇବାକୁ ପଡିବ। ଆମ୍ଭେ ଯାହାକୁ ନିର୍ମାଣ କରିଛନ୍ତି, ତାକୁ ନଷ୍ଟ କରିବାକୁ ପଡିବ।

ଧର୍ମ ହିଁ ପ୍ରକାଶ। କିନ୍ତୁ ଯିଏ ଉପଲବ୍ଧି ପାଏ, ତା'ର ଅନ୍ତର ଦ୍ୱାର ଖୋଲେ। ଅପେକ୍ଷା, ଉପେକ୍ଷାରେ ରହିଲେ, ଦ୍ୱାର ବନ୍ଦ ହୋଇଯାଏ। ତେବେ ଜିଜ୍ଞାସା ହିଁ ସ୍ୱୟଂର ଦ୍ୱାର। ଉପେକ୍ଷାର ଶେଷରୁ ଜିଜ୍ଞାସାର ଜନ୍ମ। ତେଣୁ ଦୁନିଆରେ ସଂସାରୀ, ଦୁଇ ପ୍ରକାରର ଦେଖାଯାନ୍ତି-

୧- ଅନ୍ଧ-ଆସ୍ତିକତା- ଯିଏ ଆଖି ବନ୍ଦ କରି, ବାହାର କଥା, ଶାସ୍ତ୍ରକୁ ମାନ୍ୟତା ଦିଏ।

୨- ଅନ୍ଧ-ନାସ୍ତିକତା- ଯିଏ ଆଖି ବନ୍ଦ କରି, ଅସ୍ୱୀକାର କରି ଦିଏ, କଥା ଓ ଶାସ୍ତ୍ରକୁ।

ତେବେ ଅନ୍ଧ ଆସ୍ତିକତା ଓ ଅନ୍ଧ ନାସ୍ତିକତାରୁ ମୁକ୍ତ ହେଉ ଜୀବନ ଯାତ୍ରା।

No- Negative

No- Positive

Be- Realistic.

ଯେବେ ହେବ ବାସ୍ତବବାଦୀ, ତେବେ ହୋଇବ ସମ୍ୟକ ଓ ସ୍ୱତନ୍ତ୍ର। ତେଣୁ ନିଜର ବନ୍ଦ ହୃଦୟକୁ ଖୋଲାକର। ବିଚାର ମୁକ୍ତ ହୋଇ, ଶବ୍ଦ, ଶାସ୍ତ୍ରକୁ ଜାବୁଡି ନଧରି, ନିଶବ୍ଦକୁ ଜାଣ ଓ ଶୁଣ। ସହଜ, ଜାଗ୍ରତ, ଓ ସମ୍ବେଦନଶୀଳ ରହି, ବିଶ୍ରାମ ସ୍ଥିତିରୁ, ନିଶବ୍ଦର ଦିବ୍ୟ ଧ୍ୱନିକୁ ଅହରହ ଶୁଣିପାରିବ, ନିଜର ଅନ୍ତରରୁ। ଫଳରେ ଶରୀରରୁ, ମନରୁ, ଭାବରୁ ମୁକ୍ତି ପାଇ, ସୁମିରଣରେ ଯୋଡିଯିବ।

ସେହି ଅବ୍ୟକ୍ତ ଧ୍ୱନି ଶୁଣିବା ହିଁ ଧ୍ୟାନ, ଆଧ୍ୟାତ୍ମର ବ୍ରହ୍ମରହସ୍ୟ। ଅନ୍ଧକାରରୁ ଚିରମୁକ୍ତ ପାଇଁ, ପ୍ରକାଶରେ ବିଶ୍ରାମ ନେବାର ବିଜ୍ଞାନ। ଅନୁଭବୀ ସତ୍ୟର ଉପଲବ୍ଧି ପାଏ, ନିଜ ଭିତରୁ, ଯାହା ଅସ୍ତିତ୍ୱର ପ୍ରକୃତିରେ ସବୁଠି ବିଦ୍ୟମାନ। ଅସ୍ତିତ୍ୱ ଅନନ୍ତ ଧ୍ୱନି। ପ୍ରକାଶ ଓ ଉର୍ଜାରେ ପରିପୂର୍ଣ୍ଣ। କିନ୍ତୁ ୧ମ ଅନୁଭବ ପାଇଁ, ସ୍ୱୟଂରେ ପ୍ରବେଶ ଅତି ଜରୁରୀ। ସେହି ପରମ ପ୍ରସାଦର ଅନ୍ୟନାମ ସମାଧି। ସମାଧିପ୍ରାପ୍ତି ସମସ୍ତଙ୍କର ଜନ୍ମଗତ ଅଧିକାର।

ସ୍ୱୟଂର ରୂପାନ୍ତରଣ ଓ ଶୁଦ୍ଧିକରଣର ପରମ ଔଷଧି। ସ୍ୱୟଂର ଶୁଦ୍ଧିକରଣର ଅର୍ଥ ଧାର୍ମିକତା, ଧର୍ମର ଜଡ। ତେଣୁ ଧର୍ମ ଶ୍ରବଣ ପାଇଁ ଧ୍ୱନି ପରିଚୟ ଅତି ଆବଶ୍ୟକ। ସେହି ଅନାହତ ଧ୍ୱନିକୁ, ଅନୁଭବୀ ସନ୍ଥ ପରିଚୟ କରାନ୍ତି। ତାଙ୍କର ସହିତ ଉପନିଷଦ

କର, ଯାର ଅନ୍ୟନାମ ସତ୍‌ସଙ୍ଗ। ଆଧ୍ୟାତ୍ମର ୧ମ ପାହାଚ। ସେହି ଅସ୍ତିତ୍ୱର ସାଙ୍କେତିକ ରହସ୍ୟକୁ ଜାଣିବା ଯେବେ ସୁରୁ ହୁଏ, ଏହା ହୁଏ ଆଧ୍ୟାତ୍ମର କଳସ ସ୍ଥାପନା।

ଆଧ୍ୟାତ୍ମର ବୀଜ, ସତ୍ୟ।

ସତ୍ୟ ହିଁ ପ୍ରକାଶ।

ସତ୍ୟ ହିଁ ପ୍ରଭୁ।

ତାହା ବାହାରେ ମାଧ୍ୟମରେ, ସାହିତ୍ୟରେ, ଶବ୍ଦରେ, ବିଜ୍ଞାନରେ, ଶ୍ରମରେ, କ୍ରିୟାରେ, ଯାତ୍ରାରେ, ନଥାଏ ଖୋଜିଲେ ପାଇଯିବ। ସତ୍ୟ, ସ୍ୱୟଂର ପ୍ରକାଶ। ତାକୁ ସ୍ୱୟଂର ଭିତରୁ ଅନୁଭବ କରାଯାଏ। ତାକୁ ଆବିଷ୍କାର କରିବା ସାଧନା।

ତେବେ, ଶୂନ୍ୟ, ଅନ୍ଧକାର ଭିତରେ ଜାଗୃତରହି ଥରେ, ଶ୍ରବଣରେ ଯୋଡ, ଜୀବନର ଜ୍ୟୋତିକୁ ଦେଖିପାରିବ। ସେହି ପରମଦର୍ଶନ ହେବ ଅସ୍ତିତ୍ୱର ପରମ ଊର୍ଜା (ପରମାତ୍ମା)ର ସ୍ୱରୂପ ସହିତ ମହାମିଳନ, ଯାହା ଆଧ୍ୟାତ୍ମର ଅନ୍ଧକାର, ଅଜ୍ଞାନତା, ଅସ୍ୱୀକୃତୀ ଓ ଅସମ୍ୟକତାରୁ ବଞ୍ଚିବାର ପରମବିଜ୍ଞାନ।

■

ଜୀବନ ପ୍ରତି ହୋଷ ଜରୁରୀ

ବିଶ୍ୱଯୁଦ୍ଧର ବାଦଲ ଆକାଶରେ ଘନିଭୂତ ହୋଇ ଚାଲିଛି। ପ୍ରତିକ୍ଷଣରେ ନକାରତ୍ମକ ଭାବନା ଓ ଅହଂକାରର ବୀଜ, ମାନବ ଜାତିର ରକ୍ତରେ ମିଶିଚାଲିଛି। କାହାରି ସମ୍ୟକତା, ଓ ସମବେଦନା ଆସୁନାହିଁ। ସ୍ୱାର୍ଥପାଇଁ ଅନ୍ୟକୁ ଧ୍ୱଂସ କରିବାକୁ ପଛାଉ ନାହାନ୍ତି। ପ୍ରଶାସକ, ରାଜନେତା, ଓ ପ୍ରଜ୍ଞାବାନ ମାନବଙ୍କ ଦ୍ୱାରା, ବହୁ ମାର୍ଗ ବିସ୍ତାରିତ। ତଥାପି ଆଜି ଧରିତ୍ରୀ ଭାରାକ୍ରାନ୍ତ ଯାହାକୁ ଅସ୍ତିତ୍ୱ ବରଦାସ୍ତ କରିବା ମୁସ୍କିଲ।

କାହିଁକି ସମସ୍ତେ ଅଶାନ୍ତ ଓ ଅତୃପ୍ତ? କେଉଁ ମୁହୂର୍ତ୍ତରେ ନିଜେ ଓ ସଂସାର ଧ୍ୱଂସ ଲୀଳାରେ ମିଶିଯିବ, ଏଥିରେ ସନ୍ଦେହ ନାହିଁ। ସ୍ୱୟଂର, ଓ ସମାଜର କଥା ପୁରା ବିସ୍ମରଣ। କେବଳ ପରିବାର, ସମ୍ପତ୍ତି, ପଦ ପ୍ରତିଷ୍ଠା ଓ ସଂଗ୍ରହରେ ଯୁକ୍ତ। ନିଜର ଶାନ୍ତି, ଓ ଜଗତର ଧାର୍ମିକତା କଥା, ପ୍ରଶ୍ନ କେଉଁଠୁ ଉଠିବ?

ସମସ୍ତ ସଂସାରୀ ଓ ସନ୍ୟାସୀଙ୍କ ଭିତରେ ଅନ୍ତରଯୁଦ୍ଧ ଚାଲିଛି, କେହି ଅସ୍ୱୀକାର କରିବେ ନାହିଁ। ତେବେ ଆମ ବିଶ୍ୱବାସୀ କ'ଣ ମାନସିକ ଅସନ୍ତୁଳନରୁ ରକ୍ଷା ପାଇପାରିବେ ନାହିଁ? ସମସ୍ତେ ଶିକ୍ଷିତ, ଜ୍ଞାନୀ, ଓ ସମର୍ଥ ହୋଇ ବି, ବିଶୃଙ୍ଖଳିତ ଓ ଅଜାଗୃତ। ସବୁର ମୂଳରେ ମାନସିକତା, ବେହୋଷତା, ମନରୁ ମୁକ୍ତ କେହି ନୁହଁନ୍ତି। ତେଣୁ ସମସ୍ୟା ଆସିବା ସ୍ୱାଭାବିକ।

ସମସ୍ୟା ଯେଉଁଠି, ସମାଧାନ ସେଇଠି। ତେଣୁ ସମସ୍ୟା ସୃଷ୍ଟି ଯେପରି ନିଜେ କରୁଛନ୍ତି। ସମାଧାନ ବି ନିଜ ହାତରେ। ସବୁର ଉଦ୍‌ଗମ ବେହୋଷତା (Collective un consciousness) ଆଖି ବନ୍ଦ କରି, ନିଜର କ୍ଷୁଦ୍ର ବୃତ୍ତିରେ ଯୋଡି, ସଂଗ୍ରହ ଓ ମାଲିକାନାର ନିଶାରେ ପେଶି ହେଉଛନ୍ତି ସଂସାରୀ।

କଥାଟିଏ ମନକୁ ଆସେ, ସଂସାରୀମାନେ ଶବଦାହ ପାଇଁ, ମୃତ ଶରୀରକୁ,

ମିଳିମିଶି ଶ୍ମଶାନକୁ ନିଅନ୍ତି । କ୍ରିୟାକାଣ୍ଡ କରି ବ୍ରହ୍ମଲୀନର ଉପାୟ ଧରନ୍ତି । ସମସ୍ତେ କହିଥାନ୍ତି ଓ ଗାଇଥାନ୍ତି କେବଳ ଭଲଗୁଣ ।

କିଛି କହନ୍ତି- ତା'ର ବେଳ ପୁରିଗଲା । ସମସ୍ତେ ବି ଦିନେ ଯିବେ ।

ଆଉ କିଛି କହନ୍ତି- ମୃତ୍ୟୁ ଚିର ସତ୍ୟ, ଘଟିବ ନିଶ୍ଚୟ ।

ଶେଷରେ ହରିନାମ, ରାମନାମରେ ପ୍ରକମ୍ପିତ କରନ୍ତି ଶ୍ମଶାନ ଘାଟ ।

କଥା ଆସୁଛି, କିଛି କ୍ଷଣିକ ପାଇଁ, ଭାବ ପ୍ରବଣ ହୋଇଯିବାରୁ, ହୋଷ ଫେରିଆସେ । ପୁଣି ଘରକୁ ଆସିଲେ, ଯେଉଁ କଥାକୁ ସେହି କଥା । ସମସ୍ତେ ଭାବନ୍ତି, ମୋର ବେଳ, ଏବେ ହୋଇନାହିଁ । ସବୁ ସମସ୍ୟାକୁ ମଣିଷ ବିଜ୍ଞାନ ଦ୍ୱାରା ଘୁଞ୍ଚାଇ ଦେବ । ଅନ୍ତିମ କଥା ସମସ୍ତେ କହନ୍ତି, ହରିନାମ ଓ ରାମନାମ ଏକା ସତ୍ୟ । କିନ୍ତୁ ସେହି ସତ୍ୟକୁ ଉପଲବ୍ଧ କରିବା ପାଇଁ ଜାଗୃତ ନୁହଁନ୍ତି । ହଜାର ହଜାର ବର୍ଷ ଧରି, ନାମକୁ ଜାଣିବା ପରେ ବି, ଉଚ୍ଚାରଣରେ ସୀମିତ । କଣ୍ଠ, ଜପା, ଘୋଷା, ଲେଖାରେ ଯୁକ୍ତ, ଯେଉଁଠୁ କେବେ କେହି ଅନୁଭବ ପାଇପାରିବା ମୁସ୍କିଲ ।

ହଁ, ସମୟଥିଲା, ବହୁ ଆଗରୁ ଲୋକମାନେ ଏତେ ବିଚାରଗ୍ରସ୍ତ ନଥିଲେ । ସମ୍ବେଦନଶୀଳତା ଓ ସହଜ ଶ୍ରଦ୍ଧା ଥିବାରୁ, ଉପଯୋଗ ପାଇଁ, ସାମାଜିକ ସାଧୁସନ୍ଥ ସର୍ବଦା ଉପଦେଶ ଦେଉଥିଲେ । ଏହି ବିଷୟରେ କେହିଜଣେ ବୃଦ୍ଧ ପୁରୁଷଙ୍କୁ ପଚାରିଥିଲେ । ସେ ହସିହସି କହିଲେ, ସଂସାର ଏହିପରି ଚାଲିଛି ଓ ଚାଲୁଥିବ । ନିଜ ଆଖି ବନ୍ଦ କରି ଦେଖିଯାଅ ।

ମଣିଷ ଟିକିଏ ସୁଖ ପାଇଁ, ସାରା ଜୀବନର ଦୁଃଖକୁ ସହିଥାଏ । ନାଁ ସେ ଚେଇଁପାରେ, ନାଁ ସେ ଶୋଇପାରେ । ସମସ୍ତେ କିଛି ନା କିଛି ନିଶାରେ ଯୋଡି, ଜୀବନର ଜାଗୃତ ହୋଷରୁ ଦୂରେଇ ଯାଉଛନ୍ତି । ଜାଣିଶୁଣି ପୁରାତନ ପରମ୍ପରାକୁ ଜାବୁଡି ଧରିବା ସଂସାରୀର କାମ ।

ଗୋଟିଏ କାହାଣୀ ମନକୁ ଆସେ । ଦିନେ ଗୋଟିଏ ସରାବ ଖାନାରୁ, ୨ଜଣ ମିତ୍ର ବାହାରୁ ଥିଲେ । ଦୁହେଁ ଖୁବ ପିଇଥିଲେ । ଜଣଙ୍କର କାର୍‌ରେ ଦୁହେଁ ବସି ଆସିଲେ । ନିଶାପାଇଁ ଦ୍ରୁତ ଗତିରେ ଗାଡି ଚଳାଉଥାନ୍ତି । ଅନ୍ୟଜଣଙ୍କର ମଝିରେ ମଝିରେ ହୋଷ ଟିକିଏ ଆସିଯାଉଥିଲା, ସେ କହିଲା କ'ଣ ଦୁର୍ଘଟଣା କରିବ କି ? ଅନ୍ୟଜଣଙ୍କ ଯିଏ ଗାଡି ଚଳାଉଥିଲା, କହିଲା । ତୁମେ ଆଖି ବନ୍ଦକରି ବସ । ତୁମର ଘବରାହଟ ବନ୍ଦ ହୋଇଯିବ । ଠିକ୍ ସେହି କ୍ଷଣରେ ଡ୍ରାଇଭିଂ କରୁଥିବା ବ୍ୟକ୍ତିର ଆଖି ପଡିଗଲା ।

ହଠାତ୍ ଏକ ବଡ ଦୁର୍ଘଟଣା ଘଟିଲା । ଶେଷରେ ପରିଣାମ ଦୁହିଁଙ୍କର ଯାହା ହେଲା ସମସ୍ତେ ବୁଝିଯିବେ ।

ଜୀବନ ଯାତ୍ରା ପର୍ବରେ ଆଖି ବନ୍ଦକରି ଚାଲିବା ଆତ୍ମଘାତ । ଏହା ଧର୍ମ ନୁହେଁ ।

ଧର୍ମ ପଳାୟନ ନୁହେଁ। ଯେଉଁଠି ବେହୋଷତା, ସେଇଠି ଅଧର୍ମ ହୋଇ ପହଞ୍ଚିଯାଏ। ତେଣୁ ଧର୍ମର ଅର୍ଥ ହୋଷ, ଜୀବନର ବିଜୟ। ଜୀବନ ପାଇଁ, ଜାଗୃତତ୍ତା ଜରୁରୀ। ଖୋଲା ଆଖିରେ ସାମନା କରିବା ଧର୍ମ। ଧର୍ମ, ଯେବେ ଆଖି ବନ୍ଦ କରିଦିଏ, ଅଧର୍ମ ଆସେ। ତେଣୁ ଆଖି ବନ୍ଦ ରଖି, ଶିକ୍ଷାନେବା ଓ ଦେବା ଜଗତ ପ୍ରତି କ୍ଷତି।

ଶିକ୍ଷା ବ୍ୟବସ୍ଥା ଆଜି ବେହୋଷତା ପୂର୍ଣ୍ଣ। ନିଦ୍ରା ଆମର ଶିକ୍ଷା। ବେହୋଷତା, ମନୁଷ୍ୟତାର ବୃକ୍ଷ ଓ ତାର ଶାଖାକୁ ପ୍ରତିକ୍ଷଣରେ କାଟୁଥାଏ। ତେବେ ସେ କିପରି ପଲ୍ଲବିତ ଓ ପୁଷ୍ପିତ ହେବ? ତେଣୁ ଜୀବନ ପ୍ରତି ହୋଷ ରହୁ। ଚେତନାର ବୋଧ ରହିଲେ, ସ୍ୱୟଂର ଶୁଦ୍ଧିକରଣ ହେବ। ସେଇଠୁ ଅସଲି ଧର୍ମର ଜନ୍ମ। ଧର୍ମ, ଜୀବନକୁ ସହଜ, ଜାଗ୍ରତ ଓ ସମ୍ପୂର୍ଣ୍ଣ କରାଏ। ସେହି ଧର୍ମର କ୍ରାନ୍ତୀ, କେବଳ ସଚେତନ ବ୍ୟକ୍ତିତ୍ୱ ଠାରୁ ବିକଶିତ ହୁଏ। ତେଣୁ ଆଖି ଖୋଲି, ସମାଜକୁ ଦେଖ ଓ ଜଗତ କଲ୍ୟାଣ ପାଇଁ କିଛି କରି ଧରିତ୍ରୀର ଋଣ ଶୁଝ। ଏହି ହେବ ପରମଜ୍ଞାନ, ଯା'ର ପରିଭାଷା ଜାଗୃତତ୍ତା, ତାହାର ଅନ୍ୟନାମ ଧ୍ୟାନ।

■

ଆତ୍ମ ପରିଚୟ

ମୁଁ କିଏ ? ତା'ର ସମ୍ୟକ ଉତ୍ତର ଆପଣଙ୍କ ପାଖେ ଅଛି କି ? ନାହିଁ! ଏହା ସାଧାରଣ ପ୍ରଶ୍ନ। ସନ୍ଥ କହନ୍ତି, ଯିଏ ସ୍ୱୟଂକୁ ଜାଣିଗଲା, ସେ ସତ୍ୟକୁ ଉପଲବ୍ଧି କଲା। ସେହି ହିଁ ପାଇଯାଏ ଆନନ୍ଦର ଗହୀରା ସୂତ୍ର। ସେ ଜାଣିପାରେ ଜୀବନ, ଯାତ୍ରା ଓ ମୃତ୍ୟୁକୁ। ହୋଷରେ ଥାଇ, ମୃତ୍ୟୁର ଅନୁଭବ ପାଏ। ତେଣୁ ତା'କୁ ଅମୃତର ସୂତ୍ର ବୋଲି କହନ୍ତି।

ତଥାପି, ସଂସାରୀର ଜୀବନ ଯାତ୍ରାରେ କେତେ ପରିଚୟ ଥାଏ, ଯାହାକୁ ନେଇ ସମାଜ ଚାଲେ। ତା'ରି ଭିତରେ କେତେ ପରିଭାଷା ଆଗକୁ ଆସେ। କିଏ କହନ୍ତି ରାଜା, ଆଉ କାହାକୁ ଫକୀର। ସେହିପରି କିଏ ଧନୀ, କିଏ ଗରିବ, ଶିକ୍ଷିତ ଓ ଅଶିକ୍ଷିତ, ସ୍ତ୍ରୀ ଓ ପୁରୁଷ, ପୂର୍ବ ଓ ପଶ୍ଚିମ, ଏମିତି ଅନେକ। ସେହି ଅନୁସାରେ, ସଂସାରରେ ନାମକରଣ କରାଯାଏ। ସେହି ନାମକୁ ନେଇ ସମ୍ବୋଧନ କରିଥାନ୍ତି। ଯେଉଁ ପରିଚୟକୁ ନେଇ, ଶୃଙ୍ଖଳ ଜୀବନ ଯାତ୍ରା ଚାଲେ ସମାଜରେ। ଏହାତ ସଂସାରୀର ଦର୍ଶନ।

ସ୍ୱୟଂ ପରିଚୟ ଏକ ସୂକ୍ଷ୍ମ ପରିଭାଷା, ତାକୁ ବିସ୍ମରଣ କରି, ନିଜର ମାନତାକୁ ସ୍ୱୀକୃତୀ ଦେଲେ, ସାକ୍ଷୀ ଓ ଚୈତନ୍ୟର ପରିଚୟ ମିଳି ନଥାଏ। ଅସଂପୂର୍ଣ୍ଣ ମାନବର ଜୀବେଷଣାରୁ ବାରମ୍ବାର ଜନ୍ମ ନିଏ। ଜୀବେଷଣା, ନୂତନ ଶରୀର ପାଇଁ ଏକ ପରମ ଆକର୍ଷଣ। ତେଣୁ ଚେହେରା, ଶକ୍ତି, ସଂଗ୍ରହ, ପଦ, ପ୍ରତିଷ୍ଠା, ଆତ୍ମବାନ କରାଇ ନଥାଏ। ନା ହେବ ଶରୀରରୁ, ନା ମନରୁ, ନା ଭାବରୁ, ମୁକ୍ତ ହେବ ? ଏପରିକି ଆବାଗମନରେ ଶିକାର ହୁଏ।

କଥାଟିଏ ମନେପଡେ, ଜଣେ ଫକୀରଙ୍କୁ ବେଳେବେଳେ ନିବସ୍ତ୍ର ହୋଇ ରହିବାକୁ ପଡେ। କାରଣ ଗୋଟିଏ ବସ୍ତ୍ର ତା'ର ସମ୍ପତ୍ତି, ସ୍ନାନ ପରେ ସେହି ବସ୍ତ୍ରକୁ ଖରାରେ ଶୁଖାଇ ଦେଇ, ଅନ୍ଧକାର କୋଠରୀରେ ଧ୍ୟାନସ୍ଥ ଥାଏ। ଦିନେ ସେହି ରାଜ୍ୟର ସମ୍ରାଟ ଅସୁସ୍ଥ ପଡିଲେ। ଚିକିତ୍ସା ଜଗତରୁ ହାରିଗଲା ପରେ, ବିଜ୍ଞ କର୍ମଚାରୀ

ଉପଦେଶ ଦେଲେ। ଏକ ଆନନ୍ଦିତ ବ୍ୟକ୍ତିର ବ୍ୟବହାର ହେଉଥିବା ବସ୍ତ୍ରରୁ ଗୋଟିଏ ସୂତା ଆଣି, ରାଜା ପରିଧାନକଲେ, ରୋଗମୁକ୍ତ ସେ ହେବେ। ସମସ୍ତ ପ୍ରଜା ଜାଣନ୍ତି, ସେ ମହିଳା ଫକୀର ଜଣଙ୍କ, ସର୍ବଦା ଖୁସିରେ ଥାଏ। ତାହା ଭଳି ବ୍ୟକ୍ତି ଆଉ ଜଗତରେ ନାହିଁ।

ସେହି ସନ୍ଥଙ୍କୁ ଚିହ୍ନିବାକୁ କଷ୍ଟ ହେଲା ରାଜ କର୍ମଚାରୀଙ୍କୁ। ତାଙ୍କୁ କହିଲେ, ରାଜାଙ୍କ ସ୍ୱାସ୍ଥ୍ୟ ଠିକ୍ ପାଇଁ ଓ ତାଙ୍କୁ ଆନନ୍ଦିତ ରଖିବା ପାଇଁ ତୁମେ, ତୁମ ବସ୍ତ୍ରର ଗୋଟିଏ ସୂତା ଦିଅ। ସେ କହିଲା ହଁ, ମୁଁ ରାଜାଙ୍କ ପାଇଁ ଅବଶ୍ୟ ଦେଇପାରିବି। କିନ୍ତୁ ଏବେ ମୁଁ ତ ବାହାରକୁ ଯାଇପାରିବି ନାହିଁ। ମୋତେ କ'ଣ ଆପଣମାନେ ଚିହ୍ନି ପାରୁନାହାନ୍ତି ? ମୁଁ ଗରିବ ମହିଳା, ମୋ ନାମ ରାବିୟା। କ'ଣ ଚିହ୍ନିବା ପାଇଁ ବସ୍ତ୍ର ଜରୁରୀ ? ନା ଆଉ କିଛି ଯଥେଷ୍ଟ ହୁଏ ପୂର୍ଣ୍ଣ ପୁରୁଷ ପାଇଁ, ନା ଆନନ୍ଦିତ ରହିବା ପାଇଁ। ଏଥିରୁ ସନ୍ଦେଶ ଆସୁଛି, ଯାର ପାଖେ କିଛି ନଥାଏ, ସେ ଅକାରଣ ଆନନ୍ଦରେ ଥାଏ, ସେ ହିଁ ସନ୍ଥ। ତେଣୁ ସବୁ ଗଲାପରେ, ଯାହା ରହିଯାଏ, ତାହା ହିଁ ଆନନ୍ଦର ମୂଳ।

ଶିକ୍ଷା, ସଂଗ୍ରହରୁ ଯାହା ମିଳେ, ତାହା ଗହୀରକୁ ଯାଇପାରେ ନାହିଁ। ସମ୍ରାଟ ପାଖେ ସବୁ ଥାଇ, ସେ ଥିଲେ ଅସୁସ୍ଥ ଓ ଦୁଃଖୀ। କିନ୍ତୁ ସନ୍ଥ ରାବିୟା ପାଖେ ଦୁଇ ଖଣ୍ଡ ବସ୍ତ୍ର ନଥାଇ, ସେ ଥିଲା ଆନନ୍ଦିତ। ସେହି ଶୂନ୍ୟ ପୁରୁଷ ହିଁ ପାଇଥାଏ ଆତ୍ମାର ଆନନ୍ଦ।

ଗୋଟିଏ କାହାଣୀ ଶୁଣାଯାଏ, ଜଣେ ସଦା ହସୁଥିବା ଓ ହସାଉଥିବା ସନ୍ଥ ଫକୀର ମୁଲ୍ଲା ନାସିରୁଦ୍ଦିନ କଥା । ହସ ଲାଗିପାରେ, ଯେହେତୁ ନିଜର ନୁହଁ।

ଦିନେ ରାତ୍ରୀରେ, ଦୁଇଜଣ ସିପାହୀ ମୁଲ୍ଲାର ଘରେ ପହଞ୍ଚିଲେ ଓ ଦ୍ୱାରକୁ ଖଟଖଟ ଆବାଜ ଦେଇ ଡାକିଲେ । ବହୁବାର ଆବାଜ ଦେଲାପରେ, ବହୁକଷ୍ଟରେ ମୁଲ୍ଲା ଆସି କବାଟ ଖୋଲିଲା। ତାକୁ ଦେଖି ସିପାହୀ କହିଲେ, ମିତ୍ର, କ୍ଷମା କରିବେ। ଆମେ ତୁମକୁ ଭୁଲ୍‌ରେ କଷ୍ଟ ଦେଲୁ। କାରଣ ଗାଁ ରାସ୍ତାକଡରେ ଜଣେ ଲୋକ ଅତ୍ୟନ୍ତ ମଦ୍ୟପାନ କରି ମୃତ ଭଳି ପଡିରହିଛି। ସେହି body (ଶରୀର)କୁ ଦେଖି, ତୁମର ଭାବି, ଆମ୍ଭେ ଏଠାକୁ ଆସିଗଲୁ। ତା'ରି ଶରୀରରେ କିଛି ବସ୍ତ୍ର ବି ନଥିଲା। ତା ସହିତ ତୁମେ ପ୍ରାୟ, ନିବସ୍ତ୍ର ହୋଇ ପଡି ଥାଅ ରାସ୍ତାକଡରେ। କାଲେ ଏଥର ଅତ୍ୟଧିକ ମଦ୍ୟପିଇ, ପଡିଥିବ ସେଠି। ଆମ୍ଭେ ଭାବିଲୁ ତୁମର ସେହି ଶରୀର। ଭଗବାନଙ୍କୁ ଧନ୍ୟବାଦ ଦେବୁ, ତୁମେ ଠିକ୍ ଅଛ। ଆମ୍ଭେ ଯାଉଛୁ।

ଏହା ଶୁଣି ମୁଲ୍ଲା ଘାବୁରିଗଲା ଓ ପଚାରିଲା, ତୁମେ ଠିକ୍ କରି ଦେଖୁଛ ତ ? ସିପାହୀ କହିଲେ, ତୁମ ବୟସର। ଆଉ ତୁମ ଭଳି ଲମ୍ବା ଓ କଳା ଚେହେରା। ଶରୀରରେ କିଛି ବସ୍ତ୍ର ନଥିଲା। ତା'ର ଟୋପିଟି ତଳେ ପଡିଥିଲା। ପୁଣି ମୁଲ୍ଲା କହିଲା, ସେ body

ପାଖରେ, ଏକ ନୀଳରଙ୍ଗର କମିଜ ପଡିଥିଲା କି ? ହଁ କହିଲେ ସିପାହୀ । ମୁଲ୍ଲା ଆହୁରି ଘାବୁରିଗଲା, କହିଲା ମୁଁ ନୁହେଁ ତ ? ସିପାହୀ ଦୁଇଜଣ ହସିହସି ପଳାଇଗଲେ ।

ମୁଁ ଦେଖୁଛି, ଅନ୍ୟକୁ ଦେଖିଲେ ଲୋକେ ହସନ୍ତି ଓ ଭାବନ୍ତି ତାଙ୍କର ନୁହେଁ, ଯାହାକୁ ଚିହ୍ନିବା କେତେ କଷ୍ଟ ? ଯେଉଁ ପରିଚୟ ସଂସାର ଦେଇଛି, ତାହା କଣ ବାସ୍ତବରେ ପରିଚୟ ? ତେଣୁ ବାହାରିଆରେ ଯୋଡିଲେ, ସତ୍ୟର, ବା ନିଜର ଅସଲି ପରିଚୟ ମିଳି ନଥାଏ । ଏହି ତ ଆତ୍ମ ପରିଚୟର ସଙ୍କେତ, ଯାହା ଶିକ୍ଷାରେ, ସଂସାରରେ, ସଂସ୍କୃତିରେ, ସଂଗ୍ରହରେ ନଥାଏ । ଥାଏ ନିଜ ଭିତରେ, ନିଜର ଶୂନ୍ୟତାରେ, ନିଜର ସହଜତାରେ, ନିଜର ସମ୍ବେଦନଶୀଳତାରେ, ନିଜର ବିଶ୍ରାମରେ ଓ ନିଜର ଜାଗୃତତ୍ତାରେ, ଯା'ର ନାମ ଧ୍ୟାନ ।

■

ଜୀବନ ଅର୍ଥହୀନ କାହିଁକି ଲାଗେ ?

ଜୀବନର ସବୁଠାରୁ ବଡ ବିଡମ୍ବନା କ'ଣ ? ମନୁଷ୍ୟକୁ ନିଜର ଠିକଣା ଜଣା ନାହିଁ। ଯିଏ ସ୍ୱୟଂକୁ ନଜାଣିଲା, ସେ ଜୀବନକୁ ଜାଣିପାରିଲା ନାହିଁ। ଅପରିଚିତ୍ତ ଜୀବନ କ'ଣ ଜୀବନ ?

ଆତ୍ମଜ୍ଞାନରୁ ଜୀବନର ପରିଚୟ ମିଳେ। ଯିଏ ଅପରିଚିତ୍ତ, ସେ ସାଂସାରିକ ଜ୍ଞାନୀ, ଧନୀ ହୋଇଥିଲେ ବି ଅଜ୍ଞାନୀ।

ଜ୍ଞାନୀ, ଅସ୍ତିତ୍ୱକୁ ଅର୍ଥ ଦିଏ।

ଅଜ୍ଞାନୀ, ଅସ୍ତିତ୍ୱକୁ ଅର୍ଥହୀନ କହେ।

ବ୍ୟକ୍ତିର ଦୃଷ୍ଟିକୋଣକୁ ନେଇ, ଅସ୍ତିତ୍ୱ ଆଗକୁ ଆସେ। ଯିଏ ସକାରତ୍ମକ ଭାବେ ସ୍ୱୀକାର କରିନିଏ, ସେ ଅସ୍ତିତ୍ୱ ସହିତ ଯୋଡିଯାଏ। ଯିଏ ନକାରତ୍ମକ ଭାବେ ରହେ, ସେ ଅସ୍ତିତ୍ୱ ଠାରୁ ଛାଡିଯାଏ।

- ଯିଏ ଯୋଡିଯାଏ ସେ ଆନନ୍ଦିତ,
- ଯିଏ ବେଯୋଡ ହୁଏ, ସେ ଦୁଃଖୀ ହୋଇପଡେ।

ଏହିତ ଜୀବନ ଯାତ୍ରାର ସନ୍ଦେଶ। ତେଣୁ, ମଣିଷର ଦୃଷ୍ଟିକୋଣ, ମନରୁ ମୁକ୍ତିର ସମ୍ବାଦ ଦିଏ। ତେବେ ସନ୍ଥ କହନ୍ତି, ମନରେ ଯୁକ୍ତ ବ୍ୟକ୍ତି, ସଂସାରୀ।

ମନରୁ ମୁକ୍ତ ବ୍ୟକ୍ତି, ସନ୍ୟାସୀ ବା ସନ୍ଥ। ସନ୍ଥତ୍ୱ, ମାନବର ଅନ୍ତିମ ଉପଲବ୍ଧି। ଅନ୍ୟ ପରିଭାଷାରେ ପରମମୁକ୍ତ।

ତେବେ ମୁକ୍ତିର ପରିଭାଷା, ଦୁଇଟି ଦିଗରେ ଯାଏ,

୧- ମୁକ୍ତି- ଆତ୍ମଘାତ ଦିଗରେ ଯାଇପାରେ,

୨- ମୁକ୍ତି- ଆତ୍ମ ସାଧନା ଦିଗରେ ରହିପାରେ,

କାହିଁକି ବ୍ୟକ୍ତି ଅଶାନ୍ତ ଓ ଅତୃପ୍ତ ? ସଂସାରୀ ଶିକ୍ଷିତ ଓ ସମର୍ଥବାନ ହୋଇବି, ବଞ୍ଚିବାର ମାର୍ଗ ୨ଟିରୁ ଗୋଟିଏକୁ ବାଛିଥାଏ, ତାହା ସମସ୍ତଙ୍କୁ ଜଣା।

୧- ସମୁହ ଆତ୍ମହତ୍ୟା- Mass Suicide

୨- ସମୁହ ଆତ୍ମ ଜାଗରଣ- Mass Realisation

ଅନ୍ୟ ପରିଭାଷାରେ କିଛି ଧନ ପାଇ କାଙ୍ଗାଳ, ଆଉ କିଛି ଧ୍ୟାନ ପାଇଁ ବିକଳ।

Choice is yours. ସ୍ୱତନ୍ତ୍ରତା ନିଜ ହାତରେ ଦେଇଛି ଅସ୍ତିତ୍ୱ। ଜାଣନ୍ତୁ! ଆତ୍ମଘାତୀଙ୍କର ତତ୍ପରତା, ସଂଘର୍ଷ, ମହତ୍ତ୍ୱକାଂକ୍ଷୀ ଓ ପୂର୍ଣ୍ଣ ଜୀବନ। ସେମାନେ ପହଞ୍ଚି ନଥାନ୍ତି, କେବଳ ଧାଉଁଥାନ୍ତି। ସେ ରହିଯାନ୍ତି ଅଶାନ୍ତ ଓ ଅସଂପୂର୍ଣ୍ଣ। ଆତ୍ମ ସାଧକମାନେ, ଶାନ୍ତ, ସହଜ ଓ ଜାଗ୍ରତ। ମୌନ ଓ ଶୂନ୍ୟତାରେ ନିଅନ୍ତି ବିଶ୍ରାମ ଓ ପହଞ୍ଚିଯାନ୍ତି। ତେଣୁ, ମନୁଷ୍ୟ ସାମନାରେ ଦୁଇଟି ବିକଳ୍ପ।

୧- ସ୍ୱୟଂର ସମାପ୍ତ

୨- ସ୍ୱୟଂକୁ ଜାଣ

କିନ୍ତୁ ମନୁଷ୍ୟତା ପାଇଁ ଆତ୍ମଘାତ ଆଜିର ବଡ ସମସ୍ୟା। ତାଙ୍କରି ପାଖରେ ସବୁ ମିଶିଯାଏ, ଯଥା-

- Depression
- Supression
- Oppression

ତେଣୁ, ବଞ୍ଚିବାର ନୁହେଁ, ପୂର୍ଣ୍ଣତାର ସହଜ ମାର୍ଗ ଜାଣ। ସମ୍ୟକତା, ମନସ୍ଥିତି ବଦଳାଅ, ପରିସ୍ଥିତି ନୁହେଁ।

- କର୍ମରୁ, କର୍ମଫଳ ଓ କର୍ମର ସିଦ୍ଧାନ୍ତରୁ ମୁକ୍ତ କେବଳ ନୁହେଁ, ବିଚାର, ଭାବନାରୁ ମୁକ୍ତ ହୁଅ। ସେହି ମନରୁ ମୁକ୍ତିର ବିଜ୍ଞାନର ନାମ ଧ୍ୟାନ।
- ଧ୍ୟାନରୁ ସାକ୍ଷୀ, ସାକ୍ଷୀ ଧ୍ୟାନର ଆତ୍ମା।
- ଧ୍ୟାନରୁ ସୁମିରଣ। ସୁମିରଣ ପରମାତ୍ମାଙ୍କ ସ୍ମରଣ।
- ସେହି ଧ୍ୟାନରୁ ସମାଧି, ପରମାତ୍ମା ଭୂମିରେ ପାଇବ ପରମ ବିଶ୍ରାମ।

ସମାଧି, ସବୁ ସମସ୍ୟାର ସମାଧାନ, ପୁଣି ନିଜ ପାଖରେ।

ଯଦି ସମାଧିରେ ନଯାଇ, - ସଂଗ୍ରହରେ ଯୋଡିଲ,

- ଅନ୍ୟ ସହିତ ତୁଳନା କଲ,
- ନିଜକୁ ଜ୍ଞାନୀ, ଧନୀ ମାନିଲ,
- ଶାସ୍ତ୍ର, ରୁ ସତ୍ୟ ଖୋଜିଲ,
- ଅଭିଯୋଗ କଲ

– କର୍ତ୍ତାଭାବନା, ଓ ଅହଂକାର ରହି ଯିବ ଛପି, ନିଜଭିତରେ। ତୁମର ଜୀବନକୁ ଅର୍ଥହୀନ କରାଇନେବ।

ଜାଣିରଖ, ଯେତେ ଊର୍ଜା ଖର୍ଚ୍ଚ କରୁଛ କିଛି ପାଇବାକୁ, ତାହାଠାରୁ ଖୁବ୍ କମ ଊର୍ଜାରେ ବା ବିନା ଊର୍ଜାରେ ଧ୍ୟାନରେ ଯୋଡି ପାରିବ, ଯେଉଁଠୁ ଜୀବନର ପରମବୋଧ ଆସିବ। କିନ୍ତୁ ଧ୍ୟାନର ଭ୍ରମ ଦର୍ଶନ ଯୋଗୁ ନୁହଁ, ସମ୍ୟକ ଶ୍ରବଣ ପାଇଁ।

କେବଳ ସହଜ, ବିଶ୍ରାମ ପୂର୍ଣ୍ଣ ସ୍ଥିତିରୁ ଉପଲବ୍ଧି ମିଳିବ ଓ ରୂପାନ୍ତରଣ ଆରମ୍ଭ ହେବ।

Osho says, Meditation without enlightenment is useless. ଅର୍ଥାତ୍ ଧ୍ୟାନରୁ ଯଦି ସଂବୋଧି ନଘଟେ, ତାହା ସମ୍ୟକ ନୁହେଁ। ତେଣୁ ବୁଝୁଥିବେ, ଯେତେ ମାର୍ଗ ଉପଲବ୍ଧ, ସେଥିରେ କେତେ ଜୀବନ୍ତତା ଅଛି ?

ତେବେ, ଆତ୍ମଜ୍ଞାନର ମୂଳ ମନ୍ତ୍ର ଧ୍ୟାନ। ଧ୍ୟାନର ବୀଜ ମନ୍ତ୍ର- ଓଁକାର, ଅସ୍ତିତ୍ୱର ପରମଧ୍ୱନି। ତା'ରି ପରିଚୟ ପାଅ ଓ ଯୋଡ, ସହଜରେ ପହଞ୍ଚିଯିବ। ତେବେ ସବୁକ୍ରିୟା ଓ ଅକ୍ରିୟାରେ ଧ୍ୟାନକୁ ଯୋଡିଦିଅ। ଜୀବନର ଓ ସଂବୋଧିର ସମସ୍ୟା ଆପେ ପଳାୟନ କରିବ।

କିନ୍ତୁ ସଂସାରୀ, ସନ୍ୟାସୀ ହୋଇ, ସତ୍ୟର ଅନୁଭବ ପାଇଁ, ଜଙ୍ଗଲ, ଆଶ୍ରମ, ନିର୍ଜନ ସ୍ଥଳ, ନଦୀକୂଳ, ଗଛମୂଳରେ ରହିବାକୁ ଚାହାଁନ୍ତି। ହଁ ଯାଇପାର, କିନ୍ତୁ ପରିବାର, ବୃତ୍ତି, ସମାଜକୁ ପରିତ୍ୟାଗ କରି ନୁହେଁ। ଘରେ ରୁହ। ସମ୍ୟକ ବୃତ୍ତି କରି ସଂବୁଦ୍ଧ ବନ ଏହିତ ଆତ୍ମଜ୍ଞାନର ସମ୍ୟକ ରାସ୍ତା।

Osho Says, ଯିଏ ସମସ୍ୟାକୁ ସମ୍ମୁଖୀନ ନହୋଇ ପଳାୟନ କରେ, ସଂସାର ଛାଡି, ସେ ମନୁଷ୍ୟ ନୁହେଁ, ନପୁଂସକ।

ତେଣୁ ସମସ୍ୟାକୁ ସମ୍ମୁଖୀନ ହୋଇ ପୁରୁଷାର୍ଥ କର। ସେହି ସମାଧାନର ସୂତ୍ର ପାଇବା ଓ ଉପଯୋଗ କରିବା, ସମସ୍ତ ମାନବର ଦାୟିତ୍ୱ।

ବାସ୍ତବିକ ଦିଗ ହିଁ ଆତ୍ମ ସାଧନା। ଆତ୍ମାର ପରିଚୟ ତା'ର ଉପଲବ୍ଧି, ଯାହାକୁ Self realisation କହନ୍ତି, ସନ୍ଥ। ସେ ଯାତ୍ରାରେ, ଆକାଂକ୍ଷା, ଅଜ୍ଞାନତା, ଅହଂକାର, ଭ୍ରମ ଦର୍ଶନ, ଉପଦ୍ରବ ସବୁ ବିଲୀନ ହୁଏ। ଅତୀତ ଓ ଭବିଷ୍ୟତରୁ ଚିରମୁକ୍ତ ଥାଏ। ବର୍ତ୍ତମାନର ସବୁକ୍ଷଣରେ ଯୋଡିଯାଏ। ଏହି ଅବସ୍ଥାରେ ଚେତନା ଜାଗ୍ରତ ହୁଏ।

ଗୋଟିଏ ଘଟଣାରୁ ଶୁଣାଯାଏ। ଦିନେ ଜଣେ ଯୁବକ, ଆତ୍ମହତ୍ୟା କରିବା ପାଇଁ, ଉଚ୍ଚ ଅଟାଳିକାରୁ ତଳକୁ ଡେଇଁବାର ପ୍ରୟାସ କଲା। ତା'କୁ ଦେଖି, ତଳ ମହଲାର

ଓ ରାସ୍ତାରେ ଚାଲୁଥିବା ଲୋକେ ବହୁତ ପାଟିକଲେ। କହିଲେ, ତୁମେ ଆତ୍ମହତ୍ୟା କର ନାହିଁ। ସେ କିନ୍ତୁ ଛାଡିବାର ଲୋକ ନଥିଲା।

କିଛି ସମୟ ପରେ, ଜଣେ ବୃଦ୍ଧ ଲୋକ ଆସି ପହଁଞ୍ଚିଲେ, ଓ କହିଲେ, ତୁମ ପିଲାଙ୍କ କଥା କଣ ମନେ ପଡୁନାହିଁ। ପିତା ମାତାଙ୍କ କଥା ମନେ ପକାଅ। ସେ କହିଲା, ମୋର କେହି ନାହିଁ। ଆଉଜଣେ କହିଲେ, ତୁମ ସ୍ତ୍ରୀ ଓ ପ୍ରେମିକା କଥା ମନେ ପକାଅ। ସେ କହିଲା, ମୁଁ ସମସ୍ତଙ୍କୁ ଘୃଣା କରେ।

ଶେଷରେ ଜଣେ ବୁଦ୍ଧ ପୁରୁଷ ଆସି ପହଁଞ୍ଚିଲେ, ତାଙ୍କୁ କହିଲେ, ତୁମେ ସ୍ୱୟଂ ବିଷୟରେ ବିଚାର କର। ହଠାତ୍ ଶୁଣି, ସେ ଚମକିଗଲା ଓ ଭାବିଲା, ମୋର ନିଜସ୍ୱ କ'ଣ ? ମୋର ପିରଚୟ ବା ଠିକଣା କ'ଣ ? କ୍ଷଣିକ ଭିତରେ ତାର ହୃଦୟର ଧଡକନ ବନ୍ଦ ହୋଇଗଲା। ସେ ଅଟକିଗଲା। ସେହି ଜାଗ୍ରତମୟ ସ୍ଥିତିରୁ ଏକ ଅଚାନକ ଝଲକ ପାଇଲା, ପରମ ଊର୍ଜାର, ଯାହା ଅବ୍ୟକ୍ତ ଓ ଅଲେଖା। ସେହି ପରମକ୍ଷଣରୁ ଏକ ପରିଚୟ ଉଦୟ ହେଲା। ଯେଉଁ ପ୍ରଶ୍ନ- ମୁଁ କିଏ ସର୍ବଦା, ଅନ୍ତର ପ୍ରେରଣାରୁ ଆସୁଥାଏ, ତାକୁ ଜାଣିବା ଅସଲି ଜ୍ଞାନ। ସ୍ୱୟଂ ସହିତ ବା ସଂପୂର୍ଣ୍ଣ ଅସ୍ତିତ୍ୱ ସହିତ ମିଶି ଏକ ହୋଇଯିବା, ଅସିଲି ପ୍ରଜ୍ଞା ଯାହା ଜୀବନକୁ ଆନନ୍ଦମୟ କରିବାର ସୂତ୍ର।

■

ଅଭିଯୋଗ ଚିତ୍ତପୂର୍ଣ୍ଣ

ଜୀବନ ଯାତ୍ରାରେ, ଅଭିଯୋଗ ଭରିବା ନିଶ୍ଚିତ ଭାବେ ଶୁଭ ସୂଚନା ନୁହେଁ । କାରଣ ସହଜର ଗତିପଥରୁ, ଆନନ୍ଦର ତରଙ୍ଗ ହଜାଇଦିଏ । ବ୍ୟର୍ଥଭାବନା, ଅହିତ ଚିନ୍ତନ, ତର୍କ ପୂର୍ଣ୍ଣ ଓ ଅସହଜ ସ୍ଥିତି, ଜୀବନର ପରମାନନ୍ଦକୁ ଦୂରେଇଥାଏ । ଜାଣନ୍ତୁ! ଜୀବନର ପ୍ରତ୍ୟେକ ଦ୍ୱାର, ଆନନ୍ଦ ସହିତ ସଂଯୁକ୍ତ । ଯଦି ଜଣେ ବ୍ୟକ୍ତି ଅସହଜ ଓ ଅସମ୍ୟକ ରହେ, ଆନନ୍ଦର ସ୍ୱାଦୁ ପାଇବା ତ ଦୂରର କଥା, ସେ ଜାଣିବାକୁ ସମର୍ଥ ହୁଏନାହିଁ । ଚିତ୍ତ ସର୍ବଦା, ଅପେକ୍ଷାରେ ଭରିଯାଏ ।

ମହାବୀର କହନ୍ତି, ଅପ୍ରମାଦ ଶ୍ରେଷ୍ଠ ସାଧନା । ତେଣୁ ପ୍ରତିକ୍ଷଣରେ, ମଙ୍ଗଳଭାବ ଓ କ୍ରିୟା କର । ଓଶୋ କହନ୍ତି, ଅନ୍ୟର ମଙ୍ଗଳ ଭାବିବାରେ ବା, ତା'ର ମଙ୍ଗଳ କରିବାରେ, ତା'ର ମଙ୍ଗଳ ହେଉ ବା ନହେଉ, ଅବଶ୍ୟ ନିଜର ହେବ । ଏହା ଅସ୍ତିତ୍ୱର ପରମ ନିୟମ । ତେବେ ଅଭିଯୋଗ ମୁକ୍ତ ବ୍ୟକ୍ତି ହୁଏ ସହଜ । ତାହାର ମହାଯାତ୍ରା ବିଶ୍ରାମ ଆଡକୁ ଯାଏ । ତା'ରି ଅଭିଯୋଗ ଦୃଷ୍ଟିକୋଣ ରୂପାନ୍ତରିତ ହୋଇ, ଅହୋଭାବ ପ୍ରେମ ଓ ସ୍ୱୀକାରରେ ଯୋଡିଯାଏ । ସେ ସୁଧୁରିଯାଏ ।

ଗୋଟିଏ ଛୋଟିଆ କଥାରୁ ସ୍ପଷ୍ଟ ସନ୍ଦେଶ ପାଇବେ । ଗୋଟେ ଛୋଟ ପିଲା ହଠାତ୍ ଖାଇବା, ପିଇବା ବନ୍ଦ କରିଦେଲା । ତାର ପିତାମାତା ବ୍ୟସ୍ତ ହୋଇ ଉଠିଲେ, ଧୀରେ ଧୀରେ ସ୍ୱାସ୍ଥ୍ୟ ଖରାପ ହୋଇ ଆସିଲା । ପରିବାର ଚିନ୍ତା ବଢ଼ାଇଲା । ଡାକ୍ତର କହିଲେ, ଧୈର୍ଯ୍ୟଧର, ଠିକ୍ ହୋଇଯିବ । କିନ୍ତୁ କିଛି ପ୍ରଭାବ ପଡିଲା ନାହିଁ ।

ଶେଷରେ ଡାକ୍ତର ପିଲାଟିକୁ ବୁଝାଇ କହିଲେ, ତୁମେ କ'ଣ ଚାହୁଁଛ କୁହ । ଆମେ ଆଣିଦେବୁ । ପିଲାଟି ଧୀରେ ଧୀରେ ଶାନ୍ତ ହୋଇଗଲା । ପିଲାଟି କହିଲା, ମୁଁ ଖାଇବାକୁ କିଛି ଜିଆ ଚାହେଁ । ତାକୁ ଗୋଟିଏ ପ୍ଲେଟରେ ବହୁତ ଜିଆ ଆଣି ଦିଆଗଲା । ତୁମେ ଖାଇପାର, ଡାକ୍ତର କହିଲେ । ପିଲାଟି କହିଲା, ତୁମେ ତ ଜିଆଙ୍କୁ ମାରି ଦେଇଛ ।

ଶେଷରେ ତାକୁ ଜୀବନ୍ତ ଜିଆ ଆଣି ଦିଆଗଲା । ପୁଣି କହିଲେ, ସେ ଜିଆଙ୍କୁ ଅଧା ଅଧା କରି ମୋତେ ଦିଅ । ତା' କହିବା ଅନୁସାରେ ଜିଆଙ୍କୁ ଅଧା ଅଧା କରି ଦିଆଗଲା । ପୁଣି ପିଲାଟି କାନ୍ଦିଲା ଓ ଖାଇଲା ନାହିଁ, କହିଲା ମାରି ଦେଇଥିବା ଜିଆଙ୍କୁ ଏବେ ଯୋଡ଼ିଦିଅ । ଲୋକେ ଆଶ୍ଚର୍ଯ୍ୟ ହେଲେ, ମୃତ୍ୟୁ ପାଇଥିବା ଜିଆଙ୍କୁ କିପରି ବଞ୍ଚାଇବେ ?

ସନ୍ଥ କହନ୍ତି, ଜୀବନ ଦୃଷ୍ଟି ସମସ୍ତ ସଂସାରୀଙ୍କର ଏହିପରି । ଯଦି ଅଭିଯୋଗ ପୂର୍ଣ୍ଣ ତର୍କ ଯୁକ୍ତ ଥାଏ, ତାହା ସମାପ୍ତ ନାହିଁ । ବରଂ ଆଗାମୀ ଯାତ୍ରାକୁ ଅକାମୀ କରିଦିଏ । ସେ ସୁଖ, ଆନନ୍ଦ ପାଇବା ପରିବର୍ତ୍ତେ, ଦୁଃଖ, ଚିନ୍ତନକୁ ଆହୁରି ବଢ଼ାଇଥାଏ । ତେଣୁ ଦୃଷ୍ଟିକୋଣ ସମ୍ୟକ ହେଉ । ସମ୍ୟକ ବ୍ୟକ୍ତି ହେବ ଆନନ୍ଦିତ ଓ ଧାର୍ମିକ । ତାର ବିଜ୍ଞାନ କହେ, ଆନନ୍ଦର ରାଜ, ଅଭିଯୋଗ ଶୂନ୍ୟଚିତ୍ତ । ଯିଏ ଆନନ୍ଦ ଭାବରେ ରହେ, ସେ ଅସ୍ତିତ୍ୱ ସହିତ ଯୋଡ଼ିଯାଏ, ଓ ସଂସାରରେ ଥାଇ ସଂବୁଦ୍ଧ ଭଳି ବଞ୍ଚେ ।

■

ପାଗଳାମୀ କ'ଣ ଧାର୍ମିକତା

ଦିନେ ସକାଳୁ, ଜଣେ ବ୍ୟକ୍ତିର ଘର ସାମନାରେ ପ୍ରବଳ ଭିଡ। ଦେଖିଲା ବେଳକୁ ଜଣାଗଲା, ସେ ଲୋକଟି ମାଟିରେ ଗଡି ଗଡି, ଦେହ, ମୁଣ୍ଡ ଧୂଳି ମାଟି କରିଦେଉଛି। ତା'ର ସ୍ଥିତି ଦେଖି, ଲୋକେ ମଜା ନେଉଛନ୍ତି। ସେହି ଅଦ୍ଭୁତ କର୍ମକୁ ଦେଖି, ଲୋକମାନେ ବହୁତ କଥା କହୁଛନ୍ତି। ଦୃଷ୍ଟିକୋଣରେ କେତେ ପ୍ରଶ୍ନ ଆଗକୁ ଆସେ।

କିଛି କହନ୍ତି, ସେ ପ୍ରଭୁଙ୍କୁ ଖୋଜିବାକୁ ଯାଇ ଗଡି ଯାଉଛି। ଆଉ କିଛି କହନ୍ତି, ସେ ଧାର୍ମିକ ବ୍ୟକ୍ତି। ଆଉ କିଛି ତା'ର କଷ୍ଟ ଦେଖି, ସମ୍ବେଦନଶୀଳ ହୋଇ ଗଲେ। ଶେଷରେ କିଛି ଲୋକ ଆକର୍ଷିତ ହେଲେ ଓ ବୁଝାଇ କହିଲେ, ତୁମେ ଶରୀରକୁ କଷ୍ଟ ଦିଅନାହିଁ। ସେ ଦେଖାଏ ସେ ଧର୍ମ ପାଇଁ ପାଗଳ। ଯଦି କେହି ଅଟକାଇଲେ, ତାଙ୍କୁ କ୍ରୋଧରେ କିଛି କହି ଦିଅନ୍ତି। ସେ କହେ, ତୁମେ ସବୁ ଅଜ୍ଞାନୀ, ମୋ ସାଧନାରେ ବାଧା ଦିଅନାହିଁ। ତୁମକୁ ଜଣାନାହିଁ, ମାଟିର କରିସ୍ମା। କହି କହି ମାଟିରେ ଲୋଟିଗଲା।

ଧୀରେ ଧୀରେ ଲୋକ କମିବାକୁ ଲାଗିଲେ। ଶେଷରେ ନିଜର ସ୍ତ୍ରୀ ବି ଚାଲିଗଲେ। ସ୍ତ୍ରୀ କହିଲେ, ତୁମେ ମାନେ ଯାଅ, ସେ ବଳେ ଘରକୁ ଫେରିଯିବେ। ସମସ୍ତେ ଗଲାପରେ କିଛି ସମ୍ବେଦନଶୀଳ ବ୍ୟକ୍ତି, ତାଙ୍କୁ ସହଯୋଗ ଦେଲେ ଓ ତାଙ୍କର ଶିଷ୍ୟ ହୋଇଗଲେ। ଆସ୍ତେ ଆସ୍ତେ ପରିସ୍ଥିତି ଶାନ୍ତ ହୋଇଗଲା। ଧୀରେ ଧୀରେ ଲୋକ କିଛି, ତା' ପାଖକୁ ଯିବାକୁ ଲାଗିଲେ। ଭଲମନ୍ଦରେ ଉପଦେଶ ତା'ଠାରୁ ନେଲେ।

କିଛି ଦିନ ପରେ ତାଙ୍କରି ଲୋକ, ତାଙ୍କୁ ଭଗବାନ, ମହାତ୍ମା ବୋଲି କହିଚାଲିଲେ। ସେହି ଲୋକମାନେ ଗୋଟିଏ ଗ୍ରୁପ ବନାଇଲେ ଓ ଅନୁଷ୍ଠାନ କଲେ।

ଆଜି ଭଳି ଦିନରେ, ସେହି ଯାଗା ଧର୍ମସ୍ଥଳ ବୋଲି ମାନ୍ୟତା ପାଇଲା। ଧର୍ମର ନୂତନ ଦର୍ଶନ ବିକଶିତ ହେଲା। ତାକୁ ପାଗଳାମୀରୁ ତପସ୍ୱୀ ବନାଇଦେଲା।

ବାସ୍ତବରେ, ତାର ସ୍ୱଭାବ ଧର୍ମ ସହିତ ସମ୍ବନ୍ଧିତ, ନା ଧାର୍ମିକତା ସହିତ ?

ନିଜର ମନ ଗଢ଼ା ବ୍ୟବସ୍ଥାରୁ ତାଙ୍କୁ ଧାର୍ମିକ ଆଖ୍ୟା ଦେଲେ, ତାହା କ'ଣ ପାଗଳାମୀ ନା ଧାର୍ମିକତା। ସଂସାରୀର ଧ୍ୟାନ ମଧ୍ୟ ତା'ରି କ୍ରିୟାକୁ ଗଲା। ସେଥିରେ ନା ସେ ହେଲା ସମ୍ୟକ ନା ସଂସାରୀକୁ କଲା। ତେଣୁ ସମ୍ୟକ ଧ୍ୟାନରେ ଯୋଡ, ସତ୍ୟ ତୁମ ପାଖରେ ପହଞ୍ଚିଯିବ, ଏହା ପରମ ସତ୍ୟ।

■

ଆଜି ମନୁଷ୍ୟ ଜୀବିତ ଥାଇ ବି ମରୁଛି କାହିଁକି ?

ଆଜି ପର୍ଯ୍ୟନ୍ତ ସବୁ ସଂସ୍କୃତି, ସଭ୍ୟତା ଅସଂପୂର୍ଣ୍ଣ ଲାଗୁଛି । ମନୁଷ୍ୟ ଜାତି ଏପର୍ଯ୍ୟନ୍ତ ଏକ ସମ୍ୟକ ସଂସ୍କୃତିର ନିର୍ମାଣ କରିପାରିନାହିଁ । ଯେ ପର୍ଯ୍ୟନ୍ତ ତା'ର ପୂର୍ଣ୍ଣ ଜୀବନକୁ ସ୍ପର୍ଶ ନକରିଛି, ସେ ସାହିତ୍ୟ ଓ ସଂସ୍କୃତି କଥା କଣ ନିର୍ମାଣ କରିବ ? କେବଳ ଶବ୍ଦରେ, ଭାଷାରେ ପ୍ରକାଶିତ କଲେ, ସତ୍ୟ ଉପଲବ୍ଧି ଦିଏନାହିଁ ।

ସାହିତ୍ୟ, ସ୍ୱୟଂର ହିତ, ଯେପର୍ଯ୍ୟନ୍ତ ସ୍ୱୟଂକୁ ଭଲ ପାଇଲା ନାହିଁ, ଜାଣିଲା ବି ନାହିଁ, ସେ କିପରି ଅନ୍ୟ ପାଇଁ ଚିନ୍ତନ କରିବ ? ସେହିପରି ସଂସ୍କୃତି, ସ୍ୱୟଂର ଆକୃତି । ଯେ ପର୍ଯ୍ୟନ୍ତ ସ୍ୱୟଂର ପରିଚୟ ନ ଜାଣିଲା, ଅସ୍ତିତ୍ୱର ପରିଚୟ କ'ଣ, ଜଗତବାସୀଙ୍କୁ କହିବ ନା ଲେଖି ଜଣାଇବ ।

ମଣିଷ ନିଜର ଖୁସି ପାଇଁ, ମନର ଦାସ ହୋଇ, ମସ୍ତିଷ୍କର ଉପଯୋଗ କରି, ପରିଣାମ ତାର ଅସନ୍ତୋଷ, ଅତୃପ୍ତ ଓ ଚିନ୍ତାଗ୍ରସ୍ତ । ସବୁବେଳେ ଅନ୍ୟକୁ ନିମିତ୍ତ ଓ ସ୍ୱୟଂର ଅନୁଦାନକୁ ପ୍ରାଧାନ୍ୟ ଦେଇଚାଲିଛି । ଅନ୍ୟ ଉପରେ ଦୋଷତ୍ରୁଟି ଦେବାର ସିଦ୍ଧହସ୍ତ । ସମାଲୋଚନା, ଅଭିଯୋଗ, ଅହଂକାରକୁ ଆଦତ୍ତ କରିଦେଇଛି । ପ୍ରତିକ୍ଷଣରେ ତା'ର ମାନବିକତାର ମୃତ୍ୟୁ ହେଉଛି । ଭୀରୁଭଳି ତା'ର ମରଣ ସବୁ ସ୍ତରରେ ।

ବାହାରେ ମହାଭାରତର କଥା ଶୁଣୁଛି ଓ ଶୁଣାଉଛି । ଯେଉଁ ସ୍ଥଳରେ ପ୍ରତିଶ୍ୱାସରେ ମହାଭାରତର ଉପସ୍ଥିତିକୁ ବିସ୍ମରଣ । ସବୁକୁ ଯୋଡିଯାଡି, ଦୁର୍ଭାବନା ପଛରେ ପଡିବା, ତାରି ପୁରସ୍କାର ଅସ୍ତିତ୍ୱଠାରୁ ମିଳୁଛି ।

ମଣିଷ ସର୍ବଦା ଦ୍ୱନ୍ଦରେ ବଞ୍ଚେ । ଦ୍ୱୈତକୁ ଭାଙ୍ଗି ଭାଙ୍ଗି, ସେ ଖୋଜେ ତା'ର କାରଣ । ତାହାପାଇଁ ଶରୀର ଓ ଆତ୍ମାକୁ ଗୋଟିଏ ବୋଲି ଭାବେ । ଏହି ତ

ଦୁର୍ଭାବନା। ଏ ପର୍ଯ୍ୟନ୍ତ ଶରୀର ଓ ଆତ୍ମା- ଜଡ ଓ ଚେତନା ଭିତରେ ପ୍ରାଚୀର ଘଟୁଛି।

ଜୀବନ ଅସ୍ତିତ୍ୱର ଦାନ। ଅସ୍ତିତ୍ୱ ଖୋଦ୍ ଅଖଣ୍ଡିତ। ଜୀବନ ତା'ର ଏକ ଅଂଶ ଭଳି, କିନ୍ତୁ ପୂର୍ଣ୍ଣ ଅଖଣ୍ଡତାକୁ ବୁଝିବାକୁ ଅସମର୍ଥ। ଧାର୍ମିକତାର ଗନ୍ଧ ବାସନା ନାହିଁ, ସେ ଯେଉଁ ସଂସ୍କୃତି ନିର୍ମାଣ କରେ। ନିଜକୁ ଛାଡି ବାହାର ସହିତ ଯୋଡିବା ତାର ମୂଳ ମାନ୍ୟତା। ମାନବ ଗଢ଼ା ଧର୍ମ ଆଜି ସବୁଠି ବିଭାଜିତ କରୁଛି ମାନବତାକୁ। ନିଜର ଶୁଦ୍ଧିକରଣକୁ ବିସ୍ମରଣ କରି, ଅନ୍ୟର ରୂପାନ୍ତରଣ ପାଇଁ ବ୍ୟସ୍ତ। ଧର୍ମର ଆଧାର ନୁହେଁ ଯେ ଅନ୍ୟ ପରମ୍ପରାକୁ ଅସ୍ୱୀକୃତୀ, ଅନ୍ୟ ଜୀବାତ୍ମାଙ୍କୁ ଅସମ୍ମାନ। ଯଦି ସେହି ମଣିଷ ବିଖଣ୍ଡିତ ଚିତ୍ତ ନେଇ, ସଂସ୍କୃତି ନିର୍ମାଣ କରେ, ତାହା କ'ଣ ସମ୍ୟକ ହେବ ?

ସଂସ୍କୃତିର ମୂଳ ସନ୍ଦେଶ, ସ୍ୱୟଂ ପରିଚୟ। ସ୍ୱୟଂକୁ ରୂପାନ୍ତରଣ ନକରି, ମନ ଦ୍ୱାରା ପରିଚାଳିତ। ତେବେ ପୂର୍ବ ଦେଶ ହେଉ, ବା ପଶ୍ଚିମ, ଯେତେ ପ୍ରତିଭାବାନ ହୁଅନ୍ତି, ଧନ ସଂପଦ, ଜ୍ଞାନ, ବିଜ୍ଞାନରେ ଦକ୍ଷତା ଥାଉ, ସେମାନେ ଅସମ୍ପୂର୍ଣ୍ଣ। କାରଣ କେହି ମନରୁ ମୁକ୍ତ ନୁହଁ। ମନରୁ ମୁକ୍ତ ପାଇଁ, ସମ୍ୟକ ଧ୍ୟାନରେ ପ୍ରବେଶ ଜରୁରୀ।

ମଣିଷର ମାନବିକତା ଆଜି ବିଭାଜିତ ହେବାରୁ, ଚେତନା ଆଜି ଖଣ୍ଡିତ ଓ ନିଷ୍କ୍ରିୟ। ମନରୁ କେହି ମୁକ୍ତ ନୁହଁନ୍ତି, କି ସଂସାରୀ, କି ସନ୍ୟାସୀ, ସମସ୍ତେ ଖଣ୍ଡ ଖଣ୍ଡ।

ପ୍ରଶାସକ, ରାଜନେତା, ବ୍ୟବସାୟୀ, ପଣ୍ଡିତ, ପୁରୋହିତ, ସମସ୍ତେ ଜାଣନ୍ତି। ଜାଣିବି, ଅନ୍ୟର ଦୋଷ ଦେଖି, ରୂପାନ୍ତରଣ ତାଙ୍କରି କରିବାକୁ ଚାହାଁନ୍ତି। ନିଜକୁ ଅବହେଳା କରି, ବାହାରେ ପ୍ରତିଷ୍ଠିତ। ପଶୁର ସ୍ୱଭାବ ଭିତରେ ମହଜୁଦ, ତେବେ ପରମାତ୍ମାଙ୍କର ସମ୍ୟକ ରାସ୍ତା କେଉଁଠୁ ପାଇବେ ?

ସେହି ଦୃଷ୍ଟିକୋଣରେ, ମନୁଷ୍ୟର ୨ଟି ରୂପ-

୧- ଭୌତିକବାଦୀ

୨- ଆଧ୍ୟାତ୍ମବାଦୀ

ଉଭୟ ମୋହଗ୍ରସ୍ତ। ଶିକ୍ଷା, ଶାସ୍ତ୍ର, ସିଦ୍ଧାନ୍ତରେ ଦୁଇଟି ମତ। ଜୀବନର ଅସଲି ରସ, ପୁରା ଶୁଖିବାକୁ ବସିଲାଣି, ଧରିତ୍ରୀ ଆଜି ଅସମ୍ଭାଳ।

ଦେଖନ୍ତୁ ! ଚିନ୍ତା, ସନ୍ତାପରେ କୌଣସି ବ୍ୟକ୍ତି ଜାଗ୍ରତ ହେବ କିପରି ? ଆକାଂକ୍ଷା ଉଭୟଙ୍କର ପରମଲକ୍ଷ୍ୟ, ଯାହା ଆତ୍ମ ଯାତ୍ରାର ମୁଖ୍ୟ ବାଧକ। ତେବେ ବଞ୍ଚିବାର ଗୋଟିଏ ରାସ୍ତା ସ୍ୱୟଂର ଶୁଦ୍ଧିକରଣ। ଅସ୍ତିତ୍ୱକୁ ସ୍ୱୀକୃତୀ, ସର୍ଜନାକୁ ସମ୍ମାନ ଦେଇ, ସମାଧାନର ରାସ୍ତା ଖୋଜ, ଯାର ନାମ ସମାଧି।

ଭାବନ୍ତୁ ! କଣ ମନୁଷ୍ୟଜାତି ବଞ୍ଚିବ ନାହିଁ ? ମାନବିକତାର ପୂର୍ଣ୍ଣ ପ୍ରାଣ ପ୍ରତିଷ୍ଠା

ସମ୍ଭବନୁହେଁ ? ସନ୍ଥ କହିବା, ତାଙ୍କର ଦାୟିତ୍ୱ । କିନ୍ତୁ ଉପଯୋଗ କରିବା ସଂସାରୀଙ୍କର ସ୍ୱତନ୍ତ୍ରତା । ତେବେ ନିଜର ରୂପାନ୍ତରଣ ଜରିଆରେ, ଜଗତର, ଧାର୍ମିକତାର ନୂତନ ଜୀବଦାନ ସମ୍ଭବ, ଯଦି ବ୍ୟକ୍ତି ସମସ୍ତେ ଧ୍ୟାନପୂର୍ଣ୍ଣ ହୁଅନ୍ତି । ପ୍ରେମ, ସେବା, ଅହୋଭାବ, ବିଶ୍ରାମ ସବୁ ସେବକ ହୋଇ ଫେରି ଆସିବ । ସେହି ପରମ ଆତ୍ମା ଜାଗରଣ ରାସ୍ତାରେ ଯାତ୍ରୀ ହୋଇପାରିଲେ, ସଂସାରୀଙ୍କର ସଂବୋଧି ଅବଶ୍ୟ ଘଟିବ, ଏହା ପରମ ସତ୍ୟ ।

ଯେଉଁଠି- ଅନ୍ତର- ବାହାର

- ସଗୁଣ- ନିର୍ଗୁଣ
- ଭକ୍ତି- ଧ୍ୟାନ
- ପ୍ରେମ- ସେବା
- ଧନ ଓ ଧ୍ୟାନ
- ବିଜ୍ଞାନ ଓ ଆଧ୍ୟାତ୍ମ
- ପୂର୍ବ ଓ ପଶ୍ଚିମ, ସମସ୍ତଙ୍କ ଭିତରେ ଏକ ମହାମିଳନ ଘଟୁ ।

ଉପଭୋଗ କରାଗଲେ ଶୁଦ୍ଧ ପ୍ରେମ, ଓ ସମ୍ୟକ ଧ୍ୟାନ, ଅବଶ୍ୟ ସାରା ଜଗତକୁ ମାଡିଯିବ । ମନୁଷ୍ୟର ପୁନର୍ଜନ୍ମ ହେବ । ତେବେ କାହିଁକି ମଣିଷ ପରମାନନ୍ଦ ନପାଇ, ବାରମ୍ବାର ମୃତ୍ୟୁକୁ ଭୟ କରୁଥିବ ? ତାକୁ ଉଦ୍ଧାର କରିବାର ଗୋଟିଏ ରାସ୍ତା । ଆତ୍ମ ରୂପାନ୍ତରଣ ଯା'ରି ଏକମାତ୍ର ସୂତ୍ର- ଧ୍ୟାନରେ ପ୍ରବେଶ ଓ ଉପଯୋଗ ।

■

ଆତ୍ମ ନିର୍ମାଣର କଳା

ଜୀବନ ଏକ କଳା । ମନୁଷ୍ୟ ନିଜ ଜୀବନର ନିଜେ କଳାକାର ଓ କଳାର ଉପକରଣ ବି । କୋରା କାଗଜରେ ଯେପରି ଲେଖିବ ବା ଆଙ୍କିବ, ତା'ର ପ୍ରତିଛବି ସେହିପରି ହେବ । ତେଣୁ ଜୀବନକୁ ନିର୍ମାଣ କରିବାର ଦାୟୀତ୍ୱ ନିଜର । ଏତିକି ସ୍ମରଣ ଥାଉ, ମଣିଷ ପୂର୍ଣ୍ଣପୁରୁଷ ହୋଇ, ଜନ୍ମରୁ ଆସି ନଥାଏ । ତାକୁ ନିର୍ମାଣ କରିବାକୁ ପଡେ । ସେହି କଥାକୁ ସନ୍ଥ କହନ୍ତି, ଆତ୍ମାକୁ ଆବିଷ୍କାର କରିବାକୁ ପଡେ ସ୍ୱୟଂଭିତରୁ । ଅସ୍ତିତ୍ୱ ଜନ୍ମରୁ ଏକ ଅଣଗଢ଼ା ପଥର ପରି, ମଣିଷକୁ ଧରିତ୍ରୀକୁ ପଠାଇଛନ୍ତି । ତେଣୁ ନିଜର ଚେତନାର ବିକାଶ ଓ ଉପଯୋଗ କରିବା ତା'ର ଧର୍ମ ।

ଋଷିଆର ଜଣେ ମହାନ ଧର୍ମଗୁରୁ, ଗୁରୁଜୀଏଫ କହନ୍ତି, ସବୁ ମଣିଷର ଆତ୍ମା ନଥାଏ । ସେହି ମହାବାକ୍ୟକୁ ଆମର ଋଷିବୁଝାନ୍ତି, ଆତ୍ମସତ୍ତାକୁ ଆବିଷ୍କାର କରିବାକୁ ପଡେ ।

କାରଣ, ସମସ୍ତ ମନୁଷ୍ୟଙ୍କର ଯେପରି, ପଶୁ, ପକ୍ଷୀ, ବୃକ୍ଷର ଚେତନା ମଧ୍ୟ ଥାଏ, କିନ୍ତୁ ତାଙ୍କୁ ତାହା ଅପରିଚୟ । କଥାଅଛି, ଅସ୍ତିତ୍ୱ, ପଞ୍ଚତତ୍ତ୍ୱ ସହିତ ମନବି ରହେ । ଯେବେ ଚେତନା ଅଶୁଦ୍ଧ ହୁଏ, ତାକୁ ମନ କହିଥାନ୍ତି, ମନ ଅର୍ଥାତ୍ ଅଶୁଦ୍ଧ ଚେତନା । ତେବେ ଚେତନା ଅର୍ଥ- ଶୁଦ୍ଧ ମନ ।

ଯେପରି କୌଣସି ଶୁଦ୍ଧ ଜିନିଷ ଦୁଇଟି ମିଶିଯାଏ, ତାହା ଅଶୁଦ୍ଧ ହୁଏ, ଉଦାହରଣ ସ୍ୱରୂପ- କ୍ଷୀର ଶୁଦ୍ଧ, ଜଳ ବି ଶୁଦ୍ଧ, ଯେବେ ୨ଟି ଶୁଦ୍ଧ ମିଶିଯାଏ, ଅଶୁଦ୍ଧ ହୋଇଯାଏ ।

ତେବେ ମନୁର ସନ୍ତାନ, ମନୁଷ୍ୟର ଧର୍ମ ମନରୁ ମୁକ୍ତି । ମନରୁ ମୁକ୍ତି ହେଲେ, ଚେତନାର ପରିଚୟ ଓ ବିକାଶ ସମ୍ଭବ । ତେବେ ସ୍ୱୟଂର ଉର୍ଜାକୁ,

- ଅପଚୟରୁ ରକ୍ଷାକରି
- ସଂରକ୍ଷଣ କରାଇ

- ଊର୍ଦ୍ଧ୍ୱ ଗମନ କରାଇ

- ପ୍ରୟୋଗ କରି ସବୁ ଚକ୍ରକୁ ସକ୍ରିୟ ଓ ଊର୍ଜାବାନ କରାଇବା ସହିତ

- ସହସ୍ରାରରେ ପହଞ୍ଚିବାକୁ ସାଧନା କହନ୍ତି।

ପୁଣି ତାହା ସହଜ, ଜାଗୃତ, ଓ ବିଶ୍ରାମ ଦ୍ୱାରା ସମ୍ଭବ, କିନ୍ତୁ ସଂଗ୍ରାମ ଓ ଶ୍ରମରୁ ନୁହେଁ।

ସନ୍ଥ କହନ୍ତି, ସୁନ୍ଦର ମୂର୍ତ୍ତୀ ଯେପରି ଜଣେ କଳାକାର ଗଢ଼େ, ଠିକ୍ ସେହିପରି, ଆତ୍ମା ନିର୍ମାଣ କରିବା, ଆମ ମହାଯାତ୍ରାର ଲକ୍ଷ୍ୟ। ଯାହାପାଇଁ ବ୍ରହ୍ମ ଅସ୍ତ୍ର-ଧ୍ୟାନ। ଧ୍ୟାନର ବୈଜ୍ଞାନିକତା, ଆଧ୍ୟାତ୍ମ ଆଡକୁ ଆଉ ପାଦେ ଯାତ୍ରା। ଯେବେ ଯାତ୍ରୀ, ଆତ୍ମାର ଭୂମିରେ ଅନ୍ତିମ ବିଶ୍ରାମ ପାଏ, ସେ କାଳର ଆବାଗମନରୁ ଚିର ମୁକ୍ତ ହୁଏ। ସେହି ପରମ ବିଶ୍ରାମ ବା ସମାଧିସ୍ଥ ପୁରୁଷ ହିଁ ଏକ ଆତ୍ମ କଳାକାର।

■

ଅନ୍ତର ଶଙ୍ଖଧ୍ୱନିରୁ ଧ୍ୟାନ

ଧ୍ୟାନ, ଜାଗୃତୀର କଳା । ଅନ୍ତର ଶ୍ରବଣରୁ ଜନ୍ମ ଯାହାକୁ ଧ୍ୱନି ଶ୍ରବଣ କହନ୍ତି । କିନ୍ତୁ ଘଣ୍ଟା ଘଣ୍ଟା ଧରି, ଆଖି ବୁଜି ବସିଲେ ଧ୍ୟାନ ଘଟେ ନାହିଁ । କେବେ କେବେ କେହି ମନ୍ତ୍ର ଜପି, ମାଳାର ଗୋଡିକୁ ଗଣି, ଧ୍ୟାନ ଘଟିଗଲା ବୋଲି କହିଥାନ୍ତି । ସାମାଜିକ ସାଧୁସନ୍ଥଙ୍କ ପରାମର୍ଶରେ ଖୋଜିଥାନ୍ତି ତାଙ୍କର ପରମ୍ପରାରୁ, ଯେଉଁଠୁ କିଛି କେହି ଉପଲବ୍ଧି ପାଇଛନ୍ତି, ନା ପାଇବେ ? ଏଇମିତି ଲକ୍ଷ ଲକ୍ଷ ଲୋକ, ଯୁଗ ଯୁଗ ଧରି କରି ଆସୁଛନ୍ତି, ତାର ହିସାବ ବି ନାହିଁ ।

ବାସ୍ତବିକ, ଧ୍ୟାନ ଏକ ହୋଷ । ଯେବେ ନିଜର ହୋଷକୁ ବଢ଼ାଇବାକୁ ପଡେ, ଧ୍ୟାନ ପହଞ୍ଚେ । କେହି କେହି ଶ୍ୱାସର, ଶ୍ୱାସକ୍ରିୟାର ଶ୍ରବଣ ଓ ହୃଦୟର ସ୍ପନ୍ଦନକୁ ବି ଶୁଣି ସତ୍ୟନାମ ସ୍ମରଣ ଭାବଥାନ୍ତି । ଧ୍ୟାନ, ଶୂନ୍ୟର, ସନ୍ନାଟାର ଶ୍ରବଣ । ସେହି ଧ୍ୟାନ, ଅସ୍ତିତ୍ୱ ସହିତ ଯୋଡିବାର ବିଜ୍ଞାନ ଯେଉଁଠି ଶରୀର, ମନ, ବିଚାର, ଭାବନାକୁ ଭାଙ୍ଗେ (ତୋଡେ), ଓ ସ୍ୱୟଂରେ ଯୋଡେ । ଏହା ସହଜିଆ ଲାଗିପାରେ କିନ୍ତୁ ସହଜ ନୁହେଁ ।

ବୁଦ୍ଧ କହନ୍ତି, ଯଦି କେବେ କେହି ତୁମକୁ ଅପଦସ୍ତ କରନ୍ତି, ତୁମକୁ କଷ୍ଟ ଲାଗେ । ଯେବେ ତୁମକୁ ଆଘାତ ଲାଗିଲା, ଜାଣିବ ତୁମର ଅହଂକାରକୁ ଆଘାତ ହେଲା । ତେଣୁ ଅହଂକାରରୁ ମୁକ୍ତ ହେବ କିପରି ? ଯେବେ ଭାବିବା ସୁରୁକର, ମୋତେ କେହି କିଛି କହିନାହାନ୍ତି, ମୋତେ କିଛି କଷ୍ଟ ଲାଗୁନାହିଁ । ହଁ, ଶରୀରକୁ ଲାଗିପାରେ, ମୋତେ ନୁହଁ । ଦେଖୁଥିବା ଶରୀର ତ ମୋର ନୁହେଁ । ତା'ରି ତ ପରିବର୍ତ୍ତନ ହେଉଛି । ପୁଣିଦିନେ ଚାଲିଯିବ । ତେବେ ମୋ ନିଜର କିପରି ହେଲା ? ଏହି ବିଚାର ଭାବନା ବି ମୋର ନୁହଁ । ଯେପରି ଆସିଛି, ସେପରି ଚାଲିଯିବ । ଏହି ଜାଗରଣରୁ ଧ୍ୟାନର ଜନ୍ମ ହେବ । ଯଦି ମନରେ ଶୋଷ ଲାଗିଲା, ଜାଣିବ ମୋ ଶରୀରକୁ ଶୋଷ ଲାଗୁଛି, ମୋତେ ନୁହେଁ ? ତା'ରି ବିଜ୍ଞାନ କହେ, ସବୁକୁ ଛାଡିବ ।

- ଶରୀରକୁ
- ମନକୁ
- ଭାବନାକୁ
- ଶ୍ୱାସକୁ

କିଛି ତୁମ ହାତରେ ନାହିଁ, ଯାହା ସବୁ ଚାଲିଛି ଅସ୍ତିତ୍ୱଦ୍ୱାରା। ତେଣୁ ଏହି ନିର୍ବିଚାର ସ୍ଥିତି, ତୁମକୁ କର୍ତ୍ତାଭାବନାରୁ ମୁକ୍ତ କରାଏ। କର୍ତ୍ତାଭାବନା ହିଁ ଅହଂକାରର ଅନ୍ୟନାମ। ଦେଖିବ ! ଧୀରେଧୀରେ ଧ୍ୟାନ, ଅର୍ଥାତ୍ ଶୂନ୍ୟ ହେବ ବିଚାର। ଶରୀର ପ୍ରତି, ସାକାର ପ୍ରତି, ତାଦାତ୍ମ୍ୟ (link) କମିଯିବ। ଶୂନ୍ୟରେ ବିଶ୍ରାମ ପାଇବ। ସବୁ ନିଷ୍କ୍ରିୟ ହୋଇଯିବ। କେବଳ ଥିବ ଏକ ଶୂନ୍ୟତାର ଆବାଜ। କିନ୍ତୁ ସେହି ଆବାଜର ଉଦଗମ ନଥିବ, ତଥାପି ନିରନ୍ତର ଶୁଭା ଯାଉଥିବ, ସ୍ୱୟଂ ଭିତରୁ। ତୁମକୁ ଲାଗିବ, ତୁମେ ତ ବିଶ୍ରାମ ନେଉଛ, ଆଉ ଜଣେ କେହି କରୁଛନ୍ତି ।

ଏହି ଯେଉଁ ସାଙ୍କେତିକ ଇସାରା, ତାହା ଦିବ୍ୟ ଆକର୍ଷଣ ଅସ୍ତିତ୍ୱର। ତାକୁ ସୃଷ୍ଟିର ଆଧାର, ଓଁକାର ବୋଲି ସନ୍ଥ କହିଥାନ୍ତି।

Exactly Omkar କୁହା ନଗଲେ ବି, କିଛି ଗୋଟେ କହିବାକୁ ପଡିବ। କାହିଁକି, ସତ୍ୟକୁ ସିଧା ସଳଖ ପ୍ରକାଶ କରି ହୁଏନାହିଁ।

କୃଷ୍ଣଙ୍କ ଧ୍ୱନି, ଗୀତାର ସାର, ଅସ୍ତିତ୍ୱର ଆଧାର। ଧାର୍ମିକତାର ପ୍ରାଣ ପ୍ରତିଷ୍ଠା କରାଇବା, ଧରିତ୍ରୀ ଥିଲା ଭଗବାନ କୃଷ୍ଣଙ୍କର ଶେଷ ଉପହାର। ଯେବେ ମଣିଷର ବିଚାର, ବିଷୟ, ବାସନା ଶୂନ୍ୟ ହୋଇଯିବ, ସେ ଅସ୍ତିତ୍ୱକୁ ସଂପୂର୍ଣ୍ଣ ସମର୍ପିତ ହେବ। ତା'ରି ଭିତରୁ ଏକ ପରମଧ୍ୱନି ଶୁଣାଯିବ, ସେହି ହିଁ ସତ୍ୟର ଆବାଜ। ତାକୁ ଅନ୍ତର ଶଙ୍ଖ ଧ୍ୱନି କହିପାର ବା କୃଷ୍ଣଙ୍କ ବଂଶୀର ସ୍ୱର। ତାହା କିନ୍ତୁ କାଳକ୍ରମେ କ୍ରିୟାରେ ଅଟକି ଗଲା।

ତେବେ ସାଧକ, ପ୍ରଥମରୁ ଶ୍ରମକୁ ଛାଡି, ବିଶ୍ରାମ କଥା ଭାବନ୍ତୁ। କିନ୍ତୁ ଆଜିକାଲି ଆହାର, ବିହାର ଓ ବିଶ୍ରାମ (ନିଦ୍ରା)ରେ କିଛି ସମ୍ୟକତା ନାହିଁ। ଗୋଟିଏ ବକତ ନଖାଇଲେ, ଧ୍ୟାନ ଯାଉଛି ଖାଦ୍ୟ ଆଡକୁ। ଯଦି ମିଳିଗଲା ଭୋଜିରୁ ଅନେକ ପ୍ରକାର, ଅତ୍ୟଧିକ ଖାଇ ରୋଗକୁ ଆମନ୍ତ୍ରଣ କରନ୍ତି। ତେବେ ସମୟ ଜ୍ଞାନ ଆବଶ୍ୟକତାକୁ ଧ୍ୟାନ କାହିଁ ? ଶରୀରରୁ କିପରି ମୁକ୍ତ ହେବ, ସାଧକ ? ଜାଗୃତତ୍ତା, ସନ୍ତୁଳନକୁ ଜାଣିବା ଓ ମାନିବା ଅତି ଜରୁରୀ। ଜାଗ୍ରତ ବ୍ୟକ୍ତି, ଧ୍ୟାନସ୍ଥ। ଧ୍ୟାନୀର ସମସ୍ୟା ଆସିଲେ ବି, ସ୍ୱୀକାର କରିନିଏ। ତାରି ପରମ ସ୍ୱୀକାରରୁ ସମାଧି ପହଞ୍ଚିଯାଏ ।

୧୯୧୦ ମସିହାର କଥା ସ୍ମରଣ ଆସେ। କାହାଣୀ ଭଳି ଲାଗିପାରେ କିନ୍ତୁ ସତ୍ୟକଥା। ଜଣେ ଲୋକର Appendicite Operation ହେଉଥିଲା, Bombaiର

ଏକ ହସ୍ପିଟାଲରେ । ୪ଜଣ ଡାକ୍ତର, ଲଣ୍ଡନରୁ ଡକାଯାଇଥିଲା ଅପରେସନ୍ ପାଇଁ । ଟେବୁଲ ଉପରେ ପେସେଣ୍ଟ ଥିଲା । ଆନେସ୍ଥେସିଆ ଦେବା ପୂର୍ବରୁ, ପେସେଣ୍ଟ କହିଲା, ମୁଁ କୌଣସି ନିଶାକୁ ସହି ପାରେ ନାହିଁ । ତେଣୁ ବିନା ନିଶାରେ ମୋତେ ଅପରେସନ କର ।

ବେହୋଷ ନକରି କିପରି ଅପରେସନ ହେବ, ହେଲା ବଡ ସମସ୍ୟା ଡାକ୍ତରଙ୍କର । ଶେଷରେ, bodyକୁ କାଟିବା ବେଳେ ବ୍ଲିଡିଂ ହେଲା । ପେସେଣ୍ଟ କିନ୍ତୁ ସହ୍ୟ କରୁଥାଏ । ଅପରେସନ ଶେଷ ହେବା ପରେ ଡାକ୍ତର ଓ ଟିମ୍ ପଚାରିଲେ, ତୁମେ କିଛି ସାଧନା କରୁଛ କି ? ଯଦି ଜାଣ, ସେହି ବାଟ ଆମକୁ କୁହ । ସେ କହିଲା, କିଛି ବଡ କଥା ନୁହଁ । ମୁଁ ଗୀତା ପଢ଼େ ଓ ଭିତରୁ ଅସ୍ତିତ୍ୱର ନାଦ ଶୁଣେ । ମୋର ମନ କେଉଁଠି ନଥାଏ, କେବଳ ଅନ୍ତର ଶ୍ରବଣରେ ଯୋଡିଥାଏ । ବହିର୍ଜଗତରେ ଘଟଣା, ଦୁର୍ଘଟଣା ସବୁ ଶୂନ୍ୟ ହୋଇଯାଏ । ଏହି ତ ଧ୍ୟାନ ।

ତେବେ ଧ୍ୟାନରେ ଶରୀର, ସମସ୍ୟା, ମନ (ବିଚାର) ସବୁ ବିସ୍ମରଣ ହୋଇଯାଏ, କେବଳ ଅସ୍ତିତ୍ୱର ଧ୍ୱନି ହିଁ ଧ୍ୱନି । ସେହିଦିନ ମେଡିକାଲ ଇତିହାସରେ ଥିଲା ୧ମ ଅପରେସନ, ଆନେସ୍ଥେସିଆ ବିନା । ବିନା ନିଶାରେ ଅପରେସନ ହେଲା ସଫଳ । ତେବେ ଗୀତା ପଢ଼, ମନ୍ତ୍ର ଘୋଷ, ମାଳା ଜପ, ଯାହା ହେଉ, ଲଗନର ସହିତ, ଅସ୍ତିତ୍ୱର ପରମ ଧ୍ୱନିକୁ ଶୁଣ । ସବୁ ଚିନ୍ତନ ହଜି ଚେତନା ସହିତ ଯୋଡିଯିବ । ସେହି ଗୀତା, ଅସ୍ତିତ୍ୱର ସଂଗୀତ, ଶ୍ରୀକୃଷ୍ଣଙ୍କର ମୁଖ ନିସୃତ ବାଣୀ ଓ ସେହି ହିଁ ସମସ୍ତ ଜୀବାତ୍ମାଙ୍କର, ନିର୍ବିଚାର ସ୍ଥିତିରୁ ଜନ୍ମ, ଦିବ୍ୟଧ୍ୱନି । ସବୁ ଲେଖିବା, ପଢ଼ିବା, ଘୋଷିବାରେ, ଗାଇବାରେ, ଲେଖିବାରେ ସିମିତ ନକରି, ଉପଯୋଗରେ ଯୋଡ, ଅର୍ଥାତ୍ ଅନ୍ତର ଶ୍ରବଣକୁ ମୋଡ ।

ତୁମେ ହେବ ଜାଗ୍ରତ ଓ ଘଟିବ ଧ୍ୟାନ । ସେହି ବୋଧରୁ ଅନେକ ସମ୍ଭାବନା ଥାଏ ।

ବୁଦ୍ଧ କହନ୍ତି, ଶରୀରର ସାହାରା ନ ନିଅ, ଶ୍ୱାସର ନିଅ । ଶ୍ୱାସର ପରିକ୍ରମା ଓ ମାଳାକୁ ଦେଖ, ଯାହାକୁ ଅନାପାନ ସତୀ ଯୋଗ କହନ୍ତି, ବିପାସନା ଧ୍ୟାନରେ ।

- କେବଳ ଦେଖ, ଶୁଣ ଓ ଜଗ ।
- ଶ୍ୱାସ ଆସୁଛି ବାହାରୁ ଓ ଯିବ ବାହାରକୁ ।

ଜାଣିବାରୁ ଜାଗରଣର ଜନ୍ମ । ଏହି ଜାଗରଣରେ, ଶ୍ୱାସକୁ ସ୍ମରଣ, ଏକ ମାଳା ଭଳି (Circle) ସର୍କଲ ହୋଇ ବୁଲୁଛି ଭିତରେ । ଜାଗରଣ ସହିତ ପରିକ୍ରମା କର ।

ଶ୍ୱାସ ସାଧନା, ସହଜ ଓ ବିଚିତ୍ର । ସମସ୍ତେ ସାଧି ପାରିବେ । ଏହା ପ୍ରକୃତିଦତ୍ତ ।

ଶ୍ୱାସ ଏକ ଧାରା ଯାହାକୁ ଶରୀର ଓ ପ୍ରକୃତିର ସେତୁ କହିଥାନ୍ତି । ଶରୀର ଓ ପରମାତ୍ମା ଯୋଡିହେବାର ଆଧାର । ଯେପରି ଯୋଡେ, ସେପରି ବେଯୋଡ କରେ । ଏହି ପରିକ୍ରମାକୁ ଜାଣିଲେ, ଶରୀରରୁ ମୁକ୍ତ ହେବ । ଶ୍ୱାସ ଏକ ଆତ୍ମ ସମ୍ମୋହନ । ଜାଗ୍ରତ ରହିଲେ ଜାଣିବ । ତେଣୁ ବୁଦ୍ଧ କହନ୍ତି ଅପ୍ରମାଦୀର ମୃତ୍ୟୁ ନାହିଁ । ଯେଉଁଠି ପ୍ରମାଦ, ସେଇଠି ବିଚାର, ସେଇଠି ମୃତ୍ୟୁ, ସେଇଠି ଭୟ ।

- ଯିଏ ଜାଗ୍ରତ, ତା ପାଇଁ ସବୁ ଅମୃତ ।
- ଯିଏ ନିଦ୍ରିତ, ତା ପାଇଁ ସବୁ ମୃତ ।

ତେବେ ଶୋଇବା ବ୍ୟକ୍ତିତର ଚିନ୍ତା କ'ଣ ? ସେ ଭାବେ ମୁଁ ବିଶ୍ରାମ ନେଲି, କିନ୍ତୁ ସେ ବିଚାର ମୁକ୍ତ ନୁହେଁ । ନା ବିଶ୍ରାମ ପାଏ, ତା'ର ବିଚାର ଭିତରେ ଚିତ୍ରିତ ହୋଇ ଚାଲୁଥାଏ । ତାରି କ୍ରିୟା ବେହୋଷରେ ଗତିକରେ । ତେଣୁ ଅକ୍ରିୟାକୁ ଜାଣ ଓ ଯୋଡ, ଯା'ର ଅନ୍ୟନାମ ଧ୍ୟାନ ।

ବୁଦ୍ଧ କହନ୍ତି, କ୍ରିୟା କର, କିନ୍ତୁ କ୍ରିୟାରୁ ଅକ୍ରିୟାକୁ ଯାଅ । ବାଟରେ ଅଟକି ଯାଅନାହିଁ । ଅଟକି ଥିବା ଯାତ୍ରୀ, ଜଳାଶୟ ବା ପୋଖରୀ ପରି । ତେଣୁ ଜୀବନ୍ତ ନଦୀଭଳି ବହିଚାଲ । ତେବେ ବାସ୍ତବିକ ହେବ ଆତ୍ମଜ୍ଞାନୀ, ତାଙ୍କୁ ହିଁ ବ୍ରାହ୍ମଣ କହିଥାନ୍ତି, ସେ ବ୍ରହ୍ମ ସହିତ ପରିଚିତ ।

ଆଜିର ପିରସ୍ଥିତି ଓଲଟା । ଅନୁଭବକୁ ଛାଡି, ଅହଂକାର ଅଧିକ । ତେବେ ଗ୍ରନ୍ଥ, ଶାସ୍ତ୍ର, କ୍ରିୟାରେ ଯୋଡିପାରେ । କିନ୍ତୁ ସ୍ୱୟଂରେ ଯୁକ୍ତ ହୁଅ । ସବୁ ଆକାଂକ୍ଷା, ଅହଂକାରର ମୃତ୍ୟୁ ହେଉ । ଅହଂକାରରେ ମୃତ୍ୟୁ ପାଇଁ, ଓଁକାରକୁ ଜାଣ ଓ ଶୁଣ । ଏହା ଯଥେଷ୍ଟ ସାଧନା ପାଇଁ ।

ପୂର୍ଣ୍ଣତାର ମୂଳ, ନାଦର ସ୍ପନ୍ଦନ । ଯାହାକୁ ଅନ୍ତରରୁ ନିରନ୍ତର ଶୁଣିବା, ସହଜ ସମାଧି । ସେ ଜାଣେ-

- ଶିବଙ୍କର ଡମ୍ବରୁର ଆବାଜ, କୃଷ୍ଣଙ୍କର ବଂଶୀ ଧ୍ୱନି, ନାରଦର ଏକତାରା ସ୍ୱର ।
- ଶୂନ୍ୟତାର ଆବାଜ
- ପବନର ତେଜ
- ନିଶବ୍ଦର ଶବଦ

ସେହି ହୁଏ ଦିବ୍ୟଧ୍ୱନି ମହାବୀରଙ୍କର ଓ ବୁଦ୍ଧଙ୍କର ଶୂନ୍ୟତା, ଋଷିଙ୍କର ଅଜପା ଅନାହତ । ନାନକଙ୍କର ସତନାମ, କବୀରଙ୍କର ସୁରତୀ । ବେଦ କହେ ନିରାକାର, ଆଉ କେହି କେହି, ସନ୍ଥ କହିଥାନ୍ତି, ଅଣାକାର, ନାଦ, ଶବଦ, ପ୍ରଣବ, ଓଁକାର ଇତ୍ୟାଦି ।

ତାହା ଏକ ନିର୍ବିବାଦୀୟ ତତ୍ତ୍ୱ ବିଶ୍ୱର। ଯିଏ ସହଜ ଜାଗୃତ ଥାଇ, ବିଶ୍ରାମରେ ଶ୍ରବଣକୁ ଯୋଡେ, ସେ ବନିଯାଏ ଧ୍ୟାନୀ।

ଧ୍ୟାନୀ ହେଲେ, ଜୀବନର ଶୈଳୀ ବଦଳିଯାଏ।

ମେଘ ଭଳି ଚେତନା, ସହିସ୍ରାରରେ ଖେଳିବୁଲେ। ବାଦଲ ଶୂନ୍ୟ ହେଲେ, ଧରିତ୍ରୀ ଉପରେ ବରଷି ଯାଏ। ଜୀବନର ଦ୍ୱୀପ ଜଳି ଉଠିବ, ଘଟିବ ସମାଧି। ଏହି ତ ନିର୍ବାଣର ପରମ ବିଜ୍ଞାନ।

ବିଶ୍ରାମ, ଅନ୍ତର ଜ୍ୟୋତିରୁ ରସ ନିଏ। ଅନ୍ତର ଧ୍ୱନିରୁ ରସ ବି ପାଏ। ଜାଣିବ ଖୁମାରୀ, ଯୋଡିବ ଅସ୍ତିତ୍ୱରେ। ଫଳରେ ସଂସାରରୁ ଧନ ସଂଗ୍ରହର ନିଶା ହଜିଯିବ ଓ ଅସ୍ତିତ୍ୱର ଚାକିରିପାଇ ପେଶା ମିଳିଯିବ।

<u>ସେହି ରସ ଦୁଇ ପ୍ରକାରର-</u>

୧- ଧନର ରସ

୨- ଧ୍ୟାନର ରସ

ଜାଣ, ଧନର, ମାନର, ଜ୍ଞାନର ରସ ମୂଲ୍ୟବାନ ନୁହେଁ, ସବୁକୁ ମୃତ୍ୟୁ ଛଡାଇଦିଏ।

ଧ୍ୟାନର ରସ, ପରମ ଧନ, ଶୂନ୍ୟତାରୁ ଘଟେ। ସେହି ହିଁ ଅମୃତ ଓ ସନାତନ, ଆତ୍ମ ପରିଚୟ କରାଏ।

ତେବେ ସନ୍ଥ କହନ୍ତି, ଧ୍ୟାନ ଅନ୍ତର ଶଙ୍ଖ ଧ୍ୱନି। ଶ୍ରବଣରୁ ମେଧାବୀ ପୁରୁଷର ଉତ୍‌ଥାନ ହୁଏ। ଏହା ଏକ ପ୍ରକ୍ରିୟା, ଯୋଗର ଆଧାର।

ଚେତନାର ଶିଖରକୁ ଯିବାର ବିଜ୍ଞାନ।

ସନ୍ଥ ଶୀରମଣୀ କବୀର କହନ୍ତି, ଶ୍ରବଣରୁ ସମାଧି। ସେହି ଅନ୍ତର ଶ୍ରବଣ, ସମାଧିର ରାଜ। ତେବେ ସେହି ଶୂନ୍ୟ ଶ୍ରବଣକୁ କହନ୍ତି, ଧ୍ୟାନ।

ସବୁ ସନ୍ଥ କହନ୍ତି, ମୂଳାଧାର ଚକ୍ରରୁ କାମନା ଆସେ, ସହସ୍ରାର ଚକ୍ରରେ ରାମନାମ ଭାସେ।

କାମନାରେ, ବ୍ୟକ୍ତିର ଉର୍ଜା, ବହିର୍ଗାମୀ ହୋଇ, ପ୍ରକୃତି ସହିତ ଯୋଡେ। ରାମନାମରେ, ଧ୍ୟାନର ଉର୍ଜା, ଉର୍ଦ୍ଧ୍ୱଗାମୀ ହୋଇ, ପରମାତ୍ମା ବା ପରମ ଉର୍ଜା ସହିତ ଏକ ହୁଏ।

ତେବେ ଶବ୍ଦରେ ଅଟକି ନଯାଇ, ପୁରୁଷାର୍ଥ କରିଚାଲ। ଆଶ୍ରିବାଦର ଅନୁକମ୍ପା ଚାହିଁନାହିଁ। ଅସ୍ତିତ୍ୱର ଅନୁଦାନ ବରଷିବ, ଯେବେ ବିଚାର ଶୂନ୍ୟହେବ। ଓଶୋ କହନ୍ତି, ଅସ୍ତିତ୍ୱ ପରମ ଶୂନ୍ୟତାକୁ ବରଦାସ୍ତ କରିପାରେ ନାହିଁ। ବିସ୍ଫୋଟ ମାଧମରେ ଉପସ୍ଥିତ ହୁଏ।

ତେବେ ଭିତରୁ ବେହୋଷ ହଜୁ, ଚେତନା ଜାଗୃତ ହେବ, ଯା'ର ରାସ୍ତା ଧ୍ୟାନ।

ଧ୍ୟାନ ଆପେ ଆପେ ଘଟେନାହିଁ। ଯେବେ ଅସ୍ତିତ୍ୱର ନାଦ, ସ୍ପନ୍ଦନ ବା ଶଙ୍ଖଧ୍ୱନିକୁ ଶୁଣାଯାଏ, ଭିତରୁ ଆପେ ପହଞ୍ଚିଥାଏ। ତେଣୁ ସନ୍ଥ କହନ୍ତି, ଅନ୍ତର ଶଙ୍ଖଧ୍ୱନି ଶ୍ରବଣ ହିଁ ଧ୍ୟାନ, ସେହି ଜାଣ କୃଷ୍ଣଙ୍କର ବଂଶୀ ଧ୍ୱନି ଓ ଆତ୍ମ କଲ୍ୟାଣର ବିଜ୍ଞାନ।

■

ଧ୍ୟାନର ଦ୍ୱାର ଅଷ୍ଟାଙ୍ଗିକ ମାର୍ଗ

ବୁଦ୍ଧଙ୍କର ସର୍ଜନାରେ ଅଷ୍ଟାଙ୍ଗିକ ମାର୍ଗ, ଧ୍ୟାନର ଦ୍ୱାର । ଯେହେତୁ ପ୍ରସ୍ତୁତି ପର୍ବର ବିଜ୍ଞାନ, ଅନ୍ତର ଯାତ୍ରା ପାଇଁ ଜରୁରୀ । ବ୍ୟକ୍ତିତ୍ୱକୁ ସହଜ ଓ ସଂପୂର୍ଣ୍ଣ କରାଇ, କେନ୍ଦ୍ରରେ ପହଞ୍ଚାଇବା ଏହି ଉପାୟର ଲକ୍ଷ୍ୟ । କାରଣ ମନୁଷ୍ୟ ସର୍ବଦା ଜଟିଳ । ବଦଳାଇବାର ବ୍ୟବସ୍ଥା ଅସ୍ତିତ୍ୱ ଖଞ୍ଜିଛନ୍ତି । କିଛି ଅଛନ୍ତି, ସମୟ ଆସିଲେ ବଦଳିଯାନ୍ତି, ଆଉ କିଛି କେବେ ବଦଳନ୍ତି ନାହିଁ । ଯିଏ କିଛି ପରିବେଶ ପାଇଁ ବଦଳିଥାନ୍ତି, କିନ୍ତୁ ଭିତରେ ଯେମିତି ସେମିତି । ଯାହା ଫଳରେ ଅନ୍ୟକୁ ଠକାନ୍ତି ଓ ନିଜେ ଠକିଥାନ୍ତି ।

କଥାରେ ଅଛି, ବିପଦ ଓ ଦୁର୍ଘଟଣାରେ ସଂସାରୀ ପଡ଼ିଲେ, ଅସ୍ତିତ୍ୱର ସାହାରା ଖୋଜେ । ମନ୍ଦିର, ମସ୍‌ଜିଦ, ଗୁରୁଦ୍ୱାର ଆଦି ଧର୍ମ ପୀଠକୁ ଯାଇ ପ୍ରାର୍ଥନା କରିଥାଏ । ବଞ୍ଚିବାର ରାସ୍ତା ଖୋଜେ, କିପରି ରକ୍ଷା ପାଇବ ସମସ୍ୟାରୁ ଓ ଟିକିଏ ଶାନ୍ତି ବି ? ପରମାତ୍ମାଙ୍କୁ ଯେଉଁ ପ୍ରାର୍ଥନା କରିଥାନ୍ତି ସେଥିରେ ଅଭିଯୋଗ, ଉପଦେଶ ଓ ଆକାଂକ୍ଷା ଛପି ଥାଏ । କୁହନ୍ତୁ, ସେହି ବ୍ୟକ୍ତିଙ୍କର କ୍ରିୟାକୁ କ'ଣ ପ୍ରାର୍ଥନା କୁହାଯିବ ? ନା' ସେ ହେବ ସମ୍ୟକ ନା ଧାର୍ମିକ ? ଯାହା କରେ, ସେଥିରେ ବିଚାର, ବିଷୟ କାମନା ଭରିଥାଏ ଓ ଜାଗୃତତା ଆଦୌ ନଥାଏ । ତେଣୁ ତା'ରି ଦୃଷ୍ଟିକୋଣ, ସମ୍ବନ୍ଧ, ଭାଷା, ସଂକଳ୍ପନା, ପୁରୁଷାର୍ଥ ଓ ସ୍ୱୀକାର ସବୁ ବିଗିଡ଼ିଯାଏ । ପ୍ରତି ପ୍ରାର୍ଥନାରେ ମାଗିବା, ପାଇବା ଯୁକ୍ତ ରହେ । ଆଜିର ସବୁ ଧର୍ମର ଧାରା ଓ ପରମ୍ପରାରେ, ସଂସାରୀ ଓ ସନ୍ୟାସୀ ବି କରିଥାନ୍ତି ଏହି କାମ । ଯେଉଁ ସଂସାରୀ ବା ସନ୍ୟାସୀ ଅଧିକ ପୂଜାପାଠ, କ୍ରିୟାକାଣ୍ଡ କରିଥାନ୍ତି ସେ କ'ଣ ବାସ୍ତବରେ ଅନୁଭବୀ ?

ସନ୍ୟାସତା ଆପେ ଘଟେ, ଯେବେ ଭିତରୁ ଶୁଦ୍ଧତା ଜନ୍ମନିଏ । ସେ ଅନ୍ତର ଯାତ୍ରାରେ ପାଦ ଦେଲେ, ଅସ୍ତିତ୍ୱର ଅନୁଗ୍ରହରୁ ସନ୍ୟାସତା ଘଟିଯାଏ ।

– ସନ୍ୟାସୀ, ଯିଏ ଅନ୍ତର ଊର୍ଜାକୁ ସମ୍ୟକ ବିନ୍ୟାସ କରେ, He utilises

the unutilised energy from his inner space. ଅନ୍ୟ ପରିଭାଷାରେ, ସେ ନ୍ୟାସ କରିଦିଏ, ଇନ୍ଦ୍ରିୟ ସୁଖ ଓ ଭୋଗକୁ। ସେ ଜଣେ ଜାଗୃତ ବ୍ୟକ୍ତିତ୍ୱ।

କବୀର କହନ୍ତି, ବାହାର ବସ୍ତ୍ରରେ ରଙ୍ଗ ଦେଲେ, ଭିତର ରଙ୍ଗୀନ ହୁଏନାହିଁ। ପରିଧିରେ ଶୁଦ୍ଧତା, ଶୁଭ୍ରତା ଆସିଲେ, କେନ୍ଦ୍ରରେ ଘଟିନଥାଏ। ବ୍ୟକ୍ତି ଯେବେ, କ୍ରିୟାକାଣ୍ଡ କେବଳ କରେ, ତା'ରି ଭିତରେ କୌଣସି କ୍ରାନ୍ତୀ ଜନ୍ମ ନିଏ ନାହିଁ। ଏହି ବ୍ୟକ୍ତିର ଜଟିଳତା। ତାହା ଅନ୍ୟ ପାଇଁ ଯେତେ କ୍ଷତିକାରକ, ନିଜ ପାଇଁ ଅଧିକ। ତଥାପି ସଂସାରୀ ଯେତେ ଜ୍ଞାନୀ, ଧନୀ ହେଲେ ବି,

- ଅନ୍ୟକୁ ଦେଖେ,
- ଅନ୍ୟଠୁ ଶିଖେ,
- ଅନ୍ୟ ସହିତ ଯୋଡେ,
- ସ୍ୱୟଂକୁ ଛାଡେ।

ସେ କେବେ ନିଜକୁ ଦେଖେନାହିଁ। ତେଣୁ ନିଜର, କର୍ମର ଶୁଦ୍ଧତା ଓ ସନ୍ତୁଳନ କିପରି ଆସିବ? ଯେଉଁ ବିଜ୍ଞାନର ନାମ ସମ୍ମାସତୀ, ଅର୍ଥାତ୍ ସମ୍ୟକ ଜାଗରଣ, ତାହା ଥିଲା ଭଗବାନ ବୁଦ୍ଧଙ୍କର ଆବିଷ୍କାର।

ସୂତ୍ର କହେ, ଅଷ୍ଟାଙ୍ଗିକ ମାର୍ଗ, ଆର୍ଯ୍ୟ ମାର୍ଗ। ଯାହାର ଅର୍ଥ ଶ୍ରେଷ୍ଠ ମାର୍ଗ ସାଧନାର। ପ୍ରଥମରୁ ବୁଝ, ଜାଣ ଓ ଅଭ୍ୟାସ କର, ଅନୁଭବ ନିଶ୍ଚିତ ପାଇବ, ଏହା ପରମ ସତ୍ୟ।

ଥରେ ଭଗବାନ ବୁଦ୍ଧ, ୫୦୦ ଭିକ୍ଷୁଙ୍କୁ ନେଇ ଭ୍ରମଣ କରୁଥାନ୍ତି। ରାସ୍ତାରେ ବିଶ୍ରାମ ନେଲେ। ସମସ୍ତେ ଶୋଇଗଲେ। ଯେହେତୁ ସନ୍ଥ ରାତ୍ରୀରେ ଶୁଅନ୍ତି ନାହିଁ। ତେଣୁ ବୁଦ୍ଧ କିପରି ନିଦ୍ରାକୁ ଯିବେ? ସେ ଶୋଇକରି ଜାଗ୍ରତ ଥାଆନ୍ତି। ଠିକ୍ ସେହି ସମୟରେ, ବୁଦ୍ଧ ସନ୍ୟାସୀ ମାନଙ୍କର ଚର୍ଚ୍ଚା ଶୁଣିଲେ।

କେହି କେହି କହୁଥିଲେ, ସେ ଗାଁ ଭଲଥିଲା। ଆର ଗାଁ ପାପୀ ଓ କୃପଣ। କିନ୍ତୁ ଆମ ଗାଁ ବହୁତ ଭଲ। ଏହି ସବୁ ଥିଲା, ସଂସାରୀ କଥା।

ବୁଦ୍ଧ ଦେଖିଲେ, ବ୍ୟକ୍ତି ସବୁ ଛାଡି ଗଲା ପରେ ବି, ସ୍ମରଣ ରହୁଛି ଗାଁ, ଘର, ପରିସ୍ଥିତି କଥା। ତୁଳନା କରୁଛି ତାର ବିଶ୍ରାମ ସମୟରେ।

ଅର୍ଥାତ ବାହାର ଛାଡିଲେ ବି, ଭିତରୁ ମୁକ୍ତ ନୁହେଁ। ଯାହା ଚର୍ଚ୍ଚା କରୁଛନ୍ତି ତାହା ଯୋଗ୍ୟ ଚର୍ଚ୍ଚା ନୁହେଁ। ତେବେ ବୁଦ୍ଧ କହନ୍ତି, ଅନ୍ତର ଦର୍ଶନ ଜାଣ ଓ ଶୁଣ। ଅନ୍ତର ମାର୍ଗ ଏକା ସୁନ୍ଦର ଓ ଆବଶ୍ୟକ। ଧ୍ୟାନର ମାର୍ଗ, ବିଚାର ଶୂନ୍ୟର ମାର୍ଗ। ସାକ୍ଷୀ, ସମାଧି, ସେବା ଓ ବିଶ୍ରାମର ମାର୍ଗ। ପ୍ରକୃତ ସନ୍ୟାସୀ ଯିଏ, ସେ ଅନ୍ତର ଯାତ୍ରାର ୪ଟି ଘାଟିରେ କରିଥାଏ, ସ୍ନାନ। ପ୍ରତ୍ୟେକ ସନ୍ଧ୍ୟାରେ ହୁଏ ଧ୍ୟାନସ୍ଥ। ପ୍ରତି ଶ୍ୱାସରେ ସୁମିରଣ

କରେ। ସେ କେବେ ଜୀବନ ଉର୍ଜାକୁ ଅପଚୟ କରେ ନାହିଁ ବରଂ ସମ୍ୟକ ଉପଯୋଗ କରେ।

ବ୍ୟର୍ଥ ଚର୍ଚ୍ଚାଠାରୁ ରହେ ବହୁ ଦୂରରେ। ସେ ଚିନ୍ତାକରେ ଆତ୍ମକଥା କ'ଣ ? ଅମୃତ କ'ଣ ? ତେଣୁ ସେ ପ୍ରତିକ୍ଷଣରେ ମୃତ୍ୟୁକୁ ସ୍ମରଣ କରିଥାଏ। ଏହି ତ ରୂପାନ୍ତରଣର ବିଜ୍ଞାନ। କିପରି ଧୀରେ ଧୀରେ, ଜୀବନ ଯାତ୍ରାରେ, ଥାଇ ସବୁ ସ୍ତରରେ ସନ୍ତୁଳିତ, ସମ୍ୟକ ଓ ସାତ୍ତ୍ୱିକ ହୋଇପାରିବ। ଶେଷରେ ଖୋଦ୍‌ର ଖୋଦାକୁ ପରିଚୟ ପାଇବା ସହଜ ହୋଇଯିବ।

ତେଣୁ ସନ୍ୟାସୀ କହିଥାନ୍ତି- ଜୀବନର ପରିଚୟ କ'ଣ ?

- ମୁଁ କିଏ ? ତାର ଉତ୍ତର କେଉଁଠୁ ପାଇବା ?
- ଜୀବନ ଯାତ୍ରାର ଲକ୍ଷ୍ୟ କ'ଣ ?
- ଆମର ଗନ୍ତବ୍ୟ କେଉଁଠି ?

କେବଳ ଶବ୍ଦରୁ, ଶାସ୍ତ୍ରରୁ ଜାଣିଲେ, ଅନୁଭବ ଆସେ ନାହିଁ। ବରଂ ସାହିତ୍ୟ, ଶାସ୍ତ୍ରର ଜ୍ଞାନ ସଂଗ୍ରହ ପରେ, ଅହଂକାର ଆସିଯାଏ, ଯେ ମୁଁ ଏତେ ଜାଣିଛି। ଯାହା ସଂଗୃହୀତ, ସବୁ ଅସ୍ଥାୟୀ, ମୃତ୍ୟୁ ଛଡାଇ ନିଏ। ତେଣୁ ମୃତ୍ୟୁର ସ୍ମରଣ ଶ୍ରେଷ୍ଠ ସାଧନା। ସତ୍ୟକୁ ପାଇବାର ରାସ୍ତା ଖୋଲିଦିଏ।

ବୁଦ୍ଧ କହନ୍ତି, ଲକ୍ଷ୍ୟ, ଆକାଂକ୍ଷା ଯେଉଁଠି, ଆତ୍ମଯାତ୍ରା ବା ଶୂନ୍ୟ ଯାତ୍ରାର ବାଧା ସେଇଠି। ତେଣୁ ଅନ୍ତିମ ବିଶ୍ରାମକୁ ଜାଣ ଓ ପହଞ୍ଚ।

ଅହଂକାର, ଅଜ୍ଞାନତାରେ ନରହି, ସ୍ୱୟଂର ଦ୍ୱୀପକ ହୁଅ। ଅନ୍ୟର, ସଂସ୍କାର, ମାଧ୍ୟମର, ପଣ୍ଡିତର, ଜ୍ଞାନକୁ ଅନୁକରଣ ନକରି, ବରଂ ନିଜର ଅନ୍ତର ପ୍ରେରଣାକୁ ଅପେକ୍ଷା କର। ସବୁର ମୂଳ ଧ୍ୟାନ। ଧ୍ୟାନରେ ଯୋଡ, କିନ୍ତୁ ସମ୍ୟକ ଭାବେ।

ବୁଦ୍ଧ କହନ୍ତି, ନିଦ୍ରା ପୂର୍ବରୁ ଧ୍ୟାନକୁ ଯାଅ।

ସେ କହନ୍ତି, ଯିଏ ସମ୍ୟକ, ସେ ହିଁ ଧ୍ୟାନ କରିବ।

ଯିଏ ଅସମ୍ୟକ, ସେ ସଂଗ୍ରହ କରିବ।

ତେଣୁ ଆଖି ବନ୍ଦ କରି, ଶାନ୍ତ, ନିଷ୍କ୍ରିୟ ଭାବେ ବସ, ମୌନ ହୁଅ ଓ ଭିତରକୁ ଦେଖ। ବାହାର ଆକାଶ ଭଳି, ଭିତରେ ମଧ୍ୟ ଗୋଟିଏ ଅନନ୍ତ ନିରାକାରର ଆକାଶ। ତାକୁ ଦେଖିବା, ଧ୍ୟାନର ଶୁଭାରମ୍ଭ। କିନ୍ତୁ ଦୃଷ୍ଟିକୋଣ ସମ୍ୟକ (Right) ହେଉ।

ଉଦାହରଣ ସ୍ୱରୂପ, ୨ଜଣ ବ୍ୟକ୍ତି ଯାଉଥିଲେ, ନଦୀକୂଳରେ। ଜଣେ କବି ଆଉ ଜଣେ କବାଡିଆ। କବି ଦେଖୁଥାନ୍ତି, ଚାନ୍ଦକୁ ଆକାଶକୁ ଓ ନଦୀର ଜଳ ସ୍ଥିରତାକୁ।

କବାଡିଆ ଦେଖେ, କବାଡିକୁ, ଭଙ୍ଗାରୁଜା ଜିନିଷକୁ। This is the Vision

of Two personsö ଦୁଇଜଣଙ୍କର ଦୃଷ୍ଟିକୋଣ ଦେଖ। ଜଣଙ୍କର ଅନ୍ତରଦୃଷ୍ଟି, ଆଉଜଣଙ୍କର ବାହାରଦୃଷ୍ଟି। କିନ୍ତୁ ଦେଖିବାର କ୍ଷମତା ୨ଜଣଙ୍କର ଥାଏ।

ଯିଏ ବାହାର, ବସ୍ତୁ, ମାଧ୍ୟମକୁ ଦେଖେ, ସେ ବାହାରେ ଦୌଡେ। ଯିଏ ଭିତର ଶୂନ୍ୟର ଚେତନାକୁ ଦେଖେ, ସେ ଭିତରେ ବିଶ୍ରାମ ପାଏ। ଏହିତ ଦର୍ଶନ ସମ୍ୟକ ବିଜ୍ଞାନର।

କେବଳ ଏତିକି ବୁଝ, ଯିଏ ବାହାରକୁ ଦେଖେ, ସେ ଅସମ୍ୟକ। ଯିଏ ଭିତରକୁ ଦେଖେ, ସେ ସମ୍ୟକ।

ସମ୍ୟକ ବ୍ୟକ୍ତି, ପ୍ରତିକ୍ଷଣରେ ବଞ୍ଚେ। ପ୍ରତି ସନ୍ଧ୍ୟାରେ ଜଗେ। ତା'ରି ଜାଗରଣ ହିଁ ଧ୍ୟାନ। ନିର୍ବିଚାର ତାର ସ୍ଥିତି, ଅନୁଭବ ଓ ବିଶ୍ରାମ ତାର ଧନ।

ଜାଣନ୍ତୁ ! ସମସ୍ତଙ୍କର ବିଚାର ଦିନସାରା ଚାଲେ। ରାତ୍ରୀରେ ବି ସ୍ୱପ୍ନରେ ବିଚାର ଚାଲେ। ତେଣୁ ପ୍ରଥମରୁ ସନ୍ଧ୍ୟାକୁ ଜଗ ଓ ଧ୍ୟାନରେ ଯୋଡ। ଅଭ୍ୟସ୍ତ ପରେ, ଯେ କୌଣସି ସମୟରେ, ଯେ କୌଣସି ସ୍ଥଳରେ ଧ୍ୟାନରେ ଯୋଡି ପାରିବ।

କବୀର କହନ୍ତି, କପଡାକୁ ରଙ୍ଗୀନ କର ନାହିଁ, ମନକୁ ରଙ୍ଗୀନ କର।

ରାସ୍ତା- ମୌନରେ ରୁହ, ଶୂନ୍ୟ ହୁଅ।

ସଂସାର ଯାତ୍ରାରେ ଯେତିକି ଜରୁରୀ, ସେତିକି କଥା କୁହ। Telegraphic Talking is required, as Telegraphic word is more awereful than letters.

ତେଣୁ ଘରଦ୍ୱାର, ବୃତ୍ତି, ପରିବାର, ସମାଜ ଛାଡି, ହିମାଳୟ, ମଠ, ଆଶ୍ରମ, ଗଙ୍ଗାକୂଳ, ଗଛମୂଳ, ଜଙ୍ଗଲ, ପର୍ବତ ଯିବା ଜରୁରୀ ନାହିଁ।

ଗୃହସ୍ଥ ଥାଅ, ସମ୍ୟକ ହୁଅ, ସନ୍ତୁଳିତ, ଜାଗୃତ ଯାତ୍ରାରୁ ସନ୍ୟାସତା ଘଟିଯିବ। ସତ୍ୟ ନିଜଭିତରୁ ଅନୁଭବ ହେବ। କାରଣ ପରମାତ୍ମା ନିଜ ଭିତରେ। ବାହାରେ ଥିଲେ ବି, ଅସହଜ, ସୁରଗୋଲ ପାଇଁ ଅନୁଭବ ସହଜରେ ମିଳିନଥାଏ।

ପ୍ରଥମରୁ ସତ୍‌ସଙ୍ଗ ଯାଅ, ସନ୍ଥଙ୍କ ସହିତ ଉପନିଷଦ କର, ଯେଉଁଠୁ ଶୂନ୍ୟତାର, ଆଧ୍ୟାତ୍ମର, ସମ୍ୟକତାର, ବିଶ୍ରାମର ଅଦ୍ଭୁତ କିରଣ ବରଷିବ, ଯଦି ପ୍ରେମ ପୂର୍ଣ୍ଣ ଓ ଶ୍ରଦ୍ଧାବାନ ଥିବ। ତେଣୁ ମନ, ଚିତ୍ତର ବ୍ୟାପାର ବନ୍ଦ କର। ପ୍ରତି କ୍ଷଣରେ ସତର୍କ ରହିବ ସଂସାରୀ।

ସମସ୍ତଙ୍କର ସ୍ମରଣ ଆସୁ।

- ସାଧାରଣ ଭିତରୁ ମୁକ୍ତ ରୁହ।
- ଯାହା ଚର୍ଚ୍ଚା ହେଉଛି ଭିତରକୁ ନଯାଉ।
- ମୌନ ରୁହ, ନିଷଦ୍ଧର ଧ୍ୱନି ଶୁଣ। ଶୁଣୁଶୁଣୁ ଧ୍ୟାନ ଘଟିବ। ପାଇବ ପରମ

ବିଶ୍ରାମ।

ତେବେ ଭଗବାନ ବା ପରମାତ୍ମାଙ୍କୁ ଖୋଜିବା ପାଇଁ ପୂଜା ପାଠ ଓ ପ୍ରାର୍ଥନାରେ ଯୋଡିବା ପ୍ରାଥମିକ ମାର୍ଗନୁହେଁ।

ପ୍ରଥମେ- ସମ୍ୟକ ହୁଅ

- ଦୃଷ୍ଟିକୋଣ ଅନ୍ତର୍ମୁଖୀ ହେଉ
- ସାକାରରୁ ନିରାକାରକୁ ଯାଅ
- ବାହାର ଶୋଷ ମରିଯାଉ
- ଭିତରେ ପ୍ରେମ ଅକାରଣେ ଭରୁ।

ଖୋଜ ନାହିଁ, ଯାହା ଅଛି, ତା'କୁ ଆବିଷ୍କାର କର, ଯା'ର ଉଦ୍‌ଗମ ସମ୍ୟକ ଦୃଷ୍ଟିକୋଣ। ଜାଣିବ ଓ ଦେଖିବ ଧ୍ୟାନର ଉଦୟ। ସବୁ ବେଳେ ନଜର ଥାଉ, ସମ୍ୟକତା, (Right Vision)।

■

ଅଷ୍ଟାଙ୍ଗିକ ମାର୍ଗର ବିଜ୍ଞାନ

ଶିକ୍ଷାର, ସାଧନାର, ସମାଧିର ଓ ଧର୍ମର ବହୁତ ମାର୍ଗ ଉପଲବ୍ଧ। ମାର୍ଗର କଥା ନକୁହ, ବରଂ ଭିତର କାରଣକୁ ଜାଣ। ଯେଉଁଠି ଯାହା ଛାଡିଲେ ବି, ସେଥିରୁ ମୁକ୍ତ ନୁହଁ। ସୁବିଧା, ସମ୍ପଦକୁ ଭୁଲି ଯାଅ, ସନ୍ତୁଳିତ ରହିଲେ, ଆନନ୍ଦିତ ହେବ। ଆନନ୍ଦିତ ବ୍ୟକ୍ତି ଏକା, ଧାର୍ମିକ ଓ ସନ୍ୟାସୀ।

ଚିନ୍ତନ କରିପାର କିନ୍ତୁ ଭିତରକୁ ଅନୁସନ୍ଧାନ କରି। ଆରମ୍ଭରୁ ଏକଲା ଯାଆନ୍ତି। ଏକା ସହଜ ନଲାଗେ ବୋଲି, ସଂଘର ସହଯୋଗ ନିଅନ୍ତି। ସଂଘୀ ହୋଇପାର କିନ୍ତୁ ଭିତରେ ସ୍ମରଣ ଥାଉ।

ସମୟ ବରବାଦ କରନାହିଁ। ପ୍ରତିକ୍ଷଣକୁ ସ୍ମରଣରେ ଯୋଡ। ଯେ ପର୍ଯ୍ୟନ୍ତ ସଂସାରରୁ ଥକି ନାହଁ। ବାହାରିଆରେ ଛାଡିଲେ ବି, ମନରୁ ମୁକ୍ତ ନୁହଁ।

ସବୁ ସଂସାରୀ ଆୟୋଜନ କରିଥାନ୍ତି ସବୁ କର୍ମରେ, ଧ୍ୟାନରେ ନୁହଁ। ଧ୍ୟାନ କିନ୍ତୁ ଅକ୍ରିୟା।

କ୍ରିୟାର ମାର୍ଗରେ ସୁମିରଣ (ସ୍ମରଣ) ନଥାଏ।

ବୁଦ୍ଧଙ୍କର ମାର୍ଗରେ ସାରା ଚେଷ୍ଟା ଲୋକଙ୍କୁ ବୁଝାଇବା ଥିଲା ଗୋଟିଏ ସମ୍ବାଦ, ତାଙ୍କର ମୁଖ୍ୟ ଥିଲା,

– ଭିତରକୁ ଦେଖ

– ଶୂନ୍ୟ ହୁଅ।

ଶୂନ୍ୟତା, ଏକା ମାର୍ଗ, ସେହି ହିଁ ସହଜ ସାଧନା। ଭିତର ନିର୍ବିଚାର ସ୍ଥିତିକୁ ଯିବାର ବିଜ୍ଞାନ।

କାରଣ, ବାହାରେ ସବୁ ଜଟିଳ। ତେଣୁ ପରିଣାମ ଅସୁନ୍ଦର ଓ ନର୍କ ପୂର୍ଣ୍ଣ। ଭିତର ସହଜ, ସ୍ୱର୍ଗର ଭୂମି। ବୁଦ୍ଧ କହନ୍ତି, ମୋ ପାଖେ ସବୁ ଥିଲା। କିଛି ନଥିଲା ପରି ଲାଗୁଥିଲା।

ଅସଲି ସରୋବର ବାହାରୁ ପାଇଲି ନାହିଁ । ଯେବେ ଭିତରକୁ ଗଲି ଶୂନ୍ୟହେଲି ଜାଣିଲି । ଯେବେ ଶୂନ୍ୟ ହେଲି, ସବୁ ବିଚାର ଗଲା, ପାଇଲି ମଧୁଶାଳାର ସୁଗନ୍ଧ । ତାହାହିଁ ଶ୍ରେଷ୍ଠ ମାର୍ଗ । This is known as Eight folded path of Lord Budha.

ତାଙ୍କର ସନ୍ଦେଶ ଥିଲା – ଦୁଃଖରୁ ମୁକ୍ତି ଭାବ ।
– ଆନନ୍ଦର କଥା ନଥିଲା ।
– ଦୁଃଖ ନିରୋଧ ହିଁ ରାସ୍ତା ।
– ଆନନ୍ଦ, ନିଜ ଭିତରେ ମହଜୁଦ ଥାଏ ।
– ତା'କୁ ଆବିଷ୍କାର କରିବାକୁ ପଡେ ।
– ଦୁଃଖରୁ ମୁକ୍ତି ହେଲେ ଆନନ୍ଦ ମିଳେ ।

ଆନନ୍ଦ, ଅନ୍ତର ଯାତ୍ରାର ପ୍ରଥମ ସୁଗନ୍ଧ । ଆନନ୍ଦ ନିଜର ସ୍ୱଭାବ । ତାକୁ ଆବିଷ୍କାର କରିବା ବିଜ୍ଞାନର ନାମ, ସମ୍ୟକତା । ତେଣୁ, ଆନନ୍ଦକୁ ଖୋଜ ନାହିଁ । ବରଂ ଦୁଃଖରୁ ମୁକ୍ତିର ବାଟ ଖୋଜ ।

ଯେପରି ସ୍ୱାସ୍ଥ୍ୟ ଅଣାଯାଏ ନାହିଁ, ବେମାରୀ ଦୂର ହେଲେ, ସ୍ୱାସ୍ଥ୍ୟ ମିଳିଥାଏ ।

ତେଣୁ କହନ୍ତି, ସବୁ କାମନା, ଦୁଃଖର ଜନ୍ମଦାତା । କାମନାର ବିନାଶ ହିଁ ଦୁଃଖର ବିନାଶ ।

ଅଷ୍ଟାଙ୍ଗିକ ମାର୍ଗ ଶ୍ରେଷ୍ଠ ମାର୍ଗ, ଅଭ୍ୟାସରେ ଯୋଡ । ବୁଦ୍ଧଙ୍କ ଦର୍ଶନରେ ଆର୍ଯ୍ୟ ସତ୍ୟର ଚାରୋଟି କାରଣ ।

୧– ଜୀବନ, କର୍ମ ସହିତ ଯୋଡିଯାଏ, କର୍ମ କରିବା ସମସ୍ତଙ୍କର ଧର୍ମ ।

୨– କର୍ମ କଲା ପରେ, ଫଳ ସହିତ ଯୋଡିଯାଏ । ଫଳାକାଂକ୍ଷା ଦୁଃଖର କାରଣ ।

୩– ଦୁଃଖର ନିରାକରଣ ମଧ୍ୟ ସମ୍ଭବ, ତାହା ଆନନ୍ଦର ତଲାଶ (ଖୋଜ)

୪– ଆନନ୍ଦ ବାହାରେ ନଥାଏ, ମହଜୁଦ ଥାଏ, ନିଜ ଭିତରେ, ତା'କୁ ଆବିଷ୍କାର କର ।

୧. ୧ମ ଦୃଷ୍ଟିକୋଣ (ପାହାଚ)– ସମ୍ୟକ ଦୃଷ୍ଟି (Right Vision)

ସମ୍ୟକ ଦୃଷ୍ଟିକୋଣ କ'ଣ ?

- ଦୃଷ୍ଟିକୋଣ ପକ୍ଷପାତ ରହିତ ରହୁ । (ଅର୍ଥାତ୍ ନିଜର କଥା ନ ଯୋଡିଯାଉ)
- ବିଚାର ଶୂନ୍ୟ, ଭାବନା ଶୂନ୍ୟ ହେଉ ।
- ନିର୍ଦୋଶ ଆଖି ଥାଉ ।
- ସତ୍ୟ ଆଧାରିତ ହେଉ ।

ଠିକ (ସମ୍ୟକ) ଦୃଷ୍ଟିର ଅଭାବରୁ, ଅସମ୍ୟକ ଦୃଷ୍ଟିର ଜନ୍ମ। ଦୃଷ୍ଟିରେ, ନଗ୍ନ ବିଚାର ରହୁ।

ଦୃଷ୍ଟିକୋଣର ୩ଟି ଚରଣ-

୧- ଘଟଣା - ତଥ୍ୟ

୨- ଦୁର୍ଘଟଣା - କଥ୍ୟ (କିଛି ଯୋଡିଗଲା)

୩- ସମ୍ୟକ - ସତ୍ୟ (Original Thing) (ମୂଳ ତତ୍ତ୍ୱ)

- ଦୃଷ୍ଟି ପକ୍ଷପାତ ନହେଉ।

ଅର୍ଥାତ୍ କିଛି fabrication ନହେଉ। (ନିଜ କଥା ନ ଯୋଡିଯାଉ)

- ଯାହା ଦେଖ ଓ ଶୁଣ, ସେହିପରି ପ୍ରକାଶ କର।

- ସତ୍ୟ ଆଧାରିତ ହେଉ।

୨. ୨ୟ ପାହାଚ- ସମ୍ୟକ ଜାଗୃତୀ- Right awareness.

- ଜାଗୃତତ୍ତା (awarefulness) ବହିର୍ଗାମୀ ନହେଉ।

- outside Targeted ନରହି, Total ପ୍ରତି unfocussed ହେଉ।

- ନିଜ ପ୍ରୀତି ନଥାଇ, ସମଗ୍ରତା ବା ଅସ୍ତିତ୍ୱକୁ ଧ୍ୟାନ ଥାଉ।

- ଭିତରୁ ବିଚାର ମୁକ୍ତ ଥାଉ, ବାହାରେ ପ୍ରତିଫଳନ ନ ପଡୁ।

- କାମ, କ୍ରୋଧ, ରାଗ, ଇର୍ଷା, ଦ୍ୱେଷ, ଅହଂକାରରୁ ମୁକ୍ତ ହେଉ।

- ଭିତରେ ଜାଗରଣ ରହୁ।

୩. ୩ୟ ପାହାଚ- ସମ୍ୟକ ବାଣୀ- Right speech.

- ସାରକଥା କୁହ। ଅସାର କୁ ଛାଡ।

- ବସ୍ତୁ, ପଦାର୍ଥରୁ ମୁକ୍ତ ରହି, ଆତ୍ମାକୁ ଜଗାଅ।

- ଯାହା ଜରୁରୀ, ତା'କୁ କୁହ, ତାହା ସତ୍ୟ ଆଧାରିତ ହେଉ।

- କୋମଳ, ସହଜ ଶବଦ କୁହ।

- ସମ୍ୟକ ବାଣୀ, ମଧୁର ସମ୍ବନ୍ଧ ଆଣେ।

ଏହା ସଂଯୋଗର ମାଧ୍ୟମ, ତାକୁ ଧ୍ୟାନ ଦିଅ। ଆଚରଣ, ଉଚ୍ଚାରଣ ଓ ଜାଗରଣ ରହିଲେ, ସମ୍ୟକତା ଜନ୍ମ ନିଏ।

୪. ୪ର୍ଥ ପାହାଚ- ସମ୍ୟକ ସମ୍ବନ୍ଧ- Right relation

ସମ୍ବନ୍ଧ ଅସ୍ତିତ୍ୱର ଯୋଡ। ସଂସାର ହେଉ ବା ସମଷ୍ଟି, ସବୁଠି ସମ୍ୟକ ଓ ସତ୍ୟବାଦୀ ହୁଅ।

- ସନ୍ତୁଳିତ ରହି ଜୀବନ କାଟିବ।

- No Negative- ନୁହେଁ ନକାରାତ୍ମକ।

- No Positive- ନୁହେଁ ସକାରତ୍ମକ।

- Be Realistic - ହୁଅ ସମ୍ୟକ।

ସମ୍ବନ୍ଧ ସୁନ୍ଦର ହେଉ। କେବେ ପକ୍ଷପାତ ଓ ଅହଂକାର ନଥାଉ। କଥାରେ ଅଛି, ପଥରକୁ ପ୍ରେମ (ଶ୍ରଦ୍ଧାକଲେ), ପରମାତ୍ମା ବନିଯାଏ। ତେଣୁ ଶୁଦ୍ଧ ପ୍ରେମ, ମଣିଷକୁ, ପରମାତ୍ମା ପର୍ଯ୍ୟନ୍ତ ପହଞ୍ଚାଇଦିଏ।

୫. ୫ମ ପାହାଚ- ସମ୍ୟକ ସଂକଳ୍ପ- Right Committment.

ସଂକଳ୍ପନା ଜରୁରୀ, ବୀଜ ଭଳି ଦିନେ ପ୍ରକାଶିତ ହେବ। ସଂକଳ୍ପନା, ଅର୍ଥ,- will Power ଜାଗ୍ରତ ହେଉ। Potentiality, ବା ସମ୍ଭାବନା ଯାହା ଅସ୍ତିତ୍ୱଗତ ତାକୁ ବିକଶିତ କରାଯାଉ।

- ସମ୍ୟକ ନିୟମ, ସଂକଳ୍ପନାକୁ ମହଜୁଦ କରାଇ ପୁରୁଷାର୍ଥ ପୂର୍ବରୁ, ଅତୀତ, ଭବିଷ୍ୟତରୁ ମୁକ୍ତ ରୁହ।

- ସନ୍ତୁଳିତ ହୋଇ, ସଂକଳ୍ପ ନିଅ।

- ସହଯୋଗ ନିଅ।

- ୧୦୦% ଶ୍ରମ ଦେଇ ପୁରୁଷାର୍ଥ କର।

୬. ୬ଷ୍ଠ ପାହାଚ- ସମ୍ୟକ କର୍ମ (ପୁରୁଷାର୍ଥ)- Right Action

- ବ୍ୟର୍ଥ କର୍ମରେ ନଯୋଡ।

- ଯାହା ଜରୁରୀ ତାକୁ କର। କିନ୍ତୁ ଅସ୍ତିତ୍ୱ ସ୍ୱୀକୃତୀ ଦେଉ।

- ଚିନ୍ତା ନରହୁ କ୍ରିୟାରେ।

- ଅଳସୁଆ, ଉଦାସୀରୁ ମୁକ୍ତ ରହି, ହସିହସି ଯୋଡ।

- ସୃଜନାତ୍ମକ କର୍ମ ହେଉ।

- ସବୁ କର୍ମରେ ଅକର୍ତ୍ତା ଯୋଡିଯାଉ, ଅର୍ଥାତ୍ ପ୍ରଭୁଙ୍କ ସ୍ମରଣ ଥାଉ। ତେବେ ତୁମର କର୍ମ ସତକର୍ମ ବା ଅକର୍ମ, ବା ନିଷ୍କାମ ହୋଇଯିବ।

୭. ସପ୍ତମ ପାହାଚ- ସମ୍ୟକ ସ୍ୱୀକାର- Right acceptance

- ଯାହା କର୍ମକର, ଫଳାଫଳ ତ କିଛି ଆସିପାରେ।

- ଯାହା ମିଳିଲା, ଭଲ ଓ ମନ୍ଦ, ସବୁକୁ ସ୍ୱୀକାର କର।

- Negativity ରୁ ମୁକ୍ତ ରୁହ।

- ସଂପୂର୍ଣ୍ଣ କୃତକାର୍ଯ୍ୟକୁ ନିଜର କରାମତି ନ ମଣି, ଅସ୍ତିତ୍ୱ କୃପା ଭାବ। ଅର୍ଥାତ୍ ଶେଷରେ ମିଳୁ ବା ନମିଳୁ, ଅହୋଭାବ (gratitude) ପରମାତ୍ମାଙ୍କୁ ଦିଅ।

୮. ଅଷ୍ଟମ ପାହାଚ- ସମ୍ୟକ ଧ୍ୟାନ/ ସମାଧି- Right Meditation/ Trance

- କାମ, କ୍ରୋଧ, ଶୂନ୍ୟ ହୋଇ ପ୍ରଭୁ ସ୍ମରଣରେ ଯୋଡ।
- ଶ୍ରମରୁ ବିଶ୍ରାମ।
- କ୍ରିୟାରୁ ଅକ୍ରିୟାକୁ ଯାଉ।
- ସବୁ ପାହାଚରେ ଯିବା ବେଳେ, ସବୁ ପରିସ୍ଥିତିରେ ହୋଷ ରହୁ।
- ପ୍ରଭୁ ସ୍ମରଣ, ସୁମିରଣ କରୁକରୁ, ଧ୍ୟାନ ଘଟିଯିବ।

ତେବେ ଶ୍ରେଷ୍ଠ ଧର୍ମ, ବୈରାଗ୍ୟତା, ଅତୀତରୁ ମୁକ୍ତ ରହି ସନ୍ତୁଳିତ ହୋଇ ଚାଲ। ସେହି ଯାତ୍ରାରୁ-

- ସତ୍ୟ ପାଇବ
- ଦୁଃଖରୁ ମୁକ୍ତି
- ସ୍ୱାସ୍ଥ୍ୟ

- ଅନ୍ତର ଯାତ୍ରାର ଶୁଭାରମ୍ଭ ହିଁ ଆଧ୍ୟାତ୍ମର କଳସ ସ୍ଥାପନା। ଏହି ଯାତ୍ରା ଭିତରକୁ ବା ଶୂନ୍ୟକୁ ଯାଏ, କିନ୍ତୁ ଏକାକୀର।

- ବୁଦ୍ଧ ପୁରୁଷ ବା ଅନୁଭବୀ ସନ୍ଥ, ରାସ୍ତା ବା ନକ୍ସା ଦିଅନ୍ତି, ତୁମକୁ ଜାଗ୍ରତ କରାନ୍ତି, ଚାଲିବା ତୁମର କାମ।

ସନ୍ଥ କହନ୍ତି, ଦୁଇଟି ମାର୍ଗ-

୧- ବ୍ରାହ୍ମଣର ମାର୍ଗ- ପ୍ରାର୍ଥନାର ମାର୍ଗ- ପ୍ରଭୁଙ୍କୁ ଯାଦ/ ସ୍ମରଣ ଥାଏ।

୨- ଶ୍ରବଣର ମାର୍ଗ- ସାଧନାର ମାର୍ଗ- ସମ୍ୟକ/ ଅନ୍ତର ଶ୍ରବଣ ଥାଏ।

ମୂଳ ସଂଦେଶ- ବାହାରୁ ଭିତରକୁ

- ସ୍ଥୁଳରୁ ସୂକ୍ଷ୍ମକୁ
- କ୍ରିୟାରୁ ଅକ୍ରିୟାକୁ
- ଅହଂକାରରୁ ଓଁକାରକୁ ଯାଅ।

ତେବେ ଅନ୍ତର ଯାତ୍ରା, ଶ୍ରେଷ୍ଠ ମାର୍ଗ ହେବ। ସନ୍ତୁଳିତ (Balance) ରହିଲେ Right mindfulness/ ସମ୍ୟକତାର ଜନ୍ମ ନିଏ, ଏହି ତ ଅଷ୍ଟାଙ୍ଗିକ୍ ମାର୍ଗର ବିଜ୍ଞାନ।

ଧ୍ୟାନ ହିଁ, ଦୁଃଖରୁ ମୁକ୍ତିର ଉପାୟ

ଗୌତମ ବୁଦ୍ଧ ନଥିଲେ ଦାର୍ଶନିକ, ସେ ଥିଲେ ବିଶ୍ୱର ପ୍ରଥମ ମନୋବିଜ୍ଞାନୀ। ମନରୁ ମୁକ୍ତିର ରହସ୍ୟକୁ ଜଗତୀକରଣ କରାଇଥିଲେ। ଶୂନ୍ୟ ବିଚାର ହିଁ ସାଧନାର ମୂଳ। ତାଙ୍କର ଖୋଜଥିଲା ରୋଗର କାରଣ ଓ ନିରାକରଣ କ'ଣ ? ତାକୁ ଜାଣିବା ଓ ଜଣାଇବା ସହିତ, ସମାଧାନର ସୂତ୍ର ଦେଇଥିଲେ ଜଗତବାସୀଙ୍କୁ।

ସେ କହନ୍ତି, ରୋଗର କାରଣ ଶରୀର ଏକା ନୁହେଁ, ମନ ବି। କାହିଁକି ମଣିଷ ଜୀବନରେ ଏତେ ଦୁଃଖ ଆସେ ? ଯେବେ ସମସ୍ୟା ଆସେ, ଅଦୃଶ୍ୟ ସତ୍ତା ବା ନିଜର ମାନ୍ୟତା ଭରା ଈଶ୍ୱରଙ୍କୁ ଖୋଜନ୍ତି। ଏହି ତ ଅସଲି କଥା।

ସମସ୍ତେ ଜାଣନ୍ତି, ଈଶ୍ୱରଙ୍କୁ ଆସ୍ତିକ ମାନନ୍ତି। ନାସ୍ତିକ ମାନି ନଥାନ୍ତି।

ବୁଦ୍ଧ କହନ୍ତି, ନା ନାସ୍ତିକତାର ଜରୁରୀ, ନା ଆସ୍ତିକତାର। କେବଳ ବାସ୍ତବିକ ହୁଅ। ତେଣୁ ପରଲୋକ, ସ୍ୱର୍ଗଲୋକ, ଆତ୍ମା, ପରମାତ୍ମା, ଈଶ୍ୱର, ମୁକ୍ତିକୁ ଖୋଜନାହିଁ। ମଣିଷର ଦଶାକୁ ବୁଝ। ଦୁଃଖ, କଷ୍ଟ, ଦୁର୍ଦ୍ଦଶାର କାରଣ ଜାଣ, ଯାହା ପାଇଁ ନିଜେ ହିଁ ଏକା ଦାୟୀ। ତେଣୁ ନିରାକାରଣ ଆପେ ପହଞ୍ଚିଯିବ। ଯେପରି ରୋଗରୁ ମୁକ୍ତି ରାସ୍ତା ପାଇବ, ଯେବେ ସ୍ୱୟଂର ପରିଚୟ ପାଇବ। ସବୁ ସମ୍ଭବ, ସମସ୍ତ ଦ୍ୱାରା।

ସଂସାର, ଶିଖିବାର କ୍ଷେତ୍ର। ଶିଖିବ, ଜାଣିବ ଓ ଶୁଦ୍ଧିକରଣ କରାଇବ। କର୍ମକୁ ଲୀଳା ଜାଣ ଓ ସମ୍ୟକତା ରହିଲେ, ପରମ ସ୍ତରକୁ ଯିବ। ସମସ୍ୟା ପାଇଁ ବ୍ୟତିବ୍ୟସ୍ତ ହୁଅନାହିଁ। ତାହା ଆସିବା ସ୍ୱାଭାବିକ। କାରଣ ଜାଣିଲେ ନିରାକରଣ ନିଶ୍ଚୟ ପାଇବ। ଏହିତ ସୂତ୍ର।

ବୁଦ୍ଧ, ପ୍ରଥମ ମହାତ୍ମା, ଯିଏ ଆତ୍ମା, ପରମାତ୍ମାଙ୍କୁ ଛାଡି, ଧ୍ୟାନର ବିଜ୍ଞାନ ଦେଇଛନ୍ତି। ସେ କହନ୍ତି ଧ୍ୟାନତ ସ୍ୱାସ୍ଥ୍ୟ। ଯାହାକୁ ମହାବୀରଙ୍କ ପରିଭାଷାରେ ଆତ୍ମା। କବୀର କହନ୍ତି, ସୁରତୀ, ଓଶୋ ମଧ୍ୟ କହିଥାନ୍ତି, ସ୍ୱଭାବ।

ସମସ୍ତଙ୍କର ଅଭିମତ ଶୂନ୍ୟତାରୁ ଶ୍ରବଣ, ଶ୍ରବଣରୁ ବିଶ୍ରାମ ସମ୍ଭବ।

ତେଣୁ ୧ମ କାମ ସଂସାରୀରୁ ରୋଗ, କଷ୍ଟ, ଦୁଃଖରୁ ମୁକ୍ତି କଥା ଭାବ ଓ ଯୋଡ। ବେମାରୀ ଦୂର ହେଲେ, ସ୍ୱାସ୍ଥ୍ୟ ମିଳିଯିବ।

ବୁଦ୍ଧଙ୍କ ଦର୍ଶନରେ, ୪ଟି ଶ୍ରେଷ୍ଠ ଉପାୟ, ଯାହାକୁ ଆର୍ଯ୍ୟ ସତ୍ୟ କହିଥାନ୍ତି।

୧- ମଣିଷ ଜୀବନ ଦୁଃଖପୂର୍ଣ୍ଣ- ଜନ୍ମ ପରେ କର୍ମ ସହିତ ଯୋଡିଯାଏ। କର୍ମର ବନ୍ଧନ ମୁଖ୍ୟ ରାଜ୍।

୨- ଦୁଃଖର କାରଣ ଅଛି - ଫଳାଫଳରେ ଯୋଡିବା ମୁଖ୍ୟ ଇନ୍ଧନ। ଫଳାକାଂକ୍ଷା ଦୁଃଖର କାରଣ।

୩- କାରଣ ଥିଲେ, ନିରାକାରଣ ଅବଶ୍ୟ ଅଛି- ତାହା ବାହାରେ ନୁହେଁ, ନିଜ ପାଖରେ ମହଜୁଦ ଅଛି। ତାହା ଆନନ୍ଦର ତଲାଶ (ଖୋଜ)।

୪- ଆନନ୍ଦ ମିଳିଗଲେ, ଦୁଃଖରୁ ମୁକ୍ତି ହୁଏ- ଆନନ୍ଦ ନିଜ ଭିତରୁ, ଶୂନ୍ୟ ବିଶ୍ରାମ ଓ ଶ୍ରବଣରୁ ଉପଲବ୍ଧ ଦିଏ।

ଆନନ୍ଦ (Bliss), ଦୁଃଖ, ସୁଖରୁ ଉର୍ଦ୍ଧ୍ୱରେ। ଅକାରଣ ଆବିଷ୍କାର କରାଯାଏ, ସ୍ୱୟଂର ଶୂନ୍ୟତାରୁ।

ଦୁଃଖ- ନକାରତ୍ମକ ଉତ୍ତେଜନା,

ସୁଖ- ସକାରତ୍ମକ ଉତ୍ତେଜନା।

ଉଭୟ ଉତ୍ତେଜନାରୁ ମୁକ୍ତ ହୋଇ, ସମ୍ୟକ- Realistic ହୁଏ। ସେହି ହେବ ଦୁଃଖ, କଷ୍ଟ, ଯନ୍ତ୍ରଣାରୁ ନିରୋଧର ଉପାୟ। ସମସ୍ତ ବିଜ୍ଞାନ ହିଁ, ଯୋଗ ଓ ଆଧ୍ୟାତ୍ମ। ସେହି କଥା ସନ୍ଥ କହନ୍ତି, ବେମାରୀରୁ ମୁକ୍ତି।

ଦେଖନ୍ତୁ ! ଗୋଟିଏ ବୁଲା କୁକୁର, ମାଂସ ଖାଇବା ନିଶାରେ, ପଡିଥିବା ଶୁଖିଲା ହାଡକୁ, ଚୁସି ଚୁସି ଖାଉଥାଏ। ସେଥିରେ ସେ କିଛି ପାଏନାହିଁ ବରଂ ନିଜର ଦେହ ବା ମୁହଁରୁ ବାହାରୁଥିବା ରକ୍ତକୁ ମାଂସର ରସ ଭାବି, ପିଏ ଓ ଖୁସି ହୁଏ।

ଏଥିରୁ କ'ଣ ବୁଝାଯିବ ? ମଣିଷର ଦଶା ଆଜି ସେହିପରି, ସୁଖକୁ ପାଇବା ପାଇଁ, ପାହାଡର ଦୁଃଖକୁ ସହିବାକୁ ପ୍ରସ୍ତୁତ। ଆଜିର ପରିସ୍ଥିତିରେ ମଣିଷ - ଭୋଜନ କରୁଛନ୍ତି ସ୍ୱାଦ ପାଉନାହାନ୍ତି।

- ଔଷଧ ଖାଉଛନ୍ତି, ରୋଗରୁ ମୁକ୍ତି ନାହିଁ।
- ଖୁସି କରୁଛି, ଶାନ୍ତି ନାହିଁ।
- ପ୍ରାର୍ଥନା କରୁଛି, କୃତଜ୍ଞତା ନାହିଁ।
- ଧର୍ମ କରୁଛି, ଅଭିଯୋଗରୁ ମୁକ୍ତିନୁହଁ।

ସବୁକୁ ଜଗତରୁ ସଂଗ୍ରହ କରିବା ପାଇଁ, ଭାବୁଛ ଓ ଦୌଡ଼ୁଛ। କିଛି ଅଛନ୍ତି, ପରମାତ୍ମାଙ୍କୁ କିଣିବାକୁ ଚାହାଁନ୍ତି । ଆଉ କିଛି, ଖୋସାମତି, ଉତକୋଚ ଦେଖାନ୍ତି। ଆଉ କିଛି ମାଗନ୍ତି ଓ ପ୍ରୟାସରେ ଯୋଡନ୍ତି।

ରସ, ସାର, ସୁଗନ୍ଧ, ଆନନ୍ଦ, ଅମୃତ, ଧ୍ୟାନ, ପ୍ରେମ, ଶାନ୍ତି, ସବୁକିଛି ଶାସ୍ତ୍ରରୁ, ମାଧ୍ୟମରୁ ଓ ବାହାରୁ କ'ଣ ମିଳିଯିବ ? ଅସଲିକଥା, ସତ୍ୟ ଭିତରେ, ବ୍ୟକ୍ତି ଖୋଜୁଛି ବାହାରୁ। କିପରି ମିଳିବ ?

ଆନନ୍ଦ ମିଳେ, ଅନ୍ତର ଯାତ୍ରାରୁ, ବିଚାର ଶୂନ୍ୟତାରୁ, ସହଜ ବିଶ୍ରାମରୁ, ଆକାଂକ୍ଷା ଶୂନ୍ୟତାରୁ, ମଙ୍ଗଳ କାମନାରୁ, ଦେବାରୁ, ହାରିବାରୁ, ଭୁଲିବାରୁ ଓ କ୍ଷମା ଦେବାରୁ।

ସବୁର ମୂଳ ମନ। ମନର ଧର୍ମ ବିଚାର କରାଇବା। ଯେବେ Pure essenceରେ କୌଣସି ଜିନିଷ ମିଶିଗଲେ, ତାହା Impure ହୁଏ। ତେବେ ମନ ଦ୍ୱୈତର ଉଦଗମ୍, ଅବଶ୍ୟ ପ୍ରାକୃତିକ। ତଥାପି, ମନରୁ ମୁକ୍ତି ହୋଇ Pure essence ବା Consciousness ବା ଚେତନା ବା ଆତ୍ମ ପରିଚୟ ପାଇବାର ରାସ୍ତା ଉପଲବ୍ଧ।

ରାସ୍ତା- ନିର୍ବିଚାରର ସୂତ୍ର, ଯା'ର ମୂଳ ଧ୍ୟାନ, ଶୂନ୍ୟତାରୁ ଜନ୍ମ ନିଏ।

ତେବେ ଜାଣ, ଅନାବଶ୍ୟକ ଭାବେ ବି

- ଆଖି ଦେଖୁଛି,
- କାନ ଶୁଣୁଛି,
- ଖାଦ୍ୟ ଖାଉଛି,
- ଜିଭ ରସ ନେଉଛି,
- ଭାବୁଛି
- ଶ୍ୱାସ ନେଉଛି
- ଦୌଡ଼ୁଛି

ଶେଷରେ ଥକି ପଡୁଛି, ମନ ପୁରେ ନାହିଁ। ସଂଗ୍ରହ, ପରିଗ୍ରହ, ଶ୍ରମ, ସଂଗ୍ରାମରେ ଥାଇବି, ଭୋଗରୁ ମୁକ୍ତ ନୁହଁ।

ଗୋଟିଏ ରାସ୍ତା, ଧ୍ୟାନସ୍ଥ ହୁଅ। ନିର୍ବିଚାର ହୋଇ ଯାଅ। ବିଚାର ଶୂନ୍ୟ ହେଲେ, ସହଜ, ଶାନ୍ତି ମିଳିଯିବ। ଦୁଃଖ, କଷ୍ଟ, ଚିନ୍ତାରୁ ମୁକ୍ତି ହେଲେ, ଆନନ୍ଦ, ଅପ୍ରକାଶ୍ୟ ରହସ୍ୟରେ ଯୁକ୍ତ ହେବ। କିଛି ନଥିଲେ, କିଛି ନଜାଣିଲେ, କିଛି ନଶୁଣିଲେ, କିଛି ନ ଦେଖିଲେ ବି, କେବଳ ବିଶ୍ରାମରୁ ପାଇଯିବ ବାଟ।

କିନ୍ତୁ ବାଲିରୁ ତେଲ ଖୋଜିଲେ, କିପରି ମିଳିବ ? ଅର୍ଥାତ୍ କୌଣସି କୌଣସି

ନିଶାରେ ଯୁକ୍ତ ଥିଲେ, କିପରି ହଂସତ୍ୱର ରାଜ ପାଇବ ? କଥାରେ ଅଛି- ହଂସ ମୋତୀ ଚୁମେ। ଅର୍ଥାତ୍ ହଂସର ଆହାର ମୋତୀ।

ତେଣୁ ଚର୍ମ ଆଖିକୁ ମୋଡି ଭିତରକୁ ଦେଖ, ଭ୍ରାନ୍ତୀ ଶୂନ୍ୟ ହେବ, ସଂଯମତା ଫେରିବ। ଦୃଷ୍ଟିକୋଣ ବଦଳିଯିବ। ଏହି ଥିଲା, ବୁଦ୍ଧଙ୍କର ସନ୍ଦେଶ।

ସେ କହନ୍ତି ସତ୍ୟମାର୍ଗ ମିଳିଯିବ, ଯେବେ କାମନା, ରାମ ନାମରେ ରୂପାନ୍ତରିତ ହେବ। ଯଦି ନକରି, ଧନ, ଅର୍ଥ, କାମ, ଶ୍ରମରେ ଯୋଡ, ଦେଖିବ ମନକୁ ନେଇ, ଆଶାକୁ ନେଇ, ପାରିବ ନୂତନ ଶରୀର।

ତେଣୁ ଜୀବନର ବିଚାରରୁ ମୁକ୍ତ ହୁଅ। ବିଚାର, ରୋଗର ମୂଳ। ନିର୍ବିଚାର ଆନନ୍ଦର କୋଳ।

ଶାନ୍ତ, ସହଜ, ବିଶ୍ରାମ ନିଅ ଓ ଅନ୍ତରରୁ ସଂଗୀତ ଶୁଣ, ଯଥେଷ୍ଟ ହେବ, ଧ୍ୟାନ ଘଟିବା ପାଇଁ।

ସନ୍ଥ କହନ୍ତି, ପୃଥିବୀରେ ସବୁକିଛି ଅଛି। ଯାହା ଜରୁରୀ, ମଣିଷର ଜନ୍ମରୁ ଅସ୍ତିତ୍ୱ ଖଞ୍ଜି ଦେଇଛି, ମୁଫତ୍‌ରେ। ତା'ର ମୂଲ୍ୟାଙ୍କନ, ସ୍ମରଣ ନାହିଁ। କେବଳ ନିଜର ସଂଗ୍ରହ ଓ ଆଖି ଦେଖୁଥିବା ପଦାର୍ଥ ପ୍ରତି ଧ୍ୟାନ ଅଧିକ।

ତେବେ ଦ୍ୱେତ ବି, ଅଦ୍ୱେତବି। ଅସ୍ମିତା ବି, ଅସ୍ତିତ୍ୱ ବି। ସେହିପରି

- ସୁଗନ୍ଧ, ଦୁର୍ଗନ୍ଧ,
- ଅହଂକାର, ଓଁକାର
- ଘୃଣା, ପ୍ରେମ
- ଦୁଃଖ, ସୁଖ
- ମୃତ, ଅମୃତ

ତେଣୁ, ଚେତନାର ସମ୍ଭାବନାର ବୀଜ ରୋପଣ କର। ଯତ୍ନବାନ ହୁଅ, ବୃକ୍ଷଟିଏ ହୋଇଯାଉ, ସୁନ୍ଦର ବୃକ୍ଷରେ, ପତ୍ର, ଫୁଲ, ଫଳ ଆସିବ। ଧରିତ୍ରୀର ଋଣ ଶୁଝିବ।

ଜାଣ- ଜୀବନ ଏକ ଗତିଶୀଳ ବ୍ୟବସ୍ଥା ଅସ୍ତିତ୍ୱର। ସର୍ବଦା ପରିବର୍ତ୍ତନ ତା'ର ପ୍ରସ୍ତୁତି, ଚୟନ ସଂକଳ୍ପନା ପୁରୁଷାର୍ଥ ଓ ଅହିଂସାଭାବ ନିଜର କରିସ୍ମା। ଏପରିକି ସବୁକୁ ସନ୍ତୁଳନ କରି ସନ୍ଥତ୍ୱ ଆଣିଦେବ।

ମୃତ୍ୟୁ ଆସିବା ସ୍ୱାଭାବିକ। ମୃତ୍ୟୁ, ନୂତନ ଜନ୍ମ ପାଇଁ ଆଉ ଏକ ବ୍ୟବସ୍ଥା। ତେଣୁ ମହତ୍ୱକାଂକ୍ଷାରୁ ମୁକ୍ତ ହୋଇ ଧ୍ୟାନରେ ଯୁକ୍ତ ଥାଇ, ପରମ ବିଶ୍ରାମ ପାଅ, ଦିନେ ବନିବ ଗୁରୁ।

ଧ୍ୟାନ, ଜୀବନର ଆଧାରଭୂତ ନିୟମ

ଧ୍ୟାନ, ସମ୍ୟକ ଓ ସଂପୂର୍ଣ୍ଣ ହେବାର ବିଜ୍ଞାନ। ଅସ୍ତିତ୍ୱର ଆଧାରଭୂତ ନିୟମ ଓ ତା ସହିତ ଯୋଡିବାର ବ୍ୟବସ୍ଥା। ଜୀବନ ସର୍ବଦା ଗତିମାନ। ଯେବେ ଅଟକିଯାଏ, ତା'ର ମୃତ୍ୟୁ ହୁଏ। ଯେପରି ରାତ୍ରୀରେ ନଦୀ ବହୁଛି, ଶରୀର ବିଶ୍ରାମ ନେଲେବି, କ୍ରିୟା ଚାଲିଛି।

ଯଥା - ରକ୍ତ ସଂଚାଳନ
- ପାଚନ କ୍ରିୟା
- ଶ୍ୱାସ କ୍ରିୟା

ସବୁ ଚାଲିଛି- ତା' ବାଟରେ, ଅଟକେ ନାହିଁ। ପଥର ଖଣ୍ଡିଏ ପଡିଥାଏ, ଗତିମାନ ନଥିଲା ଭଳି ଲାଗିଲେ ବି ଗତିମାନ। ଖଣ୍ଡ ବିଖଣ୍ଡିତ ହୋଇ, ଗୋଡି ବାଲିରେ ପରିଣତ ହୁଏ। ଜୀବନ ଯାତ୍ରା ସର୍ବଦା ଗତିଶୀଳ।

ବୁଦ୍ଧଙ୍କ ଭାଷାରେ- ପରମାତ୍ମା ଯାହାକୁ ଶୂନ୍ୟତା କହନ୍ତି, ତାହା ଗତିମାନ ନୁହେଁ, ସମ୍ପୂର୍ଣ୍ଣ।

- ପୂର୍ଣ୍ଣର ଗତି ନଥାଏ, ନା ବାର୍ଦ୍ଧକ୍ୟ।
- ନା ମୃତ୍ୟୁ ନା ତର୍କଯୁକ୍ତ। କିନ୍ତୁ ସଂସାରୀର ଶବଦ ତର୍କପୂର୍ଣ୍ଣ।

ବୁଦ୍ଧ କହନ୍ତି- ଯାହା ହେଉଛି, ତାହା ସତ୍ୟ। ଯାହା ହେଉଛି, ଠିକ୍ ହେଉଛି।

ତେବେ ଜାଣ, ଜୀବାତ୍ମା ଭିତରେ, ଗୋଟିଏ ଚେତନା ଥାଏ। ତାହା ମରେ ନାହିଁ। ତା'ର ଏକ ଶୃଙ୍ଖଳା ଥାଏ।

ଜୀବନକୁ ଜୀବନ୍ତ କରିଦେଖ। ଜାଣିବ, ସବୁ କ୍ରିୟା ଗତିମାନ। ଯିଏ ସ୍ଥିର ହୋଇଯାଏ, ସେ ମୃତ ହୋଇଯାଏ। କିନ୍ତୁ ବ୍ୟକ୍ତି ଠାରୁ ମୂଢ଼, ଏହି ଦୁନିଆରେ କେହି ନାହିଁ। ନିଜର ପ୍ରକୃତିକୁ ଭୁଲି ଯାଉଛି। ସକାରାତ୍ମକରେ କେବେ ରହୁନାହିଁ। ତେଣୁ ପଶୁ, ପକ୍ଷୀଙ୍କୁ ରାଜି କରାଇବା ସହଜ, ମଣିଷଙ୍କୁ ନୁହେଁ।

ବୁଦ୍ଧ କହନ୍ତି, ଯାହା ଜରୁରୀ ତାହା କର। ସାରକୁ ଗ୍ରହଣ, ଓ ଅସାରକୁ ଛାଡ।

ସବୁ କଥାରେ ବ୍ୟକ୍ତି ତତ୍ପର। ଧ୍ୟାନ କଥା କହିଲେ, କହନ୍ତି ସମୟ ନାହିଁ। ଆଉ କିଛି ଆଖି ବନ୍ଦ କରି ବସିଯାନ୍ତି। କିଛି ମନ୍ତ୍ର ଘୋଷନ୍ତି, ଆଉ କିଛି ଅଛନ୍ତି, ବିଭିନ୍ନ ଭ୍ରମ ଦର୍ଶନରେ ଯୋଡିଥାନ୍ତି। ଯାହା କଲେବି ବାସନାର ଅନ୍ତ ନଥାଏ।

ଜାଣ, ଅସ୍ତିତ୍ୱର ବ୍ୟବସ୍ଥାରେ ଯାହା ଜରୁରୀ, ତାହା ଉପଲବ୍ଧ ତୁମ ପାଖେ। କାହାକୁ ତ୍ୟାଗ କର ନାହଁ, କି ଦମନ, ଆବଶ୍ୟକତାକୁ ମର୍ଯ୍ୟାଦା ଦିଅ ଓ ବିଷୟରୁ ମୁକ୍ତି ପାଅ।

ବହୁତ ସମୟରେ ବୁଦ୍ଧ, ତାଙ୍କ ଭିକ୍ଷୁଙ୍କୁ କହନ୍ତି, ସମସ୍ତଙ୍କୁ ସମ୍ମାନ ଦେବ। ପ୍ରଣାମ କରିବ। ଫଳରେ ତୁମର ବାସନା ତିରୋହିତ ହେବ।

ବାସନା, ସର୍ବଦା ନିମ୍ନଗାମୀ। ପ୍ରାର୍ଥନାରେ ଉର୍ଜା ହୁଏ, ଊର୍ଦ୍ଧ୍ୱଗାମୀ। ସେହି ବାସନା, ସଂସାରୀର ଆଦତ୍ତ। ଯୁଗ ଯୁଗ ଧରି, ଜନ୍ମ ଜନ୍ମାନ୍ତରରୁ ସାଥିରେ ରହି ଆସୁଛି। ସେଥିରୁ ମୁକ୍ତି ହୋଇପାରିବ, ଯାହାର ରାସ୍ତା ଧ୍ୟାନ।

ଧ୍ୟାନ, ସୁରୁଆତ୍। ବାସନା ପୁରାତନ ଓ ହୋଷ ଭିତରେ। ଯିଏ ମଧ୍ୟମାକୁ ଜାଣିପାରିବ, ସେ ହେବ ସଫଳ। ଯଦି ଧ୍ୟାନ ନକରିବ, ଧନୀ, ଜ୍ଞାନୀ, ପଣ୍ଡିତ ହୋଇପାର, ଭିତରେ ଅସଫଳ, ଅଜ୍ଞାନତା ଓ ଅଶାନ୍ତି ଭରି ରହିଯିବ। ଶେଷରେ ଜାଣିବ, ଜୀବନ ବୃଥା। ତେଣୁ କାହାରି କଥାରେ ଭାଷିଯାଅ ନାହିଁ। ନିଜର ଅନ୍ତର ପ୍ରେରଣାକୁ ଅପେକ୍ଷା କର। ବିଶ୍ୱାସ ଜରୁରୀ ନାହିଁ, ଶ୍ରଦ୍ଧା ଜରୁରୀ। ତେବେ ବିବେକର ଜନ୍ମ ନେବ। ଜାଣିବ, ଯିଏ ପ୍ରଶଂସା କରୁଛି, ସେ ଦିନେ କଣ୍ଟା ବି ବନିପାରେ।

ମନେରଖ, ନିଜେ ନିଜର ନୁହଁ, କେବଳ ଚେତନା ଛଡା। ତାକୁ ଛାଡି ଯାହା ସଂଗ୍ରହ କରିବ, ଶୀଘ୍ର ଚାଲିଯିବ। ସଂସାରୀ ସମସ୍ତଙ୍କୁ ଠକି ପାରନ୍ତି, କିନ୍ତୁ ଅସ୍ତିତ୍ୱ ନୁହେଁ। ଠିକ୍ ପରିଚୟ ପାଇବା ନିଜର ସମ୍ଭାବନା, ସେହି ବିଜ୍ଞାନର ନାମ, ସମ୍ୟକ ଦୃଷ୍ଟି।

ଧ୍ୟାନ ରହିତ ବ୍ୟକ୍ତିତ୍ୱର କାମ, କ୍ରୋଧ ଆସେ। ତେବେ ଧ୍ୟାନକୁ ଜାଗ୍ରତ କର। ଦୁଃଖରୁ ମୁକ୍ତି ପାଇବା ପାଇଁ, ସମସ୍ତ ପ୍ରଜ୍ଞାବାନ ପୁରୁଷ ଧ୍ୟାନ କରିଥାନ୍ତି। ଧ୍ୟାନ ସାଧନା, ଏକ ସହଜ ଅଭିଯାନ, ସବୁ ସମସ୍ୟାର ସମାଧାନ ଓ ଜୀବନର ଆଧାରଭୂତ ନିୟମ। ଅନ୍ଧାର ହଟାଇବା ଜରୁରୀ ନାହିଁ। ପ୍ରକାଶର ଦ୍ୱୀପ ଜାଳ। ଅନ୍ଧାର ଆପେଆପେ ଦୂର ହେବ। ଏହିତ ଅସ୍ତିତ୍ୱର ଆଧାର ଓ ଧାର୍ମିକତାର ମୂଳ। ତେଣୁ ବୁଦ୍ଧ କହନ୍ତି, ଏକ ଧାମ (ଧର୍ମ) ସନାତନ।

ଏକାନ୍ତ ଓ ଧ୍ୟାନ

ଏକାନ୍ତ ରହିବା ସଂସାରୀ ପସନ୍ଦ କରନ୍ତି ନାହିଁ। ଯିଏ ଏକାନ୍ତରେ ରହନ୍ତି, ତାକୁ ସମାଲୋଚନା କରିଥାନ୍ତି। ବାସ୍ତବରେ, ଲୋକେ ଏକଲା ରହିପାରେନାହିଁ। ଭିଡ ଓ ସାଙ୍ଗ ସାଥିରେ ରହିବାକୁ ପସନ୍ଦ କରିଥାନ୍ତି। ଭିଡରେ ସେ ଅଭ୍ୟସ୍ତ ହେବାରୁ, ଏକାନ୍ତତାର ମଜା ପାଇପାରେ ନାହିଁ।

ଏକଲା ରହିବା, ସମର୍ଥବାନ ଅବସ୍ଥା, ଯାହାକୁ ସାଧୁସନ୍ଥ ଚୈତନ୍ୟର ବ୍ୟବସ୍ଥା କହିଥାନ୍ତି। ତୁମେ ଚାହିଁଲେ, ଓ ଭାବିଲେ କିଛି ହୁଏନାହିଁ। ତା'ପାଇଁ କିଛି ଦାନ ଜରୁରୀ। ଯଦି ଜଣେ ସକ୍ଷମ ପୁରୁଷ ଚାହିଁଲେ, ତାଜମହଲ ଭଳି, ମହଲ କରିପାରିବେ, ସେହିପରି ସାଧାରଣ ବ୍ୟକ୍ତିଟିଏ, ବଗିଚାଟିଏ ବି କରିପାରିବ। ଯଦି ଭିତରେ ତାଜ ମହଲ ନିର୍ମାଣର ସ୍ୱପ୍ନ ଦେଖ, ସେଥିପାଇଁ ଗହନ ତପସ୍ୟା ବା ସାଧନା ଜରୁରୀ। କେବଳ ଶ୍ରମ, ସହଯୋଗ ଦେଇ ନୁହଁ।

ବହୁତ ଲୋକ ଅଛନ୍ତି-

- ନା ସାଧନା କରନ୍ତି,
- ନା ଏକାନ୍ତରେ ରୁହନ୍ତି।

କେବଳ ଭିଡରେ ରହିବାକୁ ପସନ୍ଦ କରିଥାନ୍ତି। ସଂଗ୍ରହ ଯାହା କରନ୍ତି, ତାକୁ ଅନ୍ୟକୁ ଦେଖାଇ ଖୁସି ପାଆନ୍ତି। ଆଉକିଛି ସଂସାରୀ, କିଛି ପାଇଗଲେ ବା ନିଜର ଶ୍ରମରୁ ସଂଗ୍ରହଦ୍ୱାରା, ବା ପରିବାର ସଦସ୍ୟଙ୍କର ଅନୁଦାନ, ଶିକ୍ଷା ଓ ସମ୍ମାନ ପାଇଁ, ଚୁପଚାପ ଥାଇ, ନିଜକୁ ଗମ୍ଭୀର ଦେଖାନ୍ତି। କିନ୍ତୁ ଭିତରେ ଅନେକ ବିଚାର ଚାଲୁଥାଏ।

ଓଶୋ ତାଙ୍କୁ ଗଧା (ଗମ୍ଭୀର ଧାର୍ମିକ) କହିଥାନ୍ତି।

ଦେଖିବାକୁ ସରଳ, ଶିକ୍ଷିତ, ଶାନ୍ତ, କିନ୍ତୁ ମହା ଅସମ୍ୟକ ଓ କୃପଣ। କିନ୍ତୁ ସମସ୍ୟା ସବୁଠି ଦେଖାଯାଏ। କୃପଣ ହେଉ ବା ଦାନୀ, ସଂସାରୀ ହେଉ ବା ସନ୍ନ୍ୟାସୀ,

ଧନୀ ହେଉ ବା ଗରିବ। ତେଣୁ ସମସ୍ୟାକୁ ଦେଖିଲେ, ଗପସପ, ଟଣାଓଟୁରା, ବାଦବିବାଦ, ତୁଳନା, ପ୍ରଶଂସା ରହିଲେ, ଆଗକୁ ଯାଇ ପାରିବନାହିଁ। ତେଣୁ ଭିତର ଯୁଦ୍ଧକୁ ମୁକ୍ତ କର।

- ୧ରେ ଭିଡରୁ ମୁକ୍ତ, ତା'ପରେ ବିଚାରରୁ।
- ନ ହେଲେ, ବାହାରେ ଓ ଭିତରେ ସବୁଠି ମହାଭାରତ ଦେଖାଦେବ।

ଯାହାକର, ହୋଷ ନରହିଲେ, ପ୍ରେମ ଦିନେ ଘୃଣା, ହତ୍ୟା ଆଣିଦେବ। For example: ପତି ଓ ପତ୍ନୀ, ଉଭୟ ଦୁଃଖୀ ହୁଅନ୍ତି। ଭାବନ୍ତି, ଜଣେ ଅନ୍ୟଜଣଙ୍କ ପାଇଁ ଦୁଃଖୀ। ବାସ୍ତବରେ କେହି କାହାପାଇଁ ଦୁଃଖୀ ବା ସୁଖୀ ନୁହଁନ୍ତି, କେବଳ ନିଜେ ନିଜ ପାଇଁ ଦାୟୀ।

ସେହି ଲୋକ ଏକାନ୍ତରେ ରହିଲେ ଦୁଃଖୀ, ଯାର ଭିତରେ ଭିଡ, ବିଚାରରେ ଭିଡ, ଉପଦ୍ରବ ଓ ଭାବନା।

For example: ଜଣେ ବିବାହିତ ବ୍ୟକ୍ତି ଭାବେ, ଅବିବାହିତ ଜଣଙ୍କ ଖୁସି। ବାସ୍ତବରେ ନା ଏ ଖୁସୀ, ନା ସେ ଖୁସୀ। ଉଭୟ ଦୁଃଖୀ। କାରଣ, ଅନ୍ୟକୁ ଦୋଷ ଦିଅନ୍ତି ଯିଏ, ସେ ହୁଏ ଦୁଃଖୀ। ଅନ୍ୟକୁ ଅପେକ୍ଷା, ଦୁଃଖର ମୂଳ। ସଂସାରୀ ଏକଲା ରହିବା କଷ୍ଟକର।

ଏକାନ୍ତରେ ଅଧିକ ଚିନ୍ତନ, ଭୟ ଓ ଅନ୍ଧକାର। କିନ୍ତୁ ମନେରଖ, ଜୀବନର ମହତ୍ତ୍ୱପୂର୍ଣ୍ଣ ବିଚାର ପ୍ରଶ୍ନଉଠେ, ଏକାନ୍ତତାରୁ।

ନୂଆ ଆବିଷ୍କାର ଜନ୍ମ ନିଏ, ଏକାନ୍ତତାରୁ, ଶୂନ୍ୟ ବିଚାରରୁ।

କିନ୍ତୁ ୯୯.୯% ସଂସାରୀ ଅଯଥା ଚିନ୍ତାକରି, ବା ବ୍ୟର୍ଥ ଚିନ୍ତାରେ ଯୋଡି ଚର୍ଚ୍ଚା କରିଥାନ୍ତି। ଧ୍ୟାନ ପାଇଁ ସମୟ ନାହିଁ, ତାଙ୍କ ପାଖରେ।

କିନ୍ତୁ, ସଂସାରୀ କାମନାରେ ବଞ୍ଚେ। ସେ ଭାବେ ବିନା ଶ୍ରମ, ବା କମ ଶ୍ରମ କରି, ବା ବିନା ଏକାନ୍ତତାର, କିଛି ଅଲୌକିକତା ମିଳିଯାଉ କାହାପାଖରୁ। ତେଣୁ ସାମାଜିକ ସାଧୁସନ୍ଥ, ଟୁଙ୍ଗୀ ବାବା, ଆଶ୍ରମ, ମଠ, ମନ୍ଦିର, ଧର୍ମସ୍ଥଳ, ବୁଲିବୁଲି ସଂଗ୍ରହ ନିଶାରେ ଯୋଡିଥାନ୍ତି।

ମନେରଖ, ଯାହା ସଂଗ୍ରହ କରୁଛ, କ୍ଷଣସ୍ଥାୟୀ। ଅସଲି ସୁଖ, ଆନନ୍ଦ, ଶାନ୍ତି, ପ୍ରେମ, ଧ୍ୟାନ, ସବୁ ନିଜ ପାଖରେ। କେହି ଦେଇପାରନ୍ତି ନାହିଁ। ସବୁର ମାଲିକ ନିଜେ।

ଜୀବନ ଯାତ୍ରାରୁ, ୧ ଘଣ୍ଟା ପ୍ରତିଦିନ ବାହାର କରି ଏକାନ୍ତରେ ବସି, ସହଜ, ଶାନ୍ତ ଓ ବିଶ୍ରାମ ନିଅ। ଆରମ୍ଭ ହେବ ଏକାନ୍ତ ସାଧନା।

- କୋଠରୀ ବନ୍ଦ କର। ଯେପରି କେହି ବ୍ୟାଘାତ ନଦିଅନ୍ତୁ।
- ଝରକା ଖୋଲା ରଖ, ପବନ ଭିତରକୁ ଆସୁ।

- ଶାନ୍ତ ହୋଇ, ଆଖି ବୁଜି, ନିଷ୍କ୍ରିୟ ହେଲେ, କ୍ରିୟାରୁ ଅକ୍ରିୟାକୁ ଯିବ।

- ଶ୍ୱାସ ସହଜ, ସ୍ୱାଭାବିକ୍ ହେଉ। ଧିର, ଶାନ୍ତ ଶ୍ୱାସରୁ, ଭାବନା, ଚିନ୍ତନ ଶାନ୍ତ ହେବ।

- ସବୁ ଶୂନ୍ୟତାରୁ ଧ୍ୟାନ ଘଟିଯିବ।

- ପୂର୍ବରୁ ଯାହା କରୁଥିଲ ଲୋକଙ୍କ ଭିଡରେ, ଯାହା ଭାବୁଥିଲ ଭିତରେ, ଭିଡ ବିଚାରରେ, ସେଥିରେ ନକାରତ୍ମକ ଭାବନା ରହୁଥିଲା।

- ଏବେ ଏକଲା ରହିଲେ, ନିଷ୍କ୍ରିୟ ହେଲେ, ଧ୍ୱନିକୁ ଶୁଣିବ, ଦେଖିବ, ବିଚାର ନକାରତ୍ମକ ଭାବନା ସବୁ ଶୂନ୍ୟ ହୋଇଯିବ।

- ଯେବେ ନିର୍ବାଚାର ହେବ, ଶୂନ୍ୟ ଆକାଶ ଭିତରୁ ଦେଖାଦେବ। ହଜିବ ଭିଡର ଚିନ୍ତା, ପାଇବ ଏକାନ୍ତରୁ ସୁଗନ୍ଧ। ଏହି ତ ଆନନ୍ଦର ରାଜ।

- ଜାଣିରଖ, ଶ୍ରଦ୍ଧାବାନ ଥିଲେ, ରାସ୍ତା ଖୋଲିଯିବ। ସନ୍ଦେହ ରହିଲେ, ସବୁ ରାସ୍ତା ବନ୍ଦ। ସର୍ବଦା ତର୍କ ଶୂନ୍ୟ ହୋଇରହ, ବାହାନା ଖୋଜନାହିଁ ସମୟ ନାହିଁ, ଆଖି ବୁଜିଲେ ଧ୍ୟାନ ହେବ। ଏହି ଭାବନାରୁ ମୁକ୍ତ ହୁଅ।

- ଅବଶ୍ୟ ତୁମ ଭିତରେ ସବୁରି ସମ୍ଭାବନାର ବୀଜ ଥାଏ। ଯେପରି ମଞ୍ଜି ବୁଣିବ, ବେଉଷଣ କରିବ, ସେହିପରି ବୃକ୍ଷ ବନିବ, ସେହିପରି ଫୁଲ ଫଳ। ତେଣୁ ରାସ୍ତା ଦୁଇଟି-

୧- ଭ୍ରମ ସହିତ ଯୋଡ

୨- ବ୍ରହ୍ମ ସହିତ ଯୋଡ

- ବ୍ରହ୍ମ ସହିତ ଯୋଡିଲେ, ବ୍ରହ୍ମର ସ୍ପନ୍ଦନ ପାଇବ, ଏହା ସମ୍ଭବ ଏକାନ୍ତତାରୁ, ମୌନତାରୁ ଓ ଶୂନ୍ୟତାରୁ, ଯାହାକୁ କହନ୍ତି ଧ୍ୟାନ।

- ଏକାନ୍ତତା ଆଣିଦିଏ ପରମାତ୍ମା, ଏକାନ୍ତତା ଆଣିଦିଏ ପରମ ଶାନ୍ତି।

ଯେବେ ଶୂନ୍ୟହେବ, ବରଷିବ ଅସ୍ତିତ୍ୱର କୃପା, ସେହିତ ଧ୍ୟାନର ପ୍ରସାଦ।

■

ଧ୍ୟାନ, ଜାଗ୍ରତ ମୃତ୍ୟୁ

ଧ୍ୟାନ, ଜାଗୃତ ମୃତ୍ୟୁ, ତା'ର ଭାବାର୍ଥ ବୁଝ । ନିଦ୍ରା, ବେହୋଷତା ଓ ମୃତ୍ୟୁ ଭଳି । କିନ୍ତୁ ଧ୍ୟାନ ହୋଷପୂର୍ଣ୍ଣ ମୃତ୍ୟୁ । ଅନ୍ୟ ପରିଭାଷାରେ, ଚେତନା ସହିତ ଏକ ମିଳନ ପର୍ବ ।

ଜୀବନର ରହସ୍ୟକୁ ଜାଣ, ଯା'ର କେନ୍ଦ୍ର ବିନ୍ଦୁ, ମୃତ୍ୟୁ । ସବୁ ବିଜ୍ଞାନ, ଶିକ୍ଷା, ସମାଜ, ସରକାର, ସାଧୁସନ୍ଥ ସମସ୍ତଙ୍କର ମୂଳ ସନ୍ଦେଶ ମୃତ୍ୟୁରୁ ମୁକ୍ତି । ମୃତ୍ୟୁ, ସଂସାରୀଙ୍କର ଏକ ଅନ୍ତିମ ଭୟ । ତାକୁ ଜିତିବା ସମସ୍ତଙ୍କ ପ୍ରୟାସ । କିନ୍ତୁ କେହି ଜିତିପାରନ୍ତି ନାହିଁ ।

ସବୁ ସମୟରେ ମୃତ୍ୟୁ ଚକ୍ର ଘୁରୁଛି । ଜନ୍ମର କ୍ଷଣଠାରୁ, ମୃତ୍ୟୁ ପର୍ଯ୍ୟନ୍ତ ଯୋଡି ରହିଥାଏ, ଜୀବାତ୍ମା । ସେହି ମୃତ୍ୟୁ ଏକ ଅବସ୍ଥା ଜନ୍ମ ପରି । ଗୋଟେ ଅନ୍ୟର ପରିପୂରକ । ମୃତ୍ୟୁ ନୂଆ ଜନ୍ମ ପାଇଁ ଏକ ବ୍ୟବସ୍ଥା । ଠିକ୍ ସେହିପରି, ଜନ୍ମ ମୃତ୍ୟୁ ପାଇଁ ଅପେକ୍ଷା । ଏହି ସବୁ ଅସ୍ତିତ୍ୱଗତ । ତାକୁ ପରିଚୟ ପାଇବା, ସମସ୍ତଙ୍କର ଜନ୍ମଗତ ଅଧିକାର । ବେହୋଷତା ପାଇଁ, ବିସ୍ମରଣ କରିଥାନ୍ତି । ତାଙ୍କୁ କେହି ଛାଡି ଛପି ପାରିବେ ନାହିଁ । ସାଧୁସନ୍ଥ, ମୁନିଋଷିମାନେ ମଧ୍ୟ ସ୍ଥଗିତ କରିବାକୁ ଅସଫଳ ।

ତେଣୁ ବିସ୍ମରଣ ନୁହେଁ, ସ୍ମରଣ କର । ସ୍ମରଣକୁ ମରଣ ନୁହେଁ, ସୁମିରଣ ଜାଣ । ସୁମିରଣ ସିଦ୍ଧି, ଯେପରି ଧ୍ୟାନ ବିଧି ।

ଯେବେ ଧ୍ୟାନରେ ଯୋଡିବ, ଜାଣିବ ମୃତ୍ୟୁର ସ୍ୱାଦ । ଥରେ ପାଇଗଲେ, ସେହି ପରମ ରସକୁ ନେଇ ଅଭୟ ହେବ ।

ଜୀବନ ୨ଟି ଅତି ଅବସ୍ଥାକୁ ଜାଣେ ।

୧- ମୃତ୍ୟୁର ଭୟ

୨- କର୍ମର ଜୟ

ଉଭୟକୁ କେହି ମୁକ୍ତ କରନ୍ତି ନାହିଁ । ଅବଶ୍ୟ ଧ୍ୟାନ କଲେ, ମୃତ୍ୟୁ ଭୟ ଲାଗିଥାଏ, କିନ୍ତୁ ଭୟ ଦୂର ହୁଏ, ଯେବେ ବେହୋଷତା ହଜେ ।

ମୃତ୍ୟୁର ଅର୍ଥ- Total Body Transplant. ପ୍ରକୃତି ଯେପରି Anesthetia ଦେଇ ବିଦାଦିଏ।

ଶରୀରରୁ ବେହୋଷରେ ପ୍ରାଣ ଉର୍ଜା ଚାଲିଯାଏ। ମୃତ୍ୟୁ ବେଳେ, ପ୍ରାୟ ସମସ୍ତଙ୍କୁ ଆଭାସ ମିଳିଥାଏ। କିଛି ସଙ୍କେତକୁ ଧରି ପାରନ୍ତି, ଆଉ କିଛି ଧରିପାରନ୍ତି ନାହିଁ। ଯିଏ ଧ୍ୟାନସ୍ଥ, ସମାଧିସ୍ଥ, ସେ ଧରିପାରନ୍ତି ଓ ମହୋତ୍ସବ ବନାନ୍ତି। ହସିହସି ଅନ୍ତିମ ବିଦାୟକୁ ଉତ୍ସବମୟ କରିବା ଅସ୍ତିତ୍ୱର ବରଦାନ।

ମହାବୀର ତାଙ୍କର ସନ୍ୟାସୀଙ୍କୁ କାୟୋତ୍ସର୍ଗର ସାଧନା କରାନ୍ତି, ଅର୍ଥାତ୍, ମୋହ ମୁକ୍ତ ହୋଇ, ଧରିତ୍ରୀରୁ ବିଦା ହୋଇଥାନ୍ତି। ତେଣୁ ପ୍ରତ୍ୟେକ ସଂସାରୀ ଓ ସନ୍ୟାସୀ, ଧ୍ୟାନସ୍ଥ ହୁଅନ୍ତୁ। ଧ୍ୟାନ ଛଡା ଆଉ କୌଣସି ମାର୍ଗ ସମ୍ୟକ ନୁହେଁ।

କମସେ କମ, ୩ ମାସ ଧରି, ଗୋଟିଏ ବିଧିକୁ ନେଇ ଅଭ୍ୟାସ କରନ୍ତୁ। ୧୧୨ ପ୍ରକାର ବିଧି, ବିଜ୍ଞାନ ଭୈରବ ତନ୍ତ୍ରରେ ଅଛି। ଯେ କୌଣସି ଗୋଟିଏକୁ ଧରି ସାଧନାରେ ପ୍ରବେଶ କଲେ, ଅନୁଭବ ମିଳିପାରେ।

ସବୁ ବିଧି ପ୍ରଭାବଶାଳୀ। ଯଦି କାମ ନକଲା ବା ଭଲ ନଲାଗିଲା, ତାକୁ ବଦଳାଇ ଅନ୍ୟ ବିଧିରେ ଧ୍ୟାନ କରନ୍ତୁ। ଅନୁଭବ ପାଇଲେ ବା ଧ୍ୟାନର ସୁଗନ୍ଧରେ ଯୋଡିଲେ, ଆଉ ବିଧିର ପ୍ରୟୋଜନ ପଡି ନପାରେ।

ବୁଦ୍ଧ, ସନ୍ୟାସୀ ଭିକ୍ଷୁଙ୍କୁ, ଶ୍ମଶାନକୁ ପଠାନ୍ତି। କହନ୍ତି, ଯାଅ ଓ ଶବଦାହ ଦେଖ। ଜାଣିବ ଓ ସ୍ମରଣ କରିବ, ମୋ ଦେହ ଦିନେ ଏହିପରି ଜଳିଯିବ। ଫଳରେ ମୋହ, ଅହଂକାର ଆପେ ବଦଳିଯିବ।

କିପରି ଶରୀର, ମନ, ଭାବ, ଶ୍ୱାସ ବଦଳୁଛି, ତାକୁ ଦେଖ ଓ ସ୍ମରଣ କର।

ଡାକ୍ତର କହନ୍ତି, Blood ରେ RBC ର ଜନ୍ମ ନିଏ, ମୃତ୍ୟୁ ବି। ପୁଣି replace ହୁଏ। ଜାଣିବ, ସବୁ ବଦଳିବ, ତେଣୁ ମୃତ୍ୟୁ କୌଣସି ଘଟଣା ନୁହଁ, ଏକ ଦୃଷ୍ଟିକୋଣ। ଜାଣ, ଜନ୍ମରୁ, Brainରେ Neuron ଆସିଥାଏ ଶିଶୁର। ପ୍ରତିକ୍ଷଣରେ ବଢ଼ିବା ସହିତ ଶରୀର, ଶୂନ୍ୟହୋଇ ଆସେ, ବୃଦ୍ଧ ଅବସ୍ଥାରେ- Neuron ସରି ସରି ଯାଇଥାଏ, ତା'ପରେ ଶରୀର ମରେ।

ଯେବେ ସବୁ ବଢ଼େ, କିଛି Brain cell ବଢ଼େ ନାହିଁ। Daily 500 cells Blood ରୁ ମରିଥାଏ। ଏହି ଅବସ୍ଥା ମୃତ୍ୟୁର ପ୍ରକ୍ରିୟାର ରାସ୍ତା। ତେଣୁ ଧ୍ୟାନ, ସ୍ମରଣ ବା ଅନ୍ତର ଶ୍ରବଣ, ସବୁ ଗୋଟିଏ ଗୋଟିଏ, ପରିଭାଷା ବ୍ୟବସ୍ଥାର। ତା'କୁ ମାଧ୍ୟମ କରି, ପରିଚୟ ପାଇବା ସମ୍ଭବ। ସେହି ରହସ୍ୟର ଜନ୍ମ, ଜାଗ୍ରତ ଏକାନ୍ତ ସହଜ ବିଶ୍ରାମ ସହିତ ଶ୍ରବଣରୁ ଜନ୍ମ ନିଏ।

■

ଜୀବନ ମନ୍ଦିର, ମୃତ୍ୟୁର ଦ୍ୱାର

ଧ୍ୟାନରୁ, ଜୀବନ୍ତ ମୃତ୍ୟୁର ସ୍ୱାଦୁ ପାଇବା ସମ୍ଭବ। ଜୀବନ ମନ୍ଦିର ମୃତ୍ୟୁର ଦ୍ୱାର। ଯଦି ସଜାଗ ରହିବ, ପ୍ରୟୋଗରେ ଯୋଡିବ, ଜାଣିବ ମୃତ୍ୟୁବତ ଧ୍ୟାନରେ। ଧ୍ୟାନ ଘଟିବା ସମୟରେ ଶରୀର, ବିଚାର, ଶ୍ୱାସ ସବୁ ସହଜ ହୁଏ। ସଂପୂର୍ଣ୍ଣ relax ରେ ରହି, ନିଷ୍କ୍ରିୟ ହୋଇ ବିଶ୍ରାମକୁ ଯାଏ ଶରୀର। କିନ୍ତୁ ଚେତନା ଜାଗ୍ରତ ଥାଏ। ଅନ୍ତର ଆକାଶରୁ ଶ୍ରବଣ ଅହରହ ଆସି ପହଞ୍ଚେ, ଶୁଣୁଶୁଣୁ ଧ୍ୟାନ, ଧ୍ୟାନରୁ ସମାଧି ଘଟିଯାଏ।

ଜାଣିବ, ଯେଉଁ ଦୃଶ୍ୟ ଦେଖୁଛ, ମୁଁ ନୁହେଁ। ଯେଉଁ ଶ୍ରବଣ ପାଉଛ, ମୋର କାନରୁ ନୁହେଁ। ଏହା ନା ବାହାରୁ, ନା ମାଧ୍ୟମରୁ, ନା ଆଘାତରୁ ଆସୁଛି। ତାର ଉଦଗମ, Sources ଜଣା ପଡିବ ନାହିଁ। ଏତିକି ଜାଣିବ, ନିଶବଦର ଶବଦ ଶୁଭାଯାଉଛି, କିନ୍ତୁ ତୁମକୁ ଅବିକଳ ମୃତ୍ୟୁ ଭଳି ଲାଗିବ।

ସନ୍ଥ କହନ୍ତି, ଧ୍ୟାନ ଅସଲିଦ୍ୱାର ମୃତ୍ୟୁର। ସାଧାରଣ ମୃତ୍ୟୁ ବେହୋଷ ମୃତ୍ୟୁ, ଧ୍ୟାନ କିନ୍ତୁ ହୋଷର ମୃତ୍ୟୁ। ମୃତ୍ୟୁର ଅର୍ଥ ଅମୃତର ଆଧାର। ଯିଏ ମୃତ୍ୟୁକୁ ଜାଣିଲା ସେ ଅମୃତକୁ ଜାଣିଗଲା। ଧ୍ୟାନବିଧି ଅମୃତର ନିଧି। ଅମୃତର ବିଧିରେ ୬ଟି ଚରଣ-

୧- ଶରୀରରୁ ମୁକ୍ତ

- ଶରୀରରୁ ମୋହ ଛାଡ।
- ଶିଥିଳ ହୋଇ, ନିଷ୍କାମୀ ହୁଅ।
- ସବୁକୁ ଭୁଲିଯିବ, ଜାଣିବ ମୋର କିଛି ନୁହେଁ।

୨- ମନ (ବିଚାର)ରୁ ମୁକ୍ତ

- ନିଷ୍କ୍ରିୟ ବିଶ୍ରାମରୁ ଶାନ୍ତ ହେବ।
- ଜାଣିବ, ବିଚାର ବି ମୋର ନୁହଁ।
- ଦୂରରୁ ଦେଖ, ବିଚାର ଯେପରି ଆସିଥିଲା, ସେହିପରି ଯାଉଛି।

୩- ଶ୍ୱାସରୁ ମୁକ୍ତ

- ଶ୍ୱାସକୁ ଦେଖ, ଚାଲିଛି ନିଜ ହାତରେ, ଏହା ପ୍ରାକୃତିକ ପରମ୍ପରା।
- ଏହିସବୁ ଅସ୍ତିତ୍ୱର ବ୍ୟବସ୍ଥା। ତାକୁ ଦ୍ରଷ୍ଟା ଭାବେ ଦେଖିଲେ ଜାଣିବ।
- ଧୀରେଧୀରେ ଧ୍ୱମି, ସହଜ ହୋଇଯାଉଛି ଶ୍ୱାସ।
- ନିଜର କିଛି ନାହିଁ, ସେଥିରୁ ମୁକ୍ତି ପାଇଯିବ।

୪- ଭାବରୁ ମୁକ୍ତ

- ସବୁ emotion ବା ଭାବନା, କମିକମି ଆସୁଛି।
- ତାହା ପରିସ୍ଥିତିରୁ ଜନ୍ମ ନେଇଥାଏ। ପରିସ୍ଥିତି ଆସେ ଓ ଯାଏ।
- ମନର ଭାବନାରୁ ଧୀରେ ଧୀରେ ମୁକ୍ତ ହେବ।

୫- ସାକ୍ଷୀ ହୁଅ (କର୍ତ୍ତାରୁ ମୁକ୍ତ)

- ଅସଲି ସାଧନା ସାକ୍ଷୀ। ଧ୍ୟାନର ଆତ୍ମାକୁ ସାକ୍ଷୀ କହନ୍ତି।
- ଜାଣିବା, ଦେଖିବା ଓ ଶୁଣିବା ବାଲାକୁ ଜାଣିବ, ଆଉଜଣେ ସବୁ କରୁଛି ମୁଁ ନୁହେଁ କିଛି।
- ଯିଏ ସ୍ଥିର ଥାଇ, ସବୁକୁ, ଅସ୍ଥିରତାକୁ, ଦେଖୁଛି, ସବୁ ବଦଳୁଥିବା ବେଳେ, ସେ କିନ୍ତୁ ଅପରିବର୍ତ୍ତିତ, ସେହି ହିଁ ସାକ୍ଷୀ।
- ତାଙ୍କୁ ଚୈତନ୍ୟ ଆତ୍ମା କହିଥାନ୍ତି।

୬- ସବୁରୁ ମୁକ୍ତ/ ଶୂନ୍ୟରେ ଯୁକ୍ତ

-ଶୂନ୍ୟର ଶବଦରେ ଯୋଡ।
- ଜାଗ୍ରତ ଥାଇ, ନିଷ୍କ୍ରିୟ ରହି, ବିଶ୍ରାମକୁ ଯାଅ।
- ଆଖି, କାନ ସବୁ ବନ୍ଦ ଥିବ।
- ସବୁ ନିଷ୍କ୍ରିୟତା'ରୁ, ଭିତରୁ ଏକ ଆବାଜ ଶୁଣାଯିବ।
- ଶୁଣୁଶୁଣୁ ବିଶ୍ରାମ ଘଟିଯିବ, ଏହି ତ ଧ୍ୟାନ।
- ଆତ୍ମା ଭୂମିରେ ପାଇବ, ଚେତନାର ବିଶ୍ରାମ।

■

କାମନା ଓ ହୋଷ ସାଧନା

କାମ, କ୍ରୋଧ, ମୋହ, ଇର୍ଷା, ଦ୍ୱେଷ ଓ ଅହଂକାର ସବୁ ମନର ସର୍ଜନା। ବେହୋଷତାରୁ ତାରି ଜନ୍ମ। ସେ ସବୁର ବିସର୍ଜନ ସଂପୂର୍ଣ୍ଣ ଅସମ୍ଭବ। କାହିଁକି ? ଏହା ପ୍ରକୃତିଗତ, ତାକୁ ରୂପାନ୍ତରଣ କରାଯାଏ। ତେଣୁ ବିସର୍ଜନର ଅର୍ଥ ବିଲୀନ ନୁହେଁ, ରୂପାନ୍ତରଣ। ସେ ସବୁକୁ ସନ୍ତୁଳିତ ରଖିଲେ, ପ୍ରକୃତି ସମ୍ଭାଳି ନିଏ। ଯେବେ ବ୍ୟକ୍ତି ବେହୋଷ ଓ ଅସନ୍ତୁଳିତ, ତାକୁ ଆକ୍ରମଣ କରିଦିଏ।

ହୋଷର ଅର୍ଥ ଠିକ୍ ସମୟରେ ଜାଗୃତ ହେବା। ଯେବେ ସାକ୍ଷୀ ହୋଇଯିବ, ଊର୍ଜା, ସମ୍ୟକ ରୂପ ନେଇ, ବିସ୍ତାର ହେବ। ସାଧାରଣତଃ ନକାରତ୍ମକ ଭାବନା, ଚିନ୍ତନ ନିରନ୍ତର ରହିଲେ, ଊର୍ଜା ଅସମ୍ୟକ ହୋଇ ଘେରିଯାଏ। ତେଣୁ, ହୋଷ ଅତି ଜରରୀ ନିର୍ବିଚାର ପାଇଁ। ନିର୍ବିଚାର ଅର୍ଥ, ଶୂନ୍ୟ ବିଚାରରେ ବିଶ୍ରାମ। ଯେଉଁଠି ଅସ୍ତିତ୍ୱ ତା'ର କାମ କରିବ, ଶ୍ରବଣ ଭିତରୁ ଆସିବ।

ଯଦି ଜୀବନ ଯାତ୍ରା ଅସନ୍ତୁଳନ, ସହଜ ରହି ଜାଗ୍ରତ ହୁଅ। ଅସ୍ଥିର ବିଚାର ବଦଳିଯିବ। ଯେବେ କମି କମି ଶୂନ୍ୟ ହେବ, ଜାଣିବ ଓ ପହଞ୍ଚିବ ମନ୍ଦିରର ଦ୍ୱାର ଦେଶରେ। ହୋଇଯିବ ସହଜ ଓ ଜାଗୃତ। ଯାହାକୁ କୃଷ୍ଣ କହନ୍ତି, ସ୍ଥିତପ୍ରଜ୍ଞ। କାମନା, ବାସନା, ଧୀରେଧୀରେ ରୂପାନ୍ତରିତ ହୋଇ ରାମନାମ, ପ୍ରେମଦାନ, ପ୍ରକାଶ ସ୍ନାନ ଓ ନିରନ୍ତର ବିଶ୍ରାମ ପାଇବ। ତା'ରି ଅନ୍ତର ଆକାଶରେ ଚେତନା ଉଡିବ।

ଏହି ପ୍ରକ୍ରିୟା ସମସ୍ତଙ୍କର ଗହୀରରେ ଛପିଥାଏ। ଯେବେ ଅନ୍ତର ଶ୍ରବଣରେ ବ୍ୟକ୍ତି ଯୋଡିଯାଏ, ତାହା ବିକଶିତ ହୋଇ ସୁଗନ୍ଧ ବିକିରଣ କରିବ। କିନ୍ତୁ ପ୍ରୟାସ ତ ଜରୁରୀ ଧ୍ୟାନରେ ପ୍ରବେଶ ପାଇଁ। ସମ୍ୟକ ଧ୍ୟାନ ସାଧନା ନସାଧି, ବ୍ୟକ୍ତି ବା ସଂସାରୀ ଲାଭ କ୍ଷତିର ହିସାବ ମାଗୁଥାନ୍ତି।

ଉଦାହରଣ ସ୍ୱରୂପ- ଜଣେ ବ୍ୟକ୍ତି ପହଁରା ନ ଶିଖି କି, ନଦୀ ପାରି ହେବ କିପରି ?

ପ୍ରଶିକ୍ଷଣ ଜରୁରୀ । ସେଥିପାଇଁ ଧୀରେଧୀରେ, ସାହସ ଧରି, ଅଳ୍ପ ପାଣିରୁ ଶିଖିବା ଆରମ୍ଭ କର, ଆତ୍ମ ବିଶ୍ୱାସ ଆସିଲେ, ଗଭୀର ଜଳକୁ ଯାଇ ପାରିବ ଓ ନଦୀ ପାରି ହୋଇ ପାରିବ ।

ତେଣୁ ଧ୍ୟାନରେ ଉତ୍ତରିଲେ, ପରମ ଶୂନ୍ୟତା ଘଟିବ । ସବୁ ରୂପାନ୍ତରିତ ହୋଇ, ପ୍ରେମ, ପ୍ରାର୍ଥନା, ଅହୋଭାବ, ସୁମିରଣ ଓ ସମାଧିର ରୂପନେବ । ବିଶ୍ରାମ ସହିତ ଆନନ୍ଦ ଯାତ୍ରାରେ ଯୋଡିଯିବ ।

- ରାସ୍ତା, ମୌନ, ଶାନ୍ତ, ଏକାନ୍ତରେ ଜାଗ୍ରତ ରହି ବସ ଓ ଶୁଣ, ଏକ କୋଠରୀରେ, ବା ନିର୍ଜନ ସ୍ଥଳେ ।

ଦେଖିବ, ଧୀରେଧୀରେ ଶରୀର ନିଷ୍କ୍ରିୟହେବ, କ୍ରିୟା କମିଯିବ, ଶ୍ୱାସ ଧିମି ହେବ, ବିଚାର ପ୍ରାୟ ହଜିଯିବ ।

ସବୁ ନଥାଇ, ପାଇବ (ହୋଷ) consciousness, ଯେବେ ଶୂନ୍ୟର ଆବାଜକୁ ଶୁଣିବ ।

- ଜାଣିବ, ସବୁ ଅଳୀକ । ବସ୍ତୁ, ପଦାର୍ଥ, କାମ, ଭାବ, ଇର୍ଷା, ଦ୍ୱେଷ, ଶରୀର ସବୁ ବଦଳି ଯାଉଛି । ଏକ ଶାନ୍ତି, ମୈତ୍ରୀ, ପ୍ରୀତିର ସୁଗନ୍ଧରେ ଯୋଡିଯାଉଛି । ଏପରିକି ଭୟ ଶୂନ୍ୟ ବି ଅନୁଭବ ହେବ, ଯଦି କେବଳ ଅନ୍ତର ଧ୍ୱନିକୁ ସାଧି ପାରିବ ।

ସହଜ ଜାଗ୍ରତ ସହିତ ସୂକ୍ଷ୍ମର ଆବାଜକୁ ଶୁଣିବ । ଯଥା Heart Beating, ନିଶବ୍ଦର ଆବାଜ, ପବନର ସିରିସିରି ଶବଦ, ଜଳର କଳକଳ ନାଦ, ଝରଣାର ସୁରୁ ସୁରୁ ଧ୍ୱନି, ପକ୍ଷୀର ଗୀତ, ଶଙ୍ଖର ଧ୍ୱନି, ଝିଙ୍କାରୀର ଶବଦ, ଡମ୍ବରୁର ଧ୍ୱନି, ଏହି ପରି ସତୁରୀ ପ୍ରକାରର ଅଭୁତ ଶବଦ ଶୁଣାଯିବ ଭିତରୁ । ଏସବୁ ଅସ୍ତିତ୍ୱର ଧ୍ୱନି ହୋଇପାରେ, କିନ୍ତୁ, ଦୁଇଟିର ଆଘାତରୁ ସୃଷ୍ଟି । ଏଣୁ ଯିଏ ଅନାହତ, ଅଜପା, ଅଜନ୍ମା, ଯା'ର ଗନ୍ତବ୍ୟ ନାହିଁ, ସେହି ନିରନ୍ତର ଧ୍ୱନି ହିଁ ଓଁକାର, ସତ୍ୟର ଅନ୍ୟ ନାମ । ତାକୁ ଶୁଣିବା ଅନ୍ତର ଗଗନରୁ ହିଁ ଧ୍ୟାନର ବିଜ୍ଞାନ ।

ଧ୍ୟାନର ପ୍ରବେଶରେ ଜାଣିବ ଓ ଦେଖିବ ଅନ୍ତର ଆକାଶ ବାଦଲ ଶୂନ୍ୟତା । ସେହି ନିର୍ମଳ ଦଶାର ଅନ୍ୟନାମ, ନିର୍ବିଚାର ସ୍ଥିତି । ଦେଖୁ ଦେଖୁ, ବିରାଟ (ବ୍ରହ୍ମ) ଉର୍ଜାର ସ୍ୱରୂପକୁ ଜାଣି, ଦେଖି, ମିଶି ଏକାକାର ହୋଇଯିବ । ଯିଏ ଅନୁଭବୀ, ସେ ସନ୍ଥ । ସେ ସେହି ଆଡକୁ ଯାତ୍ରା କରେ, ତାକୁ କହନ୍ତି ସନ୍ୟାସୀ ବା ବ୍ରହ୍ମଚାରୀ ।

ଧ୍ୟାନର ଖଜାନା ନିଜ ଭିତରେ । ଅବଚେତନାରେ ଛପି ଥିବା ଉର୍ଜା ସମ୍ୟକ ରୂପରେ ବିକଶିତ ହେଲେ, ଚେତନା ହୋଷ (consciousness) ର ପୂର୍ଣ୍ଣ ବିସ୍ତାର ହୁଏ । ଏହିତ ଧ୍ୟାନ ସାଧନା, କାମନାରୁ ମୁକ୍ତିର ଏକମାତ୍ର ରାସ୍ତା ।

■

ସାକ୍ଷୀ ଓ ଧ୍ୟାନ

ସାକ୍ଷୀ ହିଁ ଧ୍ୟାନର ଆତ୍ମା। ଦେଖିବା ବାଲାକୁ ଦେଖିବା ଓ ଜାଣିବା ବାଲାକୁ ଜାଣିବା। ଏଥିରେ କିଛି ନଥାଏ, କେବଳ ବିଶ୍ରାମ ଓ ନିରପେକ୍ଷ ସଂକେତ। ଶ୍ରମ, ପ୍ରୟାସ, ଶୁଭକର୍ମ, ଅଶୁଭକର୍ମ, କର୍ମଫଳ, କୌଣସି ନଥାଏ। ସମସ୍ତ ସଂସାରୀ ଭାବନ୍ତି କର୍ମ ଯଥେଷ୍ଟ। କର୍ମରୁ ସବୁକିଛି ମିଳିଯାଏ। ଏପରିକି ଶାନ୍ତି ବି ମିଳିଥାଏ। ଅକର୍ମ ବା ନିଷ୍କାମ ବି ଫଳିତ ହୁଏ ବୋଲି ଧାରଣା। ତେବେ ଜାଣନ୍ତୁ! ଅକର୍ମ କ'ଣ ?

ଅକର୍ମ, କୌଣସି କ୍ରିୟା ନୁହେଁ, ଅକ୍ରିୟା, ଯାହାର ଅନ୍ୟ ପରିଭାଷା ଧ୍ୟାନ। କେବଳ ଥାଏ ବିଶ୍ରାମ ଓ ଶ୍ରବଣରେ। ସାକ୍ଷୀରେ ବା ଦ୍ରଷ୍ଟାରେ, ନିରବ ଥାଇ, ଦର୍ଶନ ଓ ଦୃଶ୍ୟକୁ ଦେଖୁଥାଏ। ସେହି ଦେଖିବାବାଲା, ଜାଣିବା ବାଲାକୁ, ନିଜ ଭିତରୁ ଅନୁଭବ ଦିଏ। ଏହି ତ ଜାଗୃତୀର ପରିଣାମ। କେତେକେତେ ଜନ୍ମରୁ କଟାଇ ଆସିଛନ୍ତି, ଯା'ର ଆଦିଅନ୍ତ ନାହିଁ, ତାହା ବିସ୍ମରଣ। କେବଳ ଦୌଡିବା ସାର ହୋଇଥାଏ, ସଂସାରୀଙ୍କ ଯାତ୍ରାରେ। ଏବେ ତ, ଏହି କ୍ଷଣରୁ ଜାଗ୍ରତ ହୁଅ ଓ ସ୍ମରଣ ରଖ। ଶାନ୍ତି ଓ ବିଶ୍ରାମର ସମ୍ୟକ ପଥକୁ ଖୋଜ ଯା'ର ରାଜ, ଧ୍ୟାନରୁ ମିଳେ।

ଧ୍ୟାନର ଅର୍ଥ ସାକ୍ଷୀ ଭାବ। Silent witnessing without focussed attention, କୌଣସି ନିର୍ଦ୍ଦିଷ୍ଟତାକୁ ନଜର ନଦେଇ ସମଗ୍ରତା ପ୍ରତି ଜାଗୃତତା। ତେବେ ସନ୍ଥ କହିଥାନ୍ତି, ଯାହା ଅଛି, ହେଉଛି ତା'କୁ ଦେଖ। ବିନା ପକ୍ଷପାତରେ ଦେଖିଚାଲ। ଆଦୌ ଦୌଡ ନାହିଁ। ବସି ପଡ ଓ ବିନା fabrication ରେ ଦେଖିଚାଲ। ଲୋକେ କିଛି ନା କିଛି କରିଥାନ୍ତି। ଗୋଟେ ଛାଡିଲେ, ଆଉ ଗୋଟେରେ ଯୋଡିଥାନ୍ତି। ଯୋଡିବାରୁ ମୁକ୍ତ ନୁହଁନ୍ତି କେହି ସଂସାରୀ। ଅଭିଯୋଗ ଓ ଆକାଂକ୍ଷା ତାଙ୍କର ପରିଚୟ।

ସର୍ବଦା କହନ୍ତି, ଏଇଟା ଠିକ୍, ସେଇଟା ଭୁଲ। ମୋତେ ଜଣା ଓ ଅନ୍ୟକୁ ଅଜଣା। ନିଜକୁ କର୍ତ୍ତାରେ ଯୋଡି, ଅସ୍ତିତ୍ୱ ଠାରୁ ଦୂରେଇ ଯାଆନ୍ତି।

ଦିନେ ଭାବ, ତୁମେ କିଏ କରିବା ବାଲା। ତୁମେ ସାମାନ୍ୟ ଜଣେ ଦେଖିବା ବାଲା। ସବୁ ନିଜର ବୁଝାମଣା ।

କଥାରେ ଅଛି "ଦୃଷ୍ଟି ଯେପରି, ସୃଷ୍ଟି ସେହିପରି"

ଲୋକେ ଅଛନ୍ତି, ଲାଉଡ୍ ସ୍ପିକର ଲଗାଇ, ପୂଜାପାଠ, କ୍ରିୟାକାଣ୍ଡ, ପ୍ରାର୍ଥନା, ନମାଜ କରିଥାନ୍ତି। ତାହା ପରମାତ୍ମା, ଈଶ୍ୱରଙ୍କୁ ଡାକିବାର ରାସ୍ତା ତାଙ୍କପାଇଁ। କିନ୍ତୁ ବେଳେ ବେଳେ ଜଗତ କଲ୍ୟାଣ ଆଳରେ, ଜୀବାତ୍ମାଙ୍କୁ ଅସୁବିଧା ଦିଏ। ଶବ୍ଦ ପ୍ରଦୂଷଣ କରିବା, ବାଳକ, ବିଦ୍ୟାର୍ଥୀ, ବୃଦ୍ଧ ଓ ରୋଗୀମାନଙ୍କୁ ଅସହଯୋଗ ଦେବା କ'ଣ ଧାର୍ମିକତା ?

ଆଉ କିଛି ଆଡମ୍ବର, ମନୋରଞ୍ଜନ କରି ଯୋଡନ୍ତି, ତାହା ଆଧ୍ୟାତ୍ମ ସହିତ କୌଣସି ସମ୍ବନ୍ଧ ନାହିଁ ନା ଧର୍ମ ସହିତ ଅଛି, ଧାର୍ମିକତାର କ'ଣ ସୁଗନ୍ଧ ମିଳୁଛି ?

ଧର୍ମ ଏକ ଅକ୍ରିୟା, ମାନ ଭଞ୍ଜନର ରାସ୍ତା।

ଧାର୍ମିକତା, ପ୍ରଭୁ ସ୍ମରଣ ତା'ର ବ୍ୟବସ୍ଥା।

ସନ୍ଥଙ୍କ ପରିଭାଷାରେ, ସ୍ୱୟଂର ସ୍ୱଭାବକୁ ଜାଣିବା ଧର୍ମ। ଜାଣିବାର ମୂଳ ଧାର୍ମିକତା, ଯା'ର ଚାରୋଟି ସ୍ତମ୍ଭ , ଯଥା- ସାକ୍ଷୀ, ଧ୍ୟାନ, ସମାଧି ଓ ସୁମିରଣ। ଆଜିକାଲି ସବୁର ଜ୍ଞାନ ସଂସାରୀ ପାଖରେ। କିନ୍ତୁ ଉପଯୋଗ ନାହିଁ। ସବୁକିଛିକୁ, ଏପରି ଧ୍ୟାନ ପ୍ରେମ, ପ୍ରାର୍ଥନା, ପରମାତ୍ମାଙ୍କୁ, ଶାସ୍ତ୍ର ଓ ପ୍ରୟାସରୁ ଖୋଜୁଛନ୍ତି, କିପରି ମିଳିବ ? ଶିକ୍ଷା ମିଳୁଛି

- ଶାସ୍ତ୍ର ପଢ଼ ଓ ଲେଖ ,
- ଚିଲ୍ଲାଇ ପ୍ରଭୁଙ୍କୁ ଡାକ,
- ଆଡମ୍ବରପୂର୍ଣ୍ଣ କ୍ରିୟା କରିଚାଲ,
- ପାଟି କରି ମନ୍ତ୍ର ନାମ ନିଅ,
- ପ୍ରଭୁଙ୍କୁ ବଡ ବଡ ଉତ୍କୋଚ ଦିଅ।

ପ୍ରଭୁଙ୍କ ନାମରେ ବ୍ୟବସାୟ ଓ ବାହାରରେ ଉପଦ୍ରବ। ଅବଶ୍ୟ କିଛି ଶାନ୍ତି, ମୈତ୍ରୀ ଦେଇପାରେ, କିନ୍ତୁ ତାହା ପହଞ୍ଚାଏ ନାହିଁ। ଏହିସବୁ ସ୍ୱୟଂର ବ୍ୟବସ୍ଥା, ନିଜ ନିର୍ମାଣକୁ ମାନ୍ୟତା ଦେବାରେ, ଧର୍ମ ସହିତ କିଛି କ'ଣ ସମ୍ବନ୍ଧ ? ଏହିସବୁ ପୁରାତନ ଭ୍ରମ, ପରମ୍ପରା। ଯେଉଁ ଜାଲରେ ସଂସାରୀ ପଡନ୍ତି, ତେଣୁ ଚେତନାର ପରିଚୟ ପାଇବା ହେଉନାହିଁ।

ସାକ୍ଷୀର ଭାଷା, ମୌନତା। ମୌନତାକୁ ପରମାତ୍ମା ବୁଝିପାରେ। ସେହି ମୌନ ହିଁ ଧ୍ୟାନର ଜନକ, ଯା'ର ପରିଣାମ ସାକ୍ଷୀ। ସାକ୍ଷୀ, ନିଷ୍କ୍ରିୟ ଜାଗୃତତ୍ତ୍ୱାରୁ ଜନ୍ମ। ସାକ୍ଷୀରେ ମନ ନଥାଏ। ଧ୍ୟାନରେ କିନ୍ତୁ ମନ (ବିଚାର) ଶୂନ୍ୟ ହୋଇ, ପୁଣି ଫେରିଆସିଥାଏ।

ସାକ୍ଷୀ, ସବୁକୁ ଛଡାଇଦିଏ। ବାଧା ଦେବାପାଇଁ କିଛି ନଥାଏ। ବରଂ ଉଦାସିନ ହୁଏ। ଉଦାସୀନ ଅର୍ଥ - ବସିପଡ।

ଭିତରେ ଆସନ ପାର।

ଭଲ ହେଉ ବା ମନ୍ଦ, ଚାଲିବାକୁ ଦିଅ। ସବୁ ବେଳେ ଦେଖ, ମନର ଖେଳ। ଯାହା ହେଉଛି, ଦେଖ ଓ ସ୍ୱୀକାର କରିନିଅ। ବେଳେବେଳେ ସଂସାରୀ କିଛି ଗୋଟେ ପାଇଗଲେ, ଅନୁଭବୀ ଭାବନ୍ତି। ନ ମିଳିଲେ ଅଭିଯୋଗ । ଏହି କ'ଣ ଆଧ୍ୟାତ୍ମ ?

ଆଧ୍ୟାତ୍ମ ଏକ ଅନ୍ତର ଯାତ୍ରା, ଅଭିଯୋଗରୁ ଅହୋଭାବକୁ ଗଲେ ଉଦୟ ହୁଏ। It is a journey from complaining attitude to gratitude.ö

କିନ୍ତୁ ସଂସାରୀର ଯେଉଁ ଅନୁଭବ, ଯେଉଁ ଉପଲବ୍ଧି, ଯେଉଁ ସଂଗ୍ରହ, ସବୁଠି ଅଭିଯୋଗ ଅସନ୍ତୋଷ ଭରିଥାଏ । ଆକାଂକ୍ଷାରୁ କେବେ ସେ ମୁକ୍ତ ନୁହେଁ।

ସର୍ବଦା ଅଧିକ, ଆଶା ଥାଏ।

ସଂଗ୍ରହରୁ, ଭୋଗରୁ, ମାଲିକାନାରୁ, ଆନନ୍ଦ ଖୋଜେ। ଯାହା କରିଥାଏ, ବା ରଖିଥାଏ ତାହା ଆର ପିଢ଼ି ପାଇଁ ସଞ୍ଚିତ ରୁହେ ବୋଲି ଭାବିଥାନ୍ତି। କଳ୍ପନାରେ ଭାସିବା ତାର ଧର୍ମ ହୋଇଯାଏ।

Jesus କହନ୍ତି- "ନ୍ୟାୟାଧିଶ ନ ବନ" ଦ୍ରଷ୍ଟା ବନ।

Do not be a judge, Be a watcher.

ଦେଖିବ, ଧୀରେ ଧୀରେ - ଭିଡ କମିବ, ବାହାରୁ ଓ ଭିତରୁ।
- ବିଚାର ହଜିଯିବ, ଶ୍ରବଣ ପାଇବ,
- ବିଶ୍ରାମକୁ ଯିବ, ଘଟିବ ଧ୍ୟାନ।

ଜାଣିବ, ଏହି ଦୃଷ୍ଟିକୋଣ - ଶୂନ୍ୟତାର
- ସମାଧିର
- ସାକ୍ଷୀର

ଆଉ ନଥିବ କ୍ରିୟା। କେବଳ ଥିବ ବିଶ୍ରାମ ଓ ସେହି ବିଶ୍ରାମ, ପରମାତ୍ମା ଭୂମିରେ ମିଳନ ହେବ। ତାହାକୁ ସାକ୍ଷୀରୁ ସତ୍ୟକୁ ଯାତ୍ରା କହିଥାନ୍ତି। ଆଉ କେହି ସନ୍ଥ କହନ୍ତି, ସମାଧି।

ଧ୍ୟାନର ୩ ଚରଣ ପ୍ରଜ୍ଞା

ଧ୍ୟାନ ଯାତ୍ରାରେ, ୩ ସ୍ତରୀୟ ପାହାଚ ଆସେ, ଯାହାକୁ ଅନୁଭବ, ଆକର୍ଷଣ ଓ ଭ୍ରମିତ କହିପାରନ୍ତି। ଜାଣିବା ଓ ବୁଝିବା ଅତି ଜରୁରୀ।

୧ମ ଚରଣ:- ମନ ବିଚାର କେନ୍ଦ୍ର। ଧ୍ୟାନରେ ପଶିଲେ, ବହୁତ ବିଚାର ପ୍ରଥମରୁ ଆସେ। ବିଷୟ, ବାସନା ଅଧିକ ପହଞ୍ଚିଥାଏ। କିନ୍ତୁ ଭାବନା ଆସେ, ମୁଁ ତ ବିଚାର ମୁକ୍ତ ପାଇଁ ଧ୍ୟାନ କରୁଛି ଓ ଶାନ୍ତି ପାଇଁ ଯୋଡୁଛି। ପୁଣି ଅଧିକ ବିଚାର କ'ଣ ପାଇଁ ଆସିଲାଣି ?

ବାସ୍ତବରେ ବିଚାର ଅଧିକ ହୁଏ ନାହିଁ। ଯେଉଁ ବିଚାର ଜନ୍ମ ଜନ୍ମାନ୍ତରରୁ ଗଚ୍ଛିତ ଅଛି, ସେ ସବୁ ବିସର୍ଜିତ ପାଇଁ ପ୍ରବଳ ଭିଡ। ତେଣୁ ଅଶାନ୍ତି, ବିଚାର ଆସି ଶୀର୍ଷକୁ ଯାଏ।

ଏତିକି ସ୍ମରଣ ଥାଉ। ଯାହା ହେଉଛି, ଅଶାନ୍ତିର ଝଡ ନୁହେଁ, ବରଂ ବୋଧ ଆସିବାର ପ୍ରାରମ୍ଭ। ଉପଦ୍ରବର ପରିଚୟ ପାଇଲେ, ଜାଣିବ ଏହି ଗୁଡ଼ିକ କେତେ ଜମିଥିଲା। କିନ୍ତୁ ଧୀରେଧୀରେ ଶାନ୍ତ ପଡିଯିବ, ଯଦି ନିରନ୍ତର ଧ୍ୟାନ ଜାରି ରହେ।

୨ୟ ଚରଣ:- ଧ୍ୟାନରେ ପ୍ରବେଶ କଲେ, ନିଷ୍କ୍ରିୟତା ଓ ଜଡତା ଆସେ, ଭୟ ବି ଆସିପାରେ। ଜାଣିବ, ବିଚାର ଯିବାର ପର୍ବ ସୁରୁଆତ୍ ହୋଇଗଲା। ବୁଝାପଡିବ, ଜଡରେ ବି ଶାନ୍ତି ଛପି ରହିଛି।

– ବିଚାର କମିଲେ, ଲାଗେ କ୍ଳାନ୍ତ ଓ ନିଷ୍କ୍ରିୟ। କିନ୍ତୁ ପଛ ସ୍ମୃତିକୁ ଟାଣେ ନାହିଁ। ପୂର୍ଣ୍ଣ ଜୀବଦାନର ରାସ୍ତା ହୁଏ ପରିଷ୍କାର। ନିଦ୍ରାକୁ ଯିବା ଭଳି ଲାଗିପାରେ କିନ୍ତୁ ଜାଗ୍ରତ ରହିବ।

୩ୟ ଚରଣ:- ନୂଆ ଜୀବନର ସୁରୁଆତ୍।

ଜୀବ ଚୈତନ୍ୟର ଗତି ସୁରୁହୁଏ। ଏହି ନୂଆଗତି, ନୂଆ ଗୃହରେ ପ୍ରବେଶ ଭଳି ଲାଗିବ। ମନେକର, ଗୋଟିଏ ଘରେ ରହୁଛ। ସେଠାରୁ ସିଫ୍ଟିଂ କରିବ, ସେଥିପାଇଁ

ବେଡିଂ ପତ୍ର/ ଆସବାସ ପତ୍ର, ସବୁକୁ ବାନ୍ଧିକରି, ଯତ୍ନରେ ନେଇ ନୂଆ ଠିକଣାରେ ପହଞ୍ଚିବ।

ସମସ୍ୟା ଆସିପାରେ ନେବାରେ, ରାସ୍ତାରେ, ପହଞ୍ଚିବା ପରେ ଓ ରହିବାରେ। ସେଠି ବି ଭୟ, ଜଡତା ଓ ବିଚାର ଆସିବା ସ୍ୱାଭାବିକ୍। କିନ୍ତୁ ସନ୍ତୁଳନ ପାଇଁ ଧିର ସ୍ଥିର ହୋଇ ରହିବ keep patience, wait till Nutralisation. ହୋଷ (ଜାଗ୍ରତ)ରେ ରହିଲେ ବରଂ ଉମଙ୍ଗିକ୍ ହେବ। Confusion କେବେ ନ ଆସୁ। ସେଇଠି ରହିବାକୁ ପଡିବ। ଦେଖିବ, କିଛିଦିନ ସେଇଠି ରହିବାପରେ, ଭଲ ଲାଗିପାରେ ବା ମନ୍ଦ ଲାଗିପାରେ। ସବୁକୁ ସ୍ୱୀକାର କଲେ, ଶାନ୍ତ ହେବ।

ଜୀବନ ଯାତ୍ରାରେ ଅନିଶ୍ଚିତତା ଆସିପାରେ। ସାଧାରଣ ସମସ୍ୟାକୁ ଛାଡି, ଗନ୍ତବ୍ୟରେ ପହଞ୍ଚିବା ମଧ୍ୟ ଏକ ଅନିଶ୍ଚିତତା। ସ୍ମରଣ ରଖିବ, ସବୁ ବଦଳିପାରେ, ରାସ୍ତାବି, ସମସ୍ୟା ବି। ତେଣୁ ସକାରତ୍ମକରେ ସର୍ବଦା ଥିବ।

ଜାଣ, ସବୁ ବ୍ୟକ୍ତିତ୍ୱ ଅଲଗା ଅଲଗା। ଦୃଷ୍ଟିକୋଣ ମଧ୍ୟ ସମସ୍ତଙ୍କର ଅଲଗା ଅଲଗା। ତେଣୁ ବୁଝାମଣା ବି ସେମିତି। ସେହି ଭିନ୍ନତା ସବୁଠି ଓ ସମସ୍ତଙ୍କଠାରେ ଦେଖାଯାଏ। ତଥାପି ତୁମ ପାଇଁ ଯେବେ ଜଡତା ଆସିଲା, ଧ୍ୟାନରୁ ତାକୁ ବୋଧ ବୋଲି ଜାଣିବ। ଧୀରେ ଧୀରେ ତୁମର ଅନ୍ତର ଉର୍ଜା, ଉର୍ଦ୍ଧ୍ୱକୁ ଯାଉଛି।

ଗୋଟିଏ କଥା ମନକୁ ଆସେ। ଦିନେ ଋଷିଆର ଧର୍ମ ଗୁରୁ, ଗୁରୁଜିଏଫ, ତାଙ୍କର ୩୦ଜଣ ଶିଷ୍ୟଙ୍କୁ ନେଇ ଗୋଟିଏ ପରୀକ୍ଷା କଲେ।

ପରୀକ୍ଷା ସମୟରେ ୨୭ ଦିନ ପରେ, ୨୭ ଜଣ ଚାଲିଗଲେ। ଆଉ ୩ଜଣ ରହିଗଲେ। ସେହି ୩ଜଣଙ୍କୁ ଗୁରୁ, ଶ୍ମଶାନକୁ ପଠାଇଲେ। କହିଲେ, ଜାଣ ଓ ଅନୁଭବ କର। ଦେଖ, ଶବ ଜଳୁଛି। ମଣିଷର ସବୁ ଜଳି ମିଶିଯାଉଛି। ସ୍ଥାୟୀ କ'ଣ ଓ ଅସ୍ଥାୟୀ କ'ଣ ଦେଖ। ସାରତତ୍ତ୍ୱ କ'ଣ ଅନୁଭବ ପାଇ, ଅଭିମତ ଦିଅ।

ସେମାନେ ଗଲେ ଓ ଜାଣିଲେ - ଜୀବନ କ'ଣ ?
- ଭିଡ କ'ଣ ?
- ଏକାନ୍ତ କ'ଣ ?
- ଶାନ୍ତ କ'ଣ ?
- ଅନିଶ୍ଚିତତା କ'ଣ ?

ଏ ଦୁନିଆରେ ସବୁକିଛି ପରିବର୍ତ୍ତନ। ଜୀବନ୍ତ ଥିବାବେଳେ, ମନ ସବୁ ଅଛି। ସେହି ମନରୁ ମୁକ୍ତି ମିଳୁଛି ଏକାନ୍ତତାରୁ, ମୌନତାରୁ ଓ ଶୂନ୍ୟତାରୁ। ତେଣୁ ମନରୁ ମୁକ୍ତି ହିଁ ଧ୍ୟାନ।

ଯାହା ବାହାରେ ଘଟେ, ତାହା ଭିତରେ ନୁହେଁ । ବାହାର ଓ ଭିତରର ବ୍ୟବସ୍ଥା, ପୁରା ଅଲଗା ଅଲଗା । ତେବେ ଅନୁକରଣ ନକରି, ବାହାରୁ ନଖୋଜି, ସ୍ଥିର, ଶାନ୍ତ ଓ ମୌନ ରୁହ । ଜଡତାରୁ ଜାଣିବ, ଜୀବନର ନୂତନ ସ୍ୱାଦୁ ପାଇବ ଶାନ୍ତି, ଆନନ୍ଦ ଓ ବିଶ୍ରାମ ।

କଥାରେ ଅଛି, ମହାବୀରଙ୍କର ପରମ ସମାଧି ଘଟିବା ପରେ, ସେ ଶାନ୍ତ ହୋଇ ବସିଥିଲେ ।

- ବୁଦ୍ଧ, ବୃକ୍ଷ ମୂଳେ ବସିଥିଲେ ।
- ମୀରା, ନାଚୁଥିଲେ,
- ବାଉଲ, ଗୀତ ଗାଉଥିଲେ,
- ସୁଫୀ ସନ୍ଥ, ଆଲୁରୁ ଚୋପା ଛଡାଉଥିଲେ ।

ଏହାର ଅର୍ଥନୁହେଁ, ସେ ଅକାରଣେ ବସି କିଛି କରୁଛନ୍ତି । ସେ ମାନ୍ୟତାରୁ ମୁକ୍ତ । ଦେଖାଇ ଗୋଟିଏ, ଭିତରେ ଯୋଡିଥାନ୍ତି । କହନ୍ତି, ଚାଲ, ଚାଲ, ଚାଲ, ଆଗକୁ । ଅନ୍ତିମ ବିଶ୍ରାମ ଅପେକ୍ଷାରେ ଅଛି ।

■

ସ୍ତ୍ରୀର ରହସ୍ୟ ଓ ଧ୍ୟାନ

ସ୍ତ୍ରୀ'ର ରହସ୍ୟ କ'ଣ ? What is the Faminine Mistry? ସମସ୍ତେ କହନ୍ତି ସ୍ତ୍ରୀ ଏକ ରହସ୍ୟ। Women is Mistry. Lautz of Chinaଙ୍କ କଥା ସ୍ମରଣକୁ ଆସେ। ସେ କହନ୍ତି, ଅସ୍ତିତ୍ୱର ବିଜ୍ଞାନ ସ୍ତ୍ରୀ ଭଳି।

ପୂର୍ବ ଦେଶର ସନ୍ଥ କହିଥାନ୍ତି ସ୍ତ୍ରୀଙ୍କୁ ମାଆ, ଅର୍ଥାତ୍ ସୃଷ୍ଟିକୁ Faminine (ମାଆ)ରୂପରେ ଦେଖନ୍ତି। ଅସ୍ତିତ୍ୱକୁ ମାଆ ରୂପରେ ଦେଖାଯିବା, କାରଣ ଅସ୍ତିତ୍ୱର ଗର୍ଭରୁ ସାରା ସର୍ଜନାର ଜନ୍ମ। ତେଣୁ ଅସ୍ତିତ୍ୱର ଢଙ୍ଗ, ସୃଷ୍ଟିର ରହସ୍ୟ।

ବାସ୍ତବରେ ଅସ୍ତିତ୍ୱ କ'ଣ ଦେଖାଯା'ନ୍ତି ? ତାହା ହେବା, ନହେବା ଭଳି। ଏକା ଖାଲି ଭଳି ଲାଗେ। କିନ୍ତୁ ଗହୀରା ପୂର୍ଣ୍ଣ ଅବସ୍ଥା। ଶୂନ୍ୟତା ହିଁ ତା'ର ଉପସ୍ଥିତି। ପୂର୍ଣ୍ଣତା ତା'ର ପ୍ରକୃତି। ପ୍ରକୃତି ପରମାତ୍ମାର ସାକାର ସ୍ୱରୂପ କହିଥାନ୍ତି ସନ୍ଥ।

Her Presence is Emptiness. ଶୂନ୍ୟତାରୁ ପୂର୍ଣ୍ଣତାର ଆବିର୍ଭାବ। ଏହି ପରମ ଗୁଣବତ୍ତା ହିଁ ରହସ୍ୟମୟ। It is the highest quality of a Women.

ସେହି ରହସ୍ୟକୁ ବାହାରୁ, ସାକାରରୁ ଜାଣି ହୁଏ ନାହିଁ। ଜଗିବା ଭିତରୁ, ଜାଣିବା ମଧ୍ୟ ଭିତରୁ ଓ ସୂକ୍ଷ୍ମରୁ। କଥାରେ ଅଛି, ସ୍ତ୍ରୀଟିକୁ ଜାଣିବା ବଡ କଷ୍ଟରେ। ଅର୍ଥାତ୍, ତାକୁ ଜାଣିବାକୁ ହେଲେ, ତାଙ୍କ ଭଳି ହେବାକୁ ପଡେ। ସେହି ସ୍ତ୍ରେଣ ଭାବନା ଆମ ଭିତରେ ଜନ୍ମରୁ ମହଜୁଦ ଥାଏ। ତା'କୁ ସନ୍ତୁଳନ କରାଯାଏ।

ସେହି କଥାକୁ ସନ୍ଥ କହନ୍ତି, ଯଦି ପରମାତ୍ମାକୁ ଜାଣିବା, ପରମାତ୍ମା ଭଳି ହେବା।

କାରଣ, ଯେପରି ବାହାରରୁ କିଛି ଜାଣିବା ପାଇଁ, ବାହାରକୁ ଯାଆନ୍ତି, ସେହିପରି ଭିତରକୁ ଜାଣିବା ପାଇଁ ଭିତରକୁ ଯିବାକୁ ପଡେ। କିଭଳି ହୁଅନ୍ତି, ଏକ ସୁନ୍ଦର କାହାଣୀରୁ ସ୍ପଷ୍ଟ ବୁଝା ପଡିବ।

ଜଣେ ରାଜା ଏକ ସୁନ୍ଦର ପ୍ରସାଦ ତିଆରି କଲେ। ସେହି ପ୍ରାସାଦର ମୁଖ୍ୟ

ଫାଟକ ସାମନାରେ, ଗୋଟିଏ କୁକୁଡା (ମୁରଗୀ)ର ଛବି ସ୍ଥାପିତ କରିବାକୁ ଚାହିଁଲେ। କାହିଁକି ? ମୁରଗୀ, ଜାଗ୍ରତର ପ୍ରତୀକ। ପ୍ରଭାତରୁ ସଭିଙ୍କୁ ଜାଗ୍ରତ କରାଇଦିଏ। ଆଉ କେହି ପରମାତ୍ମାଙ୍କୁ ସ୍ମରଣ ବୋଲି କହିଥାନ୍ତି।

ସୁନ୍ଦର ମୁର୍ଗୀଟିର ଚିତ୍ର ନିର୍ମାଣ ପାଇଁ, ରାଜ୍ୟର ବିଖ୍ୟାତ ଚିତ୍ରକରଙ୍କୁ ଡକାହେଲା। ତାଙ୍କର art କୁ guide କରିବା ପାଇଁ ଏକ ବୁଢ଼ା ଅଭିଜ୍ଞ ଚିତ୍ରକରଙ୍କୁ ନିଯୁକ୍ତ କରାଗଲା। ସେ ବୁଢ଼ା ଶିଳ୍ପୀ ଥିଲା, ଏକ ସୁନାମଧନ୍ୟ ଚିତ୍ରକର। କିନ୍ତୁ ଅଧିକ ବୃଦ୍ଧତା ପାଇଁ, ଅସମର୍ଥ ହୋଇଯାଇଛି ନିର୍ମାଣ କରିବାକୁ।

ସମସ୍ତ ନିର୍ମିତ best and accurate artକୁ ଦେଖାଇବା ପାଇଁ ବୁଢ଼ା ଗାଇଡ୍ କଲେ। ମୂର୍ତ୍ତୀର ରିଅଲିଟି ଆସିଲା ନାହିଁ ବୋଲି କହିଲେ। ରାଜା କହିଲେ, ଯଦି କେହି ସମର୍ଥ ନୁହଁନ୍ତି, ତୁମେ ବନାଅ (ଆଙ୍କିବ)। ବୁଢ଼ା ଚିତ୍ରକର କହିଲା, ମୁଁ ପାରିବି କିନ୍ତୁ ୨ବର୍ଷ ସମୟ ଲାଗିବ। କାରଣ ମୋତେ ବୟସ ହୋଇ ଗଲାଣି।

ରାଜା କହିଲେ, ୨ ମିନିଟ୍‌ରେ ମୁର୍ଗୀ ହୁଏ ନିର୍ମାଣ। ତୁମକୁ ୨ ବର୍ଷ ଆବଶ୍ୟକ। ଶେଷରେ ରାଜା, ରାଜି ହେଲେ। କାମ ଏକ ନିର୍ଜନ କୋଠରୀରେ ଆରମ୍ଭ ହେଲା। ପ୍ରାୟ ଦିନ ସରି ସରି ଆସୁଛି, ବୁଢ଼ା କ'ଣ କରୁଛି ଦେଖିବାକୁ ମନ୍ତ୍ରୀ ଓ ସେନାଙ୍କୁ ପଠାଇଲେ ରାଜା।

ସେମାନେ ଦେଖି ଆଶ୍ଚର୍ଯ୍ୟ ହେଲେ ଯେ,

- ବୁଢ଼ାର ଚୁଟି ବଢ଼ିଯାଇଛି।
- କୁକୁଡା ଭଳି ହେଉଛି ଓ ନାଚୁଛି।

ସେ ମଣିଷର ଚିତ୍ର, ଚିତ୍ର କଥା ଭୁଲି ଗଲାଣି। ଶେଷରେ ବୁଢ଼ାକୁ ଧରି ଆଣିଲେ। ରାଜାଙ୍କ ପାଖକୁ ଓ ତା ସହିତ କିଛି ମୁର୍ଗୀକୁ। କହିଲେ, ତୁମେ ଅବିକଳ ମୁର୍ଗୀ ଭଳି କର। ତାଙ୍କର ମୂର୍ତ୍ତୀ ଦେଖିବା ସହିତ, ତାଙ୍କୁ ଦେଖି ଆହୁରି ଆଶ୍ଚର୍ଯ୍ୟ ହେଲେ। କିପରି ଜାଣିବେ Which is best? ବୁଢ଼ା କହିଲା କୁହ, କିଏ ଜୀବନ୍ତ ମୁର୍ଗୀ ନୁହଁ ? ବୁଢ଼ା ଏକ ମୁର୍ଗୀ ସହିତ ଲଢ଼ିବାକୁ ଯାଉଛି। କିଛି ଫରକ ନାହିଁ। ଜାଣିଲେ ଫରକ ନାହିଁ। Which is accurate, ରାଜାଙ୍କ ମନକୁ ଗଲା। ରାଜା ପଚାରିଲେ, ରହସ୍ୟ କ'ଣ ? ସେ କହିଲା, ମୁଁ ମୁର୍ଗୀଙ୍କ ଆତ୍ମାକୁ ଜାଣିଲି। ତାକୁ ଜାଣିବା ପାଇଁ, ମୋତେ ୨ବର୍ଷ ଲାଗିଲା। ଶିଖିଲି ଓ ଏକ ହେଲି। ଯେବେ ପୂର୍ଣ୍ଣତା ଆସିଲା, ନିଷ୍କର୍ଷ ପହଞ୍ଚିଲା।

ଏହି କାହାଣୀରେ ଯେପରି ଚିତ୍ରକର, ମୁର୍ଗୀର ଭୂମିକା କଲା, ଆମ୍ଭେ ମଧ୍ୟ ସେହିପରି ପରମାତ୍ମାଙ୍କ ପାଖକୁ ଯିବା ଓ ଭିତର ଜଗତରେ ବୁଡିଯିବା। ଏହି ଏକ ହେବାର ବିଜ୍ଞାନ ଯା'ର ରହସ୍ୟର ସ୍ପଷ୍ଟ ପ୍ରମାଣ, ସ୍ୱୀ।

ସ୍ତ୍ରୀ ଭଳି ମଧ୍ୟ ଅସ୍ତିତ୍ୱ। ତା'ର ଢ଼ଙ୍ଗ, ଭୂମିକା, ଗର୍ଭ, ଧୈର୍ଯ୍ୟ, ତ୍ୟାଗ ଓ ଅହୋଭାବରୁ ପରମ ଶୂନ୍ୟତାର ଜନ୍ମ ନିଏ।

Osho Says, ସୂତ୍ର- ଭିତରକୁ ଯିବାର କଳା। କାରଣ ବାହାରକୁ ଦେଖିବା, ବାହାରୁ ସଂଗ୍ରହ କରିଲେ, ପଣ୍ଡିତ, ଜ୍ଞାନୀ ହୋଇଯିବ। କିନ୍ତୁ ଅନୁଭବ ଓ ଆତ୍ମଜ୍ଞାନ ନୁହେଁ। ତେଣୁ ଯାହା ଶ୍ରମରେ, ମାନ୍ୟତାରେ ନାହିଁ, ତାହା ଶୂନ୍ୟତାରେ, ଓ ବିଶ୍ରାମରେ ଥାଏ।

- ଯାହା ଧନରେ ନଥାଏ, ତାହା ଧ୍ୟାନରେ ଥାଏ।
- ଯାହା ଶ୍ରମରେ ନଥାଏ, ତାହା ସେବାରେ ଥାଏ।
- ଯାହା ଗମ୍ଭିରତାରେ ନଥାଏ ତାହା ସହଜତାରେ ଥାଏ।

ତେବେ ସ୍ତ୍ରୀ ଭଳି ହେବାକୁ ହେଲେ, ନମ୍ର, ଧୈର୍ଯ୍ୟ, ସହଜ, ପ୍ରେମୀ, ହେବାକୁ ପଡେ। ତେବେ ସ୍ତ୍ରୀର ଜନ୍ମ ନେବ।

ସେହି ସ୍ତ୍ରୀ ଭାବ ଓ ପୁରୁଷ ଭାବ, ଉଭୟ ସବୁ ମଣିଷର ଭିତରେ ଥାଏ। ତା'ର ସନ୍ତୁଳନ ଜରୁରୀ। ତାକୁ ଆବିଷ୍କାର କରାଯାଏ।

ସ୍ତ୍ରୀ ଏକ ଗୁଣବତ୍ତା, ଏକ କ୍ୱାଲିଟି। ଅସ୍ତିତ୍ୱର ପରମଦାନ, ଯାହା ପୁରୁଷଙ୍କ ଦ୍ୱାରା ସମ୍ଭବ ନୁହେଁ। ତେଣୁ ସ୍ତ୍ରୀକୁ ବୁଝିବା ମୁସ୍‌କିଲ୍। ଅବଶ୍ୟ କିଛି ସ୍ତ୍ରୀ ଘମଣ୍ଡି, ଲୋଭୀ, ଅସତୀ, ଧନ ପ୍ରେମୀ, ଇର୍ଷାଳୁ, ଅଛନ୍ତି। ସେହିପରି ପୁରୁଷ ମଧ୍ୟ ଅହଂକାରୀ, ଆକ୍ରମକ, ଅଶାନ୍ତ ଦେଖାଯାନ୍ତି। ଉଭୟ ସବୁଠି, ତେଣୁ ଉଭୟଙ୍କର ସନ୍ତୁଳନ ଜରୁରୀ।

ସାଧନା ଜଗତରେ, ସ୍ତ୍ରୀ ଭଳି ପ୍ରେମୀଚିତ୍ତ ହେବାକୁ ଗଲେ, un conditional love ରେ ବା ଶୁଦ୍ଧ ପ୍ରେମରେ ଯୋଡିବାକୁ ପଡେ।

ସବୁ କହନ୍ତି, ଅସ୍ତିତ୍ୱର ୬ଟି ଗୁଣବତ୍ତାର ଅଧିକାରୀ ହୁଏ ଜଣେ ସ୍ତ୍ରୀ। ଜାଣିବା 6 quality of Women's Mistry.

୧. ବର୍ତ୍ତମାନରେ ବଞ୍ଚିବା-Living on Present Movement -

ସ୍ତ୍ରୀ ଧରିତ୍ରୀର ପ୍ରତୀକ। ଗର୍ଭ ଧାରଣର କ୍ଷମତା ତାର ଥାଏ। ସେ ସନ୍ତାନକୁ ଜନ୍ମ ଦେବାପାଇଁ ନଅ ମାସ ଧରି ଧୈର୍ଯ୍ୟ ଓ ଅପେକ୍ଷାରେ ରହେ ଯାର ମୂଳ ବର୍ତ୍ତମାନ।

ଜଣେ ନାରୀ କେବେ କହି ପାରିବ ନାହିଁ, ମୁଁ ଭବିଷ୍ୟତରେ ଜଣେ ସ୍ତ୍ରୀ ବା ମା'ଟିଏ ହେବି।

କଥାରେ ଅଛି, A father can be a father in future but a mother can not. She can or can not be a mother in future.

ସେ ବର୍ତ୍ତମାନର ପ୍ରତିକ୍ଷଣରେ ଆନନ୍ଦିତ ରହେ। ଏହି ତ ତା'ର ଗୁଣବତ୍ତା।

ଜାଣନ୍ତି, ଭବିଷ୍ୟତ କାହା ହାତରେ ନାହିଁ। ଅତୀତ ଚାଲି ଯାଇଛି, ଫେରି ନ ପାରେ।

୨. ସକାରତ୍ମକ ପ୍ରତୀକ୍ଷାଭାବ– Positivity-

ସ୍ତ୍ରୀର Climax ହିଁ ମାତୃତ୍ୱ ସବୁ ଗୁଣରୁ ଉର୍ଦ୍ଧ୍ୱରେ। ସେ କେବେ ଜଲଦିବାଜି କରି ନଥାନ୍ତି। ସମୟର ପରିଣାମକୁ ଅପେକ୍ଷାକରେ।

ଦେଖନ୍ତୁ ! ନିଜର ସମ୍ପୂର୍ଣ୍ଣତା ପାଇଁ, ପୁରା ବଦଳିଯାଏ। ଶରୀର, ମନ (ବିଚାର) ଓ ଭାବନା ତାର ବଦଳୁଥାଏ।

Receiving quality ତା'ର ବଢ଼ିଯାଏ।

ଶରୀର ମନତଳରୁ ସହଜ ହୋଇ, ହୃଦୟ ତଳରେ ରହିଥାଏ। ସେ ତା'ର ସନ୍ତାନକୁ ଅସ୍ତିତ୍ୱର ମହାନ କ୍ରିୟାରେ ଯୋଡିବାର ୧ମ ଗୁରୁ।

୩. ଶୂନ୍ୟତା– Emptiness-

ସ୍ତ୍ରୀ ଭିତରେ ସବୁର absence ଜନ୍ମ ନିଏ। ତାର ଅର୍ଥ ତାର ଭିତରେ ଥିବା ବିଚାର, ସବୁ ହଜିଯାଏ। ପରିସ୍ଥିତି ଆସେ ସେ ଅସ୍ତିତ୍ୱ ସହିତ ଯୋଡିଯାଏ। ସବୁକୁ ସୁନ୍ଦର ଭାବେ ସ୍ୱୀକାର କରିନେବା, ତା'ର ଲକ୍ଷ୍ୟ ହୁଏ।

୪. ଶାନ୍ତି ଓ ସନ୍ତୁଳନ– Peace and Balancing-

ଶାନ୍ତ ରହି ସବୁଠି ସନ୍ତୁଳିତ। ଶରୀର ଏକା ନୁହେଁ, ମନ ଓ ଭାବନାରେ ସେ ସ୍ଥିର ରହେ। ସର୍ବଦା ସମ୍ବେଦନଶୀଳ। କଥାରେ ଅଛି, ସ୍ତ୍ରୀଟିର Crome ୧ କମ୍ ଥାଏ, ପୁରୁଷ ତୁଳନାରେ। ଯେତେ ସମସ୍ୟା ତା' ପାଖକୁ ଆସେ, ସେ ପ୍ରେମପୂର୍ଣ୍ଣ ହୋଇଥାଏ।

୫. ମାତୃତ୍ୱ– (Motherhood)-

ମାତୃତ୍ୱ ହିଁ ଶ୍ରେଷ୍ଠ ସର୍ଜନା। Motherhood is the highest creation of Existence. ମହିଳାଙ୍କ ବିକାଶ ସବୁଠି ଚର୍ଚ୍ଚା। କିନ୍ତୁ ଆମ୍ଭାରେ ମହିଳାଙ୍କୁ ମାନ୍ୟତା ନାହିଁ। ଯେଉଁଠି ମାନ୍ୟତା, ସେଇଠି ପୂର୍ଣ୍ଣତା। ଏହିତ ଅସ୍ତିତ୍ୱର ସନ୍ଦେଶ।

କେବଳ ଶିକ୍ଷା, ପଦ ପଦବିରେ ଥୋଇଦେଲେ, ସେବାରେ ଯୋଡିଗଲେ ଯଥେଷ୍ଟ ନୁହେଁ। ୧ମ କଥା ସମ୍ମାନ, ସ୍ୱୀକୃତି ଓ ସୁରକ୍ଷାରେ ଅବହେଳିତ। ଯେଉଁଦିନ ସ୍ତ୍ରୀ ରାତ୍ରିରେ ବି, ଏକ ନିର୍ଜନ ସ୍ଥାନରେ ଏକାକି ଯାଇପାରିବ ଓ ସାଧନାରେ ଯୋଡିବ, ବିନା କାହାରି ସହାୟତାରେ, ଜାଣିବ ସମାଜ ତାକୁ ସୁରକ୍ଷା ଦେଲା।

ସମାଜ, ସରକାର, ଶିକ୍ଷାରେ ଯେତେଯେତେ ବ୍ୟବସ୍ଥା ଉପଲବ୍ଧି ହେଲେବି, ଆଜି ନୁହଁନ୍ତି ପୂର୍ଣ୍ଣ ସୁରକ୍ଷିତ। ଏହାହିଁ ଅସନ୍ତୁଳିତ ଜୀବନଯାତ୍ରା ମାନବର।

ମନେରଖ, ସ୍ତ୍ରୀ ଅସ୍ତିତ୍ୱର ସାକାର ସ୍ୱରୂପ। ସୃଜନ, ଶ୍ରଦ୍ଧା, ଶିକ୍ଷା, ପ୍ରେମ, ସେବା, ସବୁଠି ଜରୁରୀ ତାଙ୍କର ଅବଦାନ।

୬. ପୂର୍ଣ୍ଣତା- Completeness-

She is complete, ସେ ପୂର୍ଣ୍ଣତାର ପ୍ରତୀକ। ଶୂନ୍ୟ, ଶ୍ରବଣ ଓ ପୂର୍ଣ୍ଣତ୍ୱ ପାଇଁ, ତା'ରି ସାଧନା ସହଜ। ସେ ସର୍ବଦା ଗ୍ରହଣୀୟ। ଶ୍ରେଷ୍ଠ ଅବଦାନ ସମାଜକୁ ଥିବାରୁ, ସେ ପୂର୍ଣ୍ଣ ଜୀବାତ୍ମା।

କିନ୍ତୁ Society ତାକୁ ଯେବେ repress, oppress କଲେବି, ସେ ତଥାପି ଶାନ୍ତ ଓ ସହଜ। ସେ ପ୍ରଥମେ ପରିବାର, ସନ୍ତାନକୁ ସକ୍ଷମ ଓ ଶିକ୍ଷିତ କରି ରକ୍ଷା ଦେଇଥାଏ। ତା'ର ମଙ୍ଗଳର ସୀମା ନଥାଏ, ତାଙ୍କରି ବିକାଶ ପାଇଁ, committment ପ୍ରାଣରେ ରହୁ, ସମସ୍ତ ଜୀବାତ୍ମାଙ୍କର। Proper flavouring ପାଇଁ ଉଭୟ ସ୍ତ୍ରୀ ଓ ପୁରୁଷଙ୍କର ସମ୍ୟକ ସହଯୋଗ ଜରୁରୀ।

କେବଳ dependency ପାଇଁ ସଂସାରୀ ତାଙ୍କୁ ଜରୁରୀ ଭାବନ୍ତି। ଜାଣନ୍ତୁ! ସମସ୍ତେ interependant ତେଣୁ Meditation and loving attitude ଭରିଲେ ସମସ୍ତ ସଂସାରୀଙ୍କର, ଅସ୍ତିତ୍ୱ ପ୍ରତି ସମ୍ମାନ ବଢ଼ିବ। ସ୍ତ୍ରୀ ଓ ମାଆ ହେବେ ସର୍ବଦା ସୁରକ୍ଷିତ ଓ ପୂଜିତ।

ରାସ୍ତା କ'ଣ ?-

୧. ଧ୍ୟାନ ଓ ପ୍ରେମ, Meditation & Love.
୨. ସମ୍ମାନ ଓ ଶ୍ରଦ୍ଧା
୩. ସହଜ ଓ ସମ୍ବେଦନଶୀଳ
୪. କୋମଳ ଉଚ୍ଚାରଣ
୫. ଜାଗରଣ ପାଇଁ ବ୍ୟବସ୍ଥା
୬. କମ କଥା- ବହୁତ ବାତ୍ସଲ୍ୟ
୭. ହସ ଓ ବିକାଶ
୮. ଶୂନ୍ୟ ଓ ମୌନ
୯. ସ୍ଥିର ଓ ସ୍ଥିତିପ୍ରଜ୍ଞ
୧୦. ସ୍ୱତନ୍ତ୍ରତା ଓ ସ୍ୱୀକୃତୀ

ସାକ୍ଷୀଭାବ ପରମ ସୂତ୍ର

ସାକ୍ଷୀଭାବ, ୧ମ ଓ ଅନ୍ତିମ କଦମ, ଆଧ୍ୟାତ୍ମର। ସମସ୍ତ ମାଳାର ସୂତା ଭଳି ଯାହାର ପରିଭାଷା ଅନେକ ।

- ଜ୍ଞାନୀ କହନ୍ତି, ଜ୍ଞାନ
- ଭକ୍ତ କହନ୍ତି, ସ୍ମରଣ
- ଋଷି କହନ୍ତି ଆତ୍ମବୋଧ

ବୋଧର ଅର୍ଥ, ସ୍ୱୟଂର ଓ ସମଷ୍ଟିର ପରିଚୟ। ଅର୍ଥାତ୍, ନିଜର ଭିତରୁ ଶାଶ୍ୱତ ସତ୍ତାର ଅନୁଭବ। ଅନ୍ୟ ପରିଭାଷାରେ, ଜାଣିବା ବାଲା ଓ ଶୁଣିବା ବାଲାକୁ ଜାଣିବା।

ଯଥା
- ଶରୀର ୫ତତ୍ତ୍ୱରୁ ନିର୍ମିତ।
- ଆତ୍ମା ନିତତ୍ତ୍ୱ, ନଶ୍ୱର, ଅଜନ୍ମା।
- ଶରୀର, ମନ (ବିଚାର) ଓ ଭାବନା ସବୁ ନିର୍ମିତ।
- ଅସ୍ତିତ୍ୱର ପରମ ନିୟମକୁ ମାନିବା ଧର୍ମ।
- ଧର୍ମ, ନିଜସ୍ୱର, ସ୍ୱୟଂର ସ୍ୱଭାବ।
- ତେଣୁ, ଶରୀର, ମନକୁ ଜାଣିବା, ବାହାର, ଭିତରକୁ ଜାଣିବା, ତେଣୁ ଦର୍ଶନ ଓ ଦ୍ରଷ୍ଟାକୁ ଜାଣିବା ସାକ୍ଷୀଭାବ।

ସାକ୍ଷୀ ଏକ ସହଜ, ନିରପେକ୍ଷ ଦର୍ଶନ। ସ୍ୱୟଂର ସକାରାତ୍ମକ ଊର୍ଜା, ସର୍ଜନା ଓ ସନ୍ତୁଳନ କରାଏ। ଉଭୟ କମ୍ପନ ଓ ଅକମ୍ପନକୁ ସମ୍ୟକ ରୂପେ ଦେଖିବାର ରହସ୍ୟ ଥାଏ।

କେବଳ ଚୁପଚାପ ହୋଇ, ଜାଣ ଓ ଦେଖ।

Simply, Silent watching to self.

- ସାକ୍ଷୀ, ଭଗବାନ କୃଷ୍ଣଙ୍କର ସର୍ଜନା, ଧାର୍ମିକତାର ଜଗତର ମେରୁଦଣ୍ଡ।

ସାକ୍ଷୀ, ଭିତରେ ସୂକ୍ଷ୍ମତ୍ୱର ମହଜୁଦ। ଚର୍ମ ଚକ୍ଷୁରେ ନୁହେଁ, ଚେତନାରେ ଦେଖୁଛି।

For example, ସାକାର ଭିତରେ ସୂତା, ବାହାରକୁ ଦେଖାଯାଏ ନାହିଁ, କିନ୍ତୁ ୧୦୮ଟି ଗୋଡିକୁ ବାନ୍ଧିରଖେ। ତାହା ଯୋଡିବାର ମୂଳ ତତ୍ତ୍ୱ।

- ତେଣୁ ମର ଶରୀର ଭିତରେ, ପରମ ତତ୍ତ୍ୱ ହୋଇ ଛପିରହିଛି। ନିଜ ଭିତରୁ ଖୋଜ, ଯାହାକୁ ଛାଡି କେହି ବଞ୍ଚି ପାରିବେନାହିଁ।

- ସନ୍ଥ କହନ୍ତି, କେହି ସାକ୍ଷୀକୁ ହଟାଇ ପାରିବ ନାହିଁ। ଶୂନ୍ୟ ଭଳି ସେ ସବୁଠି।

ତେଣୁ ସବୁ ବୁଦ୍ଧ ପୁରୁଷଙ୍କ ପରମ ସୂତ୍ର- ଶୂନ୍ୟତା। ଅନ୍ଧାରରେ ପ୍ରକାଶ ଓ ସଂସାରରେ ନିର୍ବାଣ ସବୁର ମୂଳ।

ଏହାର ଅର୍ଥ, ବିରାଟ ଉର୍ଜାକୁ ଜାଣିବାର, ରାସ୍ତା- ଶୂନ୍ୟତା, ଶୂନ୍ୟ ବିଚାରରୁ ଶୂନ୍ୟର ମହାଯାତ୍ରା। ଆରମ୍ଭ ହୁଏ ତାରି ମାଧ୍ୟମରେ, ଯାହାକୁ ସନ୍ୟାସୀ ଓ ସନ୍ଥ ସମସ୍ତେ ଖୋଜନ୍ତି।

ସଂସାରୀ କହନ୍ତି - ସେ କ'ଣ ଦୂରରେ ?

- ସେ କ'ଣ ବାହାରେ ?

- ସେ କ'ଣ ହଜି ଯାଇଛନ୍ତି ?

- ସେ କ'ଣ ଖୋଜିଲେ ମିଳିଯିବେ ?

ସନ୍ଥ କହିଥାନ୍ତି, ସେ ସ୍ୱୟଂର ନିଜସ୍ୱ, ପରମ ସତ୍ତାର ଅଂଶ,

ଯେପରି ବିଜ୍ଞାନରେ, ପରମାଣୁ

ସେପରି ଆଧ୍ୟାତ୍ମରେ, ପରମାତ୍ମା।

କେହି କେହି ସ୍ୱୟଂକୁ ପରମାତ୍ମା କହିଥାନ୍ତି। ତାଙ୍କୁ ବାହାରେ ଖୋଜନାହିଁ, ଜାଣ ସେ ଭିତରେ ମହଜୁଦ। ତାକୁ ଆବିଷ୍କାର କରିବା ସହଜ ସାଧନା।

- ସେ ସାକ୍ଷୀ ଚୈତନ୍ୟ ସ୍ୱରୂପ।

- ସବୁ ଶାସ୍ତ୍ରର ଦ୍ୱାର।

- ସବୁ ସାଧନାର ସାର।

- ଧାର୍ମିକତାର ୧ମ ଆଧାର,

କେହି କେହି, ଦ୍ରଷ୍ଟା ବି କହିଥାନ୍ତି।

ତେଣୁ ସବୁର ଭାବ ଏକ। ସବକା ମାଲିକ ଏକ।

କିନ୍ତୁ ଦର୍ଶନ, ଦୃଶ୍ୟ ଓ ଦ୍ରଷ୍ଟାରୁ ମୁକ୍ତ, ସାକ୍ଷୀ। ଯେବେ ସବୁ ଶୂନ୍ୟ ହୁଏ, ପରମ ସ୍ୱାଦୁ ଆସି ପହଞ୍ଚେ। ସେହି ହିଁ ସମସ୍ତ ପରମାନନ୍ଦର ସାର ଓ ଜୀବନ ସାଧନାର ପରମ ସୂତ୍ର।

■

ଦୁଃଖର ଦର୍ଶନ

ଦୁଃଖ, ପରମ ଉର୍ଜା ଆଡକୁ ଯିବାର ସଂକେତ। ଆତ୍ମ ଜ୍ଞାନର ଦ୍ୱାର ବୋଲି କହନ୍ତି। କିନ୍ତୁ ଦୁଃଖକୁ ସମସ୍ତ ସଂସାରୀ ଡରନ୍ତି, ମୃତ୍ୟୁକୁ ନୁହଁ। କାରଣ ମୃତ୍ୟୁ ସହିତ ଅପରିଚିତ। ଅନ୍ୟର ମୃତ୍ୟୁକୁ ଦେଖି, କ୍ଷଣିକ ପାଇଁ, ଭାବପ୍ରବଣ ହୋଇଯା'ନ୍ତି ଓ ଭୁଲିଯାନ୍ତି। ଭାବିନିଅନ୍ତି, ନିଜର ପାଳି ବହୁ ଦୂରରେ। ତେଣୁ ଦୁଃଖକୁ କେବଳ ଧରନ୍ତି। ତଥାପି ବୃଦ୍ଧ, ରୋଗୀ ଭୟଭୀତ ହେବା ସ୍ୱାଭାବିକ୍ କିନ୍ତୁ ଯୁବକ ନୁହଁନ୍ତି।

ବିଚାରଶୀଳ ବ୍ୟକ୍ତି, ନା ଦୁଃଖକୁ ଡରେ, ନା ମୃତ୍ୟୁକୁ ଡରେ।

ସୁକୁରାତ୍‌ଙ୍କୁ ଯେବେ ମୃତ୍ୟୁ ଦଣ୍ଡ ଦିଆଗଲା, ସେ ବହୁତ ଖୁସିରେ ଥିଲେ। ସେ ଜାଣନ୍ତି, ତାଙ୍କର ମୃତ୍ୟୁ ନାହିଁ। ଅର୍ଥାତ୍ ସେ ମୃତ୍ୟୁର ପରିଚିତ ବ୍ୟକ୍ତିତ୍ୱ। ସେ କେବେ ଦୁଃଖିତ ନୁହଁ। କାହିଁକି ସେ ଡରିବେ ? ସନ୍ଥ, ସେ ସବୁକୁ ଭାବେନାହିଁ ବରଂ ମୃତ୍ୟୁକୁ ସ୍ୱାଗତ କରେ।

- ଦୁଃଖର ପରିଚୟ ପାଅ ଓ କାରଣ ଖୋଜ। ଦେଖିବ, ସେ ବହୁ ଦୂରରେ। ସେହି ନିରାକାରଣ ପୁଣି ନିଜ ପାଖରେ।

- ବାସ୍ତବରେ, ଦୁଃଖରୁ ଅପୂର୍ବ ଆନନ୍ଦ ମିଳେ। ଦୂରରୁ ଦେଖ ଜାଣିବ, ତାଙ୍କର ଜନ୍ମଦାତା ନିଜେ। ତେଣୁ ଅନ୍ୟକୁ ଦୋଷ ନ ଦେଇ, ନିଜକୁ ସନ୍ତୁଳିତ କର ଓ ଜାଗ୍ରତ ରୁହ।

ଦୁଃଖ ବ୍ୟକ୍ତିତ୍ୱକୁ ସ୍ୱଚ୍ଛ କରି, ସୃଜନରେ ଯୋଡେ। ଦୁଃଖ ଏକ ନୂଆ ପ୍ରାଣଦାତା। ଦୁଃଖ କେବେ ବ୍ୟର୍ଥରେ ଆସେ ନାହିଁ। ତେଣୁ ଜାଗ୍ରତ ପୁରୁଷ, ଦୁଃଖକୁ ସ୍ୱୀକାର କରେ।

- ଦେଖନ୍ତୁ ! ଧନୀ ବ୍ୟକ୍ତିର ସନ୍ତାନ, ଡରୁଆ। ଅଜ୍ଞାନୀ ଥିବାରୁ, ଧନପାଇଁ ଅହଂକାରୀ। ସଂଘର୍ଷ କରିଥାନ୍ତି କିନ୍ତୁ ସମ୍ୟକତାକୁ ଜାଣନ୍ତି ନାହିଁ। ସହିବା ଆଦୌ ନଥାଏ, ତାଙ୍କର।

ଜାଣନ୍ତୁ ! ଯେଉଁଠି ସଂଘର୍ଷ ନାହିଁ, ସଂକଳ୍ପନା ନାହିଁ।

ଯେଉଁଠି ସଂକଳ୍ପନା ନାହିଁ, ସମର୍ପଣ ନାହିଁ।

ଯେଉଁଠି ସମର୍ପଣ ନାହିଁ, ଅନୁଦାନ ନାହିଁ।

ଅହଂକାରୀ ବ୍ୟକ୍ତି ସବୁଠି ହାରେ। ସେ ଦୁଃଖକୁ ବୁଝିପାରେ ନାହିଁ। ତେଣୁ ଅଧିକ ଭୋଗେ।

- ଯେବେ ନିର୍ବିଚାର ହେବ, ଅହଂକାର ହଜିବ।

ଦୁଃଖ, କଷ୍ଟ, ସମସ୍ୟା ଆସିଲେ, ଧୈର୍ଯ୍ୟ ରହିବ। ଅସ୍ତିତ୍ୱ ଉପରେ ଭରସା ଥିବ। ଦିନେ ଉଦ୍ଧରିଯିବ ସେ, କିନ୍ତୁ ଧନୀ ବ୍ୟକ୍ତି, ପଇସା ବଳରେ, ସବୁକିଛି ଖରିଦ କରି ପାରିବେ ବୋଲି ଭାବନ୍ତି, ଯାହା ଅସମ୍ଭବ।

- ଜାଣ, ବାହାର ଦୁଃଖ ଜହର, ଭିତର ଆନନ୍ଦର ରାଜ।

ସର୍ବଦା ଆଶା ଶୂନ୍ୟ ରୁହ। ସନ୍ତୁଳିତ ରହିବ। ସବୁ ପରିସ୍ଥିତିରେ, ଜାଣ, ଆଶା ଦୁଃଖର କାରଣ, Desiring is unhappiness, Desirelessness is only Bliss.

ଯେବେ ଜାଗ୍ରତ ରହିବ, ସବୁଠି ମୃତ୍ୟୁକୁ ବି ଜାଣିବ, ନିଦ୍ରା ଭଳି। ହୋଷ ମୃତ୍ୟୁ ହେଲେ, ପରମ ଆନନ୍ଦର ସ୍ୱାଦ ପାଆନ୍ତି ଜୀବାତ୍ମା। ଯିଏ ହୁଏ ପରମ ମୁକ୍ତ ଓ ସଂପୂର୍ଣ୍ଣ, ସେ ପାଏ ଅନ୍ତିମ ପ୍ରସାଦ-

- ଧ୍ୟାନରୁ
- ସମାଧିରୁ
- ସାକ୍ଷୀରୁ
- ସୁମିରଣରୁ

ସମାଜରୁ ଭୟ, ଭୟରୁ ମୁକ୍ତି, ଧ୍ୟାନ

ଭୟ, ଏକ ନକାରତ୍ମକ ଉର୍ଜା, ନା ଅସ୍ତିତ୍ୱର, ନା ସମଷ୍ଟିର। ତାହା ନିଜ ଭାବନାର ପରିଣାମ। ଭୟର ମୂଳ, କର୍ତ୍ତା ଭାବନା ବା ଅହଂକାର କହନ୍ତି, ସନ୍ଥ। ଏହା ଅନ୍ୟଠାରୁ, ବାହାରୁ, ମାଧ୍ୟମରୁ, ଧାରଣାରୁ, ମାନ୍ୟତାରୁ ଜନ୍ମ ନିଏ। ସମସ୍ତେ ଭାବନ୍ତି, ଅନ୍ୟମାନେ ଭାବନ୍ତି, ମୁଁ ଦୁର୍ବଳ ବା ବୁଦ୍ଧିମାନ। ଏହି ସବୁ ଅଜଣା ଧାରଣାକୁ ଛାଡି ଦିଅନ୍ତୁ।

ଦେଖନ୍ତୁ! ବାହାରେ ଓ ଭିତରେ ସବୁଠି ଭିଡ ଥିଲେ, ଘଟଣା ଘଟେ। ଯେବେ ବାହାରେ କିଛି ଘଟିଗଲା, ତାର ପ୍ରଭାବ ଭିତରକୁ ଆସିଯାଏ। ସେହି ବିଚାର ଗଚ୍ଛିତ ହୋଇ, ତୁମ ଭିତରେ ରହିଯାଏ। ପରିସ୍ଥିତି ଦେଖି, ବିକଶିତ ହୁଏ। ଯେବେ ଅସନ୍ତୁଳିତ ହୁଏ, ସେ ବିସ୍ଫୋଟ ହୁଏ। ପରିଣାମ ଭୟଙ୍କର ହୋଇଯାଏ।

ତେଣୁ ବିଚାର ଭିତରୁ ମୁକ୍ତ ରହୁ। ଫଳରେ ବାହାରେ ସୁନ୍ଦରତା ଆସିଯିବ।

ଆଜି କାଲିର ଭୟ, ସାମାଜିକ ହେଉ ବା ବ୍ୟକ୍ତିଗତ, ସାମୁହିକ ହେଉ ବା ଅସ୍ତିତ୍ୱ ଗତ। ସବୁର ଆଧାର ନିଜର କର୍ତ୍ତାଭାବନା ବା ଅହଂମିକା। ତା'ରି ଉପଚାର କର। ଭିଡ ତୁମକୁ ବୁଝୁ ବା ନବୁଝୁ। ଯଦି ଭିଡରେ ଯୁକ୍ତ ହେବ, ସ୍ଥିର ହେବ ନାହିଁ। ତୁମେ, ନା ପରମାତ୍ମାଙ୍କୁ ଖୋଜିବ, ନା ସାତ୍ତ୍ୱିକ ହେବ?

ବହୁତ ବ୍ୟକ୍ତି ଅଛନ୍ତି, ଏକାନ୍ତରେ ଭୟ ପାଆନ୍ତି। ତାଙ୍କୁ ଅନ୍ଧାର, ଭୂତପ୍ରେତ ଡର ଲାଗେ। ଆଉ କିଛି ସାମାଜିକ ଧାର୍ମିକ, ଭୟ କାରଣରୁ, ଏକାନ୍ତରେ ଗଲାବେଳେ, ବା ଥିବା ବେଳେ ଅନ୍ଧକାରରେ ଗୁଣୁ ଗୁଣୁ ଗୀତ ଗାଆନ୍ତି। ତାଙ୍କର ଦ୍ୱୈତ ଦରକାର। କେହି ନ ରହିଲେ ବି, ନିଜର ଧିର କଣ୍ଠ ଧ୍ୱନିକୁ ଶୁଣି, ସାଥି ହୁଅନ୍ତି।

ଭିଡରେ ଯୋଡିବ, ସ୍ୱାଧିନତା ଯିବ ଓ ଗୋଲାମୀ ସାଜିବ। ତେଣୁ ସାମାଜିକ ଭୟରୁ ମୁକ୍ତ ହୁଅ। ଆଗରୁ ଗରିବ, ଅସହାୟ, ବୃଦ୍ଧ ମହିଳା ଥିଲେ। ଏବେ ଧନୀ, ଜ୍ଞାନୀ, ଅଜ୍ଞାନୀ, ସମସ୍ତେ ଅସୁରକ୍ଷିତ। ପଣ୍ଡିତ, ପୁରୋହିତ, ସାମ୍ବାଦିକ, ରାଜନେତା,

ଭଣ୍ଡ ବାବା ଇତ୍ୟାଦି କେହି ସହଜ ଓ ସମ୍ୟକ ନୁହଁନ୍ତି । ତେଣୁ ଅନ୍ୟର ଦୋଷ, ପ୍ରକୃତିର, ସମାଜର ଭୟକୁ କାରଣ ଭାବନ୍ତୁ ନାହିଁ । ବରଂ ଅଶାନ୍ତ ଅଧିକ ହୋଇଯିବ । ତା'ର ରାସ୍ତା ଖୋଜ, ଯାହା ଧ୍ୟାନରେ ଉପଲବ୍ଧ ।

ଆଜିକାଲି, ସାଧାରଣ ଜନତା, ଭୟ କରନ୍ତି, ଗୁରୁ, ଡାକ୍ତର, ନେତା, ପୋଲିସ୍ ଓ ଓକିଲଙ୍କ ପାଖକୁ ଯିବାକୁ । ବିପଦ ମୁକ୍ତ ପାଇଁ ସେମାନଙ୍କ ନିକଟକୁ ଯିବାକୁ ବାଧ୍ୟ । ହେଲେ, ପରିସ୍ଥିତି ଏପରି ହେଉଛି, ବେଳେବେଳେ, ଆହୁରି ଅସ୍ତବ୍ୟସ୍ତ ଓ ଶେଷରେ ଶିକାର ହେଉଛନ୍ତି, ଜନତା ।

ଏବେ ଯାହା କଲେ ବି, କ୍ରାନ୍ତୀ ନାହିଁ ବରଂ ଅଶାନ୍ତି ଅଧିକ ।

ଜାଣ, ସବୁର ମୂଳ ବେହୋଷତା । ନିଦ୍ରା, ଆଳସ୍ୟ, ବିଶ୍ୱାସ, ସିଦ୍ଧାନ୍ତକୁ ଛାଡି, ସ୍ୱୟଂରେ ଯୋଡ । ଯେଉଁଠୁ ହୋଇବ ନିର୍ବିଚାର ଓ ଅଭୟ, ସେହି ହେବ ଧ୍ୟାନ, ସ୍ୱୟଂର ଶୁଦ୍ଧିକରଣ ଓ ସୁରକ୍ଷିତର ପରମ ଅସ୍ତ୍ର ।

ଧ୍ୟାନ କଲେ, ହେବ ସମ୍ୟକ, ଉର୍ଜାବାନ ଓ ନିର୍ଭୟ । ସତ୍ୟକୁ, ସତ୍ତାକୁ ପାଇବ ନିଜ ଭିତରୁ । ଶ୍ରମରୁ ନୁହଁ, ଜାଗ୍ରତ ବିଶ୍ରାମରୁ । ତା'ପାଇଁ, ଏକାନ୍ତତା, ମୌନତା, ସହଜତା, ଜାଗୃତତ୍ତା ସହିତ, ଅନ୍ତର ଶ୍ରବଣ ଜରୁରୀ ।

ଯେବେ ବିଚାର, ମନ, ଶରୀରରୁ ସବୁ ଭୟ ଦୂର ହେବ, ଚେତନା ତୁମର ହେବ ଜାଗ୍ରତ ଓ ସକ୍ରିୟ । ପ୍ରସ୍ତୁତ ହେବ ପରମ କ୍ଷେତ୍ରର ବ୍ୟବସ୍ଥା । ସବୁ ଶୃଙ୍ଖଳା ତୁମକୁ ସହଯୋଗ ଦେବ । କ୍ରିୟା କର୍ମ, ଅକ୍ରିୟା ହୋଇଯିବ । ଅକ୍ରିୟାରୁ ଜାଗ୍ରତ ବିଶ୍ରାମ ଓ ନିରନ୍ତର ଅନ୍ତର ଶ୍ରବଣ ପାଇବ, ଯାହା ପହଞ୍ଚାଇବ ଧ୍ୟାନ । ଧ୍ୟାନ ଏକା ସମାଜରୁ, ଶରୀରରୁ, ମନରୁ, ଭାବରୁ, ଶ୍ୱାସରୁ, ଭୟରୁ ମୁକ୍ତିର ବିଜ୍ଞାନ । ଭୟମୁକ୍ତ ହିଁ ଏକା ଧ୍ୟାନସ୍ଥ ଓ ସମାଧିସ୍ଥ ।

■

ଭୟରୁ ଅଭୟକୁ ଗତି

ଦୁନିଆରେ ଦୁଇ ପ୍ରକାରର ଲୋକ ଦେଖାଯାଆନ୍ତି । ଗୋଟିଏ ଅନ୍ଧକାରରେ ରହି ବଞ୍ଚିଥାନ୍ତି । ଅନ୍ୟଟି ପ୍ରକାଶରେ ରହି ବଞ୍ଚିଥାନ୍ତି ।

ଯିଏ ଅନ୍ଧକାରେ ବଞ୍ଚନ୍ତି, ସେ ଭୟଯୁକ୍ତ ଥାଆନ୍ତି । ସ୍ୱୟଂକୁ ଦେଖି ପାରନ୍ତି ନାହିଁ । ଭାବନ୍ତି, ଅନ୍ୟଠାରେ ସ୍ୱର୍ଗ ଅଛି । ସେମାନେ ନିଷ୍କ୍ରିୟ ଓ ଅସଂପୂର୍ଣ୍ଣ ।

ଯିଏ ପ୍ରକାଶରେ ବଞ୍ଚନ୍ତି, ସେ ସ୍ୱୟଂକୁ ଦେଖିପାରନ୍ତି ଓ ଅନ୍ୟକୁ ମଧ୍ୟ । ଜୀବନରେ ଜାଗୃତ ଓ ସମ୍ୟକ ରହିବାରୁ ସତ୍ୟକୁ ପାଆନ୍ତି ।

ଅନ୍ଧକାର କାଟିବା ବ୍ୟକ୍ତି, ସନ୍ଦେହୀ, ଭୟଭୀତ ଓ ନିଜ ଉପରେ ଭରସା ନଥାଏ । ସ୍ୱପ୍ନ, ଧାରଣା, କଳ୍ପନାରେ ଯୋଡିଥାନ୍ତି, ସର୍ବଦା କମ୍ପନ ଓ ଅସ୍ଥିର ଚିତ୍ତ । ବାହାରୁ ସବୁକିଛି ପାଇଯିବେ ଜାଣି, ଦୌଡୁଥାନ୍ତି, ଶେଷରେ ଦୁର୍ଘଟଣା, ତାହା ପ୍ରାକୃତିକ ହେଉ ବା ଅପ୍ରାକୃତିକ । ସମସ୍ୟା ଆସିଲେ, ରକ୍ଷା ପାଇଁ, ଭଗବାନ, ପରମାତ୍ମା ଓ ଅସ୍ତିତ୍ୱକୁ ଖୋଜନ୍ତି । ତାଙ୍କର ଖୋଜିବା, ବାହାରୁ ଓ ମାଧ୍ୟମରୁ, ଶ୍ରମରୁ ହୋଇଥାଏ । କିନ୍ତୁ ଅପହଞ୍ଚ ସେମାନେ । ଗନ୍ତବ୍ୟର ସୁରାଗରୁ ହୁଅନ୍ତି ବଞ୍ଚିତ । ଯେତେ ଧନ, ଜନ ଥିଲେ ବି, ମାନସିକ ଦୁଃଖ, ଯନ୍ତ୍ରଣା, ସହି ବେହୋଷ ରହି, ମୃତ୍ୟୁକୁ ଭେଟନ୍ତି ।

ଆମ ସମାଜରେ, ଭୟଭୀତ ବ୍ୟକ୍ତିରେ ଭରିଯାଇଛି । ଗୋଲାମୀ, ପରାଧିନତା ପାଇବେ କିନ୍ତୁ ଭୟ ମୁକ୍ତ ହେବେନାହିଁ । ଅପାଠୁଆ ଓ ପାଠୁଆ ସବୁ ସମାନ ଦେଖାଯାଉଛି, ବହୁ ଉଚ୍ଚ ଶିକ୍ଷିତ ବ୍ୟକ୍ତି, ପଦାଧିକାରୀ ବାବୁମାନେ ମଧ୍ୟ, ପୁରାତନ ପୂଜା, ପ୍ରାର୍ଥନା, ସ୍ତୁତିରେ ଅଟକି ଯାଇଛନ୍ତି । କ୍ରିୟାକାଣ୍ଡ, ଜ୍ୟୋତିଷ ପାଖକୁ ଯିବାକୁ ପଛାନ୍ତି ନାହିଁ । ନିଜେ ଯେଉଁ ପ୍ରାର୍ଥନା କରନ୍ତି, ସେଥିରେ ମାଗିବା ଓ ଉପଦେଶ ଛପି ରହିଥାଏ । ଅହୋଭାବ (gratitude) ର ପ୍ରଶ୍ନ ନଥାଇ, ଧାର୍ମିକ ଭାବୁଥାନ୍ତି । ତେଣୁ ସାରା ଧର୍ମ ଆଜି ଭୟଭୀତ ।

ମୂଳ- ନକାରତ୍ମକ ଉର୍ଜା ବିସ୍ତାର ।

– ଅହଂକାରକୁ ପୁରା ମାନ୍ୟତା ।

ସବୁ ଥାଇ, ଶିକ୍ଷା, ସମ୍ପଦ, ବୁଦ୍ଧି, ଶକ୍ତି, ପ୍ରତିକ୍ଷଣରେ ମରନ୍ତି । ଶେଷରେ ଭରସା ହରାନ୍ତି ନିଜ ଉପରୁ । କିଛି ଅଧିକ ଅସନ୍ତୁଳିତ ହୁଅନ୍ତି । ଆଉ କିଛି ଅଛନ୍ତି ସହଜରେ ମରିଥାନ୍ତି, ଅଚେତନ ପଶୁପରି । ଫରକ କିଛି ନଥାଏ ।

ଆଜି ସବୁଠି ଭୟ । ଶିକ୍ଷା ଜଗତରେ, ବୃତ୍ତି ଚୟନରେ, ଖାଦ୍ୟ ସଂଗ୍ରହରେ, ଆଇନ ବ୍ୟବସ୍ଥାରେ, ହସ୍ପିଟାଲ, ଔଷଧ, ଦୋକାନ, ପୋଲିସ ଓ ସରକାରୀ କାର୍ଯ୍ୟାଳୟରେ ସବୁଠି ଅସମ୍ୟକତାର ଶୈତାନୀ ଛପିରହିଛି । ସମସ୍ତେ ସମସ୍ତଙ୍କୁ ଠକିବାକୁ ଚାହୁଁଛନ୍ତି । ସାମୁହିକ ଶୀତଳ ଅଗ୍ନିରେ ସମସ୍ତେ କରୁଛନ୍ତି ଆତ୍ମହତ୍ୟା ।

ଅସ୍ତିତ୍ୱ ଆନ୍ଦୋଳିତ, ଧରିତ୍ରୀ ଅସମ୍ଭାଳ ହେଲାଣି । ଦେଶ ବିଦେଶ ଠାରୁ, ବ୍ୟକ୍ତିଗତ ଜୀବନ ପର୍ଯ୍ୟନ୍ତ ସବୁଠି ଅସନ୍ତୁଳନ । ଯାହାର, ପରିଣାମରେ ସବୁଠି ଅଶାନ୍ତି, ଅନ୍ୟାୟ, ଅନିଦ୍ରା, ଅବିଶ୍ରାମ ଘେରି ଯାଉଛି । ମୃତ୍ୟୁକୁ ବିଜୟ ପାଇଁ, ବିଜ୍ଞାନ, ଧନ, ଈଶ୍ୱରଙ୍କୁ ଛାଡୁନାହାନ୍ତି । ତଥାପି ବିଫଳ ।

ଧାର୍ମିକ ବ୍ୟକ୍ତି ପରମାତ୍ମାଙ୍କୁ ଡରି, ଭୁଲି ଗଲେଣି ବଞ୍ଚିବାର ରାସ୍ତା । ପଣ୍ଡିତ, ପୁରୋହିତ, ସାଧୁ, ସନ୍ଥଙ୍କର ବେପାର ଯାହା, ସମସ୍ତଙ୍କୁ ଜଣା । ତେଣୁ ବଞ୍ଚିବାର ରାସ୍ତା ନିଜର । ସ୍ୱୟଂ ରୂପାନ୍ତରଣ ଛଡା, ଆଉ କୌଣସି ଗତି ନାହିଁ ।

– ଶ୍ରମ ସହିତ ବିଶ୍ରାମ କର ।

– ବିଜ୍ଞାନ ସହିତ ଆଧ୍ୟାତ୍ମକୁ ଜାଣ ।

– ଭକ୍ତି ସହିତ ସମ୍ୟକ କର୍ମ ।

– ଧ୍ୟାନ ସହିତ ପ୍ରେମରେ ଯୋଡ ।

ତେବେ ଆତ୍ମ କ୍ରାନ୍ତୀ ଜନ୍ମ ନେବ । ନିଜର ପ୍ରଭୁତ୍ୱ, ରୂପାନ୍ତରିତ ହୋଇ, ଦିବ୍ୟ ମାନବବାଦ ଜନ୍ମ ନେବ, ଏହା ପରମ ସତ୍ୟ । ଆଉ ଯିବାକୁ ପଡିବ ନାହିଁ, ବେପାରୀ ସାଧୁ ସନ୍ଥ, ପଣ୍ଡିତ ଓ ପୁରୋହିତଙ୍କ ପାଖକୁ । ଯେଉଁମାନେ ଧର୍ମକୁ ବିଭାଜିତ କରି ନିଜର, ସଂସ୍ଥାର ଓ ପରିବାରର ପ୍ରତିଷ୍ଠା ଚାହାନ୍ତି । ବାସ୍ତବରେ ସେମାନେ ନା ଆତ୍ମଜ୍ଞାନୀ, ନା ଆତ୍ମବାଦୀ । ଯଦି ଛତୁ ଭଳିଆ ଗଢ଼ି ଉଠୁଥିବା ଆଧ୍ୟାତ୍ମ ସଂସ୍ଥା ଓ ପରିଚାଳକ, ଅନୁଭବୀ ସନ୍ଥ ହୋଇଥାନ୍ତେ, ତେବେ ତାଙ୍କରି ଦୀକ୍ଷିତ ଓ ଆଶ୍ରିତ ଚେଲା ଚାମୁଣ୍ଡା ତ ଆତ୍ମଜ୍ଞାନୀ ହୋଇଯାନ୍ତେ । ଆଜିର ଦଶା ଏପରି ହୁଅନ୍ତା ନାହିଁ ।

କେବଳ ଗୋଟିଏ ରାସ୍ତା, ସ୍ୱୟଂର ପରିଚୟ । ସେଥିପାଇଁ, ନା ଭୋଗ, ନା ତ୍ୟାଗ, ନା ଯୋଗର ଜରୁରୀ । କେବଳ ଜଗ । ସବୁ ଜଗିବା, awarefulnessରୁ ଧ୍ୟାନର ଜନ୍ମ । ଧ୍ୟାନ ବିନା, ଅଭୟକୁ ଯିବାର ରାସ୍ତା ନାହିଁ । ତେଣୁ ଧ୍ୟାନକୁ ଭୟରୁ ଅଭୟ ଗତି କହନ୍ତି, ସନ୍ଥ । ■

ବୃଦ୍ଧ ଅବସ୍ଥାରେ ଭୟ

ଦୁନିଆରେ ସବୁଠାରୁ ବଡ ଭୟ, ମୃତ୍ୟୁ। ସନ୍ଥ କହନ୍ତି, ସବୁ ଭୟ ପଛରେ, ମୃତ୍ୟୁର ଭୟ ଛପି ଥାଏ। ତେବେ ଯେତେ ପ୍ରଜ୍ଞାବାନ ବ୍ୟକ୍ତି ହୁଅନ୍ତୁ, ବୃଦ୍ଧ ବେଳେ, ମୃତ୍ୟୁର ଭୟ ଅଧିକ। କିନ୍ତୁ ଯୌବନରେ ଭୟ ନଥାଏ। କେହି କେବେ ମୃତ୍ୟୁକୁ ସ୍ମରଣ କରିନଥାନ୍ତି। ଟିକିଏ ଯଦି ଚିନ୍ତା କରୁଥାନ୍ତେ, ସୁଧୁରି ଯାଆନ୍ତେ। ତଥାପି ସମସ୍ତେ ଚିନ୍ତନ କରନ୍ତି, ଯେବେ ଦୁର୍ଘଟଣା ଓ ବୃଦ୍ଧ ଅବସ୍ଥା ଆସେ।

ମଝି ମଝିଆ ଧନ ପାଇଁ ପାଗଳ। ଯେତେ ବିବ୍ରତ ଧନ ସଂଗ୍ରହ ପାଇଁ, ତା'ଠାରୁ ଅଧିକ ପାଗଳ, ଧନର ସୁରକ୍ଷା ପାଇଁ। ସବୁ କ୍ଷଣରେ ଚୋରୀ, ଡକାୟତର ଭୟ ସହିତ ସରକାର ସମ୍ୟକ ନୀତି।

ସ୍ମରଣ ରଖନ୍ତୁ। ମୃତ୍ୟୁ ନିଶ୍ଚୟ ଆସିବ। ଏକା ନେଇଯିବ, ତଥାପି ଭାବନ୍ତି ସେତିକି ଦିନ ଖୁସିରେ ରହିବା। ଅବଶ୍ୟ ଭଲକଥା। ତା'ର ପ୍ରତିକାର ପାଇଁ, ଆଧ୍ୟାତ୍ମର ରାସ୍ତା ଅନାଇଛି। ହେଲେ, ସମ୍ୟକ ରାସ୍ତା ପାଇଲେ ତ? ଯିଏ କେହି ପାଇଗଲେ, ଉପଯୋଗ କଲେ ତ? ଅର୍ଥାତ୍ କିଛି ମାନିଲେ, କିଛି ଭୁଲିଲେ। ସବୁଠି ସନ୍ଦେହ ଓ ପ୍ରଶ୍ନ।

ଯିଏ ଜୀବନ ସାରା ଅସମ୍ୟକ ଓ ଅସନ୍ତୁଳିତ, ସେ ଶୃଙ୍ଖଳା କେଉଁଠୁ ପାଇବ? ତାଙ୍କର ଜୀବନ–

- ରସହୀନ
- ଦୁଃଖ ପୂର୍ଣ୍ଣ

ଯିଏ ଜୀବନ ସାରା, ସନ୍ତୁଳିତ, ସମ୍ୟକ ଓ ସହଜ ଥାଏ, ସେ ଶୃଙ୍ଖଳିତ କିନ୍ତୁ ମୁକ୍ତ ନୁହଁ। ଠିକ୍‌ରେ ବଞ୍ଚିବା ଏକ ବ୍ୟବସ୍ଥା ଅସ୍ତିତ୍ୱର। ମୃତ୍ୟୁ କଥା ଭାବିବା ଜରୁରୀ ନାହିଁ, ବରଂ ଅମୃତର ରହସ୍ୟକୁ ଖୋଜ, ନିଜ ଭିତରୁ। କେବଳ ବିଶ୍ରାମ ଦ୍ୱାରା ପରମ ଶାନ୍ତି ମିଳିନଥାଏ। ବିଶ୍ରାମ ସହିତ ଜାଗୃତ ଅନ୍ତର ଶ୍ରବଣ ଜରୁରୀ।

କିନ୍ତୁ ଆମ ପରିବାର, ଶିକ୍ଷା, ସମାଜର ବ୍ୟବସ୍ଥା, ଆମକୁ ପିଲାଦିନରୁ, ପରମ୍ପରାର ବାଟ ଦେଲା। ଅନୁଷ୍ଠାନରେ ଘୋଷା, ଲେଖା, ପ୍ରତିଯୋଗୀ କରାଇ ଆକାଂକ୍ଷାରେ ଭରିଦେଲା। ପ୍ରେମ, ଧ୍ୟାନ, ପ୍ରାର୍ଥନା ଓ ସେବା ଭଳି ଧାର୍ମିକତାର ଶିକ୍ଷା ମିଳିଲା ନାହିଁ। ପରିଣାମ ଅମୃତଠାରୁ ଦୂରେଇ ଦେଲା। ତେଣୁ କିପରି ହେବେ ଆତ୍ମାରେ ଯୁକ୍ତ ?

ସନ୍ଥ ଗୁରୁବାଣୀ ଭଗବତ ଶିକ୍ଷାକୁ ପାଶୋରୀ ଗଲେଣୀ ଆଜିର ପିଢ଼ି। ପ୍ରଚାର, ପ୍ରସାର, ବିଦେଶୀ ଭାଷା, ମନୋରଞ୍ଜନର ବ୍ୟବସ୍ଥା, ବିରାଟ ଅଟ୍ଟାଳିକା, ଅତ୍ୟାଧୁନିକ ସୁବିଧା, ଅତ୍ୟଧିକ ଭିଡକୁ ଟାଣି ନେଉଛି, ଜିଜ୍ଞାସୁ ପୁରୁଷଙ୍କୁ। କ'ଣ ସେଥିରୁ ଆତ୍ମ ସତ୍ତାର ଦର୍ଶନ ମିଳିଯିବ ? ନା ମିଳିବ ପରମ ଶାନ୍ତି ?

କବୀର କହନ୍ତି, ଯଦି ପଥର ମୂର୍ତ୍ତୀରୁ ଭଗବତ୍ତା ମିଳିଯାନ୍ତା ମୁଁ ତ ପାହାଡକୁ ପୂଜା କରି ବସନ୍ତି। ଯଦି ବିରାଟ ଆଶ୍ରମରୁ ଆତ୍ମଜ୍ଞାନ ମିଳିଯାନ୍ତା, ପଶ୍ଚିମ ଦେଶର ଜନତା ଆତ୍ମହତ୍ୟା, କାହିଁକି ଅଧିକ କରୁଛନ୍ତି ?

ତେବେ ଜୀବନର ଢଙ୍ଗକୁ ବଦଳାଅ, କେଉଁଠିକୁ ଯାଇ, ଦୀକ୍ଷିତ ହୋଇ ନୁହେଁ, ନିଜର ଅନ୍ତର ପ୍ରେରଣାକୁ ଅପେକ୍ଷା କର, ଅସ୍ତିତ୍ୱ ସହିତ ଏକାନ୍ତରେ ଯୋଡ। ନିଜ ଘରକୁ ଆଶ୍ରମ ବନାଅ। ସ୍ୱୟଂକୁ ମନ୍ଦିର, ସ୍ୱୟଂ ଭିତରେ ବିରାଜମାନ ଚୈତନ୍ୟକୁ ପରମାତ୍ମା ଜାଣ। ଯଥେଷ୍ଟ ହେବ ଶୃଙ୍ଖଳିତ ଓ ସୁସ୍ଥ ବିଶ୍ରାମ ପାଇଁ।

ପିଲାବେଳେ ଖେଳରେ ଯୋଡିଲେ, ଯୁବକ ବେଳେ ସଂଘର୍ଷରେ, ବାର୍ଦ୍ଧକ୍ୟରେ କମ୍‌ସେକମ୍, ଶାନ୍ତ, ମୌନ ଭରିଯାଉ। ଅସମର୍ଥ, ଅସହାୟ ପ୍ରତି କରୁଣା ରହିଥାଉ। ସେହି ସମ୍ୟକ କର୍ମ, ଅନ୍ତର ପ୍ରେମରୁ ଅସଲି ଧ୍ୟାନର ଜନ୍ମ ନେବ। ତୁମକୁ ଗୃହସ୍ଥ ସନ୍ୟାସୀ କରାଇ, ଆତ୍ମାର ସନ୍ଧାନ ଦେଇପାରିବ, ଜାଣିବ, ନିଜେ ଅମୃତର ସନ୍ତାନ।

■

ସାହସ ଧର୍ମ ଓ ଅଧର୍ମ

ସବୁ ଗୁଣରେ, ସାହସକୁ ସର୍ବାଧିକ ଗୁରୁତ୍ୱ ଦିଆଯାଏ । ସେହି ସାହସ, ଧର୍ମ ଓ ଅଧର୍ମ ଉଭୟରେ ଥାଏ । ସାହସ ଯଦି ଗଲତ୍ ବା ଅସମ୍ୟକ ଦିଗରେ ଯାଏ, ଅହଂକାରରେ ଯୁକ୍ତ ହୁଏ ଓ ନର୍କଭୋଗ ଦିଏ । ଯଦି ସମ୍ୟକ ଦିଗରେ ଯାଏ, ସେ ସ୍ୱର୍ଗ ସୁଖ ଦିଏ । ତେଣୁ ସବୁଠି ଉଭୟ ପ୍ରକାରର ସମ୍ଭାବନା ଥାଏ ।

ସଂସାରୀର ପରିଭାଷା ଅସମ୍ୟକତା । ତେଣୁ ଅସମ୍ୟକ ଢଙ୍ଗରେ ଜୀବନ ବିତାଇବାକୁ ପସନ୍ଦ କରିଥାନ୍ତି ବହୁ ସଂସାରୀ । କଥାରେ ଅଛି ଯେପରି ବୀଜ ବପନ, ସେହିପରି ଫଳ । ଯିଏ ଅସମ୍ୟକ ରାସ୍ତାରେ ଗଲା, ସେ ଅଶାନ୍ତ ରହି ପରିବେଶକୁ କଳୁଷିତ କରିଦିଏ । ଭୟ ଓ ଆତଙ୍କରେ ଭରିଯାଏ, ମାତୃଭୂମୀ ।

କାହାଣୀ ଟିଏ ମନେପଡେ ଆଙ୍ଗୁଳିମାଳାର । ସେ ଥିଲା ଏକ ଭୟଙ୍କର ଦସ୍ୟୁ । ସାଧାରଣ ଜନତାଙ୍କୁ ହତ୍ୟାକରି, ଲୁଣ୍ଠନ କରୁଥିଲା, ଧନ ସମ୍ପଦ । ତା'ରି ଅତ୍ୟାଚାରରେ ଭୟଭୀତ ହୋଇଗଲେ, ରାଜା ବିମ୍ବିସାର । ଯେତେ ବ୍ୟବସ୍ଥା କରାଗଲା, ଆଇନଗତ, କୌଣସି ଫଳପ୍ରଦ ହେଲାନାହିଁ । ଏପରି ଗୋଟିଏ ସମୟ ଆସିଲା, ଦିନେ ବୁଦ୍ଧ ଯାଉଥିଲେ ସେହି ଜଙ୍ଗଲି ରାସ୍ତାରେ । ଆଙ୍ଗୁଳିମାଳା, ବୁଦ୍ଧଙ୍କୁ ଦେଖି, ଖୁସିରେ ଭାବିଲା, ଏକ ସୁଯୋଗ ଆସିଗଲା । ବୁଦ୍ଧ କିନ୍ତୁ ବ୍ୟତିବ୍ୟସ୍ତ ନଥିଲେ । ତା'କୁ ଦେଖି ଜାଣିଲେ, ତାର ସମ୍ଭାବନାର ଉର୍ଜା ଛପି ରହିଛି । ତାହା ରୂପାନ୍ତରଣ ହୋଇପାରିବ । ବୁଦ୍ଧଙ୍କ ଦୃଷ୍ଟିପାଇ ଆଙ୍ଗୁଳିମାଳାର କ୍ରୋଧ ଆପେ ଆପେ ଶାନ୍ତ ହୋଇ ଆସିଲା । ଶେଷରେ, ତା'ର ଅହଂକାର ସବୁ ଭାଙ୍ଗିଗଲା । ବୁଦ୍ଧଙ୍କ ଆକର୍ଷଣରେ ବଦଳି, ବ୍ରାହ୍ମଣ ହୋଇଗଲା ।

ସେ ବି ସାହସୀ ଥିଲା, ଅହଂକାରୀ ହେଲା । ଶେଷରେ ତା'ର ବି ନକାରାତ୍ମକ ଉର୍ଜା, ସକାରାତ୍ମକରେ ରୂପାନ୍ତରିତ ହେଲା । ସବୁ ଅହଂକାର, ଓଁକାର ମୟ ହୋଇଗଲା । ସମର୍ପିତ ହେଲା, ହୋଇଗଲେ ଶୁଦ୍ଧ ।

ତେଣୁ ସାହସୀ ବ୍ୟକ୍ତି, କୃତ୍ୟକୁ ଡରେ ନାହିଁ କି, ପରିଣାମକୁ ଦେଖେ ନାହିଁ। ଉଭୟ ତା' ପାଇଁ ଏକା। ଯା'ର ଜୀବନ ଅହିଂସକ ରାସ୍ତାରେ ଯାଏ, ସେ ମୁକ୍ତ ହୁଏ। ସେ ସହଜ ଓ ସମ୍ୟକ ସାହସୀ ହୁଏ, ଅସ୍ତିତ୍ୱ ଗତ ଊର୍ଜାକୁ ପାଏ। ଯେବେ ପରମ ଊର୍ଜାର, ବା ଧ୍ୟାନୀପୁରୁଷର ସକାରତ୍ମକତାରେ ଯୋଡିଯାଅ, ତୁମର ବୁଦ୍ଧ ଚେତନା ସକ୍ରିୟ ହେବ।

ସେହି ବୁଦ୍ଧ ଚେତନା ସବୁଠି, ଆତ୍ମମାନଙ୍କ ଭିତରେ ଥାଏ। ତା'କୁ ନିର୍ମାଣ କରିବାକୁ ପଡେ। ବୁଦ୍ଧତ୍ୱର ବିକାଶ, ବା ଉପଲବ୍ଧି, ସମସ୍ତ ମାନବର ଜନ୍ମଗତ ଅଧିକାର, ଯେବେ ଆଧ୍ୟାତ୍ମର ବିଜ୍ଞାନର ଉପଯୋଗ କରିଥାଏ। ତେଣୁ ସନ୍ତଙ୍କ ମତରେ, ଧରିତ୍ରୀର ଗୋଟିଏ ରାସ୍ତା ଧାର୍ମିକତା ପାଇଁ ଯାହାର ନାମ, ଧ୍ୟାନ। ସବୁ ସମ୍ୟକ ଓ ସନ୍ତୁଳିତର ଗୋଟିଏ ରହସ୍ୟ ଧର୍ମ, ତାହା ଅନ୍ତର ସ୍ୱଭାବ, ମାନବର।

ସୁଖ ଓ ଦୁଃଖ ସବୁଠାରୁ ବଡ ଭୟ

ମଣିଷ ନା ସୁଖକୁ ସହିପାରେ ନା ଦୁଃଖକୁ। ସମସ୍ତ ସୁଖୀ ଓ ଦୁଃଖୀଙ୍କର ଏକାଦଶା। ଉଭୟ ଉତ୍ତେଜକ। ଯେପରି ସୁଖ ସକାରତ୍ମକ ଉତ୍ତେଜନା, ସେହିପରି ଦୁଃଖ ମଧ୍ୟ ନକାରତ୍ମକ ଉତ୍ତେଜନା। ଉଭୟ ବ୍ୟକ୍ତିତ୍ୱକୁ ଭାଙ୍ଗିଦିଏ। କିନ୍ତୁ ଦୁଃଖ ତୁଳନାରେ, ସୁଖ ଅଧିକ ଭାଙ୍ଗିଦିଏ।

ଗୋଟିଏ କଥା ମନେପଡେ, ଜଣେ ଗରିବ ବ୍ୟକ୍ତିର। ସେ ଜଣେ ଦରଜୀ ଥିଲେ। ଛୋଟିଆ ଦୋକାନରେ ଲୁଗାପଟା ସିଲାଇ କରି, ଖୁସିରେ ଚଳୁଥିଲେ। ହଠାତ୍ ଦିନେ ତା'ର ଗୋଟେ ଲଟେରୀ ଲାଗିଗଲା। ୧୦ ଲକ୍ଷ ଟଙ୍କା ପାଇଗଲା ମୁଫତରେ। ତାକୁ ଭାବି ମୁଣ୍ଡ ଚକ୍କର ମାରିଲା। ନିଜର ଭୋକ, ଶୋଷ, ସ୍ଥିରତା, ଶାନ୍ତି ସବୁ ହଜିଗଲା। କମ୍ପନରେ ଭରିଗଲା, ଭାବନା। ରାତ୍ରିରେ ଶୋଇବି ପାରିଲା ନାହିଁ। ଧୀରେ ଧୀରେ ତା'ର ସେହି ଛୋଟିଆ ଦୋକାନକୁ ବନ୍ଦ କରିଦେଲା। ପଇସା ପାଇ ଯାକୁ କିଣିବ, ତା'କୁ କିଣିବ ଭାବି ଖର୍ଚ୍ଚ କଲା। ରାଜା ଭଳି ଚଳିବାରେ ଯୋଡିଗଲା। ଧୀରେ ଧୀରେ ଶାନ୍ତିରେ ରହିପାରିଲା ନାହିଁ। ଅନିଦ୍ରା ଘାରିଲା, ଶରୀର ଅସୁସ୍ଥ ହେବାକୁ ଲାଗିଲା। ବେଳକୁ ବେଳ ତାର ଶରୀ ଜରାଜୀର୍ଣ୍ଣ ହୋଇଗଲା। ଡାକ୍ତର ପାଖକୁ ଗଲା। ଔଷଧ ବି ଖାଇଲା, କିନ୍ତୁ କିଛି କାମ କଲାନାହିଁ। ପଇସା କମି କମି ଆସିଲା। ଗାଡି ଦୁର୍ଘଟଣା ହେଲା। ମାଲି ମକଦ୍ଦମା ହେଲା। ପୋଲିସ୍ କୋର୍ଟ, ଓକିଲ ସବୁ ପଇସା ନେଇଗଲେ। ଶେଷରେ ରାସ୍ତା ନପାଇ, ପୁଣି ତା'ରି ସେହି ଛୋଟ ଦୋକାନଟିକୁ ଖୋଲିଲା।

ସମସ୍ତେ ଦୁଃଖ ସୁଖ ପାଆନ୍ତି। ଠିକ୍‌ରେ ଦେଖିଲେ ଜାଣିବ, ଗରିବ ତୁଳନାରେ, ଧନୀ ଅଧିକ ଦୁଃଖୀ। ଖାଦ୍ୟ, ବସ୍ତ୍ର, ବାସଗୃହ, ସନ୍ତାନର ଶିକ୍ଷା, ସ୍ୱାସ୍ଥ୍ୟ ପାଇଁ, ଗରିବ ଜଣେ ଚିନ୍ତାକରେ। କିନ୍ତୁ ଚିନ୍ତାର ଜାଲରେ ଅଧିକ ପଡେ, ଅମୀର। ସେ ପୂଜାପାଠ, କ୍ରିୟାକାଣ୍ଡ, ଦାନଦକ୍ଷିଣା, ତୀର୍ଥ ଗମନ, ଯଜ୍ଞ, ହବନ, ଭ୍ରମଣ, ମନୋରଞ୍ଜନ, ମଦ୍ୟପାନ,

ଶରୀର ଭୋଗ, ରାଜନୀତି ଆଦିରେ ଅତ୍ୟଧିକ ଖର୍ଚ୍ଚ କରି କରି ଅଶାନ୍ତ। ପୁଣି କୋର୍ଟ, କଚେରୀ, ପୋଲିସ୍, ପଣ୍ଡିତ, ପୁରୋହିତ, ଜ୍ୟୋତିଷ, ଷ୍ଟୋନ ପରିଧାନ, ବାବା ମାତାଙ୍କ ଆଶ୍ରୟରେ ପସିଥାନ୍ତି। ତା' ସହିତ ବହୁମୂଲ୍ୟ ଘରଦ୍ୱାର, ଗାଡି ଘୋଡା ଓ ଆସବାସ ପତ୍ର କିଣି ଧନୀମାନି ଦେଖାନ୍ତି। କିଛି ଲୋକ ନିର୍ବାଚନ ଖର୍ଚ୍ଚ, ହତ୍ୟା, ଶୋଷଣ, ଗୁଣ୍ଡା ଦକ୍ଷିଣା, ସବୁଥିରେ ବହୁତ ଅର୍ଥ ବ୍ୟୟ କରି ଶେଷରେ ଡିପ୍ରେସନ୍ ଭଳି ଦୁର୍ଘଟଣାରେ ପଡିଯାନ୍ତି। ଜୀବନକୁ ନିର୍ମାଣ ନକରି, ବରବାଦ କରିଦିଅନ୍ତି। ତା' ସହିତ ଅଧିକ ବୃଦ୍ଧ, ଅସୁସ୍ଥ ହେଲେ, ଖାଦ୍ୟ, ବିଶ୍ରାମ, ଯାତ୍ରା ସବୁରେ ବାଧା ଦିଏ ପରିସ୍ଥିତି। ଶେଷରେ ଶାରୀରିକ, ମାନସିକ ଓ ଆତ୍ମିକ ସୁସ୍ଥତାକୁ ହରାଇଥାନ୍ତି।

କିଛି ଅଛନ୍ତି, ଯୌବନ ବେଳେ, ବୃଦ୍ଧ ଭଳି ଦେଖାଯାନ୍ତି। ରିଟାର୍‌ମେଣ୍ଟ ପରେ ବହୁ ପ୍ରଜ୍ଞାବାନ ଅଧିକାରୀ, ପିଲାଙ୍କ ପାଇଁ Future Investmentରେ ଫଶିଥାନ୍ତି। ଘର ବାଡି ପ୍ଲଟ୍, ବ୍ୟବସାୟ ଓ money investment ସହିତ, ବୃଦ୍ଧ ବେଳେ ପୁଣି ରୋଜଗାରକ୍ଷମ ହେବାରେ ଯୋଡିଥାନ୍ତି।

ଯାହା ଯେତେ କଲେବି, ଭିତରେ ଖଣ୍ଡ ଖଣ୍ଡ ହୋଇ ଯାଉଥାନ୍ତି। ବାହାରେ ଦେଖାଣିଆରେ ଚିକିଣିଆ ହେଲେ ମଧ୍ୟ, ଭିତରେ ଉଇ ଖାଇ ଖାଇ ଯାଉଥାଏ। ଅନିଦ୍ରା, BP, Heart failure, Brain Stroke ଆଦି ସାଥି ହୋଇଯାଏ। ଏ ସବୁରୁ ମୁକ୍ତି ପାଇଁ, ଗୋଟିଏ ରାସ୍ତା ବୋଲି ସନ୍ଥ କହନ୍ତି। ତାହା ଥିଲା ଆତ୍ମ ରୂପାନ୍ତରଣ। ଯେଉଁ ଅଭିଯାନ ପାଇଁ, ଆନନ୍ଦ, ବିଶ୍ରାମ, ଶ୍ରବଣ ଯଥେଷ୍ଟ। ତେଣୁ ଭ୍ରମ ଦୃଷ୍ଟିକୋଣକୁ ବଦଳାଅ। ସ୍ୱୟଂର ଅପରିବର୍ତ୍ତନୀୟ ଅଧ୍ୟାୟରେ ଯୋଡିଯାଅ, ଜାଣିବ, ସବୁକିଛି ପରିବର୍ତ୍ତନଶୀଳ ଭିତରେ, ଗୋଟିଏ ଛପିରହିଛି ଅପରିବର୍ତ୍ତନୀୟ ତତ୍ତ୍ୱ। ସେହି ରହସ୍ୟର ଅନୁସନ୍ଧାନ କର। ସମସ୍ୟା ଅନେକ ହେଲେ ବି, ସମାଧାନର ସୂତ୍ର ଗୋଟିଏ।

ତେବେ ଭୟଭୀତ ନ ହୋଇ, ବିଶ୍ରାମ କର। ସମ୍ୟକ କର୍ମର ପ୍ରଭାବ, ସୁସ୍ଥ ବିଶ୍ରାମକୁ ସହଯୋଗ ଦେବ। ନିଷ୍କ୍ରିୟ ଓ ଜାଗୃତ ବିଶ୍ରାମ ସହିତ ସୁମିରଣ ଯୋଡିଯିବ, ଜିତି ପାରିବ ମନକୁ ଓ ପରିସ୍ଥିତିକୁ। ଏହି ନିଷ୍କର୍ମ ସାଧନା କରାଇବ ନିଷ୍କାମୀ। ଫଳରେ ଜୀବନର କ୍ରାନ୍ତୀକାରୀ ଅଭିଯାନରୁ ଜନ୍ମ ନେବ ଗୃହସ୍ଥ ସନ୍ୟାସ।

ଗୃହରେ ରହି, ସଂବୁଦ୍ଧ ହୋଇପାରିବ। ଏହା ପରମ ସତ୍ୟ। ସବୁ ଭୟ ସହିତ, ମୃତ୍ୟୁକୁ ବି ଜିତି ପାରିବ। ନିଜର ଓ ପରିବାରର ସୁନ୍ଦର ପରିଚାଳନା କରି, ଜଗତର ମଙ୍ଗଳରେ ହାତ ଲଗାଇବ। ତୁମେ ନା ନିର୍ଭର କରିବ, ସଂସାରୀଙ୍କ ଦାନକୁ ନା ଅତ୍ୟାଚାର କରିବ ତୁମର ପରିବାରକୁ। ତୁମେ ସମ୍ୟକ ଜାଗ୍ରତ ରହିଲେ, ସମସ୍ତେ ଜଗିପାରିବେ। ଜାଣିବ, ମୃତ୍ୟୁ ଜୀବନର ଦ୍ୱାର। ଜୀବନର ଲୀଳା ହୋଇ ଯିବ। ମୋହ, (attachment) ସବୁ କମିକମି ଆବଶ୍ୟକତା ଉପରେ ଗୁରୁତ୍ୱ ଦେବ। ଧୀରେଧୀରେ, desiring ରୁ, ବା ଇଚ୍ଛାରୁ ମୁକ୍ତି ପାଇବ। ତେଣୁ ଅନ୍ୟର ସହିତ ତୁଳନା ଛାଡ। ଅସ୍ତିତ୍ୱର ସ୍ମରଣରେ ଯୋଡ। ସବୁକୁ ଛାଡିଲେ ଆନନ୍ଦ ପାଇବ। ଆନନ୍ଦିତ ବ୍ୟକ୍ତି ସ୍ୱୟଂରେ ଯୋଡେ। ସେହି ଏକା ଅନ୍ତିମ ବିକାଶ ପାଇ, ଜନ୍ମ ମୃତ୍ୟୁର କାଳ ଫାଶରୁ ଚିରମୁକ୍ତ ହୁଏ।

ସାବଧାନରୁହ, ଦିନେ ଜୀବନ ଚାଲିଯିବ। ତେଣୁ ସମ୍ୟକ ଓ ସମ୍ବେଦନଶୀଳ ହୋଇ ବଞ୍ଚ। ନିଜେ ହସ ଅନ୍ୟକୁ ହସାଅ। ସମ୍ୟକତା, ପ୍ରେମ, ଧ୍ୟାନ, ସମାଧି ଯୋଡିଯାଉ ଜୀବନ ଯାତ୍ରାରେ। ଜୀବନ ଯାତ୍ରା ଶୃଙ୍ଖଳିତ, ସହଜ ଓ ବିଶ୍ରାମ ପୂର୍ଣ୍ଣ ରହିଲେ ତୁମେ ହୋଇଯିବ ଧ୍ୟାନୀ। ଧ୍ୟାନୀ ବ୍ୟକ୍ତି ହୋଇଯାଏ ପ୍ରେମୀ। ପ୍ରେମୀର ସେବା ହିଁ ସମ୍ୟକ ସେବା, ସେ ହୁଏ ଏକା ଧାର୍ମିକ ଓ ଆନନ୍ଦିତ।

ତେଣୁ ସ୍ୱୀକାର ଓ ଶ୍ରଦ୍ଧାକୁ ବଢ଼ାଅ। ସାକ୍ଷୀରେ ଯୋଡ, ଯା'ର ଗୋଟିଏ ମାର୍ଗ, ଧ୍ୟାନ। ଧ୍ୟାନ ଏକ ସହଜ ବ୍ୟବସ୍ଥା ଅସ୍ତିତ୍ୱର।

■

ଧ୍ୟାନ ମନ୍ଦିରର ବୈଜ୍ଞାନିକତା

ଗୋଟିଏ ସୁନ୍ଦର ଘଟଣାରୁ ବିଷୟ ବସ୍ତୁକୁ ଆସିବା । ଥରେ ଗୋଟିଏ ପାଣିଜାହାଜ, ସମୁଦ୍ରରେ ଯାଉଥିଲା । ୨୦୦ରୁ ଅଧିକ ଯାତ୍ରୀ ବିଦେଶ ଯାଉଥିଲେ । ହଠାତ୍ ଗୋଟିଏ ଭୟଙ୍କର ତୋଫାନ ଆସିଲା । ପାଣି ଜାହାଜଟି ଅତଳ ଜଳରାଶିରେ ବୁଡିଗଲା । ପ୍ରାୟ ଯାତ୍ରୀ ପ୍ରାଣ ହରାଇଲେ । ମାତ୍ର ଜଣେ ବଞ୍ଚିଯାଇଥିଲା । ସେହି ଲୋକଟି ପହଁରି ପହଁରି ଏକ ନିର୍ଜନ ଦ୍ୱୀପରେ ପହଞ୍ଚି ଥିଲା । ସେଠାରେ ପ୍ରକୃତି, ପଶୁପକ୍ଷୀଙ୍କ ପରିବେଶରେ, ୫ବର୍ଷ ଧରି ରହିଲା । ଯାହା ମିଳିଲା ତାକୁ ଖାଇ ବଞ୍ଚି ଶିଖିଲା । ମନେ ମନେ ସେ ଅପେକ୍ଷା କରୁଥିଲା, କାଳେ କେହି ଆସିଯିବେ । କେହି ନ ଆସିବାରୁ, ଧୀରେ ଧୀରେ ତା'ର ପୁରୁଣା ଦୁନିଆକୁ ଭୁଲି ଗଲା । ଶେଷରେ ସେହି ଦ୍ୱୀପରେ ଏକାନ୍ତରେ ରହିଗଲା ।

ଦୁର୍ଘଟଣାର ୫ବର୍ଷ ପରେ ଗୋଟିଏ ଯାତ୍ରୀ ଜାହାଜ, ସେହି ପାହାଡିଆ ଦ୍ୱୀପ ଦେଇ ଯାଉଥିଲା ସମୁଦ୍ରରେ । ହଠାତ୍, ନାବିକଙ୍କ ସହିତ, ଛାତ ଉପରେ ଥିବା ଯାତ୍ରୀମାନେ, ସୁନ୍ଦର ଗୀତର ଆବାଜ ଶୁଣିବାକୁ ପାଇଲେ । ମଣିଷର କଣ୍ଠଧ୍ୱନି ଶୁଣି ଆଶ୍ଚର୍ଯ୍ୟ ହେଲେ । ସେମାନେ ସେହି ଦ୍ୱୀପରେ ଯାଇ ପହଁଞ୍ଚିଲେ । ଦେଖିଲେ, ଜଣେ ମଣିଷ ପଶୁଭଳି ବହୁତ ଖୁସିରେ ରହୁଛି । ତାକୁ ପଚାରି ସବୁ ଖବର ନେଲେ ଓ ବହୁତ ବୁଝାଇଲେ, ଫେରିଆସିବାକୁ । କିନ୍ତୁ ସେ ବୁଝିବାର ଲୋକ ନଥିଲା । ତା'ର କାରଣ ଏମାନେ ପଚାରିବାରୁ, ସେ କହିଲା, ଏଠାରେ ଅବଶ୍ୟ ସୁବିଧା ନାହିଁ ବଞ୍ଚିବାକୁ । ତଥାପି ଯେଉଁ ପରମ ଶାନ୍ତି, ଆନନ୍ଦ, ନିଦ୍ରା ମୁଁ ପାଉଛି ଏହି ଏକାନ୍ତ ବାସରୁ । ତାହା ମୋର ପୁରୁଣା ଦୁନିଆରେ ନଥିଲା ।

୫୦ ବର୍ଷ ଧରି ରହଣୀରେ, ମୁଁ ଯେଉଁ ସ୍ଥିତିରେ ଥିଲି, ମୁଁ ଜାଣିଛି । ମଣିଷ ଜୀବନ କିପରି ଚାଲିଛି । ପୁଣି କହିଲା, ଯଦି ମୁଁ ମୋର ସେହି ପୁରୁଣା ରାଜ୍ୟରେ ରହୁଥାନ୍ତି, ଅବଶ୍ୟ ଜଣେ ପାଗଳ, ଅସୁସ୍ଥ ବ୍ୟକ୍ତି ହୋଇ ଆତ୍ମହତ୍ୟା କରିଥାନ୍ତି । ତେଣୁ ଏହି ନିର୍ଜନତାରୁ

ଯାହା ପାଇବାର ଯୋଗ୍ୟ ଓ ବଞ୍ଚିବାର ଜରୁରୀ, ମୁଁ ତାହା ପାଇ ଯାଉଛି। ତାହା ତୁମର ଭିଡ ଓ ଅସନ୍ତୁଳିତ ଦୁନିଆରୁ ମିଳିବ ନାହିଁ।

ପରିସ୍ଥିତି ବଦଳିପାରେ, ମନସ୍ଥିତି କାହାର ବଦଳେ ନାହିଁ। ମୋ ଜୀବନରେ ଯେଉଁ କ୍ରାନ୍ତୀ ଘଟିଛି ଓ ଏଠୁ ଯେଉଁ ପରମାନନ୍ଦ ପାଉଛି, ତାହା ଅବିସ୍ମରଣୀୟ। ସେହି ନିଶବ୍ଦ, ନିସଙ୍ଗ, ଏକାନ୍ତ, ଶାନ୍ତ, ସହଜ, ବିଶ୍ରାମ ଓ ନିଦ୍ରାରେ ମୁଁ ଶୋଇଯାଉଛି।

ତେବେ ଜାଣନ୍ତୁ ଆମର ସଭ୍ୟ ଦୁନିଆ ଆଜି କିପରି ? ଆଜିର ଦୁନିଆ ଶବ୍ଦର ଦୁନିଆଁ।

- ପ୍ରତିଯୋଗୀତାର ଦୁନିଆଁ
- ହିଂସାର ଦୁନିଆଁ

ଭିଡ, ଦୌଡ, ଉପଦ୍ରବ, ଅଶାନ୍ତି ଭରିଯାଇଛି। ମଣିଷ ମାନବିକତାକୁ ଭୁଲି ଗଲାଣି। ଅଧିକ ସଂଗ୍ରହ, ସ୍ୱାର୍ଥପରତାରେ ପ୍ରବଳ ଦୌଡ ଯେଉଁଠି, ଅତୃପ୍ତି ସେଇଠି। ଶାନ୍ତି, ପ୍ରେମ, ମୌନ, ଧ୍ୟାନ, ବିଶ୍ରାମ କେଉଁଠି ମିଳିବ ? Osho କହନ୍ତି, ଯଦି ସେହି ଭଳି ଦ୍ୱୀପ, ଆମ ପାଖରେ, ଆମ ଭିତରେ ଉଦୟ ହୁଏ, ଆମ୍ଭେ ନିଶ୍ଚିତ ଶାନ୍ତିର, ଶକ୍ତିର, ବିଶ୍ରାମର ଅଧିକାରୀ ଓ ଅନୁଭବୀ ହୋଇ ପାରିବା।

ଜାଣନ୍ତୁ, ପ୍ରତ୍ୟେକ ବ୍ୟକ୍ତିର ଭିତରେ, ସେହି ଶୀତଳ ଅଗ୍ନିର ଇନ୍ଧନ ଛପି ରହିଛି। ତା'କୁ ଆବିଷ୍କାର କରିବାର ବିଜ୍ଞାନର ନାମ, ଧ୍ୟାନ। ଧ୍ୟାନ ଏକ ନିଷ୍କ୍ରିୟ ସୂତ୍ର। ନିର୍ଜନରୁ, ଏକାନ୍ତତାରୁ ଓ ସହଜ ବିଶ୍ରାମରୁ ଅବଶ୍ୟ କିଛି ଘଟି ପାରେ। ସବୁକୁ ଏକ ବ୍ୟବସ୍ଥିତ ଢଙ୍ଗରେ ତିଆରି କରିବା ଜରୁରୀ। ସମସ୍ତ ସଂସାରୀଙ୍କର ମନୋଭାବ, ଏକ ପୁରାତନ ଅବ୍ୟବସ୍ଥିତ ଢଙ୍ଗରେ ଅଭ୍ୟସ୍ତ। ପୁଣି ଆଜିର ସମାଜ, କୋଳାହଳ, ବୁଦ୍ଧିମାନ, ପ୍ରଜ୍ଞାବାନ, ଶିକ୍ଷିତ, ସମ୍ପଦ ବାଲା ବ୍ୟକ୍ତିତ୍ୱ, ସମ୍ୟକ ରହସ୍ୟକୁ ଭୁଲି ଗଲେଣି। ଅନୁକରଣ, ଅନୁମାନ ପଛରେ ଧାଇଁ, ଅନୁଭବକୁ ବିସ୍ମରଣ କଲେଣି। ତେଣୁ ଆମେ ସମସ୍ତେ, ସଂସାରୀ ହୁଅନ୍ତୁ ବା ସନ୍ୟାସୀ, ବାହାରେ ଜଙ୍ଗଲରେ ଆଶ୍ରମରେ ରହି ପରମାତ୍ମାଙ୍କୁ ପାଇବାକୁ ଖୋଜୁଛନ୍ତି। ବହୁ କାଳ ଧରି ନିଜେ ଠକୁଛନ୍ତି ଓ ଅନ୍ୟକୁ ମଧ୍ୟ ଠକାଉଛନ୍ତି। ତାଙ୍କୁ ସ୍ମରଣ କରି, ସ୍ୱୟଂର ସମ୍ଭାବନାକୁ ଆଖି ଆଗରେ ରଖି, ଏକ ବ୍ୟବସ୍ଥିତ ଢଙ୍ଗରେ ପ୍ରସ୍ତୁତ କରିବା, ଧ୍ୟାନ ମନ୍ଦିର। ତାହା ବୈଜ୍ଞାନିକ ପ୍ରକ୍ରିୟାରେ ଯୋଡିଥିବ। ବ୍ୟକ୍ତିର ଘରେ, ଗ୍ରାମରେ, ସହରରେ, କାର୍ଯ୍ୟାଳୟରେ, ଦେବାଳୟରେ, ବିଦ୍ୟାଳୟରେ ସବୁଠି, ସ୍ୱତନ୍ତ୍ର କକ୍ଷ ନିର୍ମାଣ କରାଇ, ଧ୍ୟାନରେ ପ୍ରବେଶ କରାଇବା ସମ୍ଭବ ହେବ।

ଧ୍ୟାନ, ଏହି ଦୁନିଆରେ ସର୍ବାଧିକ ମହତ୍ତ୍ୱପୂର୍ଣ୍ଣ ଘଟଣା କାହିଁକି ? ଏହି ଦୁନିଆରେ ସହସହ ଜାତି, ଉପଜାତି, ଧର୍ମ, ଧାରା, ଭାଷାଭାଷୀର ଲୋକ ଅଛନ୍ତି। ବିଭିନ୍ନ ଜଳବାୟୁ ଓ ପରିସ୍ଥିତିରେ ରହୁଛନ୍ତି। ସବୁଠି ମତଭେଦ ଦେଖାଯିବା ସ୍ୱାଭାବିକ୍।

ସବୁ ଧର୍ମ, ସମ୍ପ୍ରଦାୟ, ସଂଗଠନ, ସଂସ୍କାର ସାଧନା ନକ୍ସା, ପୂଜା ପ୍ରାର୍ଥନାର ଆଧାର ଭିନ୍ନ ଭିନ୍ନ । ବିଶ୍ୱାସ, ସିଦ୍ଧାନ୍ତ, ଜୀବନୀ ମଧ୍ୟ ବିଭିନ୍ନ ପ୍ରକାରର । ସେହି ମାଟିରେ ଜନ୍ମ ନେଇ, ଅସ୍ତିତ୍ୱର ଓ ଧାର୍ମିକତାର ନୂତନ ପ୍ରାଣପ୍ରତିଷ୍ଠା ଥିଲା, ମହାପୁରୁଷଙ୍କର ଲକ୍ଷ୍ୟ । ସେମାନେ ସଂସାରୀକୁ ସୁନ୍ଦର, ସହଜ ଓ ପ୍ରଜ୍ଞାବାନ ପାଇଁ ଧ୍ୟାନର, ପ୍ରେମର, ପ୍ରାର୍ଥନାର, ଧ୍ୱନିର ଉଦ୍‌ଘୋଷଣା କଲେ । ଶବ୍ଦରେ, ଭାଷାରେ ଅନେକ ପ୍ରକାର ଭିନ୍ନତା ରହିଥିଲା କିନ୍ତୁ, Theme ବା essence ଗୋଟିଏ ରହିଲା, ଯେଉଁଥିରେ କୌଣସି ମତଭେଦ ନଥିଲା । ଧର୍ମର ମୂଳରେ, ନିଶବ୍ଦର ପରମଧ୍ୱନି ସ୍ଥାନ ପାଇଲା । ସେହି ବୀଜ ମନ୍ତ୍ରକୁ ବ୍ରହ୍ମନାଦ ବୋଲି ମହାତ୍ମା କହିଲେ । ବିଶ୍ୱର, ଧାର୍ମିକତାର ଜଗତରେ, ଏକମାତ୍ର ନିର୍ବିବାଦୀୟ ତତ୍ତ୍ୱ, ଯାହାକୁ ଓଁକାର ବୋଲି ସାଂକେତିକ ସମ୍ବୋଧନ ଥିଲା ଭାରତୀୟ ଋଷିଙ୍କର ଘୋଷଣା । ସେହି ପରମ ସଂଗୀତକୁ ଅନ୍ତର ଶ୍ରବଣରୁ ଧ୍ୟାନର ଉଦୟ । ଧ୍ୟାନ ଦ୍ୱାରା, ପରମଧନ ମିଳିଥାଏ । ଏହା ପରମ ସତ୍ୟ । ତଥାପି ଧ୍ୟାନର ବୈଜ୍ଞାନିକତା ବିଷୟରେ କିଛି କଥା ଜାଣିବା ।

ସାଧାରଣ ମନୁଷ୍ୟ ଯେଉଁ କଥା କହନ୍ତି, ତାହା ଶବ୍ଦରେ କିଛି ପ୍ରକାଶିତ ହୁଏ, ଆଉ କିଛି ବିଚାର, ବିଷୟ ରହିଥାଏ ଭିତରେ । ତାହା ହୁଏ ଅପ୍ରକାଶ୍ୟ ।

ଅନୁଭବୀ କହନ୍ତି, ୧୦% ବିଚାର ପ୍ରକାଶିତ ହେଲେବି, ଯଦି ଜଣେ ମୌନରେ ରହେ, ତା'ର ଭାବନା ଜାଣିହୁଏ ନାହିଁ । ଯେ ପର୍ଯ୍ୟନ୍ତ ଜଣେ ବ୍ୟକ୍ତି କିଛି କଥା ନକହିଛି, ଶବ୍ଦ ନ ଉଚ୍ଚାରଣ କରିଛି, ତାକୁ ଜାଣି ହୁଏ ନାହିଁ ।

ତେଣୁ ଧ୍ୟାନ, ଏକ ଏପରି ଅବସ୍ଥା, ମୌନ ନରହିଲେ ବିଚାରଚାଲେ ଓ ରହିଲେ ବି ବିଚାର ଚାଲେ । ଧ୍ୟାନରୁ ସାକ୍ଷୀକୁ ଗଲେ, ବିଚାର ପୂର୍ଣ୍ଣ ମାତ୍ରାରେ ଶୂନ୍ୟ ହୁଏ ।

ଯାହାର ବିଚାର ଶୂନ୍ୟ ହେବ, ତା'ର କଥା କହିବାର ସ୍ପୃହା କମିଯିବ । ଧୀରେ ଧୀରେ ଧ୍ୟାନରେ ପ୍ରବେଶ କରିପାରିବ ।

ତେବେ ସନ୍ଥ କହନ୍ତି ମୌନ ଯାତ୍ରାର ୩ଟି ସ୍ତର । ମନସା, ବାଚା, କର୍ମଣା ।

୧. ମନସା- ବିଚାରର ଭାବନା ଆସେ ।

୨. ବାଚା- ଶବଦରେ ପ୍ରକାଶ କରିବା ।

୩. କର୍ମଣା- ଶବଦକୁ କାମରେ ଲଗାଏ ।

ଭାବନାରୁ ୧୦% ବିଚାର ଶବ୍ଦରେ ଆସେ । ୯୦% ବିଚାର ଭିତରେ ଛପିଯାଏ ।

ଯେଉଁ ୯୦% ଦବି ରହିଯାଏ, ସମୟ ନେଇ, ପାଣି ଖାଦ୍ୟ ପାଇ ଚାଲିଲେ, ଆବଶ୍ୟକ ବେଳେ, ବିସ୍ଫୋଟ ହୁଏ । ଅର୍ଥାତ୍ ସେହି ବୀଜ ହୁଏ ବିକଶିତ । ତେଣୁ ସହିବା, ଦବାଇବା, ଚାପିଦେବା, ମହାସମସ୍ୟା ଆଣେ ।

ତା'କୁ ନ ଦବାଇ, ରୂପାନ୍ତରଣ କରିବା ଅତି ଜରୁରୀ। ଯା'ର ଇନ୍ଧନ, ଧ୍ୟାନରୁ ମିଳିଯାଏ। ଧ୍ୟାନ, ମନକୁ ଅମନ କରିବାର ବିଜ୍ଞାନ। ଯଦି ସେହି ୯୦% ବିଚାର ବା ଊର୍ଜ୍ଜାର ସମ୍ୟକତା ନରହିଲା, ତେବେ ତାହା ଭୟଙ୍କର ରୂପନେଇ, ମଣିଷକୁ ପଶୁଭଳି ଗଢ଼ିଦିଏ। ସେହି ଊର୍ଜା, ଯଦି ସମ୍ୟକରୂପେ ସନ୍ତୁଳିତ ହୁଏ, ତାହା ଦିବ୍ୟ ଆତ୍ମା ସହିତ, ଅସ୍ତିତ୍ୱର ବିସ୍ତାରରେ ସହଯୋଗ ଦିଏ।

ବେଦରେ ଋଷି କହନ୍ତି, ମୁଁ ଦେଖିଲି। ତା'ର ଅର୍ଥ ଯେଉଁଠୁ ବିଚାର ଆସେ ତାହା ଜଣାଯାଏ। ଅନ୍ୟ ତରଫରେ, ଦେଖିଲେ, ଉପରେ- ଶବଦ

ଭିତରେ - ବିଚାର

ତା'ରି ଭିତରେ- ଦର୍ଶନ,

ଆହୁରି ଭିତରେ- ଆତ୍ମା (ଶୂନ୍ୟର ରାଜ)

ସେହି ଶୂନ୍ୟ ରାଜରୁ ଧ୍ୟାନର ଜନ୍ମ।

ବାହାର ଜଗତ ଶବ୍ଦର ଭିଡ। ଗୋଳମାଳ, ହୋ ହାଲା ପାଇଁ, ସହଜ ପରିସ୍ଥିତି ଆସେ ନାହିଁ। ତେଣୁ ଧ୍ୟାନ ମନ୍ଦିରର ନିର୍ମାଣ ଜରୁରୀ। ତାହା ହେବ ଶାନ୍ତ ପରିବେଶର ସ୍ଥଳ। ତେଣୁ ଧ୍ୟାନ କକ୍ଷ, ନିର୍ମାଣ କର।

୧ମରୁ ନିଜ ଗୃହରୁ, ନିଜ ଗ୍ରାମରୁ, ନିଜ ସହରରୁ, କାର୍ଯ୍ୟାଳୟକୁ, ବିଦ୍ୟାଳୟରୁ ଯେଉଁଠି, ଅଧ ଘଣ୍ଟା ପାଇଁ ଚୁପ୍‌ଚାପ୍ ବସି, ଶୁଣିପାରିବ ନିଜ ଭିତରୁ ଅସ୍ତିତ୍ୱର ପରମ ସଙ୍ଗୀତ। ସମସ୍ତେ ପାଇବେ ଧ୍ୟାନର ପରମ ସ୍ୱାଦ।

ଫଳରେ - ବିଚାର ଶୂନ୍ୟ ହେବ

- ଶାନ୍ତି ପାଇବ।
- ଊର୍ଜାବାନ ହେବ।
- ପ୍ରେମ ପୂର୍ଣ୍ଣ ରହିବ।
- ତୁଳନା ହଟିବ।
- ନକାରତ୍ମକ ହଜିଯିବ।
- ଜାଗ୍ରତ ରହିବ।

ପାଇବ ବିଶ୍ରାମ, ସେହି ମାର୍ଗର ନାମ ଧ୍ୟାନ।

ଆମ ଭିତରେ ଯେତିକି ଊର୍ଜା ଅଛି, ତା'ର ୧୫% ଆମେ ଉପଯୋଗ କରୁଛନ୍ତି। ସେହି ଅନୁସାରେ ୧୫% କେନ୍ଦ୍ର ସକ୍ରିୟ। ଭିତରେ ଆଉ Cells ରହିଯାଉଛି, ଯାହା ପାଖକୁ Oxygen ଯାଉନାହିଁ। ଯଦି ପ୍ରାଣାୟମ ସହିତ ଧ୍ୟାନ କରାଯାଏ, ସବୁ cells active ହେବ।

ସନ୍ଥ କହନ୍ତି unutilised energy must be utilised by meditation only.

ତେଣୁ ଧ୍ୟାନରେ କିଛି ଉର୍ଜା ଖର୍ଚ୍ଚ ହୁଏ ନାହିଁ, ବରଂ ଉର୍ଜାବାନ କରାଏ, ତେଣୁ ଧ୍ୟାନ ଅକ୍ରିୟା।

ମନେକର, ତୁମ ଘରେ ଗୋଟିଏ ପୁରୁଣା ବୀଣା ପଡି ରହିଛି। ତୁମର ପିତାମହ ବଜାଉଥିଲେ। ସେ ଚାଲିଗଲେଣି। ତୁମକୁ ବଜାଇବା ଆସୁନାହିଁ। ପ୍ରଶିକ୍ଷଣ ନେବା ପାଇଁ ସମୟ ନାହିଁ। ଶ୍ରଦ୍ଧା ବି ନାହିଁ, କିପରି ଶିଖିବ ? ତାହା' ବାଜିବ କି ନାହିଁ ? ବରଂ ତା'କୁ ଫୋପାଡିଦେବ କିମ୍ବା କାହାକୁ ଦେଇଦେବ। ତାକୁ ଯଦି କେହି utilize କରନ୍ତି, ସେ ପୁଣି ସୁନ୍ଦର ସ୍ୱର ଦେଇ। ଯେବେ କେହି ତାକୁ ପାଇ, ବଜାଇଲା, ତୁମେ ସେ ସ୍ୱର ଶୁଣି ଦାବି କରିବ ଓ ମାଗିବ, ଆମ ବୀଣା ଦେଇଦିଅନ୍ତୁ। ଏହା କ'ଣ ସମ୍ୟକତା ? ତେଣୁ ନିଜେ ବଜାଇ ଶିଖ।

ଠିକ୍ ସେହିପରି ଅନ୍ତର ବୀଣା, ନିଜ ଭିତରୁ, ବଜାଇ ଶିଖ। ଯଦି ଶ୍ରଦ୍ଧା, ସମୟ ନ ଦେଲ, ତାହା ବ୍ୟବହୃତ ନ ହୋଇ ନଷ୍ଟ ହୋଇଯିବ। ଯେବେ ସମ୍ୟକ ଭାବେ ଶିଖିଲ, ଜାଣିଲ, ତାରି ଭିତରୁ ଅଦ୍ଭୁତ ଧ୍ୱନି ବାହାରିବ। ଅର୍ଥାତ୍ ସେହି ବୀଣା ଶୁଣିବା ପାଇଁ, ଅନ୍ତରର ଶୂନ୍ୟତା ଜରୁରୀ।

ସେହି ଶୂନ୍ୟତାରୁ ଶୁଣାଯିବ - କୃଷ୍ଣର ବଂଶୀ।
- ଶିବଙ୍କର ଓଁକାର ।

ଏହି ସହଜ ବିଜ୍ଞାନର ନାମ, ଆଧ୍ୟାତ୍ମ।

ବର୍ତ୍ତମାନ ସମାଜରେ ଆଧ୍ୟାତ୍ମର ଶିକ୍ଷା, ମିଳେ ଶାସ୍ତ୍ରରେ,
- ଶିକ୍ଷକଙ୍କ ଠାରେ,
- ମାଧ୍ୟମରେ,
- ଅନୁଷ୍ଠାନରେ,

ଯେଉଁଥିରେ ପ୍ରେମ, ଧ୍ୟାନ, ସେବା, ଆନନ୍ଦ, ଶାନ୍ତି ଓ ବିଶ୍ରାମର ବ୍ୟବସ୍ଥା ନାହିଁ।

ବାସ୍ତବିକ୍, ଧ୍ୟାନରୁ କିଛି ମିଳି ନଥାଏ।

କେବଳ ଶାନ୍ତି, ଆନନ୍ଦ, ପ୍ରେମ ଓ ବିଶ୍ରାମର ବ୍ୟବସ୍ଥା। ତା'ର ଅର୍ଥ ନୁହେଁ, ପଦ, ପ୍ରତିଷ୍ଠା, ଧନ, ସମ୍ପଦ, ରୋଗମୁକ୍ତି ମିଳିଯିବ ? କିନ୍ତୁ ଜାଣ, ଧ୍ୟାନରେ ପ୍ରବେଶ ଅର୍ଥ, ସବୁ ମିଳିଗଲା। ଅର୍ଥାତ୍ କିଛି ନଥିବ କହିବାକୁ, ସବୁ ଶୂନ୍ୟ ହୋଇଯାଇଥିବ। ଭିତର ଓ ବାହାର ଖାଲିରୁ ଧ୍ୟାନର ଉଦୟ।

ତେଣୁ ଧ୍ୟାନକୁ ବ୍ୟବସ୍ଥିତ ଢଙ୍ଗରେ ବିକାଶ କରିବାର ଶିକ୍ଷା ପ୍ରସାରିତ ହେଉ। ମୌନତା, ବିଶ୍ରାମ, ସହଜତାରେ ଶ୍ରବଣକୁ ଯୋଡି ଦିଆଯାଉ। ଅନୁଭବ ପାଇଲେ, ଶାନ୍ତି, ଧର୍ମର ପ୍ରତିଷ୍ଠା ସମ୍ଭବ।

ନିଜ ଭିତରୁ ପରମ ଊର୍ଜାର ଆବିଷ୍କାର ଧ୍ୟାନ। ପରମ ଊର୍ଜା, ପରମାତ୍ମା, କୌଣସି ବ୍ୟକ୍ତି, ଅନୁଷ୍ଠାନ ନୁହେଁ। ତାହା ସମସ୍ତ ଊର୍ଜାର ଗୁଣବତ୍ତା।

ଧ୍ୟାନ ଏକମାତ୍ର ଉପାୟ ଆଧ୍ୟାତ୍ମ ଜଗତରେ, ଯାହା ଆନନ୍ଦ ପ୍ରାପ୍ତିର ଦ୍ୱାର। ତେଣୁ ଧ୍ୟାନ, ସବୁଠାରୁ ବହୁ ମୂଲ୍ୟ ତତ୍ତ୍ୱ ଏହି ଦୁନିଆରେ।

ଲୋକେ ଭାବୁଛନ୍ତି- ଧ୍ୟାନ କଠିନ।

- ଧ୍ୟାନ ମୂଲ୍ୟହୀନ।

ଏତିକି ଜାଣନ୍ତୁ! ଧ୍ୟାନ ଏକ ସହଜ ଅକ୍ରିୟା, ଯେ ପର୍ଯ୍ୟନ୍ତ ଅଜଣା ଥିବ, କଠିନ ଲାଗୁଥିବ। ଜାଣିବ, ଯେବେ ଧ୍ୟାନରେ ପଶିବ। ଧ୍ୟାନ, ଧରିତ୍ରୀର ଏକମାତ୍ର ସହଜ, ପ୍ରସ୍ତୁତି ପର୍ବ।

ଧ୍ୟାନ ପ୍ରତ୍ୟେକ ବ୍ୟକ୍ତିର କ୍ଷମତା। ପରମାତ୍ମା, ଜନ୍ମରୁ ଆମକୁ ଦେଇଥାନ୍ତି। କିନ୍ତୁ କୋଳାହଳ, ଭିଡ ଭାଡ, ଗହଳିରେ ରହି, ସଂଗ୍ରହରେ ଥାଇ, କର୍ତ୍ତାରେ ଯୋଡିଗଲେ, ଅସ୍ତିତ୍ୱର ବିସ୍ମରଣ ହୁଏ।

ବ୍ୟକ୍ତି, ସମାଜ, ସରକାର, ସଂସ୍ଥା, ସମସ୍ତେ ଚିନ୍ତନ କରି, ଜାଣନ୍ତୁ ଓ ଜଣାନ୍ତୁ ତା'ର ଉପଯୋଗ। ଅବଶ୍ୟ ମନ୍ଦିର, ଧର୍ମସ୍ଥଳ ବହୁତ ଅଛି, କିନ୍ତୁ ସେଠାରୁ ନିଶବ୍ଦର ଧ୍ୱନି ଶୁଭାଯାଉନାହିଁ। ଯାହା ଶୁଭୁଛି କୋଳାହଳ, ମନୋରଞ୍ଜନର ତରଙ୍ଗ।

ତେଣୁ ଆଧ୍ୟାତ୍ମ କହେ, ଯଦି ବଞ୍ଚିବା ସୁନ୍ଦର ଢଙ୍ଗରେ, ଯାହା ଆମର ଜନ୍ମଗତ ଅଧିକାର, ତେବେ ଧ୍ୟାନ ମନ୍ଦିର ନିର୍ମାଣ କର

- ନିଜ ଗୃହରେ
- ନିଜର କର୍ମସ୍ଥଳରେ
- ନିଜର ବିଶ୍ରାମ କକ୍ଷରେ

ତାହା ପୁଣି ବୈଜ୍ଞାନିକ ଆଧାରରେ ହେଉ। ପ୍ରାକୃତିକ ପରିବେଶ, ଶାନ୍ତ, ନିର୍ଜନ ସ୍ଥିତି ଆଣୁ। ନିଶବ୍ଦର ଜନ୍ମ ଯେପରି ହେଉ। ଏହି ବ୍ୟବସ୍ଥା ମାନବର ଅନ୍ତିମ ଆବିଷ୍କାର। ଶିକ୍ଷା, ଦୀକ୍ଷା, ରକ୍ଷା, ସହିତ ପ୍ରେମ, ଶକ୍ତି, ଧ୍ୟାନ, ଆନନ୍ଦ, ଉତ୍ସବ, ବିଶ୍ରାମ ଓ ଶାନ୍ତି ମିଳିଯିବ, ଯାହା ପରମସତ୍ୟ।

■

ଧ୍ୟାନର ବୈଜ୍ଞାନିକ ଉପଯୋଗ

ଧ୍ୟାନର କେନ୍ଦ୍ର ବା ଧ୍ୟାନ ମନ୍ଦିରର ନିର୍ମାଣରେ, ଯେପରି ବୈଜ୍ଞାନିକ ବ୍ୟବସ୍ଥା ହୁଏ, ଧ୍ୟାନର ଉପଯୋଗ ମଧ୍ୟ, ବିଜ୍ଞାନ ଢଙ୍ଗରେ ହେଉ। ଆଜିର ଧ୍ୟାନକେନ୍ଦ୍ର ପାଖରେ ସବୁ ସୁବିଧା ରଖାଯାଇ ପାରିବ। ବ୍ୟକ୍ତିର ଚିନ୍ତା, ଇର୍ଷା, କ୍ରୋଧ, ଅନିଦ୍ରା, ଆଳସ୍ୟ, ଭୟ ଆଦି ଦୂର ହୋଇପାରିବ। ପ୍ରଥମେ ତାହାର ବିଧି କିପରି ବିଧାୟକ ଦୃଷ୍ଟିକୋଣରେ ପହଞ୍ଚିବ। ମନ ଭିତରେ ଜମିଥିବା ଜନ୍ମ ଜନ୍ମାନ୍ତରର ବିଚାର, ବାସନାକୁ ବିସର୍ଜନ କରିବାକୁ ପଡେ, ଯେଉଁଠୁ ଧ୍ୟାନର ସୁରୁଆତ୍ ହେବ।

ଧ୍ୟାନ, ଏକ ପ୍ରସ୍ତୁତି ପର୍ବ ଅନ୍ତର ଯାତ୍ରାର। ୧ମେ, ସକ୍ରିୟ ଧ୍ୟାନ, Dynamic Meditation କରାଇ, ଉର୍ଜାର ଜାଗରଣ ସହିତ, ବିଚାର ସଫା କରାଯାଏ। ଶାନ୍ତ ହୋଇଗଲେ, ବିଶ୍ରାମକୁ ଯାଏ ବ୍ୟକ୍ତି। ସହଜ ବିଶ୍ରାମରୁ, ବିଚାର, ବିଷୟ, କମ୍ପନ, ସବୁ କମିକମି ଆସେ। ମନ ବିଚାର, ଭାବନା ସବୁ ଶାନ୍ତ ହୋଇ, ବିଶ୍ରାମରେ ଯୋଡିଯାଏ, ଏପରିକି, ଶ୍ୱାସକ୍ରିୟା ମଧ୍ୟ ଶିଥିଳ ହୋଇଯାଏ। ବହୁଦିନରୁ ଗଛିତ ରାଗ, କ୍ରୋଧ, ଅଭିମାନ ସବୁ ବଦଳି ପ୍ରେମ ଓ ଶାନ୍ତିରେ ପରିବର୍ତ୍ତିତ ହୁଏ।

ସନ୍ଥ କହନ୍ତି, ସଂସାରୀ ଶାନ୍ତି ଓ ଆନନ୍ଦ ପାଇବା ପାଇଁ ବାହାରୁ ସଂଗ୍ରହ କରିଥାନ୍ତି। କିନ୍ତୁ ଯେତିକି ଉର୍ଜା ଖର୍ଚ୍ଚ କରନ୍ତି, ତାହା ସଂପୂର୍ଣ୍ଣ ଉର୍ଜାର ୧୦% utilised ହୋଇଥାଏ, ଆଉ ୯୦% unutilised Urja ରହିଯାଏ। ତାକୁ ସକ୍ରିୟ କରାଇ, ସବୁ ଚକ୍ରକୁ ଉର୍ଜାବାନ କରିବାକୁ ପଡେ।

ଭଗବାନ ଶିବଙ୍କର ସର୍ଜନାରେ ୧୧୨ ପ୍ରକାରର ଧ୍ୟାନ ବିଧିରୁ, ଯେ କୌଣସିଟିକୁ, ୩ମାସ ଧରି ସାଧନା କରାଯାଏ। ସହଯୋଗ ସହିତ ସୁଫଳ ପାଇଁ, ନିଜର ରଚି ଅନୁଯାୟୀ ଧ୍ୟାନବିଧିର ଚୟନ କରିପାରିବେ। ଅନୁଭବୀ ସନ୍ଥଙ୍କର ସଙ୍କେତକୁ ଧରି, ପ୍ରବେଶ କରିବେ ଧ୍ୟାନରେ। କେବଳ ଶବଦରେ କହିଲେ, ଚଳିବନାହିଁ ବରଂ

ପ୍ରୟୋଗକର । ଅଭ୍ୟସ୍ତ ହେଲେ, ଯେ କୌଣସି ସ୍ଥଳରେ ଓ ସମୟରେ ଧ୍ୟାନରେ ପ୍ରବେଶ କରିପାରିବେ।

ମୋଟ ଉପରେ ସବୁ ୧୧୨ ବିଧିରୁ, ଯେ କୌଣସି ଗୋଟିଏକୁ ଶ୍ରଦ୍ଧାବାନ ହୋଇ ପ୍ରୟୋଗକଲେ ଧ୍ୟାନରେ ପହଞ୍ଚି ପାରିବେ। ସମସ୍ତଙ୍କର ସୁବିଧା ଓ ସମ୍ଭବ ଅନୁଯାୟୀ ବହୁତ ବିଧି ବିକଶିତ। ସତ୍ୟର ଉପଲବ୍ଧି ପାଇଁ ଧ୍ୟାନ ସାଧନା ଅତ୍ୟନ୍ତ ଜରୁରୀ।

ସେଥିରୁ ଗୋଟିଏ କ୍ଷୁଦ୍ର ବିଧି ବିଷୟରେ ଚର୍ଚ୍ଚା କରିବା-

୧- ସନ୍ତୁଳନ ବିଧି- (Balancing Technique) ଏଥିରେ ଦୁଇ ଗୋଡକୁ ସହଜ ରଖି, ଛିଡାହୁଅ। ଏପରି ଗୋଡ ଦୁଇଟିକୁ ରଖ, ଯେପରି ଦୁଇଟିର ଭାର ବା ଓଜନ ସମତୁଲରେ ରହିବ। ଯେମିତି ହେଉ, ଗୋଟେ ପାଖରେ କମ ଓ ଅନ୍ୟ ପାଖରେ ବେଶୀ ନରହୁ। Stress/ Pressure କେଉଁଟିକୁ ଅଧିକ ଦେବନାହିଁ। ଠିକ୍ ସନ୍ତୁଳନ ଯେପରି ଆସିବ, ଦେଖ।

କିଛି ସମୟ ସ୍ଥିର ରହିବ। ପୁଣି Active Movement କରିବ। ପୁଣି ଆଉଥରେ ବା ଦୁଇଥର ଛିଡା ହେବ, ଓ ସ୍ଥିର ରହିବ। Statue ପରି ବୋଧ ଆସୁ। ଆଖି ବୁଜି, ସାକ୍ଷୀରେ ଯୋଡ।

ଏଥିରେ ଶରୀର, ବିଚାର ଓ ଚେତନା ମଧ୍ୟ ସହଜରେ ପ୍ରଭାବିତ ହେବ। ତା'ପରେ ବିଶ୍ରାମକୁ ଯିବ।

ଯଦି effective ନହେଲା, ଚିନ୍ତିତ ବା ଦୁଃଖୀତ ହୁଅନାହିଁ। ବିଧି ବଦଳାଇ, ଅନ୍ୟ ବିଧିରେ ଯୋଡି ପାରିବ। ଏହି ନିଷ୍ପତ୍ତି ମଧ୍ୟ, ବିଜ୍ଞାନର ଖୋଜ।

ତେଣୁ ଧ୍ୟାନ ମନ୍ଦିର ନିର୍ମାଣରେ, ସବୁ ପ୍ରକାର ବିଜ୍ଞାନର Technique, ସୁବିଧା ଯୋଡା ଯାଉଛି। ଯେପରି ଆଧୁନିକ ପିଢ଼ି, ନିଜର ଘରେ, ସହରରେ, କର୍ମ ସ୍ଥଳରେ ଧ୍ୟାନ କେନ୍ଦ୍ରରେ/ କକ୍ଷରେ ବସି, ଧ୍ୟାନ ଉପଲବ୍ଧି ପାଇ ପାରିବେ।

ଧ୍ୟାନ ମନ୍ଦିରର ନିର୍ମାଣ କେବଳ ଧ୍ୟାନର ପ୍ରୟୋଗ ପାଇଁ ଉଦ୍ଦିଷ୍ଟ।

ମନ୍ଦିର ବ୍ୟବସ୍ଥାରେ ଆସୁଛି-

୧. Temperature Balancing
୨. Cold Climate, Sound Proof ବ୍ୟବସ୍ଥା
୩. BP, ECG ମାପିବା ବ୍ୟବସ୍ଥା
୪. Slow Sound, divine music
୫. ବିଶ୍ରାମ/ ସବାସନ ପାଇଁ ବିଛଣା, ସହିତ ଉପଯୁକ୍ତ facilities.
୬. ଶରୀରର ପିଡା ଥିଲେ, ଆସନରେ ବସିବାର ସମସ୍ୟା ପାଇଁ, specialised Chairs.

୭.	ମନକୁ ଶାନ୍ତ କରିବା ପାଇଁ- ବିଶ୍ରାମ, ଅଧ ଘଣ୍ଟା ଅତି କମ୍‌ରେ ରହିବ।
କପଡାର ପରିଧାନ (loose dress) ଜରୁରୀ।
(Army ଭଳି tied dress ପିନ୍ଧିଲେ, ଉତ୍ତେଜନା ଶରୀରରେ ଆଣିଥାଏ)
Theory & Practical Teachingର ଅଭ୍ୟାସ ପାଇଁ ବ୍ୟବସ୍ଥା ରହିବ।

୮.	ଗୋଲାକାର ବା Pyramid Type ରେ କକ୍ଷ ହେଉ।

୯.	ନିଜ ଘର ଓ କର୍ମସ୍ଥଳ ପରିଷ୍କାର, ପରିଛନ୍ନ ରହିବ।
Sound proof, ଶୂନ୍ୟକୋଠରୀ ଯଥେଷ୍ଟ।

୧୦.	Eye folder, earpluck ମଧ୍ୟ ଯୋଗାଇ ଦିଆଯିବ।

୧୧.	ନିରାଶ, ହତାଶ, କମ୍ପନ ଶୂନ୍ୟ ପାଇଁ, ସୁନ୍ଦର ସଂଗୀତ ଶୁଣାଇବାର ବ୍ୟବସ୍ଥା ରହିବ।

୧୨.	ସଙ୍ଗୀତ, ନୃତ୍ୟ, ତାଳି, ଗୀତ, ଶେଷରେ ଅହୋଭାବ ଜରୁରୀ। ତେଣୁ supported facility ରଖାଯାଉ ।

ଏହି ବ୍ୟବସ୍ଥାରେ ଗରିବ, ନିରୀହ, ଶିକ୍ଷିତ, ଅଶିକ୍ଷିତ, ସ୍ତ୍ରୀ, ପୁରୁଷ, ବାଳକ, ବୃଦ୍ଧ ସମସ୍ତେ ଭାଗ ନେଇ ପାରିବେ।

୧ମରୁ ବିଚାର ମୁକ୍ତ ପାଇଁ,

- ଊର୍ଜା ଜାଗରଣ ଓ ଊର୍ଜାର ଊର୍ଦ୍ଧ୍ୱଗମନ କରାଯାଏ।
- ଧ୍ୱନି ତରଙ୍ଗର ଶ୍ରବଣ।

ତା'ପରେ, ବିଶ୍ରାମ ଓ ଧ୍ୱନି ଶ୍ରବଣରେ ଯୋଡି ଦିଆଯାଏ। ଏହି ନୂଆ ଆବିଷ୍କାର, କେବଳ ବିଜ୍ଞାନର Technical ଆଧାରରେ ନିର୍ମାଣ ହେବ, ଧ୍ୟାନ ମନ୍ଦିର।

- ନିଜ ଗୃହ ଭିତରେ ହେବ ଧ୍ୟାନ କକ୍ଷ,
- ହିମାଳୟ, ଆଶ୍ରମ, ଜଙ୍ଗଲ, ମଠ, ଯିବାର ଜରୁରୀ ନାହିଁ,
- ଘରେ ହିମାଳୟ ଭଳି ଉତାପର ବ୍ୟବସ୍ଥା ହୋଇପାରିବ,
- ବୃତ୍ତି ଛାଡିବା, ପରିବାର, ସମାଜଠାରୁ, ଦୂରେଇବା ଜରୁରୀ ନାହିଁ।
- ସମସ୍ତଙ୍କର ଅନୁଭବ ପାଇଁ, ଧ୍ୟାନର ଶିକ୍ଷାକୁ ସାର୍ବଜନୀନ ଓ ନିଶୁଳ୍କ କରାଯିବା ଜରୁରୀ। ଧ୍ୟାନକୁ ଜଣେ, ୨ଜଣ ଅଭ୍ୟାସ କଲେ, ଚଳିବ ନାହିଁ। ଯଦି ସମସ୍ତେ ଘରେ ବସି ସହଜରେ, ଧ୍ୟାନରେ ଯୋଡନ୍ତି, ଅବଶ୍ୟ ଶାନ୍ତି, ମୈତ୍ରୀ, ବିଶ୍ରାମ, ଧରିତ୍ରୀକୁ ଫେରି ଆସିବ।
- ବିଶ୍ରାମ, ନିଦ୍ରା, ଆହାର, ବିହାର, ଖାଦ୍ୟର calory ର ଉପଯୋଗ ପାଇଁ, ଶିକ୍ଷା ଦାନ, ଜରୁରୀ।

- ମୁଦ୍ରାର ପ୍ରୟୋଗ କରି, ବିନା Medicineରେ ରୋଗରୁ ମୁକ୍ତି ପାଇବ।

- ଖଟ ଉପରେ, ପ୍ରକୃତି ଭ୍ରମଣରେ, ନଦୀ ଗର୍ଭରେ, ଡଙ୍ଗା ଉପରେ, ଉଚ୍ଚ ସ୍ଥାନରେ, କରାଯିବ ସାଧନା। ଭୂମିରେ ବସି କଲେ, ପ୍ରଥମରୁ, gravitational force ଟାଣିବ, ସାଧକର ଉର୍ଜାକୁ।

ଧ୍ୟାନର ସମୟ, ସକାଳ, ସନ୍ଧ୍ୟା ରହୁ।

ଅଭ୍ୟାସ ପରେ, ସବୁ ସମୟରେ ଯୋଡାଯାଇ ପାରିବ।

ଚିନ୍ତାର ସ୍ଥିତି ପାଇଁ ବହୁତ ବିଧି ରଖାଯିବ। Cardiagram ଭଳି, dream gramର ବ୍ୟବସ୍ଥା ମଧ୍ୟ ହେବ। ସ୍ୱପ୍ନର କେଉଁ ତରଙ୍ଗ ଚାଲୁଛି, ତା'ର graphio information ମିଳି ପାରିବ।

ବିଚାର ଶୂନ୍ୟ, ମନର ଶାନ୍ତି, ଶରୀର ବିଶ୍ରାମ ପାଇଁ, ଅନାହତ ଧ୍ୱନିର ଶ୍ରବଣ ଉପରେ ଗୁରୁତ୍ୱ ଦିଆଯିବ।

ସାରା ବ୍ୟବସ୍ଥାକୁ ପରିଚାଳନା ପାଇଁ, ଅନୁଭବୀ guide ବା ସାରଥି ସାଧନା କରାଇବେ।

ନିଶୁଳ୍କ ସେବା ବ୍ୟବସ୍ଥା ହେବ ମୁଖ୍ୟ ଲକ୍ଷ୍ୟ।

ସ୍ମରଣ ରହୁ, ଅନୁଭବୀ ସନ୍ଥଙ୍କୁ ସାରଥୀ କରାଯାଉ, ନହେଲେ, ଧ୍ୟାନ କ୍ଷେତ୍ର, ଯୁଦ୍ଧ କ୍ଷେତ୍ରରେ ପରିଣତ ହେବ। ଯେଉଁଠି ଶଲ୍ୟ ପାଇଁ କର୍ଣ୍ଣ, ଠିକ୍ ତା'ର ଓଲଟାରେ କୃଷ୍ଣଙ୍କ ପାଇଁ ଅର୍ଜୁନ ଲଢ଼ିଲେ, ଜିତିବା ହେବ ସମ୍ଭବ।

ତେଣୁ ସାରା ବିଜୟର ମୂଳ ସାରଥି (guide), ଯେ ଜଣେ ପ୍ରଜ୍ଞାବାନ, ଅନୁଭବୀ ସନ୍ଥ ହୋଇଥିବେ।

ସନ୍ଦେହ, ସିଦ୍ଧାନ୍ତ, ଶାସ୍ତ୍ରରୁ ମୁକ୍ତ ରହିବେ, ସାଧକ। ଅଭ୍ୟାସ, ଅନୁଭବ ହେବ ମୁଖ୍ୟ ଦର୍ଶନ।

ଯଦି ସମସ୍ତ ସଂସାରୀ ଧ୍ୟାନର ଅନୁଭବ ପାଆନ୍ତି, ନିଜର ଧ୍ୟାନ ମନ୍ଦିରରେ, ଆଉ କେଉଁଠିକୁ ଯିବାକୁ ଜରୁରୀ ହେବନାହିଁ। ଘର ବନିବ ଆଶ୍ରମ,

ଶରୀର ମନ୍ଦିର,
ଦେବତା ସ୍ୱୟଂର ଆତ୍ମସତ୍ତା,
ତେବେ ଧ୍ୟାନ ହେବ, ମୁଖ୍ୟ ସାଧନା ଓ

ଓଁକାର ହେବ ବ୍ରହ୍ମ ବୀଜ। ତେଣୁ ଓଁକାରର ପରିଚୟ, ଶ୍ରବଣ ଓ ମିଳନ କରାଇବା ପାଇଁ, ସମସ୍ତଙ୍କର ଲକ୍ଷ୍ୟ ହେବ ଧ୍ୟାନ ମନ୍ଦିରର ନିର୍ମାଣ।

■

ଭୟ ନୁହେଁ, ପ୍ରେମ ଦ୍ୱାରା କ୍ରାନ୍ତୀ

ସତ୍ୟ କହିଲେ କ୍ରାନ୍ତୀ ଘଟେ। ସମସ୍ତେ ଜାଣନ୍ତି, ମରିବା ସତ୍ୟ। ଯଦି ମରିବାର କାରଣ ଥାଏ, ନିରାକରଣ ମଧ୍ୟ ମହଜୁଦ। ସେହି ତଲାଶ ହିଁ କ୍ରାନ୍ତୀ।

ବୁଦ୍ଧ କହନ୍ତି, ଆଉ ସମୟ ନଷ୍ଟ କରନାହିଁ। ମୃତ୍ୟୁ ଜୀବନରେ ପ୍ରବେଶ କଲା। ଜନ୍ମଠାରୁ ପଛେ ପଛେ ଛପିଛି, ତା'ରି ସ୍ମରଣ ଜରୁରୀ। ପୂର୍ବରୁ ଭାବୁଥିଲେ, ଏମିତି ସିମିତ ଜୀବନ କଟିଯିବ। ଯଦି ଦିନ ହଜିଯିବ, ତୃଷ୍ଣା, କାମନା ଓ ମନ କ'ଣ ହଜିବ ନାହିଁ? ମୋତେ କେହି ବଦଳାଇ ପାରିବେ ନାହିଁ, ନା ମୁଁ କାହାକୁ ବଦଳାଇ ପାରିବି। କେବଳ ଗୋଟିଏ ରାସ୍ତା, ଖୋଦକୁ (ନିଜକୁ) ବଦଳାଇ ହେବ।

ତେବେ ମୃତ୍ୟୁର ଭୟ କାହିଁକି? ମୁଁ ଥିଲେ ତ ମରିବ? କୁହନ୍ତୁ, ଡରନ୍ତି କିଏ? ଯିଏ ଚାଲି ଶିଖି ନଥାଏ, ଭୟ ତାକୁ ଲାଗିବ। ଶିଶୁଟି ପରି, ଜୀବନ ତା'ର ଆରମ୍ଭ। ଆଗକୁ ବଢ଼ିବା କାମ। ଯଦି ଡରିଗଲ ଭାବୁଥିବ, ପିଲାଟିପରି ଚାଲିବା ବିଳମ୍ବ ହେବ। ତେଣୁ ଡର ରଖ ନାହିଁ, ରାସ୍ତାରେ ଚାଲ।

ଭୟ, ଏକ ନକାରାତ୍ମକ ଉର୍ଜା। ଭୟ କାରଣରୁ ପକ୍ଷପାତ ହୁଏ। ହାତ, ଗୋଡ ଭୟରୁ ଥରୁଥାଏ, ତାହା ନିଷ୍କ୍ରିୟ ଉର୍ଜା ପାଇଁ। ତାର ଅର୍ଥ ଜୀବନ ଉର୍ଜା ବନ୍ଦ ହୋଇଯାଏ। ସେଥିପାଇଁ ସାମାଜିକ ବ୍ୟବସ୍ଥା, ସାରା ଶାସ୍ତ୍ର, ଦର୍ଶନ ଆଜି ଭୟ ଆଧାରିତ।

ଲାଉତସ୍ କହନ୍ତି, ମୃତ୍ୟୁର ଭୟ ବଡ ଖତରା। ଲୋକେ, ଗୋଟେ କଥା କୁହନ୍ତି, ଗୋଟେ କାମ କରିଥାନ୍ତି। ଆତ୍ମ ପରିଚୟ ପାଇଁ, ନା କିଛି କରନ୍ତି, ନା କିଛି ଭାବନ୍ତି? ତେଣୁ ସଂଗ୍ରହ ଓ ସଂଘର୍ଷକୁ ଭୁଲି, ସହଜ, ସମ୍ବେଦନଶୀଳ, ଜାଗୃତ ଥାଇ, ପ୍ରଭୁ ସ୍ମରଣରେ ଯୋଡ।

ନା ଭୟ ଦେଇ, ନା ଭୟ ପାଇ, ନା ନୀର୍ଭିକ ଜରୁରୀ, ନା ଭୟଭୀତ।

କେବଳ ଅଭୟ ହୁଅ।

ନିର୍ଭିକ ଅହଂକାରୀ, ଭୟଭୀତର ଊର୍ଜା ସଂକୀର୍ଣ୍ଣ। ଉଭୟ ସମାଜର ପକ୍ଷପାତ କରନ୍ତି। ଦୁହେଁ କ୍ଷତିକାରକ। ଦୁହେଁ ଉପଦ୍ରବ କରନ୍ତି ଓ କରାନ୍ତି।

ଉପଦ୍ରବକୁ ନମାର, କାନୁନ୍‌ରେ ଦଣ୍ଡ ଦିଅ।

କିନ୍ତୁ ମୃତ୍ୟୁ ଦଣ୍ଡ ନୁହେଁ। ଯଦି ଦଣ୍ଡରେ ମୃତ୍ୟୁ ଦିଆଯାଏ, ଥରେ ଭାବ କାହାର ମୃତ୍ୟୁ ହେବ ?

ନ୍ୟାୟ ବ୍ୟବସ୍ଥା ଅସରନ୍ତି। କେତେକେତେ ବୁଦ୍ଧିଜୀବୀ, ସମାଜ, ସଂସ୍ଥା ଶାସନ ପାଇଁ କରିଛନ୍ତି କାନୁନ୍। ଅବଶ୍ୟ ଶରୀର, ମନ ଉପରେ ପ୍ରଭାବ ପକାଇଛି। କିନ୍ତୁ ଚେତନା ଉପରେ କିଛି ପ୍ରଭାବ ପଡୁନାହିଁ। ଚେତନାର ଗୁଣଧର୍ମ ଗୋଟିଏ। ଗୁଣ୍ଡାର, ପୋଲିସ୍‌ର, ସାଧୁର, ସମସ୍ତଙ୍କର ଚେତନା ଗୋଟିଏ। ଗୁଣ୍ଡାକୁ ଦଣ୍ଡଦେବା ପୋଲିସ୍‌ର କାମ। ପୋଲିସ୍ ଗୁଣ୍ଡା ଭଳି ହେଲେ କ'ଣ ଶାସନ ହେବ ? ପୋଲିସ ବେଳେବେଳେ ଶକ୍ତିର ପ୍ରୟୋଗ କରିବା ଜରୁରୀ କି ? ବରଂ ଭୟ ଦେଖାଇବା ଜରୁରୀ। କାରଣ ଭୟ ପଛରେ ଗୁଣ୍ଡାକୁ ବଦଳାଇବା ଲକ୍ଷ୍ୟ ଥାଏ। ତାହାହିଁ ମାନବ ବାଦର ରହସ୍ୟ।

ଦେଶରେ ଆଇନ୍ ଅଛି, ଦଣ୍ଡ ବି ମିଳୁଛି ଅନେକ। ତଥାପି ବ୍ୟକ୍ତିତ୍ୱ ବଦଳୁଛି କି ? ସାରା ବ୍ୟବସ୍ଥା କହୁଛି, ବୁରାକୁ ବୁରା, ବା ଦୁଷ୍ଟକୁ ଦୁଷ୍ଟାମୀ।

ତେଣୁ, ଅତ୍ୟାଚାର, ଭୟ, ମୃତ୍ୟୁଦଣ୍ଡ, ସୁଧାରିବାର ରାସ୍ତା ନୁହଁ। ଶୁଭ କର୍ମ ଆଦୌ ନୁହଁ। ବରଂ ଆହୁରି ଅଶୁଭ ଘଟାଇବ ଜଗତରେ। ତେଣୁ ଭବିଷ୍ୟତରେ ଶାସ୍ତି ଓ ଦଣ୍ଡକୁ ବଦଳାଅ। ଦଣ୍ଡର ରାସ୍ତାକୁ ବଦଳାଅ। ଯାହାକୁ ଖୋଜୁଛ, ତାହା ନିଜ ପାଖରେ।

ମନେକର ଜଣେ ବ୍ୟକ୍ତି ହତ୍ୟାକଲା। ସେ ଭାବ ପ୍ରବଣ ହୋଇ, କ୍ଷତି କଲା। ଆଇନ୍ ବ୍ୟବସ୍ଥାରେ ସେ ମୃତ୍ୟୁଦଣ୍ଡ ପାଇଲା। ଫରକ କେଉଁଠି ରହିଲା ? ତେଣୁ ସମାଜର ଆତ୍ମା ଆଜି ପଥର ହୋଇଯାଇଛି। ଯିଏ ଆତ୍ମବାନ, ସେ ଆତ୍ମହତ୍ୟା କରାଏ ନାହିଁ। ଏତିକି ଜାଣ, ଯେଉଁ ରାସ୍ତା ଦ୍ୱାରା, ଅନ୍ୟକୁ ବଦଳାଇବାକୁ ଚାହୁଁଛ, ସେ କେବେ ବଦଳିବ ନାହିଁ। ବରଂ ତୁମେ ବଦଳିବ।

For Example, ଆଜାଦୀ ଆନ୍ଦୋଳନରେ ଯେତେ ଲୋକଙ୍କୁ, British ହତ୍ୟାକଲା, ତା'ଠାରୁ ଏବେ ଅଧିକ ହତ୍ୟା ଗୁଣ୍ଡାଗିରି, ଆତଙ୍କବାଦ, ଦଣ୍ଡ ଦେବାବାଲା ଅଧିକ କରାଉଛନ୍ତି। ଯାହାର ମୂଳରେ ଆଇନ୍ ପ୍ରଣୟନ କରିବା ରାଜନୀତି। ବେହୋଷତା ପାଇଁ, ଅଧିକ ଦୁର୍ଘଟଣା, ହତ୍ୟା, ଦଣ୍ଡ ଚାଲିଛି ବ୍ୟବସ୍ଥାରେ।

ସନ୍ଥ କହନ୍ତି, ଅସମ୍ୟକ, ଦୁଷ୍ଟ ବ୍ୟକ୍ତି ସହିତ ଦୁଷ୍ଟାମୀ ବା ଦୁଶମନୀ କରନାହିଁ। ପ୍ରେମରେ ବ୍ୟବହାର କର। ସମୟ ଆସିବ ସେ ବୁଝିବ। ଲଢ଼ାଇ ନକରି କ୍ଷମାଦିଅ। ଜାଣ ଯାହା ସହିତ ଲଢ଼ିବ, ତାଙ୍କରି ଭଳି ହେବାକୁ ପଡିବ। ତୁମର ପ୍ରୟାସକୁ ସେହିଭଳି

କରାଇନେବ। ତାଙ୍କ ଓ ତୁମ୍ଭ ଭିତରେ ଫରକ ରହିବ ନାହିଁ। ଲଢ଼ିବାର ଅଛିତ, ବୁଦ୍ଧୁ ବା ବେହୋଷ ସହିତ ଲଢ଼ ନାହିଁ, ନିଜେ ବୁଦ୍ଧୁ ହୋଇଯିବ।

ବୁଦ୍ଧ କହନ୍ତି ସନ୍ଥ ସହିତ ଲଢ଼, ବୁଦ୍ଧ ପାଲଟିବ। ସାରା ଦୁନିଆ ଲଢ଼ାଇ କରିକରି ହାରିଯାଇଛି। ମନ୍ଦ, କେବେ ଦୂର ହେବ ନାହିଁ। କାରଣ ଭଲ ମନ୍ଦ ଦୁହେଁ, ଅସ୍ତିତ୍ୱର ବ୍ୟବସ୍ଥା। ବରଂ ଚେତନାକୁ ଆବିଷ୍କାର କର, ତେବେ ମନରୁ ମୁକ୍ତି ପାଇବ।

ଯଦି କାହା ପଛରେ ପଡିବ, ସେହି ଆଡକୁ ଊର୍ଜା ଯିବ। ତେଣୁ କାମ, କ୍ରୋଧ ରହିତ ହୋଇ, କରୁଣା ସହିତ ଲଢ଼। ଠିକ୍ ଦିଗରେ ଧ୍ୟାନ ଯିବ। ଉପଦ୍ରବରୁ ବଞ୍ଚିବ ଓ ନିଜେ ମୁକ୍ତ ହେବ।

ମନ୍ଦ ଓ ଭୟରୁ, ଭଲର ଜନ୍ମ କେବେ ହୁଏ ନାହିଁ। ଅହିଂସା ପାଇଁ ହିଂସା କରନାହିଁ। ବରଂ ଇମାନ୍‌ଦାରୀରେ ହିଂସାକୁ ରୋକ। ପ୍ରେମରେ ଜିତିପାର।

- ନା ଦଣ୍ଡରେ,
- ନା ଘୃଣାରେ,
- ନା ଭୟରେ ଜିତିପାରିବ ?

ସବୁ ଲୋକେ କହୁଛନ୍ତି, ଧର୍ମ ଆଜି ବିପଦରେ। ତେବେ ଧର୍ମର ରକ୍ଷା କିପରି ହେବ ? ହିଂସା କଲେ ଅଧର୍ମ ହେବ। ଜୀବନର ଚୈତନ୍ୟ, ହିଂସାତ୍ମକ ହେବ। ଯାହା ଭାବୁଛ, ତାହା ହେଉଛି। ଗୋଟିଏ ଶବଦ ବି ନଷ୍ଟ ହୁଏ ନାହିଁ। ଅସ୍ତିତ୍ୱ ପାଖରେ ଗଛିତ ହୁଏ। ତେଣୁ ଅପଶବ୍ଦରୁ ମୁକ୍ତ ରୁହ। ଉପଦ୍ରବକୁ ହଟାଇବାପାଇଁ, ଚେଷ୍ଟା ନକର। ମନ୍ଦକୁ ଦୂର ପାଇଁ, ପ୍ରେମକର, ତ୍ୟାଗକର, କ୍ଷମାକର, ମନ୍ଦ ହାରିଯିବ।

ଏକ ସୁନ୍ଦର କାହାଣୀ ଶୁଣିଲେ ଜାଣିବ। ରବୀନ୍ଦ୍ର ନାଥ ଠାକୁର, ବିଶ୍ୱ କବି ଥିଲେ, ନୋବେଲ ପୁରଷ୍କାର ପ୍ରାପ୍ତ ପୁରୁଷ। ତାଙ୍କ ପରିବାରର ଖ୍ୟାତି ଥିଲା। ପିତା ଧନୀ ଓ ମହାନ୍ ଥିଲେ। ଲୋକ ପ୍ରିୟ ଓ ସେବା ପାଇଁ, ବହୁତ ଲୋକ ତାଙ୍କ ଘରକୁ ଆସୁଥିଲେ। ସମସ୍ତେ ସମ୍ମାନ ଓ ଭୋଜନ ପାଆନ୍ତି। କିଛି ନହେଲେ ବି, ଚା ପାଣି ମିଳିଥାଏ ଲୋକଙ୍କୁ। ରବୀନ୍ଦ୍ରନାଥଙ୍କ ବଡ ଭାଇ କୁଶଳୀ ଥିଲେ। ଏତେ ଲୋକ ଆସିଲେ, ଚା ପାଣି, ପାଇଁ ମୁସ୍‌କିଲ୍ ହେଲା (Budget) ବଜେଟ। ଶେଷରେ ପାଣି ମିଶାଇଲେ କିଛି। କିଛିଦିନ ଗଲା, ଭାବିଲେ ତାଙ୍କ ଭାଇ, ମୁଁ ଆଉ ଏହି କାମ କରିପାରିବି ନାହିଁ। ଅନ୍ୟକୁ ଦେଇଦେବି। ତେଣୁ ଗୋଟିଏ Instructor Posting କଲେ, କାମ ବୁଝାସୁଝା ପାଇଁ। ପୁଣି ସେହି କାମ ହେଲା, ସେ ବି ଆହୁରି ପାଣି ମିଶାଇଲା। ସେ ତା'ର କୋଟା ନେଲା, ଓ କାମ ଚଳାଇଲା। ଆହୁରି ଲୋକ ଆସିଲେ, ଆଉ କେତେଜଣ Instructor Posting ହେଲେ ପ୍ରଥମ ଜଣକ ଅନ୍ୟର attendance ରଖିଲା।

ଶେଷରେ ପାଣିର ରଙ୍ଗ ଧଳା ହୋଇଗଲା । କ୍ଷୀରର ଗୁଣବତ୍ତା ହଜିଗଲା । ଦିନେ ରବୀନ୍ଦ୍ର ନାଥ, ତାଙ୍କ ଭାଇକୁ ଡାକି କହିଲେ, Instructior କୁ ରଖିବା ପୁରା ବନ୍ଦ କର ।

ତେଣୁ ରାଜ୍ୟର ପରିସ୍ଥିତ ସେହିପରି । ସୁଶାସନ ପାଇଁ, Power Dis-Centralisation ହେଲା । କିନ୍ତୁ ପରିଣାମ, ଶୁଭ ଆସିଲା ନାହିଁ, ବରଂ Centralised ଠିକ୍ ଥିଲା । ଯଦି ସଫଳ ବ୍ୟକ୍ତିତ୍ୱ ଉପରେ ରହନ୍ତି, ଅଧିକ ଦଣ୍ଡ, ଭୟ, ସେବା ଜରୁରୀ ନାହିଁ । ବରଂ ନିଜକୁ ଶୁଦ୍ଧ କରିବାର ଉପାୟ କରାଯାଉ । ନିଜର ରାସ୍ତା ନିଜେ ଖୋଜିନେବେ । ଦକ୍ଷ ନିଜେ ହେଲେ, କ୍ରାନ୍ତୀ ଘଟିବ । ପ୍ରଶାସନର ହିତଚିନ୍ତନ ବହୁତ ସ୍ୱାଗତ ଯୋଗ୍ୟ ଜଗତ ମଙ୍ଗଳ ପାଇଁ । ତେବେ ଜଡରୁ ବି, କ୍ରାନ୍ତୀ ଜନ୍ମ ନେବ । ସମସ୍ତଙ୍କର ଚେତନା ଜାଗ୍ରତ ପାଇଁ, ମୂଳ ହେଲା, ପ୍ରେମ ।

Primary Stageରୁ - Competative ଭାବନା ଦୂର ହେଉ ।
- ପ୍ରେମ ଉପରେ ଗୁରୁତ୍ୱ ଦିଆଯାଉ ।
- ଭୟ, ହଜିଯାଉ ।
- ଶିକ୍ଷାରେ କ୍ରାନ୍ତୀ ଆସୁ ।
- ତୁଳନା ବା grading ହଜିଯାଉ ।
- Marking କୁ ରୂପାନ୍ତରଣ କରାଯାଉ ।
- ଦକ୍ଷତାକୁ ଗୁରୁତ୍ୱ ଦିଆଯାଉ ।

ଫଳରେ, ମୂଳ, ଭୟ ଶାନ୍ତ ହେବ । ସମସ୍ତେ ସମସ୍ତଙ୍କୁ ଡରିବା କମିଯିବ । କମ୍ପନ ହଜିଲେ, ସ୍ୱପ୍ନ ଭୟବି ହଜିଯିବ ।

ଲାଉତସ କହନ୍ତି, ଆକାଶକୁ କୁରାଢ଼ି ମାର ନାହିଁ । ନିଜ ଗୋଡରେ ବାଜିବ । ସୃଷ୍ଟିକୁ ବିଗାଡ ନାହିଁ, ବିଚାରକୁ ବଦଳାଅ ।

ବୁଦ୍ଧ କହନ୍ତି, ନିଜେ କର । ବୁଦ୍ଧୁ ଭଳି ନୁହେଁ, ବୁଦ୍ଧ ଭଳି । ଯେପରି ମଞ୍ଜି ବୁଣିବ, ସେହିପରି ବୃକ୍ଷ ହେବ ।

ତେବେ ରାସ୍ତା ଗୋଟିଏ, ନିଜେ ବଦଳିବା । ନିଜେ ବଦଳିଲେ, ଅନ୍ୟଜଣେ ବଦଳିଯିବ । ଅସ୍ତିତ୍ୱର କ୍ରାନ୍ତୀ ଘଟିବ ।

ଜାଣ, ବୁଦ୍ଧ ପୁରୁଷ, କାହାରିକୁ ବଦଳାଇବା ପାଇଁ କହନ୍ତି ନାହିଁ । ବରଂ ସମଗ୍ରତାକୁ ସ୍ୱୀକାର କରିବାର ରାସ୍ତା କହନ୍ତି ।

ସମଗ୍ର ସ୍ୱୀକାର ରାସ୍ତାକୁ ଧର । ତୁମେ ବଦଳିବ କିନ୍ତୁ ଶ୍ରମ କରି ନୁହେଁ, ବିଶ୍ରାମ କରି । ନିଦ୍ରାରେ ଶୋଇ ନୁହେଁ, ଜାଗ୍ରତ ଶ୍ରବଣ କରି । ତେଣୁ ଘର ଛାଡ ନାହିଁ ।

ବାର ଦ୍ୱାର କିମ୍ବା, ବିଦେଶକୁ ସତ୍ୟ ଓ ଶାନ୍ତି ପାଇଁ ଯାଅନାହିଁ । ନିଜ ଘରେ ବସି, ସ୍ୱୟଂର ଚେତନା ଜାଗ୍ରତ କର। ତୁମର ଜିଜ୍ଞାସା, ପ୍ରେମ, ଶ୍ରଦ୍ଧା ଥିଲେ, ଅସ୍ତିତ୍ୱ ତୁମ ପାଖକୁ ଅନୁଭବୀ ପୁରୁଷ ପଠାଇବେ। ସେ ନିଶୁଳ୍କ ଓ ସମ୍ୟକ ଧ୍ୟାନର ଶିକ୍ଷା ଦେବେ ଓ ପହଁଞ୍ଚିବାର ରାସ୍ତା ବତାଇବେ ।

ମନେରଖ, ଯିଏ କୌଣସି କାମନା, ଧନ, ଜନ, ମାନର ଆଶା ରଖି ଧର୍ମର ପ୍ରଚାର କରୁଛନ୍ତି, ସେ କେବେ ଗୁରତୁଲ୍ୟ ନୁହେଁ। ସାବଧାନ, ଦୂରେଇ ରହି, ନିଜର ଅନ୍ତର ପ୍ରେରଣାକୁ ଅପେକ୍ଷାକର, ରାସ୍ତା ମିଳିଯିବ।

ଅସ୍ତିତ୍ୱର ଦ୍ୱାର ସର୍ବଦା ଖୋଲା। ଖୋଲା ହୃଦୟ ରହିଲେ, ଅସ୍ତିତ୍ୱର ପରମ ଧ୍ୱନି ଦିନେ ଶୁଭାଯିବ। ହଜିବ ଭୟ, ଲୋଟିବ ଧ୍ୟାନ। ବଦଳିବ ଜଗତ, ଏହା ପରମ ସତ୍ୟ।

■

ଶିକ୍ଷା କ୍ରାନ୍ତୀର ମୂଳ, ଧ୍ୟାନ

ଶିକ୍ଷାର ବିକାଶ ପାଇଁ ବହୁତ ବ୍ୟବସ୍ଥା ଉପଲବ୍ଧ । ଶିକ୍ଷାର ପ୍ରସାର ପାଇଁ ସମସ୍ତେ ତତ୍ପର । ଏପରିକି ପ୍ରଶାସନ ମଧ୍ୟ । ପ୍ରଶାସନର ବିଭିନ୍ନ ଯୋଜନା ଯଥା-

- ସର୍ବଶିକ୍ଷା ଅଭିଯାନ
- ବେଟୀ ପଢ଼ାଅ ଓ ବେଟୀ ବଞ୍ଚାଅ ।
- ମାଗଣା ଶିକ୍ଷା
- ପ୍ରଶିକ୍ଷଣ ଓ ସନ୍ଧାନ ପାଇଁ ବ୍ୟବସ୍ଥା
- ବିଦେଶୀ ଶିକ୍ଷାର ପ୍ରସାର
- ଖେଳ, କଳା, ସଂଗୀତ ଉପରେ ଗୁରୁତ୍ୱ ।

ପ୍ରଶ୍ନ ଉଠେ, ଏହି ସବୁ ବ୍ୟବସ୍ଥା ଯଥେଷ୍ଟ କି ? ଯଦି ପର୍ଯ୍ୟାପ୍ତ, ତେବେ ଶିକ୍ଷା ଅନୁଷ୍ଠାନକୁ ପ୍ରବେଶ ପାଇଁ, ଶିକ୍ଷାପ୍ରାପ୍ତି ବେଳେ, ଓ ଶିକ୍ଷା ପ୍ରାପ୍ତିପରେ ଏତେ ସମସ୍ୟା କାହିଁକି ? କର୍ମ, ସେବା, ପ୍ରାର୍ଥନା, ପ୍ରେମଦାନ, ଥାଇବି, ଏତେ ନିଷ୍ଠୁରତା, ଅସମ୍ୟକତା ଦେଖାଯାଉଛି କାହିଁକି ? ଆଜି ସମସ୍ତେ ଚିନ୍ତିତ ଓ ଅତ୍ୟାଚାରିତ । କିଛି କାନ୍ଦୁଛନ୍ତି, କାହାରି ଆଖିରୁ ଲୁହ ବୋହୁ ନାହିଁ । ସବୁ ସ୍ତରରେ ଯୁଦ୍ଧ ଦେଖାଯାଉଛି । ଶାନ୍ତି, ମୈତ୍ରୀ, ପ୍ରୀତି, ସତ୍ୟ କୁଆଡେ ଗଲା ?

ଦେଶରେ ଯେତେଯେତେ କ୍ରାନ୍ତୀ ଘଟିଛି, ବିଜ୍ଞାନ ହେଉ, କୃଷି ହେଉ, ଶିଳ୍ପ ହେଉ ବା ଧର୍ମ ହେଉ ସବୁ କ୍ଷେତ୍ରରେ ଜନତା ସୁବିଧା ପାଇବି, ଦୁଃଖୀତ ଓ ପୀଡିତ । କାରଣ କ'ଣ ? ମନୁଷ୍ୟର ଚେତନା ବିକଶିତ ନ ହେବାର କାରଣ ଶିକ୍ଷା । ଶିକ୍ଷାର ଲକ୍ଷ୍ୟ କେବଳ degree, ଚାକିରି, ପଦ ପ୍ରତିଷ୍ଠା, ରୋଜଗାର ନୁହେଁ । ଏ ପର୍ଯ୍ୟନ୍ତ ଶିକ୍ଷିତ, ଜୀବନର ସମ୍ୟକ ମାର୍ଗକୁ ବୁଝିଲେ ନାହିଁ । ତେଣୁ, ଶିକ୍ଷା କ୍ଷେତ୍ରରେ ଚାଲୁଥିବା ବ୍ୟବସ୍ଥା ପର୍ଯ୍ୟାପ୍ତ ନୁହେଁ । କେଉଁଠି ନା କେଉଁଠି କିଛି ଗଡବଡ ରହିଯାଉଛି ।

ତାକୁ ସୁଧାରିବାର ମାର୍ଗ, ଏକା ସରକାର ଓ ପ୍ରଶାସନର ନୁହଁ, ବରଂ ସମସ୍ତଙ୍କର ଦାୟୀତ୍ୱ। ସମସ୍ତେ ଜାଗ୍ରତହେଲେ, ବିକଶିତ ହେବ ମାନବବାଦ। Positivity ସହିତ Education Pattern କୁ ଦେଖାଯାଉ। ସବୁଠି ପ୍ରତିସ୍ପର୍ଦ୍ଧା ଅର୍ଥାତ୍ ଅନ୍ୟ ସହିତ ତୁଳନା। ସବୁଠି ଅନ୍ୟାୟ, ଅତ୍ୟାଚାର, ଭରିଯାଉଛି। ସମସ୍ତେ ଅସ୍ତିତ୍ୱକୁ ବିସ୍ମରଣ କରୁଛନ୍ତି।

ପୂର୍ବ ଶିକ୍ଷା ପ୍ରଣାଳୀରେ ସୁବିଧା ସୁଯୋଗ, ଯଥେଷ୍ଟ ନଥିଲା, କିନ୍ତୁ ରହସ୍ୟ ମୟ ଓ ପ୍ରଭାବଶାଳୀ ଥିଲା। କିଛି କିଛି ଅନୁଷ୍ଠାନରେ ଗୁରୁକୂଳ ବ୍ୟବସ୍ଥା ଥିଲା। ଅଳ୍ପ ଜନସଂଖ୍ୟା ଥିଲେ ମଧ୍ୟ, ଉତ୍ତମ ନାଗରିକ, ପ୍ରଶାସକ, ସୁନ୍ଦର ବ୍ୟକ୍ତିତ୍ୱ ଗଢ଼ିଉଠୁଥିଲା। ତାର ଅର୍ଥନୁହେଁ ଏବେ ହେଉ ନାହାନ୍ତି। ବର୍ତ୍ତମାନ ୧୦୦% Educated ପ୍ରାୟ ହେଲେଣି। ଯେତେ ଶିକ୍ଷିତ, ସେତେ ବିକ୍ଷିପ୍ତ, ଓ ଅଶାନ୍ତ ବି।

ଶିକ୍ଷାର ବ୍ୟବସ୍ଥା ବଢୁଛି, ହେଲେ ମାନଦଣ୍ଡ ବଢୁନାହିଁ। ତେଣୁ ଶିକ୍ଷା ଏପରି ହେଉ, ସମସ୍ତଙ୍କ ଭିତରେ ସମ୍ଭାବନା ବିକାଶପାଉ। ସମସ୍ତଙ୍କୁ ଜାଗ୍ରତ କରିବାର କୌଶଳ ଜଣାନ୍ତୁ ଓ ଉପଯୋଗ କରନ୍ତୁ।

ଶିକ୍ଷା ଜୀବନର ମୂଳ ହେଉ, କିନ୍ତୁ ସଫଳତା oriented ଇନ୍ଧନ ନ ଦିଆଯାଉ।

ଇର୍ଷା, ତୁଳନା, ପ୍ରତିଶୋଧ, ସଂରକ୍ଷଣ, grading, ଉଠିଯାଉ।

Marking Valuation ରହୁ କିନ୍ତୁ classism ମନରେ ସୃଷ୍ଟି ନହେଉ। କୋମଳ ଶିଶୁଙ୍କ ମନରେ, ଲଦି ଦିଆ ନଯାଉ। ସବୁ ଥାଇ ଆଜି, ଶିକ୍ଷା ସମାପ୍ତି ପରେ, ଅଶାନ୍ତି, ଆତ୍ମହତ୍ୟା, ଦୁଃଖ ରହୁଛି। ଏହା ଦେଶକୁ destruction ଆଡକୁ ଯିବାର ସୂଚନା।

ସାରା ବିଶ୍ୱ ଆଜି ଅସନ୍ତୁଳିତ, ଅସଂପୂର୍ଣ୍ଣ ଓ ଅଶାନ୍ତ। କାରଣ ପଶ୍ଚିମ ଦେଶ ମାନଙ୍କର ଧନ, ସମ୍ପଦ ଓ ବିଜ୍ଞାନରେ ବହୁତ ଅଗ୍ରଗତି ହେଲେ ମଧ୍ୟ, ଆଧାତ୍ମରେ ବହୁ ପଛରେ। ଠିକ୍ ସେହିପରି, ପୂର୍ବଦେଶରେ ଆଧାତ୍ମର ବିକାଶ ହେଲେ ମଧ୍ୟ, ସବୁ ସ୍ତରକୁ ଯାଇ ପାରୁନାହିଁ। ଉଭୟ ସହଯୋଗ ଓ ସମ୍ୟକ ରାସ୍ତାରେ ଯାଉନାହାଁନ୍ତି। ରାଜନିତୀରେ ସମସ୍ତେ ଯୁକ୍ତ ହୋଇ, ବ୍ୟବସାୟୀକରଣ କରି ଦେଲେଣି, ଶିକ୍ଷା ଓ ସେବା ବ୍ୟବସ୍ଥାକୁ। ମୋଟ ଉପରେ ଶିକ୍ଷାର ବୁନିଆଦିକୁ ଦେଖ। ତାର କାରଣ ଜାଣି, ନିରାକରଣ କରିବା, ସମସ୍ତ ସମ୍ୟକ ନାଗରିକର ଦାୟିତ୍ୱ।

ମୂଳବିନ୍ଦୁ କ'ଣ ?

୧. ଆତ୍ମଦର୍ଶନ ପୁରା ଅବହେଳା। ସମ୍ୟକତା ନାହିଁ ଯାହା ଜରୁରୀ। ଶିକ୍ଷା କ୍ଷେତ୍ରରେ ଧ୍ୟାନ, ପ୍ରେମ, ସେବା, ସମ୍ବେଦନଶୀଳତା, ଭରିଯାଉ।

୨. ପ୍ରତିଭା, ଯୋଗ୍ୟତାକୁ ମାପିବା ପାଇଁ ସମ୍ୟକ ସୂତ୍ର ବିକାଶ ପାଉ। ପ୍ରଶ୍ନର ଶୈଳୀ, Objective systemର ରୂପାନ୍ତରଣ ଜରୁରୀ।

୩. ଶିକ୍ଷା ସରଳ, condition ମୁକ୍ତ ରହୁ ।

୪. ପ୍ରତିଯୋଗୀତାର ପ୍ରଭାବରେ ଶିକ୍ଷାନୁଷ୍ଠାନରେ :-

- ଅନ୍ୟ ପ୍ରତି ଘୃଣା ଭାବ, ସୃଷ୍ଟି କରାଉଛି ।

- Award, Position, Increment ଦେବାରେ, ମାନସିକ ଝଡ ସୃଷ୍ଟି କରୁଛି ।

- ଆତ୍ମହତ୍ୟା ବହୁତ ଦେଖାଯାଉଛି, ଉଚ୍ଚ ମାନର ଶିକ୍ଷା ଅପ୍ରାପ୍ତିରୁ । ଶିକ୍ଷା ବ୍ୟବସ୍ଥାକୁ ଆତ୍ମ ରୂପାନ୍ତରଣରେ ଯୋଡାଯାଉ ।

୫. ମିତ୍ର ଭାବ - ସହଯୋଗୀତା ରହୁ ।

- ସମସ୍ତେ ଦୌଡରୁ ମୁକ୍ତ ହୁଅନ୍ତୁ ।

୬. ଆଦର୍ଶ ଶିକ୍ଷକ - ଭଲ ଶିକ୍ଷକ ନିଯୁକ୍ତ ପାଆନ୍ତୁ ।

- ପାରିଶ୍ରମିକରେ ଉନ୍ନତି ଓ ସମାନତା ରଖାଯାଉ ।

- ଆଦର୍ଶ ନାମରେ ଅସନ୍ତୋଷ ଭରିଯାଉଛି ।

- ଆତ୍ମ ସ୍ପର୍ଦ୍ଧା, ଆକାଙ୍କ୍ଷା, ନିଶା ହଜିଯାଉ ।

- ବାହାର ଜଗତ ସହିତ ଅନ୍ତର ଜଗତର ଶିକ୍ଷା ଅତି ଜରୁରୀ ।

୭. ଶାନ୍ତି, ପ୍ରେମ ପାଇଁ ଶିକ୍ଷା - ଶାସ୍ତ୍ରରେ ମିଳିନଥାଏ, ତାକୁ ଉପଯୋଗ ପାଇଁ ରାସ୍ତା ଖୋଲ । ପ୍ରାର୍ଥନା, ପ୍ରେମ, ଧ୍ୟାନର ଶବ୍ଦ ଓ ସାହିତ୍ୟ କୁ Practical କରାଯାଉ ।

- ପ୍ରାର୍ଥନାର ଅର୍ଥ - ଅହୋଭାବ (gratitude) ବୋଲି ଜ୍ଞାତ ହେଉ ।

- ହସ, ନାଚ, ଗୀତ ସହିତ, ବିଶ୍ରାମ, ଭ୍ରମଣ, ଧ୍ୟାନ, ସମାଧିର ପ୍ରଜ୍ଞା ରହୁ ଶିକ୍ଷା pattern ରେ ।

୮. ଶିକ୍ଷାର mile stone ନରହୁ -

- ସମ୍ୟକତା ଜରୁରୀ, ଶ୍ରମ ସହିତ ବିଶ୍ରାମକୁ ଗୁରୁତ୍ୱ ।

- ସବୁଠି sharing ଶିକ୍ଷା ଦିଆଯାଉ ।

- ବାସନା ମୁକ୍ତ ପ୍ରୋତ୍ସାହନ ଦିଆଯାଉ ।

- Trained- PHD, High qualified ଶିକ୍ଷକ ଆସନ୍ତୁ ଅନୁଷ୍ଠାନକୁ ।

୯. ସଂରକ୍ଷଣର ରୂପାନ୍ତରଣ ଜରୁରୀ -

- ଅନଗ୍ରସର ଜନଜାତି ପାଇଁ ସ୍ଥାନ ସଂରକ୍ଷଣରେ, ଥରେ ସୁଯୋଗ ଦିଆଯାଉ । ତା'ର ଅର୍ଥ ନୁହେଁ ଧାରାବାହିକ ସୁଯୋଗ ବଂଶଗତ ହୋଇ ଦିଆଯିବ ।

୧୦. ମନୁଷ୍ୟତାର ବିକାଶ ପାଇଁ, 4 dimension ଶିକ୍ଷା ଦିଆଯାଉ ।

୧- Physical - ଶାରୀରିକ

୨- Mental - ମାନସିକ

୩- Breathing - ଭାବନାତ୍ମକ

୪- Cosmic - ଆତ୍ମିକ ।

ତୃତୀୟ ଓ ୪ର୍ଥ, ଦୁଇଟିର ବିକାଶ ହୋଇପାରୁନାହିଁ । ଯଦି ଉଭୟର ବିକାଶ ଘଟେ, ହିଂସା, ଘୃଣା, ହଜି, ଭାଇଚାରା, ପ୍ରେମରେ ଯୋଡିବେ ଛାତ୍ର । ପରିଣାମ, ସମ୍ୟକ ନାଗରିକର ଜନ୍ମ ନେବ ।

୧୧. ସବୁଠାରୁ Important Points:-

୧- ଚେତନାର ବିକାଶ ପାଇଁ ବ୍ୟବସ୍ଥା ହେଉ । ସମ୍ୟକତା, ସତ୍ୟବାଦ ଓ ଆତ୍ମବାନ ଛାତ୍ର, ପ୍ରଶାସକ ହୁଅନ୍ତୁ ।

୨- Old pattern ରାସ୍ତା change ହୋଇ new pattern ଆସୁ । ଗୁରୁବାଣୀ, ସନ୍ଥକଥା, ଭାଗବତ, ସହିତ ଜଗନ୍ନାଥ ସଂସ୍କୃତିର କଥା course ରେ ରହୁ ।

୩- Skill development କୁ ପ୍ରାଣରେ ଯୋଡି ଦିଆଯାଉ । ଫଳରେ ଚାକିରୀ ପଛରେ ନ ଧାଇଁ ନିଜେ ସକ୍ଷମ ହୁଅନ୍ତୁ, ସମ୍ୟକ ରୋଜଗାର ପାଇଁ ।

୪- ଇତିହାସ ସହିତ ଭୂଗୋଳ, ବିଜ୍ଞାନ ସହିତ ଆଧ୍ୟାତ୍ମ, ଚିକିତ୍ସା ସହିତ ଆଇନ, ସବୁ ସ୍ତରରେ ସମ୍ୟକ ଶିକ୍ଷା ଦେବା ବ୍ୟବସ୍ଥା ହେଉ ।

୫- ଶୁଦ୍ଧ ପ୍ରେମ, ଧ୍ୟାନ, ସୁମିରଣ, ମୃତ୍ୟୁ ଓ ବିଶ୍ରାମର ପ୍ରଜ୍ଞା ଦିଆଯାଉ ।

୬- ଗମ୍ଭୀର ନ ହୋଇ ଛାତ୍ରଛାତ୍ରୀ, ସହଜ ଓ ସମ୍ବେଦନଶୀଳ ହେବେ । ଯାହା ଫଳରେ, ଭବିଷ୍ୟତରେ ସମସ୍ତେ ସମ୍ୟକ ନାଗରିକ ସହିତ ଧ୍ୟାନୀ ପୁରୁଷ ହୋଇ ପାରିବେ । ଦେଶରେ ଏକା ନୁହେଁ, ବିଶ୍ୱରେ ଅଭାବ, ଅତ୍ୟାଚାର ଓ ଲୁଣ୍ଠନର ମନୋଭାବ ହଜି, ସେବା, ପ୍ରେମ, ନ୍ୟାୟ ଓ ଶାନ୍ତିର ବସନ୍ତ ଉଦୟ ହେବ, ଏହା ପରମ ସତ୍ୟ ।

■

ଧ୍ୟାନର ଔଚିତ୍ୟ

ଧ୍ୟାନ କାହିଁକି କରିବା, ଅନେକଙ୍କର ପ୍ରଶ୍ନ। ଧ୍ୟାନରୁ କ'ଣ ମିଳିବ ? ଈଶ୍ୱର ପ୍ରାପ୍ତି ତ ନାହିଁ। ତେବେ କାହିଁକି ଜଣେ ଧ୍ୟାନ କରିବ ?

ଧ୍ୟାନରେ ଉଚିତ, ଅନୁଚିତ ନଥାଏ। ଧ୍ୟାନ, ଉଭୟରୁ ଅଧିକ୍ରମଣ। ଧ୍ୟାନ ମନର ନିର୍ବିଚାର ଦଶା। ଅମନ ହେବାର ବିଜ୍ଞାନ କହନ୍ତି ସନ୍ଥ। ଧ୍ୟାନ, ଅନ୍ତର ଯାତ୍ରାର ପ୍ରସ୍ତୁତି ପର୍ବ। ଉଚିତ, ଅନୁଚିତ, ଲାଭ କ୍ଷତି, ବଜାରର କଥା। ଏହା ବାହାର ସହିତ ସଂଯୁକ୍ତ, ବିଜ୍ଞାନ ନୁହେଁ। ଅବଶ୍ୟ ବାହାରେ ତା'ର ସୁଗନ୍ଧ ବିକଶିତ ହୁଏ। ଧ୍ୟାନ ତ ଅନ୍ତର ମାମଲା, ଶୂନ୍ୟ ବିଚାର ଯା'ର ଉଦ୍‌ଗମ, ଅବଶ୍ୟ ଈଶ୍ୱର ଓ ଭଗବାନ ପ୍ରାପ୍ତି ନାହିଁ, କିନ୍ତୁ ଭଗବତ୍ତାର ବୀଜ। ଏହା ବିଜ୍ଞାନର ଅଂଶ ନୁହେଁ ବରଂ ଆଧାର।

ଉଦାହରଣ ସ୍ୱରୂପ- ପାଣି ଗରମ ହେଲେ ବାଷ୍ପ ହୁଏ। ୧୦୦% degree ଉତପ୍ତ ହେଲେ ଘଟେ। ଏହି କାରଣ ବିଜ୍ଞାନରେ ଖୋଜ। କିନ୍ତୁ ପାଣିର କିଛି ସ୍ୱତନ୍ତ୍ରତା ନଥାଏ ବା କିଛି ଭାଗ୍ୟ ନୁହେଁ। ପରମାତ୍ମା କାର୍ଯ୍ୟ କାରଣରୁ ଉର୍ଦ୍ଧ୍ୱରେ। ଯଦି ଶ୍ରମକରି, ସଂଗ୍ରହ କରି, ପରମାତ୍ମା ମିଳିଯାନ୍ତି, ଧନୀ, ଜ୍ଞାନୀ ମାନେ ବ୍ରହ୍ମଜ୍ଞାନୀ ହୋଇଯାନ୍ତେ। ପଣ୍ଡିତ, ପୁରୋହିତ, ପୂଜା ପାଠ କରି, ମହାତ୍ମା ହୋଇ ଯାଉଥାନ୍ତେ। ସରକାର, ପ୍ରଶାସକ, ସବୁ ପାଇଁ ପ୍ରୟୋଗ ଖାନା ଖୋଲି ଦିଅନ୍ତେ।

ଯଦି ବୁଦ୍ଧି ଶ୍ରମ ଦ୍ୱାରା ଭଗବତ୍ତା ମିଳିଯାନ୍ତା, ମହାବୀର ୧୨ ବର୍ଷରୁ ଅଧିକ କଠିନ ତପସ୍ୟା କରି ପାରିଥାନ୍ତେ। ବୁଦ୍ଧ, ତପସ୍ୟା କରି, ଆତ୍ମଜ୍ଞାନୀ ହୋଇଥାନ୍ତେ। କିନ୍ତୁ ଯେବେ ସେମାନେ, ସବୁକୁ ଛାଡିଲେ, ନିଶ୍ଚ ଓ ପରମ ଶୂନ୍ୟତାରେ ବିଶ୍ରାମ ନେଲେ, କିଛି ଗୋଟେ ଘଟଣା ଘଟିଥିଲା, ଯାହାଦ୍ୱାରା ପରମ ଉର୍ଜାକୁ ନିଜେ ଅନୁଭବୀ ହୋଇ, ଜଗତର ମଙ୍ଗଳ ପାଇଁ ସୂତ୍ର ଆବିଷ୍କାର କଲେ।

ପ୍ରଶ୍ନ ଆସୁଛି, ଧ୍ୟାନର ଔଚିତ୍ୟ କ'ଣ ?

ଧ୍ୟାନର କାରଣ ନାହିଁ ବରଂ ଅକାରଣ।

ଏହା ଏକ ଅକ୍ରିୟା ।

ଯେପରି ସୂରଜ, ତୁମର ଇଚ୍ଛାରେ ଆସେ ନାହିଁ । ତୁମର ଇଚ୍ଛା ପ୍ରକାଶକୁ ଦେଖିପାର, ବା ନ ଦେଖିପାର । ତେଣୁ ଧ୍ୟାନ କଲେ ଅନ୍ତରର ଦ୍ୱାର ଖୋଲେ । ଅର୍ଥାତ୍, ଶୂନ୍ୟ ବିଚାରର ରାସ୍ତା ଆସିଯାଏ । ଭିତରୁ ଶୂନ୍ୟତାର ଏକ ଦିବ୍ୟ ଆବାଜ ସହିତ ପରମ ଶୀତଳ ପ୍ରକାଶ ମଧ୍ୟ ଦେଖାଦିଏ । ତାହା ଅନ୍ତରରେ ଛପି ରହିଥିବା, ଅନନ୍ତ ଯୁଗର କାମନା, ବିଚାର, ବାସନାକୁ ବିସର୍ଜନ କରାଏ । ଧ୍ୟାନରୁ, ପରମାତ୍ମା ଆସି ନଥାନ୍ତି, କିନ୍ତୁ ପରମ ଉର୍ଜା ମିଳିଯାଏ ।

ମନେକର, ଫୁଲ, ଫଳ, ଦ୍ୱୀପ, ଧୂପ, ଦେଇ ପୂଜା ପାଠ କରୁଛ । କ'ଣ ପରମାତ୍ମା ଆସିବା ପାଇଁ, ନା, କିଛି ପାଇବା ପାଇଁ ?

ହଁ, ହୋଇପାରେ, ତୁମେ ପ୍ରସ୍ତୁତି ଅଛ, ଆବାହନ ପାଇଁ । ରାସ୍ତା ପରିଷ୍କାର କରିଥାଏ । ଶାନ୍ତି, ସହଜ ପାଇବା ସେହି ରାସ୍ତାର ନାମ ଧ୍ୟାନ । ଭିତରୁ କଚରା, ବିଷୟ ରୂପାନ୍ତରଣର ଅନ୍ତର ବିଜ୍ଞାନ । ଶରୀରକୁ ମନ୍ଦିର, ଘରକୁ ଆଶ୍ରମ, ଓ ଚେତନା ବା ଆତ୍ମସତ୍ତାକୁ ଈଶ୍ୱର ଓ ପରମାତ୍ମା କରାଇଦିଏ । ତେଣୁ ତୁମର ଲାଭ କ୍ଷତି ଖୋଜନାହିଁ । ଧ୍ୟାନ ନିଜର ଆନନ୍ଦ, ନିଜର ଉତ୍ସବ । ଧ୍ୟାନ, ଅସ୍ତିତ୍ୱର ଅନୁଭବ । ତୁମ ପାଖକୁ ସୁନ୍ଦର ପରିବେଶ ଆଣିଦିଏ । ବିଚାର ଶୂନ୍ୟ ହୋଇ, ହୃଦୟ ଓ ନାଭିରେ ଯୋଡିଦିଏ, ଚେତନାକୁ । ଫଳରେ ତୁମର ଜଡତା, ନିଦ୍ରା, ମୂର୍ଚ୍ଛା, ଆଳସ୍ୟ, କ୍ରୋଧ, କାମ, ଆକାଂକ୍ଷା, ସ୍ୱପ୍ନ, ସବୁ ହଟାଇଦିଏ । ଜଗତକୁ, ଜଞ୍ଜାଳ, ଯଶ, ଯାତ୍ରାରୁ ମୁକ୍ତ କରାଏ ।

ଧ୍ୟାନର ଶିକ୍ଷା ଅତି ସହଜ, ଖର୍ଚ୍ଚାନ୍ତ ଶୂନ୍ୟ, ସରଳ ଅନୁଭବ । ଯେ କୌଣସି ବୟସର, ପରିସ୍ଥିତିର ବ୍ୟକ୍ତିଙ୍କର ହୋଇପାରିବ ।

ଧ୍ୟାନର ଶିକ୍ଷାରୁ, ଫଳାଫଳ ସହିତ କିଛି ଦେବା ନେବା ନାହିଁ । ତେଣୁ ଧ୍ୟାନ ଏକ ନିମିତ । ପରମାତ୍ମା ପ୍ରାପ୍ତି ସହିତ, କିଛି ଗୋଟେ ପାଇଯିବ, ତାହା ଲକ୍ଷ୍ୟ ଭାବ ନାହିଁ ।

ସ୍ମରଣ ରଖ, ଧ୍ୟାନର ଭ୍ରମ ଶିକ୍ଷା ସବୁଠି ଭରିରହିଛି । ଭ୍ରମକୁ ଜାଣିବ କିପରି ? ଯେ କୌଣସି ସାମାଜିକ ନାମୀ, ସଂସ୍ଥା, ସନ୍ୟାସୀଙ୍କ ଠାରୁ ଶିକ୍ଷା ପ୍ରାପ୍ତିକରିପାର, କିନ୍ତୁ ଯଦି କିଛି, ସାମାଜିକ ବିକାଶ ହେଲା, ଜାଣିବ, ଧ୍ୟାନରୁ କିଛି ପାଇଲ । ତୁମ ଇଚ୍ଛାରେ, ଧ୍ୟାନରେ ପ୍ରବେଶ କରିନଥିବ, ସେ ଏହି କଥା ଭାବିବ । ସେ ବାସ୍ତବରେ ସବୁକୁ ହରାଇ ଶୂନ୍ୟ ହେବ । ନିରହଂକାରୀ ହୋଇଯିବ, ସେହି ଉପଯୋଗ କରୁଥିବା ଧ୍ୟାନ ହେବ ସମ୍ୟକ ।

ଧ୍ୟାନ, ଆନନ୍ଦର ଆଲମ୍ବନ । ଏହା ମନରୁ, ଭାବରୁ, ବିଚାରରୁ, ସଂସାରରୁ, ସମ୍ୟକତାରୁ, ପଙ୍କରୁ କମଳ ଫୁଟାଇବ ।

ପଙ୍କରେ ରହିବ କମଳ ଫୁଟିବ, ଅର୍ଥ ସଂସାରରେ ଥିବ, ସଂବୁଦ୍ଧ ଜୀବନ କାଟିବ । ସେହିଁ ଧ୍ୟାନ, ଅନ୍ତିମ ବିଶ୍ରାମ ନେବାର ପରମ ବିଜ୍ଞାନ । ■

ଭଜ ଗୋବିନ୍ଦଂ ଭଜ ଗୋବିନ୍ଦଂ
ଭଜ ଗୋବିନ୍ଦଂ ମୂଢ଼ ମତେ

ଏହି ମହାବାକ୍ୟ ଜଗତଗୁରୁ ଶଙ୍କରାଚାର୍ଯ୍ୟଙ୍କର ଥିଲା ଉଦ୍‌ଘୋଷଣା । ଆଦି ଶଙ୍କର, ଭଗବାନ ଶିବଙ୍କର ଅବତାରୀ । ଆନନ୍ଦ, ସତ୍ୟ ଥିଲା ପରମ ଦର୍ଶନ । ତାଙ୍କର ୩ଟି ମହାନ୍ ରହସ୍ୟର ରଚନା ଥିଲା । ବ୍ରହ୍ମସୂତ୍ର, ଭଗବତ ଗୀତା ଓ ଇଷାବାଶ୍ୟା ଉପନିଷଦ । ଏହି ତ୍ରିଗୁଣର ଅଧିକାରୀ ଯିଏ, ତାଙ୍କୁ ଜଗତଗୁରୁ ପଦବାଚ୍ୟ ବୋଲି କଥା ଅଛି ।

ସେ କହନ୍ତି, ହେ ମୂଢ଼ ! କିଛି ନ କଲେ ବି, ଗୋବିନ୍ଦର ଭଜନ କର । ତୁ ମୁକ୍ତି ପାଇଯିବୁ । ତାଙ୍କର ମୂଢ଼ ବୋଲି ସମ୍ବୋଧନରେ କୌଣସି ଅସମ୍ୟକତା ନଥିଲା । ସଂସାରୀ ଓ ସାମାଜିକ ଜ୍ଞାନୀ ଭାବନ୍ତି, ସାମାନ୍ୟ ବ୍ୟକ୍ତିଙ୍କୁ ନିନ୍ଦା କରାଯାଇଛି । ଏହା ଥିଲା ଭ୍ରମ ଦର୍ଶନ । ସେ ତ ଥିଲେ ପରମ ଦୟାଳୁ । ତାଙ୍କୁ ପ୍ରେମ, କରୁଣାର ସାଗର କହନ୍ତି । ତାଙ୍କ କହିବାରେ, ହେ ଅଜ୍ଞାନୀ ! ଜନ୍ମ ଜନ୍ମାନ୍ତର ଗଲା । କେବେ ଜାଗ୍ରତ ହେବୁ ? ଏବେ କମ୍ ସେ କମ୍, ଗୋବିନ୍ଦଙ୍କୁ ତ ଭଜ । ଏହା ସବୁଠାରୁ ସହଜ ଓ ବ୍ରହ୍ମ ଅସ୍ତ୍ର ।

ତାଙ୍କରି ଦର୍ଶନରେ, ୩ ପ୍ରକାରର ଲୋକ, ସଂସାରରେ ଦେଖାଯାନ୍ତି ।

୧. ଜ୍ଞାନୀ- ଅନୁଭବୀ ପୁରୁଷ, ସତ୍ୟର । ତାଙ୍କୁ ଆତ୍ମଜ୍ଞାନୀ କୁହାଯାଏ । ତାଙ୍କର ସଂଖ୍ୟା କିନ୍ତୁ ବିରଳ । ଚେତନା ପରିଚିତ ପୁରୁଷ, ସେମାନେ ।

୨. ଅଜ୍ଞାନୀ – ନା ଆତ୍ମଜ୍ଞାନୀ, ନା ସମ୍ୟକ । ଚେତନା ଥାଇ କି, ଅନଭିଜ୍ଞ ।

୩. ମୂଢ଼ – ଚେତନାର ଖବର ଥାଏ, କିନ୍ତୁ ଅପରିଚିତ । ତଥାପି, ଶାସ୍ତ୍ର ଜ୍ଞାନୀ ଓ ସାମାଜିକ ଶିକ୍ଷିତ ବୋଲି କୁହନ୍ତି । ସଂଗ୍ରହ ଧନ, ଜ୍ଞାନ ପାଇଁ ଭାବନ୍ତି, ମହାନ । ସେ ଅହଂକାରୀ ଶିକ୍ଷିତ ପୁରୁଷ ।

ସେହି ମୂଢ଼ମାନଙ୍କୁ ଇସାରା ଦେଇ କହିଥାନ୍ତି । ଏବେ ଜାଗ୍ରତ ହୁଅ । ଭୟ

କରନାହିଁ। ମୃତ୍ୟୁ ତୁମକୁ ଡରାଇ ପାରିବ ନାହିଁ। ଯେ ପର୍ଯ୍ୟନ୍ତ ତୁମ ଭିତରୁ, ଅନ୍ଧାର, ଅଜ୍ଞାନ ନ ହଜିଛି, ତୁମେ ଗୋବିନ୍ଦ, ଅସ୍ତିତ୍ୱକୁ ଅସ୍ୱୀକାର କରୁଥିବ। ତୁମ ଆଖିରେ ତୁମର ବୁଦ୍ଧି, ଶକ୍ତି, ସଂଗ୍ରହ ଯଥେଷ୍ଟ। ବହୁମୂଲ୍ୟ ଧନ ପାଖେ ଅଛି ବୋଲି ଭାବିଛ।

ଅବଶ୍ୟ ଅମୂଲ୍ୟ ରତ୍ନ, ସର୍ବଜୀବାତ୍ମାଙ୍କ ପାଖେ ମହଜୁଦ ଥାଏ ଅସ୍ତିତ୍ୱର ଅନୁଦାନରୁ। ତାଙ୍କୁ ସମସ୍ତେ ଅଣଦେଖା କରିଥାନ୍ତି, ଗ୍ରନ୍ଥ ଘୋଷା ଜ୍ଞାନ ରଖି ଅହଂକାରୀ ହେଉଛୁ ତୁ। ଏବେ ବୁଦ୍ଧି (ମୁଣ୍ଡ) କୁ ଛାଡି, ହୃଦୟର ଭାବରେ ଯୋଡ। ତୋ ପାଇଁ ଗୋଟିଏ ରାସ୍ତା, ଅସ୍ତିତ୍ୱର ଭଜନ କର।

ସେ କୀର୍ତ୍ତନ, ଭଜନ, ପ୍ରଭୁଙ୍କର ଗୁଣଗାନ ନୁହେଁ, ତାହା କଣ୍ଠ, ଜିଭ, ଘୋଷା, ଲେଖା, ଜପା ଦ୍ୱାରା ଶବଦ ନୁହେଁ। ସେ ତ ଅନ୍ତରର ସଙ୍ଗୀତ। ପରମ ଧ୍ୱନିର ଆବାଜକୁ ଶ୍ରବଣ କରିବା। ସେହି ଦିବ୍ୟ ଧ୍ୱନି, ଯିଏ ଅଖଣ୍ଡିତ, ନିରନ୍ତର ବାଜୁଛି, ତାକୁ ଅନ୍ତରରୁ, ନିଜର ଶୂନ୍ୟ ବିଚାରରୁ ଶୁଣ। ସେହି ହେବ ପ୍ରକୃତ ଭଜନ, ଯାହାକୁ ଅସ୍ତିତ୍ୱର ଭଜନ କହନ୍ତି, ଶଙ୍କର।

ତେଣୁ ମାନବର ସର୍ଜନାର ଶବଦରେ ନ ଯୋଡ। ଯୋଡିବାର ଅଛି ତ, ଅସ୍ତିତ୍ୱର ନିଶବ୍ଦକୁ ଶୁଣ। ଜାଣିରଖ, ଅସ୍ତିତ୍ୱର ଭାଷା, ମୌନ। ସେହି ମୌନ, ସ୍ୱୟଂ ସହିତ ଯୋଡିବାର ମାଧ୍ୟମ।

ସେ କହନ୍ତି, ମୂଢ଼, ସବୁଠାରୁ ଖତରନାକ ସଂସାରର। ସେହି ମୂଢ଼, ଯିଏ ବାହାରୁ ଖୋଜେ, ସାକାରରେ ହଜେ। କିନ୍ତୁ, ଜ୍ଞାନୀ, ଭିତରୁ ଖୋଜେ। ସେ ବିନମ୍ର। ସତ୍ୟକୁ ଖୋଜେ ନିଜ ଭିତରୁ, ନିଜର ଶୂନ୍ୟତାରୁ।

ଜାଣିରଖ, ମୂଢ଼ର ଭବିଷ୍ୟତ ଅନ୍ଧାର। ଜାଣି ଶୁଣି, ସଂସାରରେ ଭୟଙ୍କର ପରିସ୍ଥିତି ପହଞ୍ଚାଏ। ବିଜ୍ଞାନୀ, ଶକ୍ତିର ଦୁରୋପଯୋଗ କରିଥାଏ, ଅଜ୍ଞାନୀ ତୁଳନାରେ। ପୁଣି, ନିଜ ଢଙ୍ଗରେ ଭଜନ କରିଥାନ୍ତି, ନିଜର ମାନ୍ୟତାକୁ ନେଇ। ଆଉ କିଛି, ଭିଡରେ ଚିଲ୍ଲାନ୍ତି ଯେଉଁଥିରୁ କିଛି ମିଳି ନଥାଏ।

ତେଣୁ, ମୌନର ସଙ୍ଗୀତ ଶୁଣ। କାମନା, ବାସନା, ଇଚ୍ଛା, ଆକାଂକ୍ଷା ସବୁ ମରିଯିବ। ଜାଣିବ ଭଜନର କେବଳ ଆକର୍ଷଣ। ସେହି ଭଜନ ଏକା ଅଖଣ୍ଡ ଭଜନ। ସର୍ବଦା ଚାଲିଛି ଆତ୍ମାରେ, ତାକୁ ଜାଣ ଓ ଶୁଣ। ସେହି ନିରନ୍ତର ଶ୍ରବଣ ହିଁ ଧ୍ୟାନ। ଧ୍ୟାନରୁ ସମାଧି, ଆଧ୍ୟାତ୍ମର ପରମ ଅନୁଭୂତି। ମହାଜୀବନ ଓ ଦିବ୍ୟ ଜୀବନକୁ ପାଇବାର ଶ୍ରେଷ୍ଠ ପ୍ରସାଦ ଅସ୍ତିତ୍ୱର।

ସେହି ଗୋବିନ୍ଦର ଭଜନରେ ଯୋଡିଲେ,

– ମନ ନାଚି ଉଠିବ।

- ପାଦରୁ ଘୁଙ୍ଘୁର ବାଜିବ।
- କଣ୍ଠରୁ ସଙ୍ଗୀତ ଛୁଟିବ।
- ମୁଖରେ ହସ ଫୁଟିବ।
- ହୃଦୟରୁ ପ୍ରେମ ଝରିବ। ଜାଣିବ ଭିତର ଖାଲି ଓ ବାହାରେ ସୁଗନ୍ଧ।

ଭିତରେ ଭରିଦେବ ଆନନ୍ଦ, ଉତ୍ସବ ଓ ବିଶ୍ରାମ। ନୂଆ ବସନ୍ତର ଆଗମନ ହେବ, ଗୋବିନ୍ଦର ପ୍ରୀତି ଲାଗିଗଲେ ଜୀବନ ସଫଳ ହେବ, ତାକୁ ପରମ ବିଶ୍ରାମ ଲାଗିବ।

■

କୁଣ୍ଡଳିନୀ ଜାଗରଣରେ ବିପଦ

ସମସ୍ତ ସାଧକ ଭାବନ୍ତି, ବିନା କୁଣ୍ଡଳିନୀ ଜାଗରଣରେ ସନ୍ଥତ୍ୱ ପ୍ରାପ୍ତି ନାହିଁ। ପ୍ରବଳ ଇଚ୍ଛା ହୁଏ, କିପରି କୁଣ୍ଡଳିନୀ ଜଗିବ ? ପୁଣି ପ୍ରୟାସ ଚାଲିଲେ, ଚିନ୍ତିତ ହୁଅନ୍ତି, କାହିଁକି ଜାଗୁନାହିଁ ?

କୁଣ୍ଡଳିନୀ କାହିଁକି ଜଗାଇବ ? ଯଦି ଜଗିଗଲା, ଅନ୍ୟକୁ କିପରି ଶୁଣାଇବ ? ଆହୁରି ସମସ୍ୟା ବଢ଼ିଯିବ। ହିନ୍ଦୁ ଶାସ୍ତ୍ରରେ ଚାଲିଛି ପରମ୍ପରା କୁଣ୍ଡଳିନୀର ଖେଳ। ଅନ୍ୟ କୌଣସି ବୁଦ୍ଧ, ମହାବୀର, ସୁଫୀ ସାଧନାରେ ପ୍ରାୟ ନାହିଁ। କିଛି ହିନ୍ଦୁ ସାଧକ ମାନେ ଧରି ବସିଛନ୍ତି, କୁଣ୍ଡଳିନୀକୁ।

ଅବଶ୍ୟ କୁଣ୍ଡଳିନୀ ଜାଗରଣର ଶାସ୍ତ୍ର ଅଛି। ଅସ୍ତିତ୍ୱର ପରମ ନିୟମରେ ଅନ୍ତର ଉର୍ଜା ଜାଗ୍ରତ ହୁଏ। ଯେଉଁ ଉର୍ଜା ମୂଳାଧାର ଚକ୍ରରେ ସୁପ୍ତ ଓ ଶୟନ ଅବସ୍ଥାରେ ବିଶ୍ରାମ ସ୍ଥିତିରେ ଥାଏ। ତାକୁ ଧକ୍କା ଦେଇ, ଜଗାଇବାକୁ ପଡେ। କ'ଣ ଜରୁରୀ ? ଯଦି ଶକ୍ତି, ଠିକ୍ ସର୍ପ ପରି କୁଣ୍ଡଳୀ ମାରି ବସିଥାଏ, ଅକସ୍ମାତ ତା'କୁ ଆଘାତ ଦେଲେ, ସେ ଫଣା ଟେକି ଆଗକୁ ଯାଏ। ସେହିପରି ଶୟନ କରିଥିବା ଉର୍ଜାକୁ pumping କରି ବା ଆଘାତ ଦେଇ, ଜୋର ଜବରଦସ୍ତି କରାଇ, ଜାଗ୍ରତ କରାନ୍ତି, ସାଧକ। By force ଦେବାରୁ jump ମାରି ଉର୍ଦ୍ଧ୍ୱକୁ ଗତିକରେ, ନିମ୍ନରୁ ଉର୍ଦ୍ଧ୍ୱକୁ ହଠାତ୍ ଯିବାରେ କିଛି ବିସ୍ଫୋଟ ଘଟାଇଥାଏ, ଯାହା, କ୍ଷତିକାରକ ସାବ୍ୟସ୍ତ ହୁଏ ସାଧକ ପାଇଁ। କିଛି ସାଧକଙ୍କର, ଆଜ୍ଞାଚକ୍ରରେ sparking ହୁଏ। କିଛି ଅଲୌକିକତା ଅନୁଭବ ଦିଏ, ତାକୁ ପରମାତ୍ମା ଭାବିଥାନ୍ତି ସାଧକ। କିଛି ଟିକିଏ ପାଇଗଲେ, ବହୁତ କିଛି ପାଇଗଲା ବୋଲି ଜାଣିନିଅନ୍ତି। କିନ୍ତୁ ସମସ୍ତଙ୍କ ପାଇଁ ଗ୍ରହଣୀୟ ନୁହେଁ। ସନ୍ଥ କହନ୍ତି, ପ୍ରକୃତିକୁ, ତା' ବାଟରେ ଯିବାକୁ ଦିଅ। ଅସ୍ତିତ୍ୱର ପରମ ନିୟମରେ ରହି, ଉର୍ଜା ଉର୍ଦ୍ଧ୍ୱଗାମୀ ହେବ ହିଁ ହେବ। କିନ୍ତୁ ସମୟ ସାପେକ୍ଷରେ।

ବୁଦ୍ଧ, ମହାବୀର ବିନା କୁଣ୍ଡଳିନୀ ଜାଗରଣରେ ଜାଗ୍ରତ ପୁରୁଷ। ତେଣୁ, କୁଣ୍ଡଳିନୀ ଜାଗରଣର ଜରୁରତ କ'ଣ ?

ଅନ୍ୟକୁ ଦେଖାଇବା, ନା ସିଦ୍ଧି ପାଇଁ, ନାଁ ଅଲୌକିକତା ପାଇଁ ଲାଳାୟିତ। ଜାଣ, ବିନା କୁଣ୍ଡଳିନୀ ଜାଗରଣରେ ବି, ତୁମେ ସତ୍ୟରେ ପହଞ୍ଚି ପାରିବ। ଯଦି pressure ବା ଜବରଦସ୍ତିରେ ଉର୍ଜାକୁ ଜଗାଅ ବା ଉର୍ଜାକୁ ଉଠାଅ, ବିସ୍ଫୋଟ ହୁଏ, ତାହା ନିୟନ୍ତ୍ରଣ ହରାଇବ। ତାକୁ ଶୁଆଇବାର ରାସ୍ତା, ଜମା ନଥିବ ବା, ମୁସ୍କିଲ ଆଣି ଛିଡାକରିଦେବ, ଜାଣ। ଅସ୍ତିତ୍ୱ କେବେ ପରମ ନିୟମ ବିରୁଦ୍ଧରେ ଯାଏନାହିଁ। ଶରୀରରେ ଉର୍ଜା ଥାଏ, ରହୁ ସହଜରେ। ପ୍ରାକୃତିକ ଭାବେ ଯଦି ଘଟି ପାରିଲା ସ୍ୱୀକାର କର।

ଉର୍ଜା, ମନକୁ ମନ ଖେଳେ ଓ ଉଠେ। ଶରୀର ଓ ଆତ୍ମାରେ ଏକ ସେତୁ ଭଳି କାମ କରେ ବା link କରାଏ। ଶରୀର ଉପରେ ଚୋଟ ପଡିଲେ, ଆତ୍ମା ଉପରେ ବି, ପ୍ରଭାବ ପଡେ। ଅର୍ଥାତ୍ ଆତ୍ମା ସହିତ link failure ହୁଏ। ଅନ୍ୟ ପରିଭାଷାରେ, କୁଣ୍ଡଳିନୀ ଜାଗରଣ ଜରୁରୀ ନାହିଁ ବା ପ୍ରୟୋଜନ ନାହିଁ।

ଦେଖନ୍ତୁ ! ଯୋଗରେ ବହୁତ କ୍ରିୟା ଅଛି। କଠିନକୁ ଛାଡି, ସହଜକୁ ଧର। କ୍ରିୟାକାଣ୍ଡ, ହଟ ନକରି, ଅକ୍ରିୟାରେ ଯୋଡ। ଅହଂକାର ହଜିଯିବ।

ତେଣୁ ଅହଂକାର ଯୋଡନାହିଁ, ଜଣେ ମହାତ୍ମା ହେବା ପାଇଁ।

ଯଦି କୁଣ୍ଡଳିନୀ ଜଗାଇବାର ଅଛି, ତାକୁ Proper guidanceରେ, ଅନୁଭବୀ ସନ୍ଥଙ୍କ ନିର୍ଦ୍ଦେଶରେ କରିପାରିବେ। କିନ୍ତୁ ଜବରଦସ୍ତି ନୁହେଁ।

ସହଜ ଭାବେ, ଉର୍ଜାର ଜାଗ୍ରତ ପାଇଁ ବହୁତ ବ୍ୟବସ୍ଥା ଅଛି। ଖୋଜ ଓ ଯୋଡ। ସାଧନାକୁ ସହଜ ମୟ କର। ଶାନ୍ତ, ଜାଗ୍ରତ ରହିବ ଓ ଅନ୍ତରରେ ଯୋଡିଯିବ।

ଯାତ୍ରା ହେବ - ସଙ୍ଗୀତ ମୟ, - ଆନନ୍ଦମୟ, - ନୃତ୍ୟ ମୟ

ତା ସହିତ ବିଶ୍ରାମ ଯୋଡିଗଲେ, ଆତ୍ମ ସ୍ନାନକଲା ଭଳି ଲାଗିବ। ଅହଂକାର ବୀଲିନ ହେବ। ଯାହା ଘଟିବାର ଅଛି, ଆପେ ଆପେ ଘଟିଯିବ।

ତେଣୁ ପୁରୁଣା କୁଣ୍ଡଳିନୀ ଅଭ୍ୟାସରେ ନଯୋଡ। ନୂତନକୁ ସ୍ୱୀକାର କର।

ପତଞ୍ଜଳୀ କହନ୍ତି, ୫୦୦୦ ବର୍ଷ ପୂର୍ବରୁ ଅନୁଭବୀ ବିଶ୍ୱରେ ଅଛନ୍ତି। ୫୦,୦୦୦ବର୍ଷରୁ ଉର୍ଦ୍ଧ୍ୱରେ, ଭଗବାନ ଶିବ ଥିଲେ, ଧରିତ୍ରୀରେ ୧ମ ବୁଦ୍ଧ ପୁରୁଷ। ତେଣୁ ଧର୍ମ ଚକ୍ର ପରିବର୍ତ୍ତନ ଯୋଗୁଁ, ପ୍ରତି ୨୫୦୦ ବର୍ଷରେ ଏକ ପରିବର୍ତ୍ତନ ସୁରୁ ହୁଏ। ଯୁଗୋପଯୋଗୀ ମହାପୁରୁଷ ଧରିତ୍ରୀରେ, ଆମ ମାନଙ୍କ ଭିତରୁ ଉଦୟ ହୁଅନ୍ତି, ଜଗତ କଲ୍ୟାଣ ପାଇଁ। ତେଣୁ ସମସ୍ତଙ୍କର ଉପଲବ୍ଧି କରିବାର ଅଧିକାର, ଜନ୍ମଗତ। ତାକୁ ହାସଲ କରିବା ନିଜର ସ୍ୱତନ୍ତ୍ରତା। ତେଣୁ ଶବ୍ଦରେ ନପଡି, ନିଶବ୍ଦରେ ଯୋଡ। ଯଦି ସମ୍ବୋଧିର ସ୍ୱାଦୁ ପାଇବାର ଅଛି, ସେହି ବିଜ୍ଞାନକୁ ଜାଣ, ତାହା ହେଉଛି, ଧ୍ୟାନ। ଧ୍ୟାନର ବୀଜ ଓଁକାର ବା ପରମ ଧ୍ୱନି। ସେହି ଧ୍ୱନିକୁ ଅନ୍ତର ଆକାଶରୁ ନିରନ୍ତର ଶୁଣିବାକୁ ପଡେ, ଯାହାକୁ ସହଜ ସାଧନା କହନ୍ତି, ସନ୍ଥ। ■

ଅପ୍ରମାଦ, ପଞ୍ଚବ୍ରତର ମୁଖ୍ୟ ସାଧନା

ମଣିଷ ଶରୀର ଗୋଟିଏ ସାତ ମହଲା ପ୍ରାସାଦ ଭଳି। ଆମ୍ଭେ ଗୋଟିଏ ମହଲାରେ ରହି, ଅନ୍ୟ ମହଲାର ଖବର ରଖି ନଥାନ୍ତି। ତେବେ ମଂଜିଲ ବା ଛାତ ଉପରର ଖବର କିପରି ଜାଣିବା ?

ଯେଉଁ ମହଲାରେ ବଞ୍ଚନ୍ତି, ତାକୁ ଜାଗ୍ରତ ମହଲା ବୋଲି କହନ୍ତି। ସେଇଠି ବିଚାର ଥାଏ ଓ ଚେତନା ବି ମିଶି ରହିଥାଏ। ତେବେ ନା ପୁରା ଜାଗ୍ରତ, ନା ପୁରା ବେହୋସ। ଭାବନ୍ତି, ଜାଗ୍ରତରେ ଅଛନ୍ତି କିନ୍ତୁ ଯାହା କରୁଥାନ୍ତି, ତା ସହିତ ବିଚାର ମିଶିଥାଏ। ତେଣୁ କେହି ୧୦୦% ଜାଗ୍ରତ ନୁହଁନ୍ତି।

ଆମେ ଧୀରେଧୀରେ ଶ୍ରମ ପରେ, ବିଶ୍ରାମକୁ ଯାଆନ୍ତି। ବିଶ୍ରାମରେ ସ୍ୱପ୍ନ, ନିଦ୍ରା ଉଭୟ ଆସେ। ସେଠାରେ ବି ହୋସ୍ ନଥାଏ, ଜାଗ୍ରତ ନଥାଏ ଚେତନା। ଧୀରେ ଧୀରେ ସୂକ୍ଷ୍ମକୁ ଚେତନା ଯାଇଥାଏ।

ଉଦାହରଣ ସ୍ୱରୂପଃ- ଜାଗ୍ରତରେ ରହି କାମ କଲାବେଳେ, ହାତ, ଗୋଡ, ମୁଣ୍ଡ, ଯେବେ active ରୁହେ ଉର୍ଜାଦ୍ୱାରା, ତା' ପଛେପଛେ ଚେତନା ଥାଏ। କିନ୍ତୁ ଚେତନା କିଛି କରିପାରେ ନାହିଁ।

ଚୁପଚାପ, ବା ସ୍ଥିର ବେଳେ, ଚେତନା ଭୃକୁଟୀରେ ରହେ। ଯେବେ ବିଶ୍ରାମକୁ ଯାଏ, ଚେତନା ନାଭି କେନ୍ଦ୍ରକୁ ଯାଏ।

ଧୀରେ ଧୀରେ ଚେତନା ଆହୁରି ନିମ୍ନକୁ/ ସୂକ୍ଷ୍ମକୁ ଯାଇ, ସମଷ୍ଟିଗତ ଚେତନା ସହିତ ମିଶେ। ତା'ପରେ ଚେତନା, ସମଷ୍ଟିରୁ, ବ୍ରହ୍ମ ଅଚେତନକୁ ଯାଏ। ଏହାପରେ ଏକ circular ହୋଇ ଗତିକରେ। ତେବେ ଜାଣିବା ସଂକ୍ଷେପରେ।

୧. ଜାଗ୍ରତ ଅବସ୍ଥା- Consciousness କହିଥାନ୍ତି, ଯେଉଁଠି ହୋସ୍ଥାଏ, ବିଚାରବି ରହିଥାଏ, ତାହାକୁ କାର୍ଯ୍ୟକ୍ଷମ ଅବସ୍ଥା କହନ୍ତି।

୨.	ସ୍ୱପ୍ନ ଅବସ୍ଥା – Un-conscioused/ Sub-Conscioused ବା Individual Un Consciousness କହନ୍ତି, ବେହୋସ + ବିଚାର ଥାଏ = ଏହାକୁ ବ୍ୟକ୍ତିଗତ ଅଚେତନ କହିଥାନ୍ତି।

୩.	ସୁଷୁପ୍ତି ଅବସ୍ଥା - ବ୍ୟକ୍ତିଗତ ଅଚେତନରୁ, ସମଷ୍ଟିଗତ ଅଚେତନକୁ ଚେତନାଯାଏ। Collective Un-Consciousness କହିଥାନ୍ତି। ଏଠାରେ ବେହୋସ + ନିର୍ବିଚାର ରହେ ଓ (ବିଚାର ନଥାଏ)।

୪.	ତୁରିଆ - ସମାଧି ଅବସ୍ଥା- Cosmic Un-Consciousness ବା ବ୍ରହ୍ମ ଅଚେତନ କହନ୍ତି। ହୋଷ + ନିର୍ବିଚାର ଅବସ୍ଥା। ଅସ୍ତିତ୍ୱର ପୂର୍ଣ୍ଣ ଅବଚେତନ ଅବସ୍ଥା କହନ୍ତି। ଚେତନା ୧ମ ସ୍ତରରୁ ନିମ୍ନକୁ/ ସୂକ୍ଷ୍ମକୁ ଯାଏ, ପୁଣି ସକ୍ରିୟ ହୋଇ, ବୃତ୍ତାକାର (Circular) ଗତିରେ ଫେରିଆସେ, ତାକୁ ଚେତନାର ଉର୍ଦ୍ଧ୍ୱଗମନ କହନ୍ତି।

୫.	ଅତିଚୌତନ୍ୟ ଅବସ୍ଥା- Super Consciousness, ଚେତନାର ଊର୍ଦ୍ଧ୍ୱଗମନର ପ୍ରଥମ ଅବସ୍ଥା। ଅତି ଚୈତନ୍ୟରୁ ଆତ୍ମଜ୍ଞାନ ଆସେ, ତାହାକୁ ବ୍ୟକ୍ତିଗତ ଅତିଚୈତନ୍ୟ ଅବସ୍ଥା ବା Individual Super Consciousness କହନ୍ତି। ଏଥିରେ ସ୍ୱୟଂର ପୂର୍ଣ୍ଣ ଚେତନା ପରିଚୟ ପାଇଥାଏ।

୬.	ସମଷ୍ଟି ଗତ ଚୈତନ୍ୟ ଅବସ୍ଥା- ଅତି ଚୈତନ୍ୟ ଅବସ୍ଥାରେ ସ୍ୱୟଂର ପୂର୍ଣ୍ଣ ଚେତନା ବିସ୍ତାରିତ ହୋଇ ସମଷ୍ଟିଗତ ଭାବେ ଏକାକାର ହୋଇଥାଏ, ତାହାକୁ କୈବଲ୍ୟ ଜ୍ଞାନ କହନ୍ତି।

୭.	ବ୍ରହ୍ମ ଚୈତନ୍ୟ ଅବସ୍ଥା- Cosmic Consciousness, ଯେବେ ବିସ୍ତାରିତ ଚେତନା ବ୍ରହ୍ମ ଚେତନା ସହ ମିଶି ଏକ ହୁଏ ତାହା ଅସ୍ତିତ୍ୱ ହୋଇଯାଏ, ଏହାକୁ ନିର୍ବାଣ ଜ୍ଞାନ କୁହାଯାଏ।

ଆତ୍ମ ଯାତ୍ରାର ଉଦ୍ଦେଶ୍ୟ ଶରୀରର, ୭ ମହଲାକୁ ବା ସ୍ତରକୁ ଜାଣିବା ଓ ପହଞ୍ଚିବା। କୌଣସି ଗୋଟିଏ ସ୍ତର ଅପରିଚିତ ରହିଲେ, ମନ (ଇନ୍ଦ୍ରିୟ)ର ଜାଲରୁ ମୁକ୍ତ ହେବନାହିଁ। କେହି କେହି ସାଧକ ପ୍ରକାଶକୁ ଯାଇ, ପୁଣି ଅନ୍ଧାରକୁ ଫେରିଥାନ୍ତି କହନ୍ତି। ସାଧକ ପାଖରେ, ଅନୁଭବ ରହିବା ସହିତ ବିଚାର ଓ କମ୍ପନ ଆସିଥାଏ। କଥାରେ ଅଛି, ବଡ ବଡ ତପସ୍ୱୀ, ବ୍ରହ୍ମଜ୍ଞାନୀ ହୋଇବି ମନରୁ ମୁକ୍ତ ନୁହଁନ୍ତି, ବା ମନର ଆୟତ୍ତକୁ ଆସିଯାନ୍ତି। ପୁଣି ପୁରୁଣା ପରିସ୍ଥିତିରେ ରହିଯାନ୍ତି।

ଯିଏ ୭ ମହଲାକୁ ଜାଣିବ, ଅର୍ଥାତ୍ ଚେତନାର ପୂର୍ଣ୍ଣ ପରିଚୟ ପାଇବ, ଜାଣିବ ତୁମ ପାଖରେ ଅପ୍ରମାଦ ଘଟିଲା।

ଅପ୍ରମାଦ, ମହାବୀରଙ୍କର ମୁଖ୍ୟ ସାଧନା, ତଥାପି Practical life ରେ କିପରି

ପ୍ରମାଦରୁ ଅପ୍ରମାଦକୁ ଯିବ ଚେତନା ? କାରଣ ସଂସାରୀ ପ୍ରମାଦରେ ବଞ୍ଚନ୍ତି । ସମ୍ୟକତା ନଥାଏ, ତାଙ୍କର । ତେବେ ନିଷ୍କାମ କିପରି ଘଟିବ ?

ଅପ୍ରମାଦକୁ ଯିବା ପୂର୍ବରୁ, ପ୍ରମାଦକୁ ଜାଣ । ପ୍ରମାଦର ଅର୍ଥ, ଅମଙ୍ଗଳ କରିବା ବା ଭାବିବା । ଏହା ଏକ ବେହୋଷତା ବା ମୂର୍ଚ୍ଛା । କେହି କେହି ନିଦ୍ରା ବା ସ୍ୱପ୍ନ ବୋଲି କହିଥାନ୍ତି ।

ବ୍ୟକ୍ତି ଭିତରେ ଆସୁରୀ ଶକ୍ତି ବଢ଼ିଗଲେ, ତୁମକୁ ନିଦ୍ରା, Hypnotise ବା ସମ୍ମୋହିତ କରିଦେବ । ମନ ଦ୍ୱାରା ପରିଚାଳିତ ହେବ । ବିଚାର ଗ୍ରସ୍ତ ହୋଇ, ରାତି ସ୍ୱପ୍ନକୁ ମାଡିଯିବ ।

ସାଧନାର ଅର୍ଥ, ବେହୋଷତା ବା ମୂର୍ଚ୍ଛାରୁ ମୁକ୍ତ । ଯାହାକୁ- ପ୍ରମାଦ ମୁକ୍ତ, ଅଚେତନ ମୁକ୍ତ କହିଥାନ୍ତି ।

ତେବେ ଯିଏ ୭ ମହଲାକୁ ଜାଣିଗଲା, ସେ ଏକା ଜାଗ୍ରତ, ଯାହା ପୂର୍ବଦେଶର ସନ୍ଥଙ୍କର ଦର୍ଶନ । କିନ୍ତୁ ପଶ୍ଚିମ ଦେଶର ଜ୍ଞାନୀ ଓ ବୁଦ୍ଧିଜୀବି ମାନଙ୍କର ଏ ସମ୍ବନ୍ଧରେ ଧାରଣା ନଥାଏ ।

କେବଳ ଏତିକି କହିଥା'ନ୍ତି- ମନର ତଳେ, ଏକ ଅଚେତନ ମନ ଥାଏ । (Store house of thoughts), ପାଶ୍ଚାତ୍ୟ ଦେଶମାନଙ୍କରେ ସାଧନା ନାହିଁ ଆଧାତ୍ମିର । କିନ୍ତୁ China, Rusia, Tibet ଓ Japan ରେ ସାଧନା ପଦ୍ଧତି ଥିଲା । ତେଣୁ ପ୍ରାୟ ପଶ୍ଚିମ ଦେଶ, ଚିନ୍ତନ, ଦର୍ଶନରେ ତୃପ୍ତ । ସେମାନେ ଅନୁଭବ, ବା ଆତ୍ମଜ୍ଞାନ କଥା ନ ଜାଣିଲେ ବି, ଭୌତିକତାରେ ବହୁ ଆଗରେ ।

ଆସନ୍ତୁ ଜାଣିବା, ଭାରତୀୟ ଋଷିଙ୍କ ଦର୍ଶନ । ମନେକର ତୁମକୁ କ୍ରୋଧ ଆସିଲା । ପରେ ପଶ୍ଚାତାପ ବି ଆସିଲା । ପଶ୍ଚାତାପ ପରେ ଜାଣିଲ ମୁଁ ନିଦ୍ରିତ ଥିଲି । କ୍ରୋଧ ଆସିଲା, ଯଦି ଜଣେ ଜାଣିଶୁଣି କ୍ରୋଧ କରେ, ସେ ହୋଷରେ ଥାଏ ।ଏହା କୌଣସି Spiritual ବିଚାର ନୁହଁ, ଏହା ଏକ ଅନୁଭୂତି ।

କିପରି ଜାଣିବ ?

ଯଦି କ୍ରୋଧପରେ, ପଶ୍ଚାତାପ ଆସିଲା, ଜାଣିବ ମୁଁ ବେହୋଷରେ ଥିଲି । ହୋଷ ଥିଲେ, କାହାର ପଶ୍ଚାତାପ ଆସେନାହିଁ । ଯେବେ ବ୍ୟକ୍ତି ମୁର୍ଚ୍ଛିତ ଥାଏ, ସେ ପ୍ରମାଦ କରେ ଓ ଅନ୍ୟର ଅମଙ୍ଗଳ ଭାବେ । ଆମ୍ଭେ ସଂସାରୀ ଅଚେତନରେ ଶୋଇଥାନ୍ତି । ଶୋଇଲେ ବି, ବିଚାର, ସ୍ୱପ୍ନ Pictorial ବା ଚିତ୍ର ଭଳି ଆସେ । ଏପରିକି, କାମ, ଭୋଗ, ଘୃଣା, ଲୋଭ ସବୁ ବେହୋଷତାରେ ହୁଏ । ବେଳେବେଳେ, ବ୍ୟକ୍ତି ଦୁର୍ଘଟଣା ପୂର୍ବରୁ ଚମକି ଉଠେ, କିନ୍ତୁ ବେହୋଷ ଥାଏ । ତେଣୁ ସେ ଭୟଭୀତ ହୁଏ । ତଥାପି

ଗୋଟିଏ କ୍ଷଣ ଆସେ, ସେ ସକ୍ରିୟ ହୁଏ। ସେହି ପ୍ରମାଦ ଅବସ୍ଥାରୁ, ସ୍ମରଣ ଆସିଲେ, ଜଗିବା ଆରମ୍ଭ ହୁଏ।

ଆସନ୍ତୁ ଜାଣିବା, କିପରି ନିଦ୍ରା ଭାଙ୍ଗିବ ? କିପରି ଚେତନା ଜାଗ୍ରତ ହୋଇ ଉଠିବ ?

ସୂତ୍ର: ୧- ଶୋଇବା ସମୟରେ ସ୍ମରଣ ରହୁ, ମୁଁ ଅଚେତନକୁ ଯାଉଛି।

୨- ନିଦ୍ରାକୁ ଭାଙ୍ଗିବା ବେଳେ, ମୁଁ ଅଚେତନରୁ ଜାଗ୍ରତ ହେଲି।

ତେବେ Conscious ଥିବା ବେଳେ, Un-Conscious କୁ ଯିବେ। Un-Conscious is the store house of thoughts. ସେଇଠି ଜମିରହେ ବିଚାର। ଜାଣିବ, କେତେକେତେ ବିଚାର, ଜନ୍ମ ଜନ୍ମାନ୍ତରରୁ ଜମି ରହିଛି। ତେଣୁ ସହଜ ସାଧନାରେ ସତ୍ୟକୁ ପାଇହୁଏ, ଯେବେ ଚେତନା, ଅସ୍ତିତ୍ୱ ସହିତ ଏକ ହୁଏ।

ସାଧନାର ମୂଳ, ଗହୀରାକୁ ଯିବା, ବା ସୂକ୍ଷ୍ମକୁ ଗତି, ସାଧନାର ସିଦ୍ଧି, ଉର୍ଦ୍ଧ୍ୱକୁ ବା ଆକାଶକୁ ଯିବ ଚେତନା।

ଯେପରି ଫୁଲ ଗଛର ଚେର, ଭୂମିକୁ ବା ପାତାଳକୁ ଯାଏ। କିନ୍ତୁ ଫୁଲର ସୁଗନ୍ଧ, ଆକାଶକୁ ଯାଏ, ତେଣୁ ସାଧନା, ଏକ Depth. ସିଦ୍ଧି ଏକ Peak.
ସିଧା ଉପରକୁ ଯିବାର ଉପାୟ ନାହିଁ। ସବୁର ମୂଳ, ଶୂନ୍ୟହୁଅ। ଧ୍ୟାନରେ ଯୋଡ। ଶୂନ୍ୟ ବିଚାରରୁ, ବିଶ୍ରାମରୁ, ଏକ ଦିବ୍ୟ ଆବାଜ ଆସେ, ସେହି ପରମଧ୍ୱନିକୁ, ବିଶ୍ରାମ ସମୟରେ ଅନ୍ତର ଆକାଶରୁ ଶୁଣାଯାଏ। ଏହି ଧ୍ୱନି ଶ୍ରବଣ ହିଁ, ଧ୍ୟାନ। ଅଖଣ୍ଡ ଚେତନାକୁ ଜାଣିବାର ବିଜ୍ଞାନ। ବ୍ୟକ୍ତି ଅଷ୍ଟପ୍ରହର ଜାଗ୍ରତ ରହି, ଶ୍ରବଣରେ ଯୁକ୍ତ ହେଲେ, ଆପ୍ରମାଦର ଜନ୍ମ ନିଏ।

■

ଅପ୍ରମାଦ ସାଧନାର ୩ ପାହାଚ

ଅପ୍ରମାଦର ୩ଟି ଚରଣ, ସାଧନାରେ ୩ଟି ଶବ୍ଦର ପ୍ରୟୋଗ ହୁଏ।

୧. ୧ମ ଚରଣ ସାକ୍ଷୀ- ସାକ୍ଷୀର ଅର୍ଥ, ମୁଁ ଏକା ଦ୍ରଷ୍ଟା। Witnessing Consciousness ରେ ବଞ୍ଚିବାକୁ କହନ୍ତି। ମନେକର କିଏ ଗାଳି ଦେଲା। ନିଜକୁ କଷ୍ଟ ଲାଗିଲା। ଜାଣିବ, ନିଜର ଅହଂକାରକୁ ଆଘାତ ଲାଗିଲା। ଭାବନା ଆସିବ, ସେ ମୋତେ ଗାଳି ଦେଉଛି। ତେବେ ଦେଖିବା ବାଲା ଓ ଜାଣିବାବାଲାକୁ ଜାଣିବ ସାକ୍ଷୀ, ଯିଏ ଉଭୟକୁ ଦେଖୁଛି।

ଏହି ଘଟଣାରେ, ଜୀବନ ୩ ଖଣ୍ଡରେ ବିଭାଜିତ।

୧- ମୁଁ ଓ ତୁ। ଆମ୍ଭେ ବା ସେମାନେ। କିନ୍ତୁ ମଝିରେ ଆଉ ଗୋଟେ ତୃତୀୟ ବିନ୍ଦୁ ରହିଯାଏ। ସେ ହିଁ ସାକ୍ଷୀ ଯିଏ ଜଗିବା ବାଲା, ବା ଦେଖିବାବାଲା। ତେବେ ଯିଏ ଦେଖେ କର୍ତ୍ତା ହୋଇ ସେ ଦୁଃଖ ପାଏ, କିନ୍ତୁ ଆମ ଶରୀରର ଆଖି ଦେଖୁଛି ଯାହା ସବୁବେଳେ ବଦଳୁଛି। କିନ୍ତୁ ଦେଖିବାବାଲା, ଜନ୍ମରୁ ମୃତ୍ୟୁ ପର୍ଯ୍ୟନ୍ତ ଦେଖେ, ତଥାପି ସ୍ଥିର।

ଆଜିର ସମୟରେ, ସମସ୍ତଙ୍କର ଅକାରଣ ଚିନ୍ତନ ଆସେ, ଯା'ର ମୂଳ ହେଉଛି କର୍ତ୍ତାଭାବ। ମୁଁ କରିବି, ମୁଁ ସବୁ କରୁଛି, କରିପାରିବି। ବାସ୍ତବରେ ମୁଁ ତ କିଛି କରିପାରୁନାହିଁ। କରିବା ବାଲା, ଆଉ ଜଣେ, ତାହା ଆତ୍ମା। ଆତ୍ମାର ସାକ୍ଷୀ, ଚୈତନ୍ୟ ସ୍ୱରୂପ।

ସାକ୍ଷୀ, କର୍ତ୍ତାଠାରୁ ଅଲଗା।

କୃଷ୍ଣ କହନ୍ତି, ଅର୍ଜ୍ଜୁନ ! ତୁ ଲଢ଼। କିଛି ଭାବିବାର ନାହିଁ। ତୁ ଭାବୁଛୁ, "ମୁଁ କିପରି ମୋର ପ୍ରିୟଜନଙ୍କୁ ମାରିବି" ? ଏହି ପ୍ରଶ୍ନର ଦୋଦୁଲ୍ୟମାନ ସ୍ଥିତିରୁ, ଗୀତାର ବିସ୍ତାର।

ଏଠାରେ, ଅର୍ଜ୍ଜୁନର ପ୍ରଶ୍ନ - କର୍ତ୍ତାର ଢଙ୍ଗରେ।

ଓ କୃଷ୍ଣଙ୍କର ଉତ୍ତର– ସାକ୍ଷୀର ଢଙ୍ଗରେ।

ତେଣୁ ସାଧକ ପାଇଁ, ସାକ୍ଷୀ ଜରୁରୀ। କଥାରେ ଅଛି, ଦୃଷ୍ଟି ବଦଳିଲେ, ସୃଷ୍ଟି ବଦଳିଯିବ। ତେଣୁ ସାକ୍ଷୀ ତ୍ରୀକୋଣୀୟ ସାଧନା।

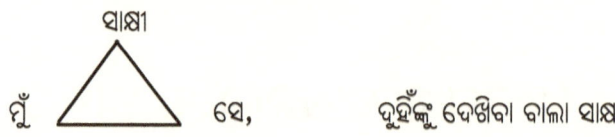

ଦୁହିଁଙ୍କୁ ଦେଖିବା ବାଲା ସାକ୍ଷୀ

୨. ୨ୟ ଚରଣ ସାଧନା– ସଜାଗ୍ରତା:

ସାକ୍ଷୀରେ ଯୋଡିବା ପରେ, ସଜାଗ୍ରତା ସହଜ ହୁଏ। ଏଥିରେ ତୃତୀୟ ତତ୍ତ୍ୱ ନଥାଏ। ସଦା ସଜାଗ୍ରତାରେ, କାହାପ୍ରତି ଜଗିବା ନୁହେଁ। କେବଳ ଜଗିବା ରହିଯାଏ।

ଉଦାହରଣ ସ୍ୱରୂପ:– ମୁଁ ଖାଉଛି, ମୁଁ ଚାଲୁଛି, ମୋତେ ଜଣାନାହିଁ, ଗୋଡ ଗତି କରୁଛି। ଶରୀର ଖାଉଛି। ବାସ୍ତବରେ ଜଣେ ଲୋକ ବାହାରକୁ ଯାଉଛି, କାର୍ ବା ବାଇକ୍‌ରେ। ସେ ଫେରିବା ବେଳେ, ହୋଷର ଜରୁରୀ ନାହିଁ, ଆପେ ସେ ନିଜ ଘରକୁ ଯାଉଛି।

କାରଣ ସେ Conditioning ହୋଇ ଯାଇଛି। ଏଥିରେ ସାକ୍ଷୀ ନଥାଏ। ସେ Mechanical ହୋଇଥାଏ। ସଜାଗ୍ରତା କହେ, ପ୍ରତ୍ୟେକ କୃତ୍ୟ ହୋଷରେ ପୂର୍ଣ୍ଣ ରହୁ। ବ୍ୟର୍ଥତା ତାର ହଜିଯାଉ।

୩. ୩ୟ ସାଧନା, ତଥାତା– Full of acceptance.

ସଜାଗ୍ରତା ସାଧିବା ପରେ, ତଥାତା ସହଜ ହୁଏ। ତଥାତା ଅର୍ଥ, ପରମ ସ୍ୱୀକୃତୀ। କୌଣସି ଅଭିଯୋଗ ନଥାଏ। ତା' ମନରେ ଆସେ ଯାହା ହେଉଛି, ମୁଁ ରାଜି। ଅଭିଯୋଗର ପ୍ରଶ୍ନ ନଥାଏ।

ତେବେ ଋଷି Prayer ରେ କହିଥାନ୍ତି, ହେ ପରମାତ୍ମା। ମୁଁ ତୁମକୁ ସ୍ୱୀକାର କରି ନେଇଛି। କିନ୍ତୁ ଜଗତକୁ ନୁହେଁ।

ତେବେ ସନ୍ଥ କହନ୍ତି। ଯିଏ ଦୁଃଖକୁ ସ୍ୱୀକାର କରିନିଏ, ସେ ପରମାନନ୍ଦ ପାଇଥାଏ। ତଥାତା, ପୂର୍ଣ୍ଣ ସ୍ୱୀକାର। ଆନନ୍ଦର ରାଜ କିନ୍ତୁ ସାଧିବା କଠିନ।

ଉଦାହରଣ ସ୍ୱରୂପ:– ତୁମକୁ ଜଣେ ଫୁଲ ଦେଲା। ଆଉ ଜଣେ ତୁମକୁ ପଥର ଦେଲା। ତୁମେ ଉଭୟକୁ ସ୍ୱୀକାର କରି ନେଲେ, ତଥାତାର ଜନ୍ମନିଏ।

ଅପ୍ରମାଦ ସାଧନା, ସାକ୍ଷୀର ସୁରୁଆତ୍ ଓ ତଥାତାରେ ଶେଷ।

ଅନ୍ୟ ପରିଭାଷାରେ, ବୁଝାଯାଏ, ୧ମରେ, କର୍ମକୁ ଭାବ, ଦ୍ରଷ୍ଟାରେ।

୨ୟରେ କର୍ମରେ ଯୋଡ, ଜ୍ଞାନରେ ।

୩ୟରେ, ସମସ୍ତଙ୍କର ସହଯୋଗ, ସ୍ୱୀକୃତୀରେ ।

ଯେବେ ୩ୟଟି ଧର୍ମ ପାଳନ ହୁଏ । ତଥାତାରେ ପହଞ୍ଚେ ।

- ଯାହା କହିଲେ ବି, ଶୂନ୍ୟଭାବ, ଶୂନ୍ୟନାବ, ବ୍ରହ୍ମ ଅଚେତନରେ ବଞ୍ଚିବା ବୁଝାଏ ।

Living in complete emptiness is the cosmic Un-Consciousness.

ତେବେ, ସାକ୍ଷୀରେ- Individual Un-Consciousness ଆସେ ।

ସଜାଗ୍ରତାରେ- Collective Un-Consciousness ଆସେ ।

ତଥାତାରେ - Cosmic Un-Consciousness ଆସେ ।

ଏହିତ ଜୀବନର ରହସ୍ୟ ।

ଏଠାରେ କୃତ୍ୟର ଫରକ ନଥାଏ । କେବଳ କର୍ତ୍ତବ୍ୟରେ ଫରକ ଥାଏ ।

ଯାହାକୁ ଗୁରୁଜିଏଫ୍ କହନ୍ତି- Crystalisation ରୁ ଚେତନାର ଆବିଷ୍କାର ହୁଏ ।

Osho କହନ୍ତି- ପରମ ଶୂନ୍ୟତାରୁ ।

Mahavir କହନ୍ତି- ଆତ୍ମାର ଉଦୟ ହୁଏ ।

Shankar କହନ୍ତି- ବ୍ରହ୍ମର ଉଦୟ ହୁଏ ।

ତେବେ ସାଧନା ପାଇଁ,

ବୁଦ୍ଧ କହନ୍ତି, - ଲୀନ ହୁଅ ।

- ଶୂନ୍ୟ ହୁଅ ।

- ସୀମା ହଜୁ ।

ସବୁ ଶୂନ୍ୟ ହେଲେ, ନିର୍ବାଣ ଘଟିବ । ଅର୍ଥାତ୍ ସ୍ୱୟଂର ଦ୍ୱୀପରେ ପ୍ରକାଶ ଲିଭିଯାଏ ।

ଋଷି କହନ୍ତି ଯିଏ ଶୂନ୍ୟ ହେବାକୁ ରାଜି, ସେ ହିଁ ପୂର୍ଣ୍ଣ ହୁଏ ।

ଏହି ହେଲା ଅପ୍ରମାଦ ସାଧନାର ବିଜ୍ଞାନ ।

ବିପାସନା, ଧ୍ୟାନର ଜଗତରେ

ବିପାସନା, ମନୁଷ୍ୟ ଜାତିର ଇତିହାସରେ, ସର୍ବାଧିକ ମହତ୍ତ୍ୱପୂର୍ଣ୍ଣ ଧ୍ୟାନ ପ୍ରୟୋଗ, ଯାହାଦ୍ୱାରା ଜଗତରେ ସବୁଠାରୁ ଅଧିକ ସାଧକ ବୁଦ୍ଧତ୍ୱ ପାଇଛନ୍ତି। ବିପାସନା ବୁଦ୍ଧଙ୍କର ସର୍ଜନା, ଏହା ଅପୂର୍ବ ରହସ୍ୟ ଭରା ବିଧି।

ବିପାସନାର ଅର୍ଥ, Special watch to Breathing System. ଅନ୍ୟ ପରିଭାଷାରେ, ଆସୁଥିବା ବା ଓ ଯାଉଥିବା ଶ୍ୱାସକୁ ଦେଖିବା। ବୁଦ୍ଧଙ୍କର ମାର୍ଗ ବୈଜ୍ଞାନିକ ଓ ଅଦ୍ଭୁତ, ତାଙ୍କର ଧାରଣା, ଈଶ୍ୱର, ଆତ୍ମା ଓ ପରମାତ୍ମାଙ୍କ ଉପରେ ନଥାଏ।

ବୁଦ୍ଧ କହନ୍ତି- ମୌନ ଓ ଶାନ୍ତରୁହ। କେବଳ ଦେଖ ଶ୍ୱାସକୁ।

ଏହା ଏକ ମାନବୀୟ ସରଳ ପଦ୍ଧତି। ଯେ କୌଣସି ଲୋକ, ଯେ କୌଣସି ସ୍ଥଳରେ ଅଭ୍ୟାସ କରି ପାରିବେ, କିନ୍ତୁ ପରିବେଶ ସହଯୋଗ ଦେଉ।

ବୁଦ୍ଧଙ୍କର ଦେଖିବାର ପ୍ରକ୍ରିୟା ଅଲଗା। ସେ ଦେଖିବାର ଓ ଦେଖାଇବାର ପ୍ରକ୍ରିୟା ଜଣାନ୍ତି। କେବଳ ଶ୍ୱାସକୁ ଦେଖିବା ହିଁ ଅସଲି କଥା।

ଶ୍ୱାସ, ଆମର ଜୀବନ। ଶ୍ୱାସ, ଏକ ସେତୁ, link/ Bridge ଯାହା କହିପାର। ଗୋଟିଏ ପାଖେ ପ୍ରକୃତି ଯାହା ପରମାତ୍ମାର ସାକାର ରୂପ ଓ ଅନ୍ୟପଟେ ଶରୀର, ଯାହା ମଧ୍ୟରେ ଚୈତନ୍ୟ ବା ଆତ୍ମାର ନିବାସ। ତେବେ ଶ୍ୱାସ ସାକ୍ଷାତ କରାଏ ଦୁହିଁଙ୍କୁ। ତାକୁ ପରମ ଯୋଡ କହିଥାନ୍ତି।

ତେବେ ଶ୍ୱାସକୁ ଠିକ୍‌ରେ ଦେଖ। ଅର୍ଥାତ୍ ନିଷ୍କପଟ, ସରଳ ଥାଇ, ଜାଗ୍ରତ ରୁହ ଓ ଦେଖ। ଚେତନାରେ ସ୍ଥିତ ହେବ, ଏହି ହେଉଛି ବିଜ୍ଞାନ।

ଯିଏ ନିରନ୍ତର ଶାନ୍ତ ଭାବେ, ଶ୍ୱାସକୁ ଦେଖିଲା, ସେ ଶ୍ୱାସରେ ଲୀନ ହେଲା। ଶ୍ୱାସ କ୍ରିୟାରୁ ଧୀରେ ଧୀରେ ସେ ମୁକ୍ତ ହୋଇଗଲା। ସେ ଏକ ପରମ ଶୂନ୍ୟତାରେ

ପହଞ୍ଚିଯାଏ। ଯେବେ ଜାଗ୍ରତ ଭରା ଅଦ୍ଭୁତ ଶୂନ୍ୟ ଧ୍ୱନି ଶୁଣାଯାଏ। ତେବେ ନିଜର ପରିଚୟ ପାଏ। ଜାଣିଯାଏ, ମୁଁ କିଏ ?

ତେବେ, ପ୍ରଥମରେ, ଶରୀରରୁ ମୁକ୍ତିହେବ, ଯେବେ ଶ୍ୱାସ ଓ ତାର ଗତିକୁ ଦେଖିବ।

୨ୟରେ, ମନ (ବିଚାର)ରୁ ମୁକ୍ତ ହେବ। ନିର୍ବିଚାର ହେବ।

୩ୟରେ, ଭାବନାରୁ ମୁକ୍ତ (free from emotion), ଏହା ସ୍ଥିର ଚିତ୍ତ ଓ ବିଚାର ଶୂନ୍ୟତାରୁ ଘଟିଥାଏ ।

୪ର୍ଥରେ ବା, ଶେଷରେ ଶ୍ୱାସରୁ ମୁକ୍ତ ହୋଇ, ଶୂନ୍ୟରେ ଯୁକ୍ତ ହୁଏ। ଜାଣିପାରେ, ସେ ନିମିତ ମାତ୍ର। ସବୁ ଆପେ, ଆପେ ଚାଲିଛି।

ଯେମିତି ଜାଣିବ ଶରୀର ମୋର ନୁହେଁ, ସେ ବି ବଦଳୁଛି। ସେହିପରି, ମନ ବି ମୋର ନୁହେଁ, ସେ ବଦଳୁଛି। ଭାବ ବି ମୋର ନୁହେଁ, ସେ ବି ବଦଳୁଛି। ଶ୍ୱାସ ବି ମୋର ନୁହେଁ, ସେ ମଧ୍ୟ ବଦଳୁଛି।

ସବୁ ପରିବର୍ତ୍ତନଶୀଳ, ତେବେ ଚିହ୍ନିବ ଓ ଜାଣିବ ଗୋଟିଏ ଅପରିବର୍ତ୍ତନ ସତ୍ତାକୁ, ଯାହାର ସଙ୍କେତ ପୂର୍ଣ୍ଣ ଶୂନ୍ୟତାରୁ ଘଟେ।

ତେବେ ଜାଣିପାରିବ, ସବୁ ଜଡ ଓ ଚେତନା, ଏକ।

ନିଜେ ପାଇବ ବିଶ୍ରାମ। ଏହି ତ ଆଧ୍ୟାତ୍ମର ଅନ୍ତିମ ପ୍ରସାଦ। ଏହା ଠାରୁ ବଡ ସିଦ୍ଧି ଆଉ କ'ଣ ହୋଇପାରେ ?

ବୁଦ୍ଧ କହନ୍ତି, ଶ୍ୱାସ କ୍ରିୟାର ପରିବର୍ତ୍ତନ ଜରୁରୀ ନୁହେଁ କେବଳ ଦେଖ। Simply watching, କେବଳ ଦେଖିବାରୁ, ଅକ୍ରିୟାରେ ଯୋଡିଯିବ।

ଜାଣିବ, ଶ୍ୱାସ ଚାଲିବା ଅସ୍ତିତ୍ୱର ବ୍ୟବସ୍ଥା, ତାକୁ ଚାଲିବାକୁ ଦିଅ। ପ୍ରୟାସ କଲେ କିଛି ମିଳିନଥାଏ। ଅବଶ୍ୟ, ନିଜେ ନିଷ୍-ପ୍ରୟାସରେ ଯୋଡିଲେ ପହଞ୍ଚିଯିବ। ଏହା ଅସ୍ତିତ୍ୱର ପରମ ନିୟମ।

କେବଳ ଜାଣିବା, ମାନିବା ଓ ଉପଯୋଗ କରିବା ମହତ୍ତ୍ୱପୂର୍ଣ୍ଣ।

ଶ୍ୱାସ ଜଗିବା ଅର୍ଥ - ଶ୍ୱାସ ଭିତରକୁ ଆସିବା।
- ଶ୍ୱାସ ବାହାରକୁ ଯିବା
- ଶ୍ୱାସ ବାହାରେ ଓ ଭିତରେ ଅଟକିଯିବା
- ଦୁଇଟିର ଗ୍ୟାପ୍‌କୁ ଦେଖିବା।

ଶ୍ୱାସର ଗତିରେ ଜୀବନର ଗତି ନିର୍ଭର କରେ। ଭିନ୍ନ ଭିନ୍ନ କ୍ରିୟାରେ ଶ୍ୱାସର ଗତି ଭିନ୍ନ ହୋଇଥାଏ।

ଦେଖିବ ! କ୍ରୋଧ ଆସିଲେ ଶ୍ୱାସ ଅଲଗା, ଘୃଣା ଆସିଲେ ଶ୍ୱାସ ଅଲଗା, ପ୍ରେମ ଆସିଲେ ଶ୍ୱାସ ଅଲଗା ।

ତେବେ କରୁଣା, ଦୌଡ, ମୌନ ଓ ବିଶ୍ରାମ ସବୁଥିରେ ଶ୍ୱାସ ଅଲଗା ଅଲଗା ଭାବକୁ ବଦଳାଏ । ଯଦି ଶ୍ୱାସ ବନ୍ଦ ହୋଇଗଲା, ଚିନ୍ତା ନକର ।

ଶ୍ୱାସ ବଦଳିଲେ, ସ୍ୱଭାବ ବଦଳିବ, ଅର୍ଥାତ୍ ଶ୍ୱାସକୁ ବିଗାଡିଲେ, ଶ୍ୱାସ ଆନ୍ଦୋଳିତ ହେବ । ଚେତନାକୁ ବି ଆନ୍ଦୋଳିତ କରିବ ।

ତେଣୁ ମୌନ ହୋଇ ବସ ଓ ଶ୍ୱାସକୁ ଦେଖ, ଚେତନା ସ୍ଥିର ହେବ ।

ସେହି ବିଧିରୁ ଏକ ରସ, ଏକ ସ୍ୱାଦୁ ପାଇବ । ଜୀବନ ହେବ ଆନନ୍ଦିତ ଓ ପ୍ରଶନ୍ନ ।

ଦେଖ, - ଶ୍ୱାସ କିପରି ଆସୁଛି ?
- କେଉଁଠିକୁ ଯାଉଛି ?
- କେତେ ବାଟ ଯାଉଛି ?
- ଥଣ୍ଡା ନା ଗରମ ଲାଗୁଛି ?
- ଜୋର ନା ସ୍ଥିର ?
- ଅଟକି ଯାଉଛି କେଉଁଠି ଓ କେତେ ସମୟ ?

ଏହାକୁ ନିରପେକ୍ଷ ହୋଇ, ଦେଖିବାରୁ ଜାଗୃତତ୍ତାର ଜନ୍ମ । From simple watching without fabrication, the unfocussed awareness is born. This is the fundamentals of Bipasana Meditation. ଦେଖୁ ଦେଖୁ, ଜାଣିବ ମନ ଶାନ୍ତ ଓ ବିଚାର ମୁକ୍ତ । ଅଦ୍ଭୁତ ପରିଣାମ ପାଇବ, ଯେବେ ଲୀନ ହୋଇଥିବ । ତାହାକୁ ପରମ ବିଶ୍ରାମ କହନ୍ତି, ଯାହାର ଅନ୍ୟନାମ ସମାଧି, ବିପାସନାର ପ୍ରସାଦ ।

■

ଶୁଦ୍ଧ ପ୍ରେମର ଅକୁହା କଥା

ପ୍ରେମ ଓ ଧ୍ୟାନ, ଆଧ୍ୟାତ୍ମର ୨ଟି ମାର୍ଗ। କେହି କେହି ପ୍ରାର୍ଥନା ଓ ସାଧନାର ମାର୍ଗ ବି କହିଥାନ୍ତି। ସବୁ ମାର୍ଗର ସାରକଥାକୁ ସନ୍ଥ କହନ୍ତି।

ପ୍ରେମ- ହୃଦୟର ମାର୍ଗ

ଧ୍ୟାନ - ବୁଦ୍ଧର ମାର୍ଗ

ଧ୍ୟାନ ବିଚାର ମୁକ୍ତ। ପ୍ରେମ, ବାସନାମୁକ୍ତ। ଧ୍ୟାନ ଦ୍ୱାରା, ବୁଦ୍ଧତ୍ୱ ଆବିଷ୍କାର ହୁଏ। ଅର୍ଥାତ୍ ବୁଦ୍ଧି ବା Intelligence ଶୂନ୍ୟ ହୁଏ, ଯାହାକୁ ବିଚାର ଶୂନ୍ୟ ବୋଲି କହିଥାନ୍ତି ସନ୍ଥ।

ପ୍ରେମ ଦ୍ୱାରା, ହୃଦୟ ଶୁଦ୍ଧ ହୁଏ। ସମ୍ବେଦନଶୀଳ ହୋଇଥାଏ। ୨ଟି ମାର୍ଗରେ ବ୍ୟକ୍ତି ମୁକ୍ତି ପାଇପାରେ। ସବୁର ମୂଳ; ମୁଁ ରୁ ମୁକ୍ତି। ମୁଁ ବୁଝାଏ, କର୍ତ୍ତା ଭାବନାକୁ, ଯେଉଁଠୁ ଅହଂକାରର ଜନ୍ମ।

ଅନ୍ୟ ପରିଭାଷାରେ, ଯେଉଁଠି ମୁଁ ନାହିଁ, ସେଇଠି ବିଚାର ନାହିଁ, ସେଇଠି ପରମାତ୍ମା। ଯେଉଁଠି ମୁଁ, ସେଇଠି ସଂସାର। ଲକ୍ଷ୍ୟ ହେଉଛି ସତ୍ୟ। ଯେଉଁଦିନ ମୁଁ ହଜିଯିବ, ସଂସାର ସମଷ୍ଟିରେ ପରିବର୍ତ୍ତିତ ହେବ।

ସମସ୍ତ ସାଧୁ ସନ୍ଥ, ପଣ୍ଡିତ ପୁରୋହିତ, ଶିକ୍ଷିତ ଓ ଆଚାର୍ଯ୍ୟ, କହିଥାନ୍ତି, ପ୍ରେମର କଥା। ଏପରିକି କବୀର, ଦାଦୁ, ଦରିଆ, ଫରିଦ, ଶୁଦ୍ଧ ପ୍ରେମ କଥା ବି କହନ୍ତି। ପ୍ରେମ ଠାରୁ ଶୁଦ୍ଧ, ଦୁନିଆରେ କିଛି ନାହିଁ। ନାରଦ, ମୀରା, ଆଜି ଜ୍ୱଳନ୍ତ ପ୍ରମାଣ ଅସ୍ତିତ୍ୱର। କିନ୍ତୁ ସନ୍ଥ, ପ୍ରେମ କଥା କହିଥାନ୍ତି ଓ ଧ୍ୟାନ କଥା ବି କହିଥାନ୍ତି। ତାଙ୍କର ମୂଳ ସନ୍ଦେଶ ଥିଲା, ଧ୍ୟାନରେ ହଜିଗଲେ, ପ୍ରେମ ପାଲଟିଯାଏ। ପୁଣି ପ୍ରେମରେ ପହଞ୍ଚିଲେ ଧ୍ୟାନ ପାଲିଟିଥାଏ।

କିନ୍ତୁ ସଂସାରୀଙ୍କ ପାଇଁ, ପ୍ରେମ ବି ଧୋକା ଦେଇପାରେ। ଯେଉଁଠି ଅମୃତ

ଭାଣ୍ଡରେ ବିଷ ଭଳି କପଟ ଓ ସନ୍ଦେହ ରହିଯାଏ। ଅନ୍ଧାର, ଜ୍ଞାନ ଅଭାବରୁ ସମର୍ପଣ ଘଟାଇ ଦିଏନାହିଁ।

ଶେଖ ଫରିଦ୍ କହନ୍ତି, - ପ୍ରେମରୁ ସମାଧି।

- ପ୍ରେମରୁ ଆନନ୍ଦ।

- ପ୍ରେମରୁ ପରମାତ୍ମା।

Jesus କହନ୍ତି, ପରମାତ୍ମା ହିଁ ପ୍ରେମ।

Osho କହନ୍ତି, ପ୍ରେମ ହିଁ ପରମାତ୍ମା।

ବାସ୍ତବରେ, ପ୍ରେମ ଅସ୍ତିତ୍ୱ ସହିତ ସଂଯୁକ୍ତ। ସେହି ପ୍ରେମ ଦ୍ୱାରା ଭକ୍ତ, ଭକ୍ତି ଓ ଭଗବାନ ଏକ ହୁଅନ୍ତି। କିନ୍ତୁ ଯେଉଁଠି ଶୁଦ୍ଧତ୍ୱ ନାହିଁ, ଅର୍ଥାତ୍ କାମନା, ବାସନା ପୂର୍ଣ୍ଣ, ସେହିଠି ପ୍ରେମକୁ ନର୍କ ବୋଲି କହିଥାନ୍ତି। ଫରିଦ୍ କହିନ୍ତି, ପ୍ରେମରେ କର୍ତ୍ତା ଭାବନା ନରହୁ। ଅହଂକାର ଶୂନ୍ୟ ହେଲେ, ଶୁଦ୍ଧ ପ୍ରେମଜନ୍ମ ନେବ। ଯେଉଁଠି ନିଜେ ହଜିଥିବ।

କିନ୍ତୁ ବହୁତ ସଂସାରୀ ଭାବନ୍ତି, ମୋ ଇଚ୍ଛାରେ, ଅନ୍ୟମାନେ ଚାଲନ୍ତୁ। ସେମାନେ ଜାଣିବା ଉଚିତ ଯେ, ତୁମେ ଯେପରି ଚାହୁଁଛ, ଅନ୍ୟମାନେ ସେପରି ଚାହୁଁଥିବେ। ତେବେ ସ୍ୱଇଚ୍ଛାରେ ସମର୍ପିତ ହୁଅ। ପ୍ରେମରୁ ଦ୍ୱୈତ ହଜିଯିବ।

ପ୍ରେମର ଝଲକ ଗୁରୁଙ୍କଠାରେ ଦେଖାଯାଏ। ସଂସାରଠାରେ ପ୍ରେମର ଜୀବନ୍ତତା ନଥାଏ। ତାଙ୍କର ପ୍ରେମ ଉପରେ ଭରସା ନଥାଏ। ନିଜ ମରଜିରେ ଚାଲନ୍ତି। ପ୍ରେମ, ମନୁଷ୍ୟ ଭିତରେ ସୀମିତ ଥାଏ। Condition ଭରିଥିବା ପ୍ରେମ, ସାମାନ୍ୟ ପ୍ରେମ।

କିନ୍ତୁ ଦିବ୍ୟ ବା ଶୁଦ୍ଧ ପ୍ରେମରେ, Condition ନଥାଏ। ନିସର୍ତ୍ତତା ଭରି ଥାଏ। ଅନନ୍ତ ଆକାଶର ଝଲକ ଦେଖାଦିଏ। ତେଣୁ ସବୁ ଧର୍ମ, ସେବାରେ ପ୍ରେମ ହିଁ ମୂଳ ଇନ୍ଧନ। ଭାରତୀୟ ସଂସ୍କୃତିରେ ମୁଖ୍ୟତ ଗୁରୁ ପ୍ରତି ଶ୍ରଦ୍ଧା ପ୍ରେମର ଶିଖର। ଗୁରୁ, ଗୋବିନ୍ଦର ସାକାର ସ୍ୱରୂପ। ତେଣୁ ଗୁରୁଙ୍କୁ ପରମାତ୍ମାଙ୍କ ଦ୍ୱାର କହନ୍ତି। ପଶ୍ଚିମ ଦେଶମାନଙ୍କରେ, ଗୁରୁ ଶବ୍ଦ ଦେଖିବାକୁ ମିଳେନାହିଁ। ଥାଏ ଶିକ୍ଷକ, ମିତ୍ର, ପତିପତ୍ନୀ, ପ୍ରେମୀ ଓ ପ୍ରିୟସୀ। କିନ୍ତୁ ଗୁରୁ, ସମଷ୍ଟିର ମହାମିଳନ ଓ ପରମାତ୍ମାଙ୍କର ଝଲକ। ଯେପରି ଅନନ୍ତ ଆକାଶକୁ, ଘରର ଖିଡ଼ିକି (ଝରକା)ରୁ ଦେଖିବା ସମ୍ଭବ, ସେହିପରି ଗୁରୁଙ୍କ ଜରିଆରେ, ଗୋବିନ୍ଦଙ୍କୁ ଜାଣିବା ସମ୍ଭବ ହୁଏ। ଏହି ତ ଧର୍ମର ଦ୍ୱାର।

ସନ୍ଥ କହନ୍ତି, ଧର୍ମର ତଲାଶ ଅର୍ଥ, ଗୁରୁଙ୍କ ତଲାଶ। ଗୁରୁଙ୍କ ପ୍ରାପ୍ତିରୁ ଧାର୍ମିକତାର ଶୁଭାରମ୍ଭ। ଆଉ ସମ୍ୟକ ସାଧନା ଓ ଗୁରୁଙ୍କ ସ୍ୱୀକୃତୀରୁ ସିଦ୍ଧିର ଜନ୍ମ।

ଗୁରୁଙ୍କ ଅପଲକ ଦର୍ଶନରେ ଜନ୍ମ ଜନ୍ମାନ୍ତରର ସ୍ୱପ୍ନ, ଆକାଂକ୍ଷା ହଜିଥାଏ।

ଦୁନିଆରୁ ସନ୍ଦେହ ହଜି, ଅସ୍ତିତ୍ୱ ସହିତ ଯୋଡିବାର ରାସ୍ତା ବତାନ୍ତି ଗୁରୁ। ଅନୁଭବୀ ଗୁରୁ ଏକା, ଶିଷ୍ୟଙ୍କୁ ସମାଧିର ପରିଚୟ ପାଇଁ ନିମନ୍ତ୍ରଣ ଦିଅନ୍ତି ।

ଗୁରୁ, ପ୍ରାଥମିକ ପାଠ ଦିଅନ୍ତି, ଶିଷ୍ୟଙ୍କୁ। ତା'ପରେ ଅହଂକାର ନେଇ, ଓଁକାର ର ପରିଚୟ କରାନ୍ତି, ଯାହା ଆତ୍ମ ଯାତ୍ରାର ବ୍ରହ୍ମ ଅସ୍ତ୍ର।

ଓଁକାର ଶ୍ରବଣ କରାଇ, ଧର୍ମର ଦ୍ୱାର ବା ଧାର୍ମିକତାକୁ ଖୋଲି ଦିଅନ୍ତି। ସେହି ଧର୍ମ ନିଜର ସ୍ୱଭାବକୁ ଚିହ୍ନାଇ ପାରିବ।

ଆଜିକାଲି ଯେଉଁଠି ଧର୍ମ ନାମରେ ସଂସ୍ଥା, ସଂଗଠନ, ଅନୁଷ୍ଠାନ, ସମ୍ପ୍ରଦାୟ ଇତ୍ୟାଦି ମାନବ ଜାତିକୁ ବିଭାଜନ କରାଉଛି, ସେଇଠି ଧାର୍ମିକତା ନଥାଏ। ଧାର୍ମିକତା, ସ୍ୱୟଂର ଶୁଦ୍ଧିକରଣ। ସେହି ପରମ ବିଜ୍ଞାନର ବା ଧାର୍ମିକତାର ୪ଟି ସ୍ତମ୍ଭ।

୧ – ସାକ୍ଷୀ

୨ – ଧ୍ୟାନ

୩ – ସମାଧି

୪ – ସୁମିରଣ।

ଅନ୍ତର ଯାତ୍ରାର ଗୁରୁ ହୁଅନ୍ତି ମାର୍ଗ। ଗୁରୁ ନଥିଲେ, ପରମାତ୍ମାଙ୍କ ଦ୍ୱାର ବନ୍ଦ। ତେବେ କିପରି ଗୁରୁଙ୍କୁ ଚିହ୍ନିବ ?

ଗୁରୁଙ୍କ ଦର୍ଶନ, ସାଗରର ବିନ୍ଦୁ। ତୁମର ସଂଭାବନାର ବୀଜକୁ ବିକଶିତ କରାଏ। ସବୁ ପୀଡା, ଚିନ୍ତା ହଜାଇ ଆନନ୍ଦ ଭରିଦିଏ।

ଗୁରୁ, ଯାହାଙ୍କର ଦର୍ଶନ, ଶବ୍ଦରୁ ନିଶବ୍ଦକୁ ନେଇଯାଏ। ତାଙ୍କରି ସାଙ୍କେତିକ ଇଷାରାରୁ, ସମ୍ଭାବନାର ବୀଜ (ମଞ୍ଜି), ବୃକ୍ଷ ବନିଯାଏ। ଶିଷ୍ୟ ଭିତରେ ଅନନ୍ତ ଆକାଶ ଖୋଲିଯାଏ, ଯେଉଁଠୁ ପରମାତ୍ମାଙ୍କର ଅନୁଭବ ମିଳେ।

ସନ୍ଥ କହନ୍ତି, ଗୁରୁଙ୍କ ଉପରେ ଭରସା, ଜୀବନର ପରମ ସ୍ତରକୁ ଯିବାର ରାସ୍ତା। ଗୁରୁଙ୍କୁ ପ୍ରାପ୍ତି ଓ ଅପ୍ରାପ୍ତିରେ ସନ୍ଦେହ, ଜୀବନ ଉର୍ଜାକୁ ନିମ୍ନକୁ ନିଏ। ଯେବେ ସୁଯୋଗ ମିଳେ, ନତ ମସ୍ତକ କରି, ସତସଙ୍ଗରେ ଯୋଡ ।

ଅସ୍ତିତ୍ୱର ବ୍ୟବସ୍ଥା, ସମସ୍ତଙ୍କ ପାଇଁ ସମାନ। କିନ୍ତୁ Choice is Independent.

ଯେବେ ଛାତ୍ରଟିଏ ଶିଷ୍ୟ ହୁଏ, ସମର୍ପିତ ହେଲେ, ଅହଂକାର ହଜେ। ସଦ୍‌ଗୁରୁ ଅହଂକାରକୁ ବିସର୍ଜିତ କରାଇ, ଓଁକାରର ପରିଚୟ କରାନ୍ତି। ତେବେ ସନ୍ଥ କହନ୍ତି, ଯେବେ ଶିଷ୍ୟ ଶିଖିବା ପାଇଁ ରାଜି ହୁଏ, ଧର୍ମର ଜନ୍ମ ହୁଏ। ସେଇଠୁ ନିର୍ମାଣ ହୁଏ, ମନ୍ଦିର।

ଗୁରୁ ପ୍ରେମ, ସ୍ୱୟଂର ଦାନ। ମାଗିବା, ପାଇବା, ଲଢ଼ିବା ନୁହେଁ। ଯେଉଁଠି

ମାଗିବା, ସେଇଠି ସଉଦା। ଯେଉଁଠି ପୂର୍ଣ୍ଣ ସମର୍ପିତ, ସେଇଠି ସମାଧିର ଉଦୟ। ନରହେ ବିଚାର, ବିଷୟ, ସବୁ ଶୂନ୍ୟ କରି ଆଣି ପହଞ୍ଚାଏ, ଜାଗୃତ ବିଶ୍ରାମ। କେବଳ ଭରିଯାଏ ଅନ୍ତର ଶ୍ରବଣ। ନା ଥାଏ ଶ୍ରୋତା, କି ନା ଥାଏ ସୃଜନ ହାରା, କେବଳ ରହିଯାଏ ଶ୍ରବଣ।

ତେଣୁ ସାହସ ରଖ। ପ୍ରେମରେ ଯୋଡ। ଶୁଦ୍ଧ ଶ୍ରଦ୍ଧା ତୁମକୁ ସମ୍ରାଟ ବନାଇବ। ତୁମକୁ କରାଇବ ବୁଦ୍ଧ ପୁରୁଷ। ବୁଦ୍ଧ ପୁରୁଷ କିଏ ? ଯା'ର ବାସନା ନଥାଏ, କେବଳ ଥାଏ ସାଧନା। ତେବେ ଗୁରୁଙ୍କଠାରୁ ପ୍ରେମର ପାଠ ପଢ଼ିବ ଓ ମନରୁ ମୁକ୍ତ ହେବ।

Jesus କହନ୍ତି, ଛୋଟ ଶିଶୁ ଭଳି ହେଲେ ପରମାତ୍ମାଙ୍କ ରାଜ୍ୟକୁ ପ୍ରବେଶ କରିପାରିବ। ଯା'ର ଏକମାତ୍ର ରାସ୍ତା ପ୍ରେମ। ସେହି ପ୍ରେମ, ବୁଦ୍ଧିରେ ନଥାଏ, ଥାଏ ହୃଦୟରେ।

ତା'କୁ ଜାଗ୍ରତ ପାଇଁ, ପ୍ରକୃତି ସହିତ ଯୋଡ। ତୁମକୁ ଅସ୍ତିତ୍ୱମୟ କରାଇ ଦେବ, ଅର୍ଥାତ୍ ଧ୍ୟାନ ଘଟିଯିବ।

ବୃକ୍ଷକୁ ଦେଖ, ଫୁଲ ଫଳକୁ ଦେଖ, ପାହାଡ ପର୍ବତ, ଝରଣା, ପବନ, ବର୍ଷା, ସବୁକୁ ଦେଖ ଓ ଭାବନାରେ ଯୋଡିଯାଅ। ଏପରିକି ଆକାଶର ଇନ୍ଦ୍ରଧନୁକୁ ଦେଖ। ତା'ରି Physicsକୁ ପଚାର ନାହିଁ। ପାଣ୍ଡିତ୍ୟରୁ ବଞ୍ଚିତ ହୁଅ। ସଂଗ୍ରହ ଜ୍ଞାନରୁ ମୁକ୍ତ ପାଅ। ଅନୁଭବ ଓ ବୋଧରେ ଯୋଡିଯିବ। ଜଗତର ସେବା ଆଡକୁ ମୋଡିହେବ। ଜାଣିବ, ଚାରି ପାଖରେ ପରମାତ୍ମା, ଯେଉଁଠିକୁ ଦେଖିବ, ଜଗତ ଲାଗିବ ପରମାତ୍ମାମୟ, ପାଇବ ପରମ ସ୍ୱାଦୁ।

ବିଚାର ନରହୁ, ନିର୍ବିଚାର ହୁଅ। ନିର୍ବିଚାରରେ ପ୍ରେମ, ଧ୍ୟାନ ଓ ପ୍ରାର୍ଥନା ପାଲଟିଯାଏ। ତେଣୁ ତୁମର ଭକ୍ତି, ତୁମର ପ୍ରେମର ଅନୁରକ୍ତି। ତେବେ ୧୦୦୦ ଶିଷ୍ୟରୁ, ଜଣେ ଅଧେ ହୁଅନ୍ତି, ଭକ୍ତ। ଯେଉଁଠି ଭକ୍ତି, ଭଗବାନ, ଭକ୍ତ ମିଶି ଭଗବତ୍ତା ହୋଇଯାଏ, ଏହା ହିଁ ହେବ ଶୁଦ୍ଧ ପ୍ରେମର ଅକୁହା କଥା।

■

ବିରାଟ ପ୍ରେମରେ ଯୋଡିଯାଅ

ସବୁ ସନ୍ଥ କହନ୍ତି, ବିରାଟ ପ୍ରେମରେ ଯୋଡିଯାଅ। ଅର୍ଥାତ୍ ହରିଙ୍କ ପ୍ରେମରେ ହଜିଯାଅ, ଯେପରି ହରି ତୁମ ସହିତ ସବୁ ବେଳେ ଅଛନ୍ତି।

ଶେଖ ଫରିଦ କହନ୍ତି ସେହିକଥା, ଆଲ୍ଲାଙ୍କ ପ୍ରେମରେ ଯୋଡିଯାଅ।

ପରିଭାଷା ଅଲଗା ଅଲଗା, କିନ୍ତୁ ଅସ୍ତିତ୍ୱ ଏକା। ଯାହା କରୁଛ ସବୁ ତାହାରି, ଜାଣ।

ସଂସାରୀ ଭାବନ୍ତି, ଆମ୍ଭେ ବି ପରିବାରକୁ, ସମ୍ବନ୍ଧିଙ୍କୁ ପ୍ରେମ କରୁଅଛୁ। ଯଦି ସେହି ପ୍ରେମ, ଭକ୍ତି, ସେବା ଦ୍ୱାରା ପରମାତ୍ମା ମିଳିଯାନ୍ତା, ପ୍ରତ୍ୟେକ ପରିବାରର ପ୍ରେମରୁ ପରମାତ୍ମା ଦର୍ଶନ ପାଇ ଯାଆନ୍ତେ।

ତେଣୁ ସନ୍ଥ କହନ୍ତି, ହରିର ପ୍ରେମରେ ଯୋଡ। ଅସ୍ତିତ୍ୱ ପ୍ରେମରେ ଯୋଡ, ସମସ୍ତଙ୍କୁ ପ୍ରେମ କରିପାରିବ। ସ୍ମରଣ ରଖ, ଅସ୍ତିତ୍ୱ ତୁମକୁ ହର କ୍ଷଣରେ ଘେରି ରହିଛି। ତୁମର ଖ୍ୟାଲ ରଖନ୍ତି। ତେଣୁ ତୁମେ ଅହରହ, ତାଙ୍କରି ସ୍ମରଣରେ ଲାଗିଯାଅ, ତାହା ହରି ପ୍ରେମ ହୋଇଯିବ।

ଉଦାହରଣ ସ୍ୱରୂପ: ମାଛ, ସାଗରରେ ରହେ, ସାଗର ତାରି ଖ୍ୟାଲ ରଖେ। କିନ୍ତୁ ସେ ସାଗରକୁ ଜାଣିପାରେ ନାହିଁ। ତୁମର ସ୍ଥିତି ଠିକ୍ ସେହିପରି।

ହରି ସମସ୍ତଙ୍କର ଖ୍ୟାଲ ରଖନ୍ତି। କିଏ ସାଧୁ, କିଏ ଚୋର, କିଏ ପୁରୁଷ କିଏ ସ୍ତ୍ରୀ, କିଏ ଶିକ୍ଷିତ, କିଏ ଅଶିକ୍ଷିତ, କିଏ ସମ୍ୟକ କିଏ ଅସମ୍ୟକ। ସମସ୍ତଙ୍କୁ ଦେଖନ୍ତି ବିନା ସ୍ମରଣରେ।

ଉଦାହରଣ ସ୍ୱରୂପ: ତୁମେ ଶ୍ୱାସ ନେଉଛ ବା ଶ୍ୱାସ ଚାଲିଛି ତୁମର। ତୁମେ ନ ଚାହିଁଲେ ବି, ସେ ତୁମର ସ୍ମରଣ ରଖନ୍ତି। ତାଙ୍କର ପାତର ଅନ୍ତର ନିତୀ ନଥାଏ। ଯାହା ଆବଶ୍ୟକ ବଞ୍ଚିବା ପାଇଁ, ସେ ସବୁକୁ ମୁଫତରେ ଖଞ୍ଜି ଦେଇଛନ୍ତି ପ୍ରକୃତିରେ। ତାକୁ ସମ୍ୟକ ଢଙ୍ଗରେ ଉପଯୋଗ କରିବା, ତୁମର ଦାୟୀତ୍ୱ।

ଯଦି ଭାବୁଥାଅ, ସମସ୍ତେ କାହିଁକି ରାମ ହେଲେ ନାହିଁ, ରାବଣ କାହିଁକି ଭିତରେ ଅଛି ? ଯଦି ରାବଣ ନଥାନ୍ତା, ରାମକଥା ସ୍ମରଣକୁ ଆସନ୍ତା ନାହିଁ। କେବଳ ଏତିକି ଜାଣ, ପରମାତ୍ମା ସବୁ ଶୁଭ ଓ ଅଶୁଭରୁ ଊର୍ଦ୍ଧ୍ୱରେ। ତେଣୁ ତୁମେ ତାଙ୍କ ସହିତ ଥାଅ ବା ନଥାଅ, ସେ ତୁମ ସହିତ। କିନ୍ତୁ ତୁମେ ତାଙ୍କୁ ଭୁଲି, ଖୋଜୁଛ ମାନବ ନିର୍ମିତ ଧର୍ମ ସ୍ଥଳରୁ। ନିଜର ମାନସିକତାକୁ ମାଧ୍ୟମ କରି, ଖୋଜୁଛ ବାହାର ଜଗତରୁ। ତେବେ ତୁମେ ନ ପାଇପାର ଅନୁଭବ। ସେ କିନ୍ତୁ ତୁମଠାରୁ ବା କାହାଠାରୁ ଅଲଗା ନୁହଁନ୍ତି।

ଏତିକି ଜାଣ, ସାରା ମନ୍ଦିର, ଧର୍ମସ୍ଥଳ ସବୁ ତାଙ୍କରି ବିସ୍ତାର। ସବୁ ଭୂମିରୁ ତାଙ୍କରି ପରିଚୟ ପାଅ। କେବଳ ଶରୀର, ଶାସ୍ତ୍ର, ସଂଗ୍ରହ, ଶକ୍ତି, ସାମର୍ଥ୍ୟ ସହିତ ମତଲବ୍ ନ ରଖ। ମନେରହୁ, ଏ ସବୁ କ୍ଷଣସ୍ଥାୟୀ, ଦିନେ ହଜିଯିବ।

ସନ୍ଥ କହନ୍ତି, ବର୍ତ୍ତମାନର କ୍ଷଣରୁ ଲଗନ୍ ଲଗାଇ ଶୁଭାରମ୍ଭ କର। କିନ୍ତୁ ତୋର, ମୋର, ଶରୀର, ମନ, ବିଚାର, ଭାବନାର ବସ୍ତୁ ଓ ଲହରକୁ ଧରିଲେ, ସାଗରକୁ କେମିତି ଜାଣିବ ?

ଶରୀରରେ ବି ଆତ୍ମସତ୍ତା ଥାଏ। ତାହା ୫ ତତ୍ତ୍ୱରେ ଯୋଡିଥାଏ। ସେହି ୫ତତ୍ତ୍ୱ ଲହର ଭିତରେ କେନ୍ଦ୍ର। ସବୁ ପରିବର୍ତ୍ତନଶୀଳ ଭିତରେ, ଗୋଟିଏ ଅପରିବର୍ତ୍ତିତ ସତ୍ତାକୁ ଜାଣ, ଯାହା ସତ୍ୟ। କିନ୍ତୁ ଆପଣଙ୍କ ପାଖେ ଚିନ୍ତନ ପାଇଁ ସମୟ କାହିଁ ? ଯା'ର ସମୟ ଅଛି, ଶ୍ରଦ୍ଧା କାହିଁ? ଯା'ର ଶ୍ରଦ୍ଧା ଅଛି, ପୁରୁଷାର୍ଥ କାହିଁ? ଏସବୁ ରହିଲେ, ଧାର୍ମିକତାର ଜନ୍ମ ନିଏ, ଧର୍ମର ନୁହେଁ। ଧର୍ମ ଆଜିକାଲି ସଂଗଠନ ସମ୍ପ୍ରଦାୟ ଓ ଅନୁଷ୍ଠାନ, ବ୍ୟବସାୟରେ ପୂର୍ଣ୍ଣ। ଯେଉଁ ଧର୍ମ ଆମର ସ୍ୱଭାବ, ତାହା ବାହାରେ, କ୍ରିୟାରେ ପ୍ରୟାସରେ ନଥାଏ। ତେଣୁ ସମସ୍ତେ ତାକୁ ବିସ୍ମରଣ କରନ୍ତି। ଯଦି ସନ୍ତୁଳିତ ରହିଲା ୭୦/୮୦ ବର୍ଷ ପର୍ଯ୍ୟନ୍ତ ତୁମକୁ ଟାଣିନେବ। ତା ପୂର୍ବରୁ ବି ଘଟିପାରେ ମୃତ୍ୟୁ। ତେବେ, ଏତିକି ଜାଣ, ଯାହାକୁ ଜୋରରେ ଧରିଛ, ସେ ଆଧାର ନୁହଁ। ଅସଲି ଆଧାରକୁ ଭୁଲି ଯାଉଛ।

ତେବେ, ଏହି କ୍ଷଣରେ ପ୍ରୀତମ୍ ବା ହରି ସହିତ ଯୋଡିଯାଅ। ଯୋଡିବାର ଭାବନାରୁ, ନିଜର କ୍ରାନ୍ତୀ ଜନ୍ମ ନେବ। ଏହିତ ସନ୍ଥଙ୍କର ବଚନ ଓ ଗୁରୁଙ୍କ ବାଣୀର ପରମ ସନ୍ଦେଶ।

ଯଦି ପଣ୍ଡିତ, ପୁରୋହିତ, ଜ୍ୟୋତିଷ ଓ ସାମାଜିକ ସାଧୁଙ୍କ ପାଖକୁ ଯାଆନ୍ତି, ସେ ପାପ, ପୂଣ୍ୟ, ସ୍ୱର୍ଗ, ନର୍କ ଓ ମୁକ୍ତିର ରାସ୍ତା ବତାନ୍ତି, ଯାହା ତାଙ୍କ ଭାବନାରେ ଥାଏ।

ତେବେ କ'ଣ ଭାବୁଛ, ଦାନଦକ୍ଷିଣା, କ୍ରିୟା କାଣ୍ଡ କରି, ମୁକ୍ତି ପାଇଯିବ ?

ଉଭୟରୁ ମୁକ୍ତି ପାଇଁ, ଊର୍ଦ୍ଧ୍ୱକୁ ଯାଅ। ଜାଣିବ, ପାପ, ପୂଣ୍ୟ, ସ୍ୱର୍ଗ, ନର୍କ ଓ ମୁକ୍ତିର ପରିଭାଷା। କେବଳ ଏତିକି ଜାଣ, ଏହି ସବୁ ଶିକ୍ଷା, ବେହୋଷତା ବଢ଼ାଇଥାଏ।

ତେଣୁ ସବୁବେଳେ ମଣିଷ ଭାବୁଛି, ମୁଁ ଏକା କରିପାରିବି । ମୋ ଦ୍ୱାରା ସବୁ ସମ୍ଭବ । ଅବଶ୍ୟ ସତ୍ୟ, ମଣିଷ ଏକା, ବିରାଟ ଉର୍ଜାର ଦର୍ଶନ ପାଇପାରିବ । କିନ୍ତୁ ପ୍ରୟାସ, ଶ୍ରମ, ଓ କ୍ରିୟାକରି ନୁହେଁ । କ୍ଷମା, ଜ୍ଞାନ, ଦାନକୁ ନେଇ ପହଞ୍ଚିଯିବ ।

ଗୀତାରେ କୃଷ୍ଣ କହନ୍ତି–

– କର୍ତ୍ତା ଭାବକୁ ଛାଡ, କର୍ମକୁ ନୁହଁ ।

– କର୍ମ କରିଚାଲ, ଅକର୍ତ୍ତା ହୋଇ ।

ତୁମେ କିଛି ଚେଷ୍ଟା କର ନାହିଁ । ନିଜକୁ ମଧ୍ୟକୁ ଟାଣ ନାହିଁ । କେବଳ ଜାଣ, କୌଣସି କ୍ଷଣରେ ମିଳନ ହେବ ।

ତେବେ ଆକାଂକ୍ଷା ନରଖ । ଆସିପାରେ ବା ନ ଆସିପାରେ ସଫଳତା । ଯାହା ମିଳୁ ବା ନମିଳୁ, ସବୁକୁ ସ୍ୱୀକାର କର ।

କୌଣସି କର୍ମକୁ Postpone କରନାହିଁ । Postpone କରିବା, ମଣିଷ ସ୍ୱଭାବର ଏକ ଛାୟା । ତେଣୁ କର୍ମଫଳ, ସିଦ୍ଧାନ୍ତରୁ ମୁକ୍ତ ରୁହ । କେବଳ ଆଜିକୁ ଖ୍ୟାଲ ରଖ ।

ଫରିଦ କହନ୍ତି, ଆଜି ମିଳିଯିବ ପରମାତ୍ମା । ଗତକାଲି ଓ ଆସନ୍ତା କାଲିକୁ ଭୁଲି ଆଜିରେ, ଏହି କ୍ଷଣରେ ଲାଗିପଡ ।

ତେବେ କ'ଣ କରିବ ?

ସୂତ୍ର କହୁଛି, ବିଚାର ଓ ଭାବନାରୁ ମୁକ୍ତ ହୁଅ । କର୍ମକୁ ବଦଳାଅ ନାହିଁ । ବିଚାର କୁ ବଦଳାଅ । ବିଚାର ଶାନ୍ତ ହେଲେ, ମିଳିବ ଶାନ୍ତି । ଶାନ୍ତିର ଦୁଇଟି ରାସ୍ତା–

୧– ଧ୍ୟାନ ।

୨– ପ୍ରେମ ।

ଧ୍ୟାନ ମାର୍ଗ, ରୁଖାସୁଖା ଓ ମରୁସ୍ଥଳ ଭଳି । ପ୍ରେମର ମାର୍ଗ, ଉମଙ୍ଗର ମାର୍ଗ, ଝରଣା ପରି ।

ଧ୍ୟାନ ଛୋଟିଆ ପ୍ରେମ, ପ୍ରେମ ବିରାଟ ଧ୍ୟାନ । ଯେବେ ବିଚାର ମୁକ୍ତ ହେବ, ପ୍ରେମ ବିରାଟ ହୋଇଯିବ । ତେବେ ଯାହା ଶୁଭାରମ୍ଭ ହୁଏ, ତାହା ଧ୍ୟାନରୁ ।

ଧ୍ୟାନରେ ବିଚାର ମୁକ୍ତ ହୁଏ ଗୋଟେ ଗୋଟେ କରି । ପ୍ରେମରେ ସବୁ ବିଚାରକୁ ହଜାଇ ଦିଏ ଓ ସବୁ ମିଶିଥାଏ ।

ପ୍ରେମର ରାସ୍ତା, ସମୁଦ୍ର, greenary, ବସନ୍ତ ପୂର୍ଣ୍ଣ । ଯେଉଁଠୁ ପକ୍ଷୀ ବି ରାବେ, ପବନ ବହେ, ମୌନ ବି ଆସେ ଯେପରି ମୀରାର ନାଚ, ଚୈତନ୍ୟର ନୃତ୍ୟ, ନାରଦର ସଙ୍ଗୀତ ଉଦୟ ହୁଏ ।

କିନ୍ତୁ ଧ୍ୟାନତ, ମରୁସ୍ଥଳ ଭଳି, ସବୁଠି ନିର୍ଜନ, ଶାନ୍ତ ଓ ଏକାନ୍ତ ।

ଅସ୍ତିତ୍ୱର ଆବାଜ ଆସେ ଭିତରୁ ଓ ଶୂନ୍ୟତାରୁ।

ଦେଖାଯାଏ, ବ୍ୟକ୍ତି, ବ୍ୟକ୍ତିରେ ଫରକ। ତେଣୁ, ଯେଉଁ ମାର୍ଗରେ ଯାଇପାର। ହେଲେ, ଧ୍ୟାନ ମଞ୍ଜିଲ ଅନ୍ତମରେ କିନ୍ତୁ ପ୍ରେମର ମଞ୍ଜିଲ୍ ସବୁଠି।

ଧ୍ୟାନର ରାସ୍ତା, କ୍ଷୁଦ୍ର ବା ଛୋଟ। ପ୍ରେମର ରାସ୍ତା, ବିରାଟ ବା ଅନନ୍ତ।

ଧ୍ୟାନ ମାର୍ଗରେ ବୁଦ୍ଧ, ଓ ମହାବୀର। ପ୍ରେମ ମାର୍ଗରେ, ଚୈତନ୍ୟ, ମୀରା। କିନ୍ତୁ ଅସ୍ତିତ୍ୱର ପରମ ନିୟମରେ, ବିଭାଜନ ଏକ ବ୍ୟବସ୍ଥା ସବୁଠି ଦେଖାଯାଏ। ତେଣୁ ଜୀବନ୍ତ, ଅନୁଭବୀ ଗୁରୁଙ୍କ ପ୍ରେମରେ ଯୋଡ, ସେହି ହେବ ଧ୍ୟାନ। କିନ୍ତୁ ଗୁରୁ ବିଦା ପରେ ବିଭାଜନ ସୁରୁହୁଏ।

ଯେପରି ବୁଦ୍ଧଙ୍କ ମାର୍ଗରେ ବିଭାଜନ ହୋଇଥିଲା-

୧. ହୀନଯାନ - ଛୋଟଆ ଡଙ୍ଗା/ ଧ୍ୟାନର ମାର୍ଗ।

୨. ମହାଯାନ- ବିରାଟ ନୌକା/ ପ୍ରେମର ମାର୍ଗ।

ହୀନ ଯାନ କହନ୍ତି, ବୁଦ୍ଧଙ୍କ ଇଷାରା ନିଅ, ସାହାର ନ ନିଅ।

ମହାଯାନ କହନ୍ତି ବୁଦ୍ଧଙ୍କ କାନ୍ଧରେ ଯାଅ। କିନ୍ତୁ ହୀନଯାନ ବିସ୍ତାର ପାଇଲା ନାହିଁ। ମହାଯାନ, ବହୁତ ବିସ୍ତାର ହେଲା। ବୌଦ୍ଧ ଧର୍ମର ବିକାଶ, ମହାଯାନ ପାଇଁ, ଭକ୍ତି ଯେଉଁଠୁ ଜନ୍ମ ହୁଏ।

ତେବେ ସବୁବେଳେ, ଗମ୍ଭୀର ନ ହୁଅ। ସହଜ ହୁଅ। ହସ ଓ ଅନ୍ୟକୁ ହସାଅ।

ଖ୍ୟାଲ ରହୁ ମୁଁ ମନର ତରଙ୍ଗରୁ ମୁକ୍ତ। ଭାବ ରହୁ, ମରଣ ଆସିପାରେ କ୍ଷଣିକରେ। ଏହି ସ୍ମରଣ ତୁମକୁ ଜାଗ୍ରତ କରାଇବ। ତୁମ ଭିତରୁ ରୂପାନ୍ତରଣ ସୁରୁ ହେବ।

ସର୍ବଦା ମୁକ୍ତ ରୁହ ଓ ସ୍ୱତନ୍ତ୍ର ହୁଅ। ହୃଦୟରୁ କ୍ରାନ୍ତୀ ଜନ୍ମ ନେବ। ଏହା ମାନବବାଦର ଲକ୍ଷଣ।

ଜାଣିବ, ଚେତନା ପଶୁର ଥାଏ। ଚେତନା, ସର୍ବ ଜୀବାତ୍ମାରେ ଥିଲେ ମଧ୍ୟ, ମଣିଷର ଏକା ଖ୍ୟାଲ ଥାଏ।

ତେବେ, ମଣିଷ ଯେବେ ମୃତ୍ୟୁର ଖ୍ୟାଲ କରେ, ତା'ର କ୍ରାନ୍ତୀର ଜନ୍ମନିଏ। ସେଇଠୁ ଧର୍ମର ଜନ୍ମ।

ଯଦି ଅନ୍ୟର ମରଣ ଦେଖି, ନିଜର ମରଣ ଭାବ। ଏହି ସ୍ମରଣ, ତୁମକୁ ଜାଗ୍ରତ କରିବ ଓ ପ୍ରଭୁଙ୍କ ପ୍ରେମରେ ଯୋଡି ଦେବ।

ତେବେ ସମଷ୍ଟି ସହିତ ଯୋଡିବାର ମୂଳ ଧ୍ୟାନ ଓ ପ୍ରେମ। ଧ୍ୟାନ, ବିଚାର ମୁକ୍ତ ଓ ପ୍ରେମ ହେଲା ବାସନା ମୁକ୍ତି। ଧ୍ୟାନ, ନିଜ ଭିତରେ ପରମାତ୍ମାଙ୍କୁ ଦେଖେ, ପ୍ରେମ ଅନ୍ୟ ଭିତରେ, ପରମାତ୍ମାଙ୍କୁ ଦେଖେ। ଉଭୟଙ୍କର ଅନୁଭବ, ଜ୍ଞାନ। ଅର୍ଥାତ୍ ସବୁଠି ପରମାତ୍ମାଙ୍କୁ

ଦେଖିବା ବୁଝାଏ। ଏଣୁ ଉଭୟ, ସାଧକକୁ ବିରାଟ ସହିତ ଯୋଡେ ଓ ମିଶାଇ ଏକ କରିଦିଏ। ଯେଉଁ ମିଳନରୁ ପରମ ଶାନ୍ତି ଓ ପରମ ବିଶ୍ରାମ ମିଳିଯାଏ। ସେହି ଅନ୍ତିମ ବିଶ୍ରାମ ହିଁ ସମାଧି। ଆଧ୍ୟାତ୍ମର ପ୍ରସାଦ ଓ ମାନବର ସର୍ବାଧିକ ଉପଲବ୍ଧି।

■

ଧ୍ୟାନରୁ ଧ୍ୱନି, ପ୍ରକାଶିତ ପ୍ରଭାତ

ଋଷିଙ୍କ ମହାବାକ୍ୟ, ଧ୍ୟାନରୁ ଧ୍ୱନି ବା ଧ୍ୱନିରୁ ଧ୍ୟାନ। ତାହା ଆଧ୍ୟାତ୍ମର ପ୍ରାରମ୍ଭ ଓ ମଞ୍ଜିଲ ପାଇଁ ଯଥେଷ୍ଟ। ଏହା ଗୋଟିଏ ନିର୍ବିବାଦୀୟ ତତ୍ତ୍ୱ ଯାହା ବିଶ୍ୱର ସବୁ ଧର୍ମଧାରାର ସ୍ୱୀକୃତୀ ପ୍ରାପ୍ତ ରହସ୍ୟ। ସେହି ଅସ୍ତିତ୍ୱର ପରମ ଧ୍ୱନି ବା ଓଁକାର ଭିତରେ ସାରା ଆଧ୍ୟାତ୍ମ, ବା Spiritual Science ଛପି ରହିଛି। ତେବେ ଧ୍ୟାନର ପରିଭାଷା, ଧ୍ୱନି ଶ୍ରବଣ। ସେହି ଧ୍ୱନିକୁ ଅନ୍ତର ଆକାଶରୁ ନିରନ୍ତର ଶ୍ରବଣରୁ ଧ୍ୟାନ ଘଟିଥାଏ। ତାହାକୁ ଜାଗ୍ରତର ୧ମ ସଂକେତ କହିଥାନ୍ତି।

କଥାରେ ଅଛି, ପ୍ରଭାତ ଆସିବାରେ, ପ୍ରକାଶିତ ହୁଏ ଧରିତ୍ରୀ। ଜାଗ୍ରତ ଓ ସକ୍ରିୟ ହୁଅନ୍ତି ଜୀବାତ୍ମା। ପକ୍ଷୀଙ୍କର ସଂଗୀତ, ପଶୁଙ୍କର କ୍ରୀଡା, ବୃକ୍ଷଲତାଙ୍କର ସତେଜତା, ସମସ୍ତଙ୍କୁ କରାଏ ଅସ୍ତିତ୍ୱମୟ, ମାନବର ଚେତନା ମଧ୍ୟ ଜାଗ୍ରତ ହୋଇଯାଏ।

କିନ୍ତୁ, ଯେଉଁ ମଣିଷ ନା ଜାଗ୍ରତ, ନା କରିଥାଏ ଦ୍ୱାର ଖୋଲା, ସେ ରହିଯାଏ ଅନ୍ଧକାରରେ। ତା'ପାଇଁ ପ୍ରକାଶିତ ସୂରଜ ବି ଅନ୍ଧାର। ତା ପାଖକୁ ନା ଯାଏ ପ୍ରକାଶ, ନା ପକ୍ଷୀର ରାବ। ଠିକ୍ ସେହିପରି, ଯେଉଁଦିନ ଅନ୍ତର ଆକାଶରୁ ସୂର୍ଯ୍ୟୋଦୟ ହୁଏ, ଦୁଇଟି ଅନ୍ତର ଚକ୍ଷୁ ଖୋଲିଯାଏ।

ଯାହାକୁ ସନ୍ଥ କହନ୍ତି- ୧- ସୁରତୀ - ଶୁଣିବାର କଳା
୨- ନିରତି - ଦେଖିବାର କଳା।

ଉଭୟ କିନ୍ତୁ ଭିତର ଜଗତରୁ।

ସବୁ ମଣିଷଙ୍କର ନିଦ୍ରା ଭଙ୍ଗ ହେଲେ, ବହିଃର୍ଜଗତକୁ ଦେଖିପାରନ୍ତି। କିନ୍ତୁ, ଯା'ର ଅନ୍ତର ନିଦ୍ରା, ମୁର୍ଚ୍ଛା ଭାଙ୍ଗିଯାଏ, ସେ ଅନ୍ତର ଆକାଶର ପରମ ସୂର୍ଯ୍ୟୋଦୟ ଦେଖିପାରେ।

ଆଖି- ପୁରୁଷର ପ୍ରତୀକ।

କାନ- ସ୍ତ୍ରୀର ପ୍ରତୀକ।

ଆଖି- ଆକ୍ରମକ, ଅସହଜର ପ୍ରତୀକ, ଦର୍ଶନ କଳା ଥାଏ।

କାନ- ଅନାକ୍ରମକ, ସହଜର ପ୍ରତୀକ, ଶ୍ରବଣ କଳା ଥାଏ।

ଅନ୍ୟ ପରିଭାଷାରେ, ପୁରୁଷ ଉର୍ଜା ଓ ସ୍ତ୍ରୀ ଉର୍ଜାର ପ୍ରବାହ।

ପୁରୁଷ ଅନୁଭବରେ, ଦ୍ରଷ୍ଟା ଓ ଶ୍ରୋତା ହୁଏ। ଦୃଶ୍ୟ, ସଙ୍ଗୀତର ଅପୂର୍ବ ଘଟଣା ଘଟାଏ। ଯେବେ ଅନ୍ତର ସୂର୍ଯ୍ୟୋଦୟ ହୁଏ, ଅନ୍ତରରୁ ପ୍ରାକୃତିକ ବଂଶୀର ଧ୍ୱନି ବାଜିଉଠେ। ନାଦ, ନୂରର ଉତ୍ସବ ହୁଏ, ତାହାକୁ ଶବ୍ଦ ଓ ଜ୍ୟୋତିର ମିଳନ କହିଥାନ୍ତି।

ପ୍ରକାଶର ସଙ୍ଗୀତ ନଥାଏ। ସଙ୍ଗୀତରେ ପ୍ରକାଶ ନଥାଏ, ଦୁଇଟିର ମିଳନରୁ ନାଦ, ନୂରର ବିକାଶ ହୁଏ। ସାରା ଇନ୍ଦ୍ରିୟ ଭାବଦ୍ୱାରା ହଜିଯାଏ। ନାଦ, ନୂର ଭଳି ଅନ୍ତର ଉର୍ଜାର ଅନେକ ସ୍ୱରୂପ ଦେଖିବାକୁ ମିଳେ।

ଆସୁରୀ ଇନ୍ଦ୍ରିୟରୁ, ସ୍ୱାଦ, ଗନ୍ଧ, ସ୍ପର୍ଶର ଜନ୍ମ ହୁଏ। ସାରା ଇନ୍ଦ୍ରିୟର ସଂଯୋଗରୁ ଅନୁଭବ ଦିଏ ରହସ୍ୟ। ପରିଧିରୁ ଗତିକରାଏ କେନ୍ଦ୍ରକୁ ଯେଉଁଠି ସବୁ ଇନ୍ଦ୍ରିୟ ମିଶି ଏକ ହୁଏ।

ସମସ୍ତେ ଜାଣନ୍ତି ଇନ୍ଦ୍ରିୟ ମନରୁ ସୃଷ୍ଟି। ତାହା ବହିଃର୍ଜଗତରେ କାମ କରେ। ଉର୍ଜାକୁ ନେଇ ବିକଶିତ କରାଏ ଓ ଅନୁଭବ ଦିଏ। ଏକାକୀ ଭାବେ, ବିକଶିତ ହୁଏ, ତାହା ଦ୍ୱାରା। କିନ୍ତୁ ଯେବେ ଅନ୍ତର ଆକାଶରେ କେନ୍ଦ୍ରସ୍ଥ ହୁଅନ୍ତି, ସବୁ ମିଶି ଏକାକାର ହୋଇଯାନ୍ତି। ସେହି ହୁଏ ସମାଧିର ଅନୁଭବ, ସେହି ଅନୁଭବରୁ ଅନାହତ, ଅଜପା, ଓଁକାର, ନାଦ, ନୂରର ମହାମିଳନ ହୋଇଥାଏ।

ନିଶ୍ଚିତ ଅଦ୍ଭୁତ ଅନୁଭବ। ଯିଏ ସମ୍ବେଦନ ଶୀଳ, ସହଜ, ଶାନ୍ତ, ଓ ଜାଗ୍ରତ, ତାକୁ ଅନୁଭବ ଦିଏ। ସମସ୍ତଙ୍କର ଚର୍ମ, ଆଖି ଓ କାନ ଥାଏ, ତାହା ଅନୁଭବ ଦେଇନଥାଏ ଭିତରେ। ତେଣୁ ଧ୍ୱନି, ଜ୍ୟୋତି, ନୂର ଓ ନାଦର ତରଙ୍ଗରେ ଏକ ସ୍ୱତନ୍ତ୍ର ଦର୍ଶନ ଥାଏ। କଳ୍ପନା ନୁହଁ, ବିଭିନ୍ନ ଅନୁଭବ ଦିଏ।

ଉଦାହରଣ ସ୍ୱରୂପ:- ସୁର ଦାସ ଆତ୍ମାର ଅନୁଭବ ନାଦର ଶ୍ରବଣରୁ ପାଇଥିଲେ। ଗୋରଖ ଆତ୍ମାର ଅନୁଭବ ସୁମିରଣରୁ, ତାହା ସତ୍ୟ ବୋଲି ଜାଣିଲେ। ପରମ ଅନୁଭୂତି, ଶବଦ, ସାହିତ୍ୟ, କବିତାରୁ, ଭାଷାରୁ ନୁହେଁ। ନିଶବ୍ଦ ମୌନତାରୁ ମିଳେ। ଯାହାକୁ ଅନନ୍ତ ଉର୍ଜାର ଭଣ୍ଡାର କହନ୍ତି, ସନ୍ଥ। ପରମ ଧ୍ୱନିର ଶ୍ରବଣରୁ, ଅସ୍ତିତ୍ୱର ତାଲା ଖୋଲେ, ଜୀବନର ପରମ ରହସ୍ୟ ପହଞ୍ଚିଯାଏ। ଭିତରେ ପ୍ରକାଶ ହିଁ ପ୍ରକାଶ।

କଥାରେ ଅଛି ଗୁରୁଙ୍କ ମିଳନରୁ ଶିଷ୍ୟତ୍ୱର ଜନ୍ମ। ଶିଷ୍ୟତ୍ୱ ମିଳିଲେ ସାଧନାର ଜନ୍ମ ହୁଏ।

ପ୍ରଶ୍ନ ଉଠୁଛି, କିପରି କର୍ମ କରିବ ? ସବୁ ଆନନ୍ଦ ଓ ମଧୁର ଲାଗିବ ? ଭିତରୁ ଅନୁଭବ କିପରି ପାଇବ ?

ସ୍ମରଣ ରଖ, ଯାହାକୁ ଖୋଜୁଛ, ତାହା ଛପି ଥାଏ, ନିଜ ଭିତରେ। ପରମ ଶୂନ୍ୟତାରୁ ପରିଚୟ ଦିଏ ସେହି ରହସ୍ୟ। ଯିଏ ପରିଚୟ କରାଏ, ସେ ଗୁରୁ ପଦବାଚ୍ୟ।

ସନ୍ଥ କହନ୍ତି, ସାଧକର ଶରୀରରୁ, ଗର୍ଭରୁ ଜନ୍ମନେବ ମାତୃତ୍ୱ। ତେବେ ସାଧନା ହେବ ସୁରୁଆତ୍। ଶୂନ୍ୟତାର ଅନ୍ତରମହଲକୁ ରାସ୍ତା ଖୋଲିଯିବ। ସେହି ରହସ୍ୟ ମିଳିଥାଏ, ସତ୍‌ସଙ୍ଗରୁ। ସତ୍‌ସଙ୍ଗ, ଆଧ୍ୟାତ୍ମର ୧ମ ପାହାଚ।

କେବଳ ଜାଣିରଖ, ଶାସ୍ତ୍ରରେ, ଶିକ୍ଷାରେ, ଜାଗ୍ରତର ରାସ୍ତା ନଥାଏ। ପଢ଼ିଲେ, ଲେଖିଲେ, ଘୋଷିଲେ, ଜପିଲେ, ଅନୁଷ୍ଠାନ କଲେ କିଛି ମିଳିନଥାଏ। ଯେବେ ସଂଗ୍ରହ ହୁଏ ବିସର୍ଜିତ, ନିଶବ୍ଦରୁ ସଂଗୀତ ଶ୍ରବଣ ପାଇ ବିଶ୍ରାମ ନିଏ, ସାଧକ। ତାର ସାଧନା ପରମ ଉର୍ଜା ସହିତ ଯୋଡିଯାଏ।

ତେବେ ଜାଗ୍ରତ ରହି, ନିରବତାରୁ ନିଶବ୍ଦର ଧ୍ୱନି ଶୁଣ। ଜାଣିବ, ଆଧ୍ୟାତ୍ମର ରହସ୍ୟ ପାଇବ ପରମସ୍ୱାଦ, ତାର ଉଦ୍‌ଗମ ଧ୍ୱନି ଶ୍ରବଣ। ତାହା ହିଁ ଧ୍ୟାନ। ଏହି ଧ୍ୟାନର ପ୍ରଭାତ, ଅନ୍ତର ଯାତ୍ରାର ପ୍ରକାଶିତ ନକ୍ସା।

■

ଧ୍ୟାନରୁ ନିର୍ବାଣ

ସଂସାର ସମସ୍ୟାର କେନ୍ଦ୍ର। ତାର ଅର୍ଥ ନୁହେଁ ଯେ, ଶାନ୍ତି, ମୁକ୍ତି ପାଇଁ, ସଂସାର ଛାଡିଦେବା। ସଂସାର, ବୃତ୍ତି, ସମାଜରୁ ଦୂରେଇ ରହି, କେହି ଆକାଂକ୍ଷା ମୁକ୍ତ ନୁହଁନ୍ତି। ବରଂ ଆକାଂକ୍ଷାର ପରିଭାଷା ବଦଳିଯାଏ। ଯେଉଁଠିରହିଲେ ବି, କ୍ଷୁଦ୍ର ଆଶାଟି ଛପିରହିଥାଏ ଅନ୍ତର ଗୁମ୍ଫାରେ। ମୌକା ପାଇଲେ, ଆଶାର ବୀଜ ଜାଗ୍ରତ ହୋଇ, ବୃକ୍ଷ ବନିଯାଏ। ତେଣୁ କର୍ମ ବୃତ୍ତି ନଛାଡି, କିପରି ସଂସାରରେ ଥାଇ, ମୁକ୍ତ, ଶାନ୍ତ ହେବ ଓ ବିଶ୍ରାମ ପାଇବ, ତାହା ହିଁ ସାଧନାର ଲକ୍ଷ୍ୟ।

ନା ଭୋଗ ଜରୁରୀ, ନା ତ୍ୟାଗ, କେବଳ ଜଗିଲେ (Awareful ରହିଲେ), ଧ୍ୟାନର ଜନ୍ମ ହେବ। ଧ୍ୟାନ ଯଥେଷ୍ଟ ହେବ ସଂସାରୀ ଓ ସନ୍ୟାସୀଙ୍କ ପାଇଁ।

ଧ୍ୟାନ ସ୍ୱୟଂକୁ ସୁଧାରିବାର, ଏକମାତ୍ର ପବିତ୍ର ମାର୍ଗ। ତେବେ ଯିଏ ଧ୍ୟାନରେ ଯୋଡିଯିବ, ସେ ହେବ ସମ୍ୟକ ଓ ସଂପୂର୍ଣ୍ଣ। ପ୍ରତ୍ୟେକ କର୍ମ ଓ ଭାବରେ ଯୋଡିଯିବ ପ୍ରଭୁଙ୍କ ସ୍ମରଣ। ସନ୍ତୁଳିତ ହେବ ସଂସାର। ତେଣୁ ସମସ୍ୟା ପାଇଁ, ଭ୍ରାନ୍ତୀ ନଘଟୁ। ବରଂ ଭିତରେ କ୍ରାନ୍ତୀ ଘଟୁ। ସଂସାରର ଭ୍ରମ ଦର୍ଶନ ଓ ବ୍ରହ୍ମ ଦର୍ଶନ ସବୁଠି ଦେଖାଯାଏ। ଭ୍ରମ ଦର୍ଶନ ଦ୍ୱାରା, ସବୁ ଧନ, ଜନ, ପରିବାର, ବୃତ୍ତିକୁ ଛାଡିପାରିବ। କିନ୍ତୁ ସ୍ୱୟଂର କର୍ତ୍ତା ଭାବନାକୁ ନୁହଁ କି, ଅହଂକାରକୁ ନୁହଁ। ଏତିକି ଜାଣିରଖ, ସଂସାରରେ ଯେତେ ସଫଳ ହେଲେ ବି, ଭିତରେ କଚରା (ବିଷୟ)ର ଜାଲ ଭରିଥିବ। ଯଦି ପ୍ରଭୁ ସ୍ମରଣରେ ଥାଅ, ସବୁ କ୍ରିୟା, ଅକ୍ରିୟା ତାଙ୍କର ନିର୍ଦ୍ଦେଶରେ ଚାଲିବ। ଜାଣିବ, ତୁମେ ଏକମାତ୍ର ମାଧ୍ୟମ।

ଏହି ଭାବରେ ବଞ୍ଚିଲେ, ଅହଂକାର ଧୀରେ ଧୀରେ ରୂପାନ୍ତରିତ ହୋଇଯିବ। ଦେଖନ୍ତୁ ! ଯେଉଁ ବ୍ୟକ୍ତି, ଗୋଟିଏ ସାହାରାକୁ ଛାଡିଦେଇ, ମୁକ୍ତ ବୋଲି ଭାବେ, ସେ ଅନ୍ୟର ସାହାରାରେ ଯୋଡିଯାଏ। ତେଣୁ ଶକ୍ତି ଓ ଚେତନାର ତୀର, ଦୁଇ ଆଡକୁ ଯାଏ।

୧. ବର୍ହି ଜଗତକୁ ଛାଡି

୨. ବହିଁ ଜଗତରେ ଯୋଡି।

ଅଷ୍ଟାବକ୍ର କହନ୍ତି ଜନକଙ୍କୁ, ଏହା ମୁକ୍ତିର ସୂତ୍ର ନୁହେଁ, କି ପରୀକ୍ଷା ନୁହେଁ। ବରଂ ପ୍ରଲୋଭନର ଅନ୍ୟନାମ।

କେବଳ ଗୋଟିଏ ସୂତ୍ର, ଯାହା ଭିତରୁ ଶୂନ୍ୟହେବା। ଶୂନ୍ୟ ବିଚାର ହେଲେ, ସବୁ ସାକାରରେ ସମଷ୍ଟିର ପରମସ୍ୱାଦୁ ଯୋଡିଯିବ। ତା'ରି ଦିବ୍ୟ ସୁଗନ୍ଧ, ବାହାରେ, ପ୍ରକଟିତ ହୋଇ, ପ୍ରକୃତିରେ ମିଶିଯିବ। ଯେବେ ଅନୁଭବ ମିଳିବ ତେବେ ପ୍ରଲୋଭନ ନଥିବ। ପାଇବ ସବୁରୁ ମୁକ୍ତି। ଏପରିକି, ତ୍ୟାଗରୁ ଓ ମୁକ୍ତିରୁ ବି।

ତେବେ ଯାହାକର ଅପେକ୍ଷା ନରହୁ। ଅପେକ୍ଷା ରହିବାରୁ, ଭୋଗର ଜନ୍ମ ନେବ। ତେବେ, Unfocussed ଭାବେ, ଜଗ ବା ଜାଗୃତ ରୁହ। ଯାର ବିଜ୍ଞାନ-ଶୂନ୍ୟତା।

ସେହି ଶୂନ୍ୟ ବିଚାରରେ, ନିଷ୍କ୍ରିୟ ଓ ଜାଗୃତ ଥାଇ ବିଶ୍ରାମକୁ ଯାଅ। ତେବେ ଚୈତନ୍ୟ ସହିତ ଯୋଡିଯିବ। ସୁମିରଣରୁ ଆନନ୍ଦରେ ସ୍ନାନ କରିବ।

ତେବେ ନା ଛାଡ, ନା ଯୋଡ। ଯାହା ମହଜୁଦ ଅଛି, ତାକୁ ଆବିଷ୍କାର କର। ଏହିତ ସାଧନା, ସହଜ ସମାଧିର। ସେହି ପ୍ରସ୍ତୁତି ପର୍ବର ନାମ ଧ୍ୟାନ, ଯାହା ନିର୍ବାଣକୁ ଯାତ୍ରା।

ଧ୍ୟାନ, ଅନ୍ତର ସ୍ନାନ, ଅମନ ହେବାର ପରମ ବିଜ୍ଞାନ। ଜାଣିବ, ନିଜେ ଶୁଦ୍ଧ ଓ ପବିତ୍ର। ବଞ୍ଚିବ ସମ୍ରାଟ ଭଳି। ନା ମାଗିବ, ନା ବିସ୍ମରଣରେ ଲାଖିବ।

ଯଦି ପରିଗ୍ରହ, ସମ୍ପତ୍ତି ଠୁଳ, ଜ୍ଞାନ ସଂଗ୍ରହ କର, ପ୍ରତ୍ୟେକ୍ଷ ଓ ପରୋକ୍ଷରେ ଚିନ୍ତିତ ହେବ। ଅତୃପ୍ତ, ଅଶାନ୍ତ, ଅନିଦ୍ରା, ଆତ୍ମହତ୍ୟାର ଦୃଶ୍ୟ ଦେଖିବାକୁ ପାଇବ। କେବଳ ଚିନ୍ତନ କର, କାହିଁକି ଏସବୁ ସମାଜରେ ଘଟୁଛି ? ନିଜକୁ ପଚାର।

ସମସ୍ତଙ୍କ ପାଖେ ସବୁତ ଅଛି। ତା ସହିତ, ଅସ୍ତିତ୍ୱକୁ ବା ପରମାତ୍ମାଙ୍କୁ ପାଇବାକୁ ଚାହାନ୍ତି, ଯାହା ମାନବର ଅନ୍ତିମ ଉପଲବ୍ଧି। ଅବଶ୍ୟ ସତ୍ୟ, କିନ୍ତୁ ଭ୍ରମ ଦର୍ଶନରେ ନୁହେଁ। ବରଂ ସମ୍ୟକ ସହଜ ବିଶ୍ରାମରୁ। କିନ୍ତୁ ସଂସାରୀ ଭୋଗ କରି, ସନ୍ୟାସୀ ଭଳି ଆଚରଣରେ ବ୍ୟସ୍ତ। ତ୍ୟାଗ ନାମରେ, ଦେଖାଶିଖା ଯୋଗରେ, କାବ୍ୟ ଘୋଷା ଜ୍ଞାନରେ, ଧନ ଓ ଜନର ସଂଗ୍ରହ ଅଭିମାନରେ ରହି, ଭିତରେ ଭୋଗରେ ଲିପ୍ତ। ସେମାନେ ଯାହା କରନ୍ତୁ, ସାମାଜିକ ପ୍ରତିଷ୍ଠିତ ସେତେ ହୁଅନ୍ତି। କିନ୍ତୁ,

- ନା ହେବେ ଧାର୍ମିକ, ନା ଆନନ୍ଦିତ।
- ନା ହେଲେ ମୁକ୍ତ, ନା ହେବେ ଅସ୍ତିତ୍ୱ ସହିତ ଯୁକ୍ତ।

ସଂସାରୀ ସର୍ବଦା, ଭବିଷ୍ୟତକୁ ଦେଖନ୍ତି, ଯାହା ତାଙ୍କ ହାତରେ ନଥାଏ।

ଏପରିକି ବହୁତ ସନ୍ୟାସୀ, ଗୃହତ୍ୟାଗୀ, ବୃତ୍ତି, ସମାଜକୁ ଛାଡି ଉପବାସ, ନଗ୍ନ, ମନ୍ତ୍ର, ଭିକ୍ଷା, ଅଜ୍ଞାତବାସ, ଶବ୍ଦ ରଡି କରି, ତ୍ୟାଗୀ, ସନ୍ଥ ବୋଲି ସଂସାରକୁ ଆକର୍ଷିତ କରନ୍ତି ଓ ଅନ୍ୟ ଉପରେ ନିର୍ଭର କରି ବଞ୍ଚନ୍ତି । ଏହି ପରମ୍ପରା, ପୁରାତନ ହୋଇ, ଜଗତକୁ ଗ୍ରାସ କରି ସାରିଲାଣି । ରୂପାନ୍ତରଣର ସୀମା ଓ ପରିଭାଷା ବଦଳିଗଲାଣି । ଅନ୍ୟକୁ ନଦେଖି, ସ୍ୱୟଂକୁ ଦେଖ । ସ୍ୱୟଂର ଶୁଦ୍ଧିକରଣରୁ ସନ୍ୟାସତାର ଜନ୍ମ । ଯା'ର Mission ଧାର୍ମିକତା । ସମସ୍ତେ ସ୍ୱପ୍ନ ଦେଖନ୍ତି, ଶବଦରେ ବଖାଣନ୍ତି । କିନ୍ତୁ ସ୍ମରଣ ରଖନ୍ତି ନାହିଁ ନିସ୍ୱପ୍ନ ହେବା କିନ୍ତୁ ଅଧୁନାର ବିଜ୍ଞାନକୁ ଅଜଣା । ତେଣୁ ସମସ୍ତେ ସ୍ୱପ୍ନରେ ଯୁକ୍ତ । ନିଦ୍ରାରେ, ମୂର୍ଚ୍ଛାରେ ଯୁକ୍ତ ରହିବାରୁ ଜାଗ୍ରତର ପ୍ରଶ୍ନ କିପରି ଉଠିବ ?

ଜାଗ୍ରତ ଅବସ୍ଥାରେ ସଂସାରୀ, ଆଶା, ଆକାଂକ୍ଷାର ବିଚାରରେ ସର୍ବଦା ଯୁକ୍ତ, ଫଳରେ ବିଶ୍ରାମକୁ ଗଲାପରେ ବି, ନିଦ୍ରାରେ ବିଚାର Pictorial ହୋଇ ଆସେ, ତେଣୁ ସେ ନା ହୁଏ ଜାଗ୍ରତ Consciousd, ନା ସୁସ୍ଥ ।

କେବଳ ଜାଣନ୍ତୁ, ସଂସାର, ଦ୍ୱୈତର ସାଗର । ଭଲ ମନ୍ଦ ସବୁଠି ଦେଖାଦେବା ଅସ୍ତିତ୍ୱର ବ୍ୟବସ୍ଥା । ଏଥିରୁ କେହି ମୁକ୍ତ ନୁହଁନ୍ତି ।

ସନ୍ଥ କହନ୍ତି, ଦୁନିଆରେ ଏପରି କେହି ବ୍ୟକ୍ତି ନାହିଁ, ଯିଏ ସ୍ୱପ୍ନ ନ ଦେଖେ । ତାହା ସହିତ ସେହି ଦୁନିଆରେ, କୌଣସି ବ୍ୟକ୍ତି ନାହିଁ ଯିଏ ସ୍ୱପ୍ନକୁ ସ୍ମରଣରେ, ସବୁଦିନ ରଖି ପାରିବ । ତଥାପି ଶୁଦ୍ଧିକରଣର ବିଜ୍ଞାନ, ଉପଲବ୍ଧ, ଯାହା ଋଷିଙ୍କର ସର୍ଜନା ।

ଅଷ୍ଟାବକ୍ର କହନ୍ତି ସୂତ୍ର- ତୁ ତ ଶୁଦ୍ଧ ।

ତୁମେ ନିଜେ ଚୈତନ୍ୟ ଆତ୍ମ ସ୍ୱରୂପ । ଏହି ସ୍ମରଣ, ଅସ୍ତିତ୍ୱକୁ ଆକର୍ଷଣର ଏକ ପରମ ସୂତ୍ର । ତେଣୁ ଭିତରୁ ତ୍ୟାଗ ନ ଆସୁ ।

ପ୍ରଶ୍ନ ଉଠୁଛି, କାହାକୁ ତ୍ୟାଗ କରିବ ? କିଏ ତ୍ୟାଗ କରିବ ? ଯଦି ପାରୁଛ, ତ୍ୟାଗର ଭାବନାକୁ ତ୍ୟାଗକର । ମୋକ୍ଷ ମିଳିଯିବ । ମୋକ୍ଷର ଅର୍ଥ, ପରମାନନ୍ଦରେ ଚିର ବିଶ୍ରାମ ପାଇବ ।

ତେବେ ସମସ୍ତଙ୍କର ବିଚାର ଆସେ, ଭିତରେ ଥାଏ । କିଛି ହୁଏ ପ୍ରକାଶିତ ଶବ୍ଦରେ, ଅନେକ ରହିଯାଏ ଅପ୍ରକାଶିତ । କେବେ ସଫା ସୁତୁରା ହୁଏନାହିଁ । ବାହାରକୁ ଜଣାଯାଏ ନାହିଁ । ଭିତରେ ତରଙ୍ଗ ଥାଏ ଛପି । ସମୟ ଆସିଲେ, ଯେବେ ପାଣି, ପବନ ପାଏ, ପ୍ରକଟିତ ହୁଏ । ତେଣୁ ବିଚାର ମୁକ୍ତିର ପରମ ସୂତ୍ରକୁ ଜାଣ । ବିଚାରର ବୀଜରୁ (ମଞ୍ଜିରୁ) ମୁକ୍ତି ପାଅ । ଯଦି ପୂର୍ବରୁ ସାବଧାନ ନରହିବ, ଅବସ୍ଥା ଅସମ୍ଭାଳ ହୋଇଯିବ, ତେବେ ବିଚାରର ଅବସ୍ଥାକୁ ଜାଣ ।

ଅବସ୍ଥା-

୧- ଭାବନାର ଅବସ୍ଥା

୨- ବିଚାରର ଅବସ୍ଥା

୩- ଅଭିବ୍ୟକ୍ତିର ଅବସ୍ଥା

ତେବେ ଉଦ୍‌ଗମକୁ ଜାଣ ଓ ମୂଳ/ ଜଡରୁ ମୁକ୍ତ ହୁଅ। ଅଷ୍ଟାବକ୍ର କହନ୍ତି, ଅଜ୍ଞାନତାକୁ ତ୍ୟାଗକର।

ଅର୍ଥାତ୍ ଯାହା କରିବାର ଅଛି, ସାକ୍ଷୀରେ ଯୋଡ। ତେବେ ନିଜ କରାମତିରୁ ଶୂନ୍ୟ ରୁହ। କେବଳ ଜାଣିରଖ, ଯାହା ସଂଗ୍ରହ କରିଛ, ତାହା ଧନ ହେଉ ବା ଜ୍ଞାନ, ସବୁ ଫେରିଯିବ। ଏହା ଅସ୍ତିତ୍ୱର ନିୟମ। ତେବେ ଛାଡିବା, ଯୋଡିବା, କିଛି ଜରୁରୀ ନାହିଁ। ତେଣୁ, ନା ତ୍ୟାଗ, ନା ଭୋଗ, କେବଳ ଜଗ।

କଥାରେ ଅଛି, ଶିଶୁଟି ଜନ୍ମରୁ ହାତ ମୁଠି ମୁଠି କରି ଆସିଥାଏ। ଦେହ ତ୍ୟାଗ ବେଳେ ବ୍ୟକ୍ତି, ହାତଖୋଲା କରି ଯାଇଥାଏ। ତେଣୁ କିଛି ନେବାର ନାହିଁ।

ସୂତ୍ର କହେ, ତୁ ଅଶୁଦ୍ଧ ନୁହଁ, ତୁ ଶୁଦ୍ଧ। ତୁମେ ମାଲିକ ଥିଲ, ମାଲିକ ହୁଅ। ଯେପରି ଆସିଛ, ସେପରି ଯିବ। ତେବେ ଅଶୁଦ୍ଧର ଅର୍ଥକୁ ବୁଝ।

କୌଣସି ଜିନିଷ ସହିତ କିଛି ମିଶିବ, ତାହା ଅଶୁଦ୍ଧ ହେବ। ତେବେ ସ୍ୱୟଂ ସର୍ବଦା ଶୁଦ୍ଧ ବୋଲି ଜାଣ।

ସନ୍ଥ କହନ୍ତି, ଶୁଦ୍ଧ ସ୍ୱୟଂର ସ୍ୱଭାବ।

ତେଣୁ ଚାହିଁବା, ନଚାହିଁବା, ଶୁଦ୍ଧତା ଉପରେ ନିର୍ଭର ନଥାଏ। ବରଂ ତ୍ୟାଗ ଭାବନାର ବିସ୍ମରଣକୁ ଛାଡି, ଜଗିବାରେ ବା ସ୍ୱୟଂର ସ୍ମରଣରେ ଯୋଡ। ସର୍ବଦା ସ୍ମରଣ ରହୁ, ତୁମେ ଶୁଦ୍ଧ।

ଭାବ ଥାଉ ମୋର କିଛି ନାହିଁ, ମୁଁ ଶୂନ୍ୟ। ସେହି ଶୂନ୍ୟ ହିଁ ବ୍ରହ୍ମ। ଶୂନ୍ୟର ଶ୍ରବଣ ହିଁ ଧ୍ୟାନ। ଧ୍ୟାନରୁ ଅଗତି ଘଟେ, ପରମ ବିଶ୍ରାମ ପହଞ୍ଚେ, ଯାହାକୁ ନିର୍ବାଣ କହନ୍ତି, ଋଷି।

■

ଧ୍ୟାନର ଜଗତରେ ନିର୍ବାଣ

ନିର୍ବାଣ ପାଇବା, ଆକାଂକ୍ଷାର ଶିଖର। ତେବେ ଜାଣ, କିପରି ଭିତର ଇଚ୍ଛାରୁ ମୁକ୍ତ ହେବ ?

ଇଚ୍ଛାକୁ ଛାଡିବା ଜାଣ ଓ ଭିତରେ ଯୋଡ, ମନରୁ ମୁକ୍ତ ହୋଇ ପାରିବ।

ସାକାରରୁ ସୁରୁଆତ୍ କର। ସହଜ ଭାବନା ଆଣ। ଏତିକି ସ୍ମରଣ ରଖ, କିଛି ମୋର ନୁହେଁ। ସବୁ କିଛି ତା ବାଟରେ ଚାଲିଛି ଓ ଚାଲିବ।

ପ୍ରଥମେ ଭାବ ଆସୁ, ମୁଁ ଶରୀର ନୁହେଁ, ଅର୍ଥାତ୍ ଏହି ଶରୀର ମୋର ନୁହେଁ, ଦିନେ ଯିବ।

ତା'ପରେ, ମୁଁ ମନ (ବିଚାର) ବି ନୁହେଁ। ଯେପରି ଆସିଛି, ସେପରି ଯିବ।

ତା ପରକୁ ମୁଁ ଭାବନା ନୁହେଁ। କୌଣସି ଭାବନା କମ୍ପନ ବି ମୋର ନୁହେଁ। ଯେପରି ଆସିଛି, ସବୁ ବି ଚାଲିଯିବ।

ଶେଷରେ, ମୁଁ ବି ଶ୍ୱାସ ନୁହେଁ। ଶ୍ୱାସ ମୋ ଅଧୀନରେ ନାହିଁ। ଆପେ ଆପେ ଆସେ ଓ ଯାଏ, ଏହା ଅସ୍ତିତ୍ୱର ବ୍ୟବସ୍ଥାରେ ଚାଲିଛି ଓ ଚାଲିବ।

ତେବେ ଯାହା କରୁଛ, ସମ୍ୟକତା ରହୁ। ସନ୍ତୁଳିତ ଥାଉ, ସର୍ବଦା ନିଷ୍କ୍ରିୟ ଜାଗ୍ରତ ରୁହ ଓ ବିଶ୍ରାମକୁ ଯାଅ। ଶୂନ୍ୟରେ ଯୋଡିଲ ବୋଲି କିପରି ଜାଣିବ ?

ଯେବେ ଶାନ୍ତ, ସହଜ, ସମ୍ବେଦନଶୀଳ ଥାଇ ନିଷ୍କ୍ରିୟ ଜାଗ୍ରତରେ ବିଶ୍ରାମ ଘଟିବ, ସେହି ପରମ କ୍ଷଣରୁ ଏକ ନିରନ୍ତର ଦିବ୍ୟ ଧ୍ୱନି, ଅନ୍ତର ଆକାଶରୁ ଶୁଣାଯିବ। ସ୍ୱୟଂର ଅନ୍ତର ଗୁମ୍ଫାରେ ପାଇବ, ବିଶ୍ରାମ। ତୁମର କାମ ଅସ୍ତିତ୍ୱ କରୁଥିବ। ସେହି କ୍ଷଣରେ ସମସ୍ତ ବିଚାର ଶୂନ୍ୟ ହୋଇ, ଶ୍ରବଣ ପାଲଟିଯିବ।

ସେହି ଜାଗ୍ରତ ଓ ଶ୍ରବଣର ଆଧାରକୁ ପରିଚୟ କରାନ୍ତି ସନ୍ଥ ବା ସଦ୍ ଗୁରୁ ଯିଏ ଅନୁଭବୀ ହୋଇଥାନ୍ତି। ବ୍ୟକ୍ତି ଶ୍ରଦ୍ଧାବାନ ଓ ଆଶ୍ରିତ ହେଲେ, ରାସ୍ତା ଦେଇଥାନ୍ତି

ଗୁରୁ। ପାତ୍ରତା ଦେଖି କୃପା ଢାଳନ୍ତି। ମାଠିଆକୁ କୁମ୍ଭାର ଗଢ଼ିଲା ଭଳି, ଗୋଟେ ହାତରେ ଚୋଟ ଓ ଅନ୍ୟ ହାତରେ ପ୍ରେମ ରହିଥାଏ। ଏହିସବୁ ରହସ୍ୟ ବାହାରିଆ ଦୃଷ୍ଟିକୋଣରେ, ସଂସାରୀକୁ ଦେଖାଯାଏ ନାହିଁ। ତା'ର କାରଣ, ଅହଂକାରର ପରଦା। ଅଭିମାନକୁ ଛାଡିବା,ସବୁ ବ୍ୟବସ୍ଥାର ମୂଳ।

ଅଭିମାନ ନ ଛାଡିଲେ, ଇଚ୍ଛାରୁ ମୁକ୍ତି ମିଳିନଥାଏ। ଇଚ୍ଛାରୁ ମୁକ୍ତି ନହେଲେ, ମୋକ୍ଷ ଘଟେ ନାହିଁ। ମୋକ୍ଷ ପାଇଁ କିଛି କରିବାର ନାହିଁ। ତାହା କେବଳ ସହଜ ଜାଗୃତ ପ୍ରସ୍ତୁତି ପର୍ବ।

ଭିତରକୁ ଦେଖ ଓ ଶୂନ୍ୟ ହୋଇଯାଅ।

ପାଇବ, ଅସ୍ତିତ୍ୱର ପରମ ଧ୍ୱନି।

ଶୁଣୁଶୁଣୁ ବିଶ୍ରାମ ଘଟିବ, ଏହିତ ଧ୍ୟାନର ବିଜ୍ଞାନ, ଯେଉଁଠୁ ଯାତ୍ରା ଯାଏ, ନିର୍ବାଣକୁ।

ପାଇବ ସ୍ୱୟଂର ପରିଚୟ ଯାହା ପରମ ଶୂନ୍ୟତା। ଘଟିବ ଚିର ଓ ଅନ୍ତିମ ବିଶ୍ରାମ, ଆଉ ଧରିତ୍ରୀକୁ ବା କୌଣସି ଗ୍ରହକୁ ନୂତନ ଶରୀର ନେଇ ଆସିବାର ପ୍ରୟୋଜନ ପଡିବ ନାହିଁ।

ତେଣୁ ଅଷ୍ଟାବକ୍ର କହନ୍ତି, ମୋକ୍ଷ ଆମର ସ୍ୱଭାବ। ଆଜନ୍ମ ଶୁଦ୍ଧତ୍ୱ ତା'ର ପରିଚୟ। ତା'ରି କେନ୍ଦ୍ରରେ ଅର୍ଥାତ୍ ପରମାତ୍ମାଙ୍କ ପରମ ଭୂମିରେ ବିଶ୍ରାମ ହିଁ ମୋକ୍ଷର ପରିଭାଷା।

ସନ୍ଥମାନେ ନିଜର ଦ୍ୱୀପକୁ ଲିଭାଇବା କହିଥାନ୍ତି। କେହି କେହି ସନ୍ଥ, ନିର୍ବୀଜ ସମାଧି ବୋଲି ମଧ୍ୟ କହନ୍ତି।

ନା ରହିବ ଭବିଷ୍ୟତ ପାଇବାକୁ, ନା ଗତି କରିବାକୁ। ସବୁର ପରିସମାପ୍ତି ହିଁ ଅନ୍ତିମ ବିଶ୍ରାମ।

ତେଣୁ ମୋକ୍ଷ ପାଇଁ, କୌଣସି ଅଭିଳାଶ କରନାହିଁ। ତାହା ଜ୍ଞାନ, ବୁଦ୍ଧି, ମନ, ସଂଗ୍ରହ ଓ ପ୍ରୟାସରୁ ଉର୍ଦ୍ଧ୍ୱରେ। କୌଣସି କାରଣ ବି ନଥାଏ। ଏପରିକି କୌଣସି ଠାରେ, ଊର୍ଜା ବଞ୍ଚେନାହିଁ, କିଛି କରିବାକୁ ଓ ଦେଖିବାକୁ। ତେଣୁ ଧ୍ୟାନର ବହୁତ ବିଧି ପାଇଁ ବ୍ୟତିବ୍ୟସ୍ତ ହୁଅନାହିଁ। ବାସ୍ତବରେ ଯେ କୌଣସି ଗୋଟିଏ ବିଧିକୁ, ଶ୍ରଦ୍ଧାପୂର୍ବକ କରି ଚାଲୁଥିଲେ, ପହଞ୍ଚି ପାରିବେ।

ଯେହେତୁ ସଂସାରରେ ବହୁତ ଲୋକ, ସମ୍ଭାବନା ଅନେକ। ମନସ୍ଥିତି ଅନେକ ଓ ପରିସ୍ଥିତି ମଧ୍ୟ ଅନେକ ପ୍ରକାର। ତେଣୁ ତାକୁ ନ ଦେଖି, ନ ଭାବି, କେବଳ ଗୋଟିଏକୁ ଦେଖ ଓ ଲୀନ ହୁଅ। ମିଳିଯିବ ଅସ୍ତିତ୍ୱର ପ୍ରସାଦ।

ସନ୍ଥମାନେ ଗୋରଖନାଥଙ୍କ ପରମ୍ପରାରେ ବହୁତ ବିଧିକୁ ଦେଖି, ଗୋରଖଧନ୍ଦା କହିଥାନ୍ତି। ଫଳରେ ତାଙ୍କରି ମୂଳ ସନ୍ଦେଶକୁ ବିସ୍ମରଣ କରି ଦିଅନ୍ତି।

ଜେସସ୍ କହନ୍ତି, କିଛି କରିବାର ନାହିଁ। ବସ ଓ ଦେଖ। କାରଣକୁ ଖୋଜନାହିଁ, ଯାହା ଘଟୁଛି ତାକୁ କେବଳ ଦେଖ।

ପରମ ସ୍ୱାଦୁ ଆପେ ପାଇଯିବା। ଜାଣିବ, ମୋକ୍ଷ, ତୁମର ସ୍ୱଭାବ, ସାଗର ଭଳି। ଆତ୍ମା ସାଗର ଜଳର ତରଙ୍ଗରେ ଫୋଟକା ଭଳି। କ୍ଷଣକରେ ଉଦୟ ଓ କୌଣସି କ୍ଷଣରେ ହଜିଯାଏ।

ତେବେ ଆତ୍ମା ସବୁଠି ଏକ। ତେଣୁ ସ୍ମରଣ ରହୁ, ମୁଁ ହିଁ ବ୍ରହ୍ମ।

ଛାଡିବ ତ୍ୟାଗ,
ଛାଡିବ ଜ୍ଞାନ,
ଯୋଡିବ, ମୋକ୍ଷରେ।
ମୋକ୍ଷକୁ ଜାଣିବା ଜରୁରୀ ନାହିଁ।
କେବଳ ଜାଣ, ଜାଣିବା ବାଲା ଭିତରେ।
ଏହିତ ଆଧ୍ୟାତ୍ମର ଉଦ୍‌ଘୋଷଣା।

ଯେବେ ଗତି ଅଗତି ସମାନ, ସବୁ ପରିସ୍ଥିତି ସନ୍ତୁଳିତ, ଅଷ୍ଟ ପ୍ରହର ଅନ୍ତର ଶ୍ରବଣରେ ଯୁକ୍ତ,

ତେବେ ଜାଣିବ, ନିଜର ସାକ୍ଷୀ ଓ ଆତ୍ମା ସ୍ୱରୂପକୁ। ତେଣୁ ନା ଖୋଜ, ନା ଭାବ। ଏ ସବୁ ବନ୍ଧନ।

ଜନକଙ୍କର ସୂତ୍ର, ଅଷ୍ଟାବକ୍ର ପରି ଉତ୍ତର। ମୁଁ ହିଁ ଆକାଶ ଭଳି।। ଆକାଶରେ ସବୁ ହଜିଯାଏ। ତାର କାହା ସହିତ ସମ୍ବନ୍ଧ ନାହିଁ। ତାହା ନିର୍ମଳ, ଅନନ୍ତ, ସ୍ୱଚ୍ଛ ଓ ମୁକ୍ତ।

ସେହି ଆକାଶ ଭଳି ମୁଁ ଓ ମୋର ସ୍ୱଭାବ। ତେବେ, ମୁଁ କେବେ ଅଶୁଦ୍ଧ ନଥିଲି ବା ନୁହଁ।

ଯେପରି ଆକାଶରେ ରେଖା ନଥାଏ, ଆକାର ନଥାଏ, ସେହି ପରମ ରହସ୍ୟକୁ ଜାଣିବା ପାଇଁ ଅନୁଭବର ଜ୍ଞାନକୁ ଆବିଷ୍କାର କରିବା ହେଉଛି ଧ୍ୟାନ।

ଧ୍ୟାନରୁ, ଅନ୍ତର ଆକାଶରୁ ଅଖଣ୍ଡିତ ସ୍ୱରୂପକୁ ଦେଖିବ।

ଜାଣିବ – ମୁଁ ନୁହେଁ ରଙ୍ଗ
– ମୁଁ ନୁହେଁ ସଂଗ୍ରହ ଜ୍ଞାନ,
– ମୁଁ ନୁହେଁ କୌଣସି କ୍ରିୟା,
– ମୁଁ ନୁହେଁ ଶରୀର

- ମୁଁ ନୁହେଁ ବିଚାର
- ମୁଁ ନୁହେଁ ଭାବନା
- ମୁଁ ନୁହେଁ ଶ୍ୱାସ

ମୁଁ କେବଳ ସାକ୍ଷୀ, ଶାଶ୍ୱତ ସତ୍ତା, ଯାହା ଏକା ସତ୍ୟ। ସବୁରୁ ଊର୍ଦ୍ଧ୍ୱରେ ତାର ପରିଚୟ।

ନା ମୁଁ, ତ୍ୟାଗରେ, ନା ମୁଁ ଭୋଗରେ।

ନା ମୁଁ ରାଗରେ, ନା ମୁଁ ଯୋଗରେ।

ମୁଁ କିଛି ଖୋଜେ ନାହିଁ। କେବଳ ଜାଣେ, ମୁଁ ହିଁ ଜାଗ୍ରତ ପୁରୁଷ। ମୁଁ ମୁକ୍ତ, ଶୁଦ୍ଧ। ମୁଁ ହିଁ ଜ୍ଞାନ, ମୁଁ ହିଁ ଶୂନ୍ୟ।

ଜ୍ଞାନରେ ପାଇବା ନଥାଏ, ପାଇବା ବାଲା ଥାଏ।

ଯେଉଁଠି ଜାଣିବା ଥାଏ, ଜାଣିବା ବାଲା, ସନ୍ଥ ହୁଏ।

ଅସଲି ଜ୍ଞାନ, ଏକ ସହଜ ଅବସ୍ଥା, ଖବର ନୁହେଁ। ସଂଗ୍ରହ ନଥାଏ, କେବଳ ଅନୁଭବ ଦିଏ। ସେହି ଅନ୍ତିମ ଅନୁଭବ ହିଁ ନିର୍ବାଣ, ଅଗତିରେ ବିଶ୍ରାମ। ବୁଦ୍ଧତ୍ୱ ତା'ରି ପ୍ରସାଦ।

■

ଧ୍ୟାନରୁ ଦିବ୍ୟ ଅନୁଭୂତି

ଗୀତାରେ କୃଷ୍ଣ କହନ୍ତି, ହେ ଅର୍ଜୁନ !

- ମୁଁ ବେଦରେ ଓଁକାର।
- ଆକାଶରେ ଶବଦ।
- ଅଗ୍ନିରେ ତେଜ।
- ସଂପୂର୍ଣ୍ଣ ଭୂତରେ ଜୀବନ।
- ତପସ୍ୱୀରେ ତପ।
- ଜଳରେ ରସ।
- ଫୁଲରେ ସୁଗନ୍ଧ।
- ଜୀବନରେ ଉର୍ଜା।
- ମୁଁ ସବୁଠି।

ଏହି ସାଙ୍କେତିକ ଇଶାରାକୁ ବୁଝ। ଏହିସବୁ ଦୃଶ୍ୟ ଓ ଅଦୃଶ୍ୟର ଫରକ ଜଣାଏ। କହିଥାନ୍ତି, ମୁଁ ଜଳରେ ରସ। ରସ ଏକ ଅମୃତ ଶବଦ। ଜଳ ଦେଖାଯାଏ, ଅମୃତ ନୁହେଁ, କି ସ୍ୱାଦୁ ନୁହେଁ। ପାନ କଲେ ଅନୁଭବ ଦିଏ। ଏହା ଏକ ଆନ୍ତରିକ ଅନୁଭୂତି। ଭିତରୁ ଉତ୍ପନ୍ନ ହୁଏ। ସେହି ରସ ଅମୃତ। ପ୍ରତ୍ୟେକ ବସ୍ତୁର ଭିତରୁ ଆସେ, ଛପି ରହିଥାଏ ଭିତରେ, ତାହା ଅଦୃଶ୍ୟ।

କୃଷ୍ଣ କହନ୍ତି, ସମସ୍ତ ପିଇବା ପଦାର୍ଥରେ ମୁଁ। ମୁଁ ସେହି ରସ।

ଜଳରେ, ଗୋଲାପରେ, ଜୁଇରେ, ଚାମେଲୀରେ, ସବୁ ଫୁଲର ସୁଗନ୍ଧରେ ମୁଁ।

ହଁ ତୁମେ ଫୁଲ ବିଷୟରେ କହିପାରିବ। ତୁମେ ସୁଗନ୍ଧ ବିଷୟରେ କହିପାରିବ। କିନ୍ତୁ ରସ ବିଷୟରେ ନୁହେଁ। ରସ ଅମୃତ ବିଷୟରେ ଅନୁଭବୀ କହେ।

ତେଣୁ ଜୀବନର ସବୁ ଗହୀର, ଅନୁଭବରେ ରସ ଥାଏ, ସେହି ରସର ପୂର୍ଣ୍ଣ ବିଜ୍ଞାନ ମୁଁ। ସବୁ ଅନୁଭବର ସାର ମୁଁ। ତେଣୁ ଭାରତୀୟ ଋଷିଙ୍କର ଅନୁଭବର ଧାରଣା ଅଲଗା। କେବେ ସୁନ୍ଦର ବ୍ୟାଖ୍ୟା ମିଳିନଥାଏ, ଯାହା ପରିପ୍ରକାଶ ହେଉଛି, ତାହା ନିଜର, ମାନବର ଭାଷା। ତେବେ ସନ୍ଥ କହିଥାନ୍ତି, କେବଳ ଅସ୍ତିତ୍ୱ ସହିତ ଯୋଡିଲେ, ଗହୀରା ସନ୍ଦେଶ ମିଳେ।

ଯେପରି ଅସଲି ସୁଗନ୍ଧ ଥାଏ ସୁନ୍ଦରରେ, ସେହିପରି ପ୍ରେମରେ, ଆନନ୍ଦରେ, ସାକ୍ଷୀରେ, ଧ୍ୟାନରେ, ସମାଧିରେ, ସୁମିରଣରେ ଓ ବ୍ରହ୍ମରେ ମଧ୍ୟ ତାହା ଭରପୁର।

ତେଣୁ ଜୀବନର ଊର୍ଜାକୁ ସଂରକ୍ଷଣ ଓ ଊର୍ଦ୍ଧ୍ୱଗମନ କରିବା, ସାଧନାରେ ଆସେ। ସେହି ଊର୍ଜା ଯେବେ ନିମ୍ନଗାମୀ ହୁଏ, ଦୁର୍ଗନ୍ଧ ଦିଏ। ସେହି ଊର୍ଜା ଯେବେ ଊର୍ଦ୍ଧ୍ୱଗାମୀ ହୁଏ, ବା ଅନ୍ତରକୁ, ବା ଶୂନ୍ୟକୁ ଯାଏ, ତାହା ସୁଗନ୍ଧିତ ହୋଇଥାଏ।

ତେଣୁ ଊର୍ଜାର ମୂଳ ଗୋଟେ ହେଲେ ମଧ୍ୟ, ଦୁର୍ଗନ୍ଧ ଅପବିତ୍ର। ଯେବେ କାମନା, ବାସନାରେ ଯୋଡିଥାଏ, ତାହା ନିମ୍ନଗାମୀ କରାଏ।

ସେହି ଊର୍ଜା ସୁଗନ୍ଧିତ ହୁଏ, ଯେବେ ଅନ୍ତରମୁଖୀ ହୁଏ, ତାକୁ ପବିତ୍ର କହିଥାନ୍ତି। ସେଥିରେ କାମନା, ବାସନା, ବିଷୟ ଆଦୌ ନଥାଏ। ତେବେ ସନ୍ଥ, ମହାପୁରୁଷମାନେ, ନିଷ୍କାମୀ ବୋଲି କହିଥାନ୍ତି। ନିବାସନା, ନିବନ୍ଧନ, ନିଷ୍କାମ, ନିର୍ବିଚାର, ତା'ର ପବିତ୍ରତା ସୁଗନ୍ଧର କେନ୍ଦ୍ର।

କଥାରେ ଅଛି, ମହାବୀର, ବୁଦ୍ଧ ଯେଉଁଠିକୁ ଯାଆନ୍ତି, ସେହି ପରିବେଶ ସୁଗନ୍ଧିତ ହୁଏ। ସେଇଠି ଦିବ୍ୟ ସୁଗନ୍ଧ ଭରିଯାଏ। ଆମ ଶରୀରରେ ସେହି ଧାରା ରହିଛି। ତାହା କିନ୍ତୁ ପୃଥିବୀରେ ବିସ୍ତାର ହୋଇପାରୁ ନାହିଁ। ସମସ୍ତ ସଂସାରୀ, ଦୁର୍ଗନ୍ଧରେ ଯୋଡିଥାନ୍ତି। ସୁଗନ୍ଧର ଠିକଣା ଜଣାନାହିଁ। ସବୁର ସମ୍ଭାବନା, ସମସ୍ତଙ୍କ ଭିତରେ ଥାଏ ଛପି, ତାକୁ ବିକଶିତ କରିବାର ସ୍ୱତନ୍ତ୍ରତା, ନିଜ ଉପରେ।

ଯିଏ ସମ୍ବେଦନଶୀଳ, ସହଜ, ଶାନ୍ତ, ଧ୍ୟାନସ୍ଥ, ସମାଧିସ୍ଥ, ସେହି ହୁଏ ସୁଗନ୍ଧର ଅଧିକାରୀ। ତାର ଶରୀର, ବିଚାର, ଭାବ, ଶ୍ୱାସ ସବୁ ସୁଗନ୍ଧିତ ହୋଇଯାଏ। ତେବେ ଗୀତାରେ କୃଷ୍ଣ କହନ୍ତି, ସମାଧି ଯେଉଁଠି, ମୁଁ ସେଇଠି। ମୁଁ ସେହି ପବିତ୍ର ସୁଗନ୍ଧ। ଏପରିକି ପୃଥିବୀର ସବୁ ବଗିଚାରେ ଥିବା ଫୁଲର, ସୁଗନ୍ଧ ମୁଁ। ତାହା ଛଡା, ମୁଁ ବି ଥାଏ ଦୁର୍ଗନ୍ଧରେ। ଜାଣିବ ତେବେ, ମୋର ବିରାଟ ଅସ୍ତିତ୍ୱର ପରମ ଊର୍ଜାକୁ।

ପୁଣି କହନ୍ତି, ସୂର୍ଯ୍ୟର ପ୍ରକାଶ ମୁଁ।
ଶରୀରର ଆଭା ବି ମୁଁ।

ଅବଶ୍ୟ, ପ୍ରକାଶ ଅଦୃଶ୍ୟ। ଆମ୍ଭେ ସ୍ୱଇଚ୍ଛାରେ, ପ୍ରକାଶିତ ଜିନିଷକୁ ଦେଖିଥାନ୍ତି,

କିନ୍ତୁ ପ୍ରକାଶକୁ ନୁହଁ । ସେହି ପ୍ରକାଶକୁ କେହି ଦେଖି ପାରନ୍ତି ନାହିଁ । ଏପରିକି, ଆଖି ଥିବା ବାଲା ଓ ଆଖି ନଥିବା ବାଲା । ତେଣୁ ଭିତର ଜିନିଷକୁ ଦେଖିବା, ପ୍ରକାଶ ।

କୃଷ୍ଣ କହନ୍ତି, ସେହି ପ୍ରକାଶ ମୁଁ ।

ତପସ୍ୱୀର, ତପ ବି ମୁଁ । ଅର୍ଥାତ୍, ତପସ୍ୱୀକୁ ସମସ୍ତେ ଦେଖନ୍ତି, ତପକୁ ନୁହଁ । ତପସ୍ୱୀର ଶରୀର, ବସ୍ତ୍ର, ପୋଷାକ, ଖାଇବା, ପିଇବା, ଯିବା, ଆସିବାକୁ ଦେଖିଥାନ୍ତି । କିନ୍ତୁ ତାଙ୍କର ତେଜ, ଆଭା, ପ୍ରକାଶ, ସୁଗନ୍ଧ, ଆନନ୍ଦ, ଅମୃତକୁ କେହି ଦେଖି ପାରନ୍ତି ନାହିଁ ।

ସମସ୍ତେ ସଗୁଣ, ସାକାରକୁ ଦେଖିଥାନ୍ତି । ନିର୍ଗୁଣ, ନିରାକାରକୁ, ଆନନ୍ଦ ଓ ପ୍ରକାଶକୁ ଦେଖି ପାରନ୍ତି ନାହିଁ ।

ଶରୀରର ଆଭା ସମସ୍ତଙ୍କର ଥାଏ, ସୁରକ୍ଷା ଦିଏ ଜୀବାତ୍ମାଙ୍କୁ । ସଂସାରୀର କମ୍ ଥିଲା ବେଳେ, ସନ୍ଥଙ୍କର ଅଧିକ । ସେହି ଆଭାର କିଛି କେନ୍ଦ୍ର ନଥାଏ । କେନ୍ଦ୍ର ରହିତ ପରିଧି ।

ସାଧକ ଜ୍ଞାନପରେ, ପ୍ରକାଶକୁ ଦେଖିପାରେ ।

ପୁଣି କୃଷ୍ଣ କହିଥାନ୍ତି, ମୁଁ ବି ଶୁଦ୍ଧ ଆକାଶ ।

ମୁଁ ଶବଦରେ ନିଶବ୍ଦ ।

ନିଶବ୍ଦ ଅଦୃଶ୍ୟ, ଶବ୍ଦ ବି ଅଦୃଶ୍ୟ ।

ଯେଉଁ ଶବଦ ପାଟିରୁ, କଣ୍ଠରୁ ବାହାରେ, ତାହା ନଷ୍ଟ ହୁଏ ନାହିଁ । ସବୁ ଅସ୍ତିତ୍ୱଠାରେ ସଂରକ୍ଷିତ । All Sounds & words are recorded by existence.

ତେବେ ଧର୍ମ କହେ, ଯେତେ ଶବଦ ଓ ଅପଶବଦ ତୁମେ କହୁଛ ସବୁ Recorded. ଅର୍ଥାତ୍ ଅସ୍ତିତ୍ୱର ସଂଗ୍ରହାଳୟରେ ଗଚ୍ଛିତ । ତେଣୁ ସାବଧାନ, ଅପଶବ୍ଦ କୁହନାହିଁ । ଋଷି କହନ୍ତି, ଧ୍ୱନି ଅସ୍ତିତ୍ୱର ଆଧାର । ଆହାତ ଧ୍ୱନି ନୁହଁ । ଅନାହତ, ଅଜପା, ସବୁର ମୂଳ, ଯାହାକୁ ନିଶବ୍ଦର ଶବଦ ବୋଲି କହିଥାନ୍ତି, ଋଷି । ସେହି ନିଶବ୍ଦରୁ ଉଦୟ ହୁଏ ଧ୍ୟାନ । ଧ୍ୟାନ, ଏକ ପରମ ଅକ୍ରିୟା, ଯାହା ଆପେ ଆପେ ଘଟିଥାଏ ।

ବୁଦ୍ଧ ବି କହିଥାନ୍ତି, ଧର୍ମରେ, ଧ୍ୟାନରେ, ଆନନ୍ଦରେ, ପ୍ରାର୍ଥନାରେ ମୁଁ । ମୁଁ ସେହି କୃଷ୍ଣତ୍ୱ, ଯାହାକୁ ଋଷି କହନ୍ତି, ବୁଦ୍ଧତ୍ୱ, ଶୁଦ୍ଧତ୍ୱ, ଶିବତ୍ୱ ଓ ସନ୍ଥତ୍ୱ । ମୁଁ ସବୁଠି, ତେଣୁ ମୋତେ କହନ୍ତି ଅସ୍ତିତ୍ୱ ।

ପୁଣି କୃଷ୍ଣ କହନ୍ତି- ମୁଁ ବେଦରେ, ଗୀତାରେ, ଧର୍ମ ଶାସ୍ତ୍ରରେ, ସବୁର ଆଧାରରେ, ମୁଁ ସେହି ଓଁ କାର ।

Exactly ଓଁକାର କୌଣସି ଶାବ୍ଦିକ ପରିଭାଷା ନୁହେଁ । ଶବ୍ଦ ବା ଧ୍ୱନି ଗୋଟେ

କିଛି କରିବାକୁ ବାଧ୍ୟ ବୋଲି କହନ୍ତି ଋଷି । ସେହିଁ ନିର୍ବିବାଦୀୟ ରହସ୍ୟ ବିଶ୍ୱରେ ହିଁ ଓଁକାର, ଜଗତ ସର୍ଜନାର ଉଦ୍‌ଗମ ।

ତେବେ କୃଷ୍ଣ କହନ୍ତି, ଧରିତ୍ରୀରେ, ସବୁଠି ମୁଁ । ନଷ୍ଟରେ, ଦୁଃଖ, କଷ୍ଟ, ମୃତ୍ୟୁ, ଜନ୍ମ, ରୋଗ, ସବୁଠି ମୁଁ । ଆରମ୍ଭରେ ଓ ଶେଷରେ ବି ମୁଁ । ତେଣୁ ମୁଁ ହେଉଛି ଅଦୃଶ୍ୟ ବ୍ରହ୍ମ । ମୁଁ ଆଧ୍ୟାତ୍ମରେ ପରମାତ୍ମା । ମୁଁ ବିଜ୍ଞାନରେ ପରମାଣୁ । ମୁଁ ଦୃଶ୍ୟରେ, ମୁଁ ଅଦୃଶ୍ୟରେ । ମୁଁ ବି କ୍ରିୟାରେ, ମୁଁ ବି ଅକ୍ରିୟାରେ । ମୁଁ ସବୁଠି ସେହି ପବିତ୍ର ଓଁକାର ।

ଋଷି କହନ୍ତି, ଓଁକାର ସାରା ମନ୍ତ୍ରର ଆଧାର । ବୀଜ ମନ୍ତ୍ର, ବେଦର ସାର । Omkar is the master key of all solutions. ଋଷି କହନ୍ତି ସବୁ ସମସ୍ୟାର ସମାଧାନ ସମାଧି । ସେହି ସମାଧିର ପରମ ଆଧାର- ଓଁକାର ଶ୍ରବଣ । ସତ୍ୟ ଅନୁଭବ ପାଇଁ ଏକମାତ୍ର ରହସ୍ୟ । ଯାହାକୁ- ଉପନିଷଦ କହେ, ପ୍ରଣବ ।

- ମହାବୀର କହନ୍ତି, ଅପୂର୍ବ ଧ୍ୱନି ।
- ବୁଦ୍ଧ କହନ୍ତି, ଶୂନ୍ୟତାର ଆବାଜ ।
- କବୀର କହନ୍ତି, ସୁରତୀ ।

ସେହି ଓଁକାର ବୀଜମନ୍ତ୍ର, ଅସ୍ତିତ୍ୱର ସ୍ପନ୍ଦନ । ଚତୁର୍ଦ୍ଧା ମୁରତୀ, ଶ୍ରୀ ଜଗନ୍ନାଥଙ୍କର ଆଧାର । ଯାହାକୁ ଅ, ଉ, ମ ର ମିଳନ, ବା ରଜ, ସତ୍ତ୍ୱ, ତମର କେନ୍ଦ୍ର କହିଥାନ୍ତି ।

କେହି କେହି 3 doors of existence ମଧ୍ୟ କହିଥାନ୍ତି, ଅର୍ଥାତ୍ ଅସ୍ତିତ୍ୱର ୩ ଦ୍ୱାର ବା ଉର୍ଜାର ୩ ସ୍ୱରୂପ ମଧ୍ୟ ।

ଋଷି କହନ୍ତି, ଓଁକାର ସବୁ ରହସ୍ୟର ରହସ୍ୟ । Omkar is the secret of all secrecy. ତେବେ ଓଁକାରରେ ସବୁ ଲୀନ ହୋଇଥାଏ । ସେ ସବୁଠି ଉପସ୍ଥିତ । ସେହି ହିଁ ଅସ୍ତିତ୍ୱର ପରମ ସଙ୍ଗୀତ ଓ ୧ମ ବିସ୍ଫୋଟ । କେବଳ ଏକା ନିତତ୍ତ୍ୱ, ଆଉ ସବୁ ୫ତତ୍ତ୍ୱରୁ ଆସିଥାଏ ।

ଜୀବାତ୍ମା ଭିତରେ, ଜୀବନର ମୂଳ ଉର୍ଜା, ଓଁକାର । ଓଁକାର ଚୋଟରୁ ତରଙ୍ଗ, ତରଙ୍ଗରୁ ବିଦ୍ୟୁତର ସୃଷ୍ଟି । ଶରୀରର ସବୁ କେନ୍ଦ୍ର, Cells କୁ ସକ୍ରିୟ କରିଦିଏ । ତେବେ ସବୁର ରହସ୍ୟ, Mistry ହେଉଛି, ପରମ ଉର୍ଜା । ଯା'ର ଉପଲବ୍ଧି ଶରୀର ଭିତରୁ ମିଳିଥାଏ । ଏହି ବିଜ୍ଞାନର ନାମ, ଆଧ୍ୟାତ୍ମ ।

ସେହି ଦିବ୍ୟ ଅନୁଭୂତିର କେନ୍ଦ୍ର ଧ୍ୟାନ । ଧ୍ୟାନରୁ ସମାଧି, ସମାଧିରୁ ସଂବୋଧି, ଅନ୍ତିମ ପ୍ରସାଦ ଅସ୍ତିତ୍ୱର ।

ଯାର ଉଦ୍‌ଗମ ଓଁକାର, ଧର୍ମର ମୂଳ । ତା'ର ଅନ୍ୟନାମ ସମାଧିର ଆଧାର, ମାନବର ଅନ୍ତିମ ଉପଲବ୍ଧି ।

■

ଧ୍ୟାନରୁ ବ୍ରହ୍ମଜ୍ଞାନ

କବୀର କହନ୍ତି, ପାଇବରେ ବ୍ରହ୍ମଜ୍ଞାନ ପାଇବ।

ବ୍ରହ୍ମଜ୍ଞାନ ପାଇବା, ସମସ୍ତଙ୍କର ଜନ୍ମଗତ ଅଧିକାର।

ଯିଏ ପାଇଯାଏ - ତା ମନ ନାଚିଉଠେ।

- ପାଦରେ ନୃତ୍ୟ ଆସିଯାଏ।

- କଣ୍ଠରେ ସଙ୍ଗୀତ ଆସିଯାଏ। ଯେପରି ମୟୂର ନାଚେ, ଆକାଶକୁ ଦେଖି। ତେବେ ସମାଧି ଉପଲବ୍ଧି ହେଲେ, ସବୁଠି ଆନନ୍ଦ ଓ ଉତ୍ସବ ଖେଳିଯାଏ। କିନ୍ତୁ, ବିରହରେ, ପ୍ରେମର ଜ୍ୱାଳା ଝରୁଥାଏ। ଯେ ପର୍ଯ୍ୟନ୍ତ ପ୍ରଭୁଙ୍କର ମିଳନ ନହୋଇଛି, ସେ ନିଷ୍କ୍ରିୟ ଥାଏ। ଯେବେ ଏକାକାର ହୁଏ ପ୍ରଭୁଙ୍କ ମିଳନରେ, ତା ଭିତରୁ ଆନନ୍ଦର ଗଙ୍ଗା ଛୁଟେ। ସବୁଠି ପ୍ରକାଶ ହିଁ ପ୍ରକାଶ। ଆନନ୍ଦ ହିଁ ଆନନ୍ଦ।

ସେହି ଆନନ୍ଦକୁ ଖୋଜ, ଯା'ର ଇନ୍ଧନ ଅସ୍ତିତ୍ୱର ଧ୍ୱନି। ଯିଏ ତାର ରହସ୍ୟ ଦିଏ, ସେ ଏକା ଗୁରୁ ତୁଲ୍ୟ ଧରିତ୍ରୀରେ।

ତେବେ ପଣ୍ଡିତ, ଜ୍ଞାନୀ ଓ ବୁଦ୍ଧ ପୁରୁଷଙ୍କ ଭିତରେ ବହୁତ ଫରକ। ଯିଏ ସଂଗ୍ରହ ଜ୍ଞାନରେ ଧନୀ, ସେ ଜଣେ ହୋଇଯାଏ ଅଭିମାନୀ। ଯିଏ ପରମ ଜ୍ଞାନୀ, ସେ ସତ୍ୟରେ ପହଞ୍ଚିଥାଏ। ନା ଥାଏ ପାଇବା, ନା ଅପେକ୍ଷା। ନା ବିଳାସ, ନା ଲୋଭ। ସେ ସର୍ବଦା ଦ୍ୱନ୍ଦରୁ ମୁକ୍ତ, ଦ୍ୱୈତରୁ ମୁକ୍ତ। ସେହି ହିଁ ବୀର, ସେ ହିଁ ବ୍ରହ୍ମଜ୍ଞାନୀ।

ବ୍ରହ୍ମଜ୍ଞାନୀ, ପରମ ସୂକ୍ଷ୍ମତାରୁ, ଅନ୍ତିମ ନିଷ୍କର୍ଷରୁ, ବିରାଟ ଉର୍ଜାକୁ ଜାଣେ। ତା ସହିତ ମିଶି ଏକାକାର ହୁଏ। ତାର ପାଖେ - ସୁବାସ ଥାଏ,

- ରହସ୍ୟ ଥାଏ,

- ଆନନ୍ଦ ଥାଏ,

- ଓଁକାର ସୁମିରଣ ଥାଏ।

ସେ ହୋଇଯାଏ ଆକାଂକ୍ଷା ମୁକ୍ତ, ଅହଂକାର ମୁକ୍ତ। ତାଙ୍କରି ପାଖେ ସତ୍‌ସଙ୍ଗ କଲେ ଜାଗ୍ରତ ହେବ ସହସ୍ର ଧୈର୍ଯ୍ୟସମ ପ୍ରକାଶ। ସବୁ କର୍ତ୍ତା ଭାବନା ହଜି, ଅସ୍ତିତ୍ୱ ହୋଇଯିବ। ତାଙ୍କରି ପାଖରୁ ଧର୍ମ ଗ୍ରହଣ କର, ଶବଦର ସଙ୍କେତକୁ ଧର। ତୁମର ହୃଦୟର ବୀଣା ବାଜି ଉଠିବ। ତେଣୁ ଯିଏ ବୁଦ୍ଧ ପୁରୁଷ ସହିତ ଯୋଡିଥାଏ, ସେ ହୁଏ ପରମ ଭକ୍ତ।

ଗୁରୁ ସେହି, ଯିଏ ଶିଷ୍ୟକୁ ରୂପାନ୍ତରିତ କରେ, ସଂସାରରୁ ପରମଜ୍ଞାନ ର ରାସ୍ତା ବତାଇ, ପହଞ୍ଚାଏ। ତେଣୁ ପ୍ରୟାସରେ, ଶ୍ରମରେ ସଂଗ୍ରହରେ ବିସ୍ତାରରେ, ପ୍ରତିଷ୍ଠାରେ ଯୋଡ ନାହିଁ। ସମାଜ ସ୍ୱୀକୃତୀ ଦେଇପାରେ, ଅସ୍ତିତ୍ୱ ନୁହଁ।

ତେବେ ସଚ୍ଚା ପ୍ରାର୍ଥନା, ସମ୍ୟକ ସେବା, ଓ ତଥାତାରେ ଯୋଡ। ହୋଇଯିବ ଶାସ୍ତ୍ରରୁ ମୁକ୍ତ, ରାଜନୀତିରୁ ମୁକ୍ତ, ଅହଂକାରରୁ ମୁକ୍ତ ଓ ବ୍ୟର୍ଥତାରୁ ମୁକ୍ତ। ସବୁ ଚିନ୍ତନ, ଦୁଃଖ,ସୁଖ, ସ୍ୱପ୍ନ, ହଜି ଶୂନ୍ୟ ହେବ।

ଶୁଦ୍ଧ, ଶାନ୍ତ ହେବ ଶରୀର, ମନ, ଭାବ ଓ ଶ୍ୱାସ। ତୁମର ହେବ ପୂନର୍ଜନ୍ମ। ପୁରୁଣା ଅଭ୍ୟାସ ସବୁ ହଜିଯିବ, ନୂତନତ୍ୱରେ ଭରିଯିବ ଜୀବନ ଯାତ୍ରା। ବନ୍ଧନ ହଜି, ପବିତ୍ର ସୁଗନ୍ଧରେ ଭରିଯିବ ପରିବେଶ। ଶରୀରରୁ ଅକାରଣ ଶାନ୍ତି, ସହଜତା ଓ ଶ୍ରବଣ ପାଇବ। ଆନନ୍ଦର ବର୍ଷା ହେବ। ଏହିତ ଜୀବାତ୍ମାର ସ୍ଥିତି। ହଜିବ ନିଜର ବେମାରୀ ଓ ହେବ ସ୍ୱାସ୍ଥ୍ୟବାନ। ଦେଖିବ ନିଜ ଭିତରେ ପରମ ଉର୍ଜାକୁ ଓ ଅନ୍ୟ ଭିତରେ ନିଜକୁ। ସବୁଠି ସେହି ଗୋଟିଏ। କବୀର କହନ୍ତି, ସବୁ ପୀଡା ଯିବ। ସର୍ବଦା ବିଶ୍ରାମ ଘଟିବ।

ସବୁ ବିକଳ୍ପ ଗଲେ, ପହଞ୍ଚିବ ସମାଧି।

ସମାଧିରୁ ମହାସୁଖ ଅବତରିତ ହୁଏ, ଅତି ଇନ୍ଦ୍ରିୟ ଦ୍ୱାରା। ଜାଣିବ ତୁମେ କିଏ ? ପାଇବ ତୁମର ପରିଚୟ ଓ ଜାଣିବ ସମଷ୍ଟିକୁ ବା ଅସ୍ତିତ୍ୱକୁ। ପାଇବ ଚିର ବିଶ୍ରାମ। ଏହି ବ୍ରହ୍ମଜ୍ଞାନ, ଯାହା ପାଇଁ ପ୍ରସ୍ତୁତି ପର୍ବର ନାମ, ଧ୍ୟାନ।

ଧ୍ୟାନ, ଅନ୍ତର୍ଭୂମିର ସଫାଇ।

ସୁମିରଣ, ବୀଜ ବପନ।

ସମାଧି, ପରମାତ୍ମା ଭୂମିରେ ବିଶ୍ରାମ। ତେବେ, ପ୍ରଥମେ ଜିଜ୍ଞାସା ଆସୁ (ଅର୍ଥ ସତ୍ୟର ଆକର୍ଷଣ) ୨ୟରେ, ସମ୍ୟକ ସନ୍ତୁଳନ ପାଇଁ ସଂକଳ୍ପନା। ୩ୟରେ, ପୂର୍ଣ୍ଣ ପୁରୁଷାର୍ଥ। ୪ର୍ଥରେ ଅସ୍ତିତ୍ୱ ପ୍ରତି ଅହୋଭାବ (gratitude)। ୫ମରେ ବିଶ୍ରାମ, ୬ଷ୍ଠରେ ଉତ୍ସବ sharing with celebration.

ଏହିତ ଧ୍ୱନି ତରଙ୍ଗର ବିଜ୍ଞାନ ଓ ବିରାଟ ଦର୍ଶନର ବ୍ୟବସ୍ଥା। ତୁମକୁ କରାଇବ ଜ୍ଞାନୀ ଓ ସମାଧିସ୍ଥ। ସବୁର ମୂଳ, ଧ୍ୟାନ, ଆଧ୍ୟାତ୍ମର ବୀଜ (ମଞ୍ଜି), ଯା'ର ଉଦ୍‌ଗମ ଓଁକାର।

■

ଧ୍ୟାନ ଧର୍ମର ମୂଳ

ମଣିଷ କିଛି ଖୋଜେ। ପାଇବା, ହାସଲ କରିବା, ତାର ପ୍ରବୃତ୍ତି। ଯେତେ ପାଇଲେବି, ଅନ୍ତିମ ଖୋଜ ଛପି ରହିଥାଏ। ସେହି ଅନ୍ତିମ ଅନୁସନ୍ଧାନ ହେଉଛି ଆନନ୍ଦ, ମୋକ୍ଷ ଓ ପରମାତ୍ମା।

ସନ୍ଥ କହନ୍ତି, ଖୋଜିବାର ଅଛି ତ ମନୁଷ୍ୟତାକୁ ଖୋଜ। ତା'କୁ ଛାଡି, ନିଜର ମନରେ ପରିଚାଳିତ ହେଲେ, ମନ କେବେ ପୁରେନାହିଁ। ମନୁଷ୍ୟକୁ ଛାଡି, କେହି ପଶୁପକ୍ଷୀ, କୀଟ ପତଙ୍ଗ, ବୃକ୍ଷଲତା ଖୋଜନ୍ତି ନାହିଁ। ସେମାନଙ୍କର ଜିଜ୍ଞାସା ବଞ୍ଚିବା ପାଇଁ। ସେମାନଙ୍କର ମୁମୁକ୍ଷା ନଥାଏ। ସେମାନଙ୍କର ଚେତନା ଥିଲେ ମଧ୍ୟ ଅପରିଚିତ। କେବଳ ଅସ୍ତିତ୍ୱକୁ ସ୍ୱୀକାର କରି ନିଅନ୍ତି।

ମଣିଷର ଧର୍ମ ଖୋଜିବା। କାହିଁକି ? ଅସ୍ତିତ୍ୱ ବିକାଶ ଘଟାଏ ନିଜର ଚେତନା ଦ୍ୱାରା। ଚେତନା ଦ୍ୱାରା ଅର୍ଥ, ମଣିଷ ଦ୍ୱାରା ଅନେକ ସମ୍ଭାବନା ବିକଶିତ ହୁଏ। ତେଣୁ ସମ୍ୟକ ମାନବ କିଛି କରେ। ଏହା ହୁଏ ତା'ର କ୍ରାନ୍ତୀ। ଯାହା ହୁଏ ତାକୁ ବିକାଶ କହେ। ଯେବେ କିଛି ସୁନ୍ଦରତା, ରୂପାନ୍ତରଣ ଆସେ, ସବୁ ମଣିଷ ଚେତନାର ଭୂମିକା। ସମସ୍ତ ଜୀବଜନ୍ତୁ ବିଶ୍ରାମ କରନ୍ତି, ପେଟ ପୁରିଗଲା ପରେ। କିନ୍ତୁ ମଣିଷର ପେଟ ପୁରିଲା ପରେ ମନ ପୁରେ ନାହିଁ। ସର୍ବଦା ଦୌଡେ, ବସେ ନାହିଁ। ଏପରିକି ଉଚ୍ଚ ଶିକ୍ଷିତ, ପ୍ରଜ୍ଞାବାନ ମାନବ ମଧ୍ୟ ବିଶ୍ରାମକୁ ପାଶୋରୀ ଗଲେଣି। ସମ୍ୟକ ନିଦ୍ରା ଘଟୁ ନାହିଁ। ସମ୍ୟକ ଆହାର, ବିହାର, ନିଦ୍ରା କଥା ପୁରା ଭୁଲିଗଲେଣି। ସର୍ବଦା ପଡିଉଠି ଦୌଡେ, ସଂଗ୍ରହରେ ଯୋଡେ।

ତା'ର ବଡ ଭରସା, ମୁଁ ପାଇଯିବି। ସବୁକୁ ନିଜେ ହାସଲ କରିପାରିବି। ଏପରିକି ଆନନ୍ଦ ଶାନ୍ତି, ପ୍ରାର୍ଥନା, ଧ୍ୟାନ, ପ୍ରେମ, ସମାଧି ଓ ପରମାତ୍ମାଙ୍କୁ ମଧ୍ୟ। ତେବେ, ଶକ୍ତି, ବୁଦ୍ଧି, ଧନ, ଶ୍ରମ ଦ୍ୱାରା ହାସଲ କରିବା ଭୁଲିଯାଅ। ସଂସାରୀ ଯେତେ ପାଇଲେ ବି, ଆଉ କିଛି ଆସୁ ଭାବେ। ଯଦି ସବୁ ପାଇ ମଧ୍ୟ, ସେ କ'ଣ ଶାନ୍ତ ହୋଇପାରେ କି ?

ଜାଣ, ଶକ୍ତି ବାହାରେ ନାହିଁ, ଥାଏ ନିଜ ଭିତରେ। ତାହା ଅସ୍ତିତ୍ୱ ଦତ୍ତ। ତା'କୁ ବିସ୍ମରଣ ନକରି, ସ୍ମରଣ କର। ଖୋଜନାହିଁ ବାହାରୁ। ଆବିଷ୍କାର କର ନିଜ ଭିତରୁ। ସମସ୍ତଙ୍କର ଇଚ୍ଛା, ଭୋଗ ସହିତ ଯୋଗ, ଶକ୍ତି ସହିତ ଶାନ୍ତି, ଧନ ସହିତ ଧ୍ୟାନ, ଏକା ସାଥିରେ ପାଇଯିବେ। କିନ୍ତୁ କାହିଁକି ଅପ୍ରାପ୍ତି ସମସ୍ତଙ୍କୁ ?

୧– ବିପରୀତ ଦିଗରେ ଗତି।

୨– ସମ୍ୟକ ରାସ୍ତାରୁ ବିଯୁକ୍ତ।

ସନ୍ଥ କହିଥାନ୍ତି, ହୀରା ଭିତରେ ଥାଏ। ତାଙ୍କ ଭାଷାରେ, "କସ୍ତୁରୀ କୁଣ୍ଡଳ ଭିତରେ ତୋର, କାହିଁକି ଖୋଜୁଛୁ ସଦା ବାହାର"।

ପରିଧି ବା ବାହାରୁ ସର୍ବଦା ଖୋଜୁଛ। କେନ୍ଦ୍ରବିନ୍ଦୁ ନିଜ ଭିତରେ। ପରଦା ହଟାଅ, ପରଦାର ଅର୍ଥ ବିଷୟ ବାସନା, ଇଚ୍ଛା, ସ୍ୱପ୍ନ, ଆକାଂକ୍ଷା, ତୁଳନା, ଜିତିବା ଇତ୍ୟାଦିରୁ ମୁକ୍ତି।

ତାକୁ ଛାଡି, ସ୍ୱୟଂରେ ଯୋଡ। ସେହି ହେବ ଅନ୍ତିମ ଖୋଜ। କିନ୍ତୁ ସଂସାରୀ ସର୍ବଦା ଖୋଜୁଛନ୍ତି ବାହାରୁ, ଧର୍ମରୁ, ବିଜ୍ଞାନରୁ, ଶାସ୍ତ୍ରରୁ, ଓ କ୍ରିୟାରୁ। ଅସଲି ବା ଅନ୍ତିମ ପ୍ରାପ୍ତି ବାହାରୁ ନଥାଏ।

ଯେପରି ବିଜ୍ଞାନରେ ଅନ୍ତିମ ଖୋଜ, ପରମାଣୁ। ସେହିପରି ଆଧ୍ୟାତ୍ମରେ, ଅନ୍ତିମ ଖୋଜ, ପରମାତ୍ମା।

ବିଜ୍ଞାନ, ବାହାରୁ, ମାଧ୍ୟମରୁ, ଶ୍ରମରୁ, ସିଦ୍ଧାନ୍ତରୁ, ଖୋଜନ୍ତି। କିନ୍ତୁ ପାଇଗଲେ ବି ଖୋଜ ଜାରିରହେ। ଅର୍ଥାତ୍, ସେମାନେ (ବୈଜ୍ଞାନିକ) ସର୍ବଦା ଅତୃପ୍ତ।

କିନ୍ତୁ ଆଧ୍ୟାତ୍ମ, ଖୋଜେ ଭିତରୁ, ଶୂନ୍ୟତାରୁ, ବିଶ୍ରାମରୁ, ଓ ଅନୁଭୂତିରୁ। ସେ ପହଞ୍ଚିଲା ପରେ ଶାନ୍ତ, ତୃପ୍ତ ହୋଇ ବିଶ୍ରାମ ନିଏ।

ବିଜ୍ଞାନ ପରଦା ହଟାଏ। କିନ୍ତୁ ଖୋଜି ଖୋଜି ନିଜେ ହଜିଯାଏ। ପହଞ୍ଚିବାର ସୀମା ନଥାଏ। ଅନ୍ତିମର ପରିଭାଷା ବଦଳିଯାଏ।

ଥରେ କେହି ଜଣେ, ଆଇନ୍‌ଷ୍ଟାଇନ୍‌ଙ୍କୁ ପଚାରିଥିଲେ, ତୁମେ ଯଦି ଆଉ ଗୋଟେ ଜନ୍ମ ନିଅ, କ'ଣ ଜନ୍ମ ନେବା ପାଇଁ ଭାବିବ ? ସେ କହିଥିଲେ, ମୁଁ ଯଦି ମଣିଷ ଜନ୍ମ ନେବି, ମୋତେ ଜଣେ ପ୍ଲମ୍ବର ବା ମିସ୍ତ୍ରୀ ଟିଏ କରିଦିଅ ପ୍ରଭୁ। ମୁଁ କେବେ ଆଉ ଜଣେ ବୈଜ୍ଞାନିକ ହେବାକୁ ପସନ୍ଦ କରିବି ନାହିଁ।

ମୁଁ ଯାହା କଲି, ତା'ର ପରିଣାମ ଭୟଙ୍କର। ନିଜକୁ ଜାଣି ପାରିଲି ନାହିଁ। କ୍ଷମା ଦେବି କିପରି ? ଭୌତିକ ଜଗତରେ ନାଁ ଥାଏ ସୀମା, ନାଁ ଥାଏ ତୃପ୍ତି। ତେବେ ଏସବୁ ନ ଜାଣିବା ଅଜ୍ଞାନତା।

ତେଣୁ ଧର୍ମ ହେଉଛି ଜାଣିବାର ବିଜ୍ଞାନ, ନିଜକୁ ଓ ସମଷ୍ଟିକୁ । ଯେଉଁଠି ବିଜ୍ଞାନରେ Objective ଥାଏ, ବା ପଦାର୍ଥରେ ଯୋଡିଯାଏ, ସମଷ୍ଟି ବା Subjective କୁ ଜାଣିହୁଏ ନାହିଁ । ତେବେ ତ ସନ୍ଥ କହନ୍ତି, ସ୍ୱୟଂକୁ ଜାଣିଲେ ସବୁ ଜାଣିଗଲ । ତୁମେ ରହିବ ପ୍ରଶନ୍ନ, ଶାନ୍ତ ଓ ବିଶ୍ରାମ । ଏହି ତ ଆନନ୍ଦର ରାଜ ।

ଦୃଷ୍ଟିକୋଣ ବଦଳାଅ । ଯେପରି ଦୃଷ୍ଟି, ସେପରି ସୃଷ୍ଟି ହେବ ।'

ସନ୍ଥ କହନ୍ତି, ଯେବେ ମନରେ ଦୁଃଖ ରହିଲା, ଦୁନିଆ ଦୁଃଖୀ ଲାଗିବ । ଯେବେ ମନରେ ସୁଖ ଭରିଲା, ଦୁନିଆ, ସୁଖୀ ଲାଗିବ । କିନ୍ତୁ ସଂସାରୀ, ସୁଖରେ ନାଚନ୍ତି, ଦୁଃଖରେ କାନ୍ଦନ୍ତି ।

ଏତିକି ସ୍ମରଣ ରହୁ, ତୁମେ ଯେପରି, ତୁମର ସଂସାର ସେହିପରି ।

ତୁମର ମୌଳିକ ଭାବନା ରହୁ । ତୁମର ଚେତନା, ସକାରତ୍ମକ ନିର୍ମାଣ କରୁ ।

ମନେକର, ଜଣେ ବ୍ୟକ୍ତି ବଗିଚାକୁ ଗଲା, କାଠ କାଟିବା ତା'ର ଲକ୍ଷ୍ୟ । କେଉଁକାଠ କାଟିବ, ସେହି ହେବ ତା'ର ଖୋଜ । ସେହି ଭାବରେ ସେ ବୁଡିଯାଏ ।

ଚିନ୍ତାଧାରା ଅଲଗା ଅଲଗା । ସମସ୍ତେ ଅଦ୍ୱେତ, କିନ୍ତୁ ଦୃଷ୍ଟିକୋଣ ଅଲଗା ଅଲଗା । ସେହି ବଗିଚାକୁ ଗଲେ- ଜଣେ ମାଳୀ,

- ଜଣେ କବି,
- ଜଣେ ଲେଖକ,
- ଜଣେ ପେଣ୍ଟର,
- ଜଣେ ସନ୍ୟାସୀ,
- ଜଣେ ରାଜା

ସମସ୍ତଙ୍କର ଭାବନା ଅଲଗା ଅଲଗା । ଧର୍ମ କହେ, ଯିଏ ସ୍ୱୟଂକୁ ଜାଣିଲା, ସେ ସବୁ ଜାଣିଲା । ଯେ ଅଦୃଶ୍ୟକୁ ଜାଣିଲା ସେ କେନ୍ଦ୍ରକୁ ଜାଣିଲା । କିଏ ଫୁଲକୁ ଦେଖେ, କିଏ ରଙ୍ଗ । କିଏ ସୁଗନ୍ଧ, କିଏ ଛିଡାଇବାକୁ ଚାହେଁ । କିଏ ଯତ୍ନ ନେବାକୁ, କିଏ ସୁନ୍ଦରତାକୁ । ଏହି ସବୁ ଚେତନାର ବିକାଶର ପରିଚୟ । ସବୁଠି ଖୋଜିବା ଲାଗିଥାଏ, ରାସ୍ତା ଅଲଗା ଅଲଗା । ଏପରିକି ଧର୍ମ ଓ ବିଜ୍ଞାନ, ଉଭୟଙ୍କର ଖୋଜ ଥାଏ, କିନ୍ତୁ ବିଜ୍ଞାନ, ବାହାରୁ ଖୋଜେ, ଯେଉଁଠି ଧର୍ମ ଅନ୍ତରରୁ । ବିଜ୍ଞାନର ଜ୍ଞାନ ଲଭିଲେ, ଧର୍ମରେ ଧ୍ୟାନ । ଜ୍ଞାନ ସଂଗ୍ରହ ହେଲେ, ଧ୍ୟାନ ବିଗ୍ରହରେ ଅନୁଭବର କଥା ।

ତେବେ ଧ୍ୟାନ ଧର୍ମର ସାର । ଆଧ୍ୟାତ୍ମର କୁଞ୍ଚୀ । ଶାସ୍ତ୍ରରେ ସବୁକିଛି ଅଛି, କିନ୍ତୁ ଧର୍ମକୁ ଜାଣିହୁଏ ନାହିଁ ଶାସ୍ତ୍ରରୁ । ଶାସ୍ତ୍ର କିଛି ଜଣାଏ, ପହଞ୍ଚାଏ ନାହିଁ । ତେଣୁ ଧ୍ୟାନ, ଧର୍ମର ପ୍ରାଣ । ଅର୍ଥାତ୍ ଧାର୍ମିକତାର ଆଧାର । ଯେପରି ମଣିଷର ମୁଖ୍ୟ ଅଂଶ, ମୁଣ୍ଡରେ ବା

ଉଚ୍ଚରେ ଥାଏ। ତେବେ ଧର୍ମର ସାର, ଧ୍ୟାନରେ। For example- Medical Science ରେ, ଶରୀରର ସବୁ ଅଂଶକୁ ଏବେ ବିଜ୍ଞାନ replace କରିପାରୁଛି, ମୁଣ୍ଡକୁ ନୁହଁ। ତେଣୁ ମୁଣ୍ଡକୁ ହଟାଇଲେ, ଶରୀର ତିଷ୍ଠି ରହେନାହିଁ। ଠିକ୍ ସେହିପରି ଧ୍ୟାନକୁ ହଟାଇଲେ, ଧର୍ମ ବା ଆଧ୍ୟାତ୍ମ ବଞ୍ଚି ପାରିବ ନାହିଁ।

ମହାବୀର କହନ୍ତି, ଶରୀରର ରାଜା, ମସ୍ତିଷ୍କ। ଯା'ର ମୂଳ ବୃକ୍ଷର ଜଡ ପରି। ଜଡ ଥିଲେ ଜଡ ହୋଇଯାଏ। ଜଡ ଗଲେ, ବୃକ୍ଷ ସମାପ୍ତ। ଏହି ତ ଓଲଟା ରାଜ।

ତେଣୁ ଉପନିଷଦ କହେ, ମଣିଷ ଏକ ଓଲଟା ବୃକ୍ଷ ସଦୃଶ୍ୟ। ବୃକ୍ଷ କିନ୍ତୁ ମଣିଷର ଜଡ, ଆକାଶକୁ। ଏହି ରହସ୍ୟକୁ ଜାଣିବା, ବ୍ରହ୍ମଜ୍ଞାନ।

ତେବେ ସନ୍ଥ କହନ୍ତି ଯିଏ ବ୍ରହ୍ମକୁ, ବା ଅତି ସୂକ୍ଷ୍ମକୁ ଜାଣିଲା, ସେ ବିରାଟକୁ ଜାଣିଲା, ତା'କୁ ବ୍ରାହ୍ମଣ ବୁଝାଗଲା।

ପୂର୍ବରୁ କଥାଅଛି- ବ୍ରାହ୍ମଣ ବୁଦ୍ଧିମାନ, ସେ ବୁଦ୍ଧି ମୁଣ୍ଡ ସହିତ ସଂଯୁକ୍ତ।

- ଶୁଦ୍ର, ବୁଦ୍ଧିମାନ ନୁହଁ, ସେ ଶ୍ରମ ସହିତ ସଂଯୁକ୍ତ।

ବାସ୍ତବିକ୍, ଏହା ରହସ୍ୟମୟ। ବ୍ରାହ୍ମଣ ଯିଏ ଆତ୍ମଜ୍ଞାନୀ। ସେ କେବଳ ବ୍ରାହ୍ମଣ ପରିବାରରେ ଜନ୍ମ ପାଇଗଲେ ନୁହଁ।

ସୂତ୍ର କହେ, ଯା'ର ଅନ୍ତର ଉର୍ଜା, ସହସ୍ରାରକୁ ଯାଏ, ସେ ବ୍ରାହ୍ମଣ। ସେ ବ୍ରହ୍ମକୁ ଜାଣେ।

ସନ୍ଥ କହନ୍ତି, ସମସ୍ତେ ଜନ୍ମରୁ ଶୁଦ୍ର। ଯିଏ ଜଡକୁ ବା ମୂଳକୁ ଜାଣିଗଲା, ସେ ବ୍ରହ୍ମରେ ପହଞ୍ଚିଲା।

ମହାବୀର କହନ୍ତି, ମନୁଷ୍ୟର ଶିର ଯେପରି, ଧର୍ମରେ ଧ୍ୟାନ ସେହିପରି।

ତେଣୁ ଜଡକୁ କାଟିଲେ, ବୃକ୍ଷ ମରିଯାଏ। ବୃକ୍ଷକୁ ଜଣାଯାଏ ନାହିଁ, ତା'ର ଜଡ କେଉଁଠି ?

ଠିକ୍ ସେହିପରି ମଣିଷକୁ ଜଣାନଥାଏ, ତା'ର ବ୍ରହ୍ମ କେଉଁଠି ?

ଯିଏ ଛପି ରହିଛି ନିଜ ଭିତରେ, ତା'କୁ ଆବିଷ୍କାର କରାଯାଏ, ସହଜ ବିଶ୍ରାମରୁ, ଜାଗ୍ରତ ଶ୍ରବଣରୁ, ଅନ୍ତର ଗଗନରେ ଲୀନତାରୁ। ତେବେ ଯିଏ ଜାଣେ ସେ ହୁଏ ସନ୍ନ୍ୟାସୀ।

ସନ୍ଥର ମୂଳ, ଧ୍ୟାନ। ଯିଏ ଧ୍ୟାନକୁ ଜାଣିଲା, ସେ ମୁନି। ଏହି କଥା ସତ୍ୟ, ଧ୍ୟାନ ଯେଉଁଠି, ଧର୍ମ ସେଇଠି। କଥାରେ ଅଛି, ଜଡ ବିନା ବୃକ୍ଷ ବଞ୍ଚି ପାରେନା, ଧ୍ୟାନ ବିନା ସାଧୁ ତିଷ୍ଠି ପାରେନା। ତେବେ ଧ୍ୟାନ ସମସ୍ତ ସମାଧାନର ସୂତ୍ର।

<u>ତେବେ ଧ୍ୟାନ କ'ଣ ? ଧ୍ୟାନର ୧ମ ସୂତ୍ର:-</u>

ଯାହାକୁ ଖୋଜୁଛ, ତାହା ନିଜ ପାଖରେ/ ଭିତରେ।

କସ୍ତୁରୀ କୁଣ୍ଡଳ ସ୍ୱୟଂ ଭିତରେ। ତା'ର ସୁଗନ୍ଧକୁ, ମୃଗ ଜାଣିପାରେ ନାହିଁ। ବାହାରେ ଦୌଡ଼ି ଖୋଜି ବୁଲେ। ମଣିଷର ଅବସ୍ଥା ଆଜି ଏହିପରି।

ତେବେ ଅନ୍ତର ଯାତ୍ରା ପାଇଁ, ଧ୍ୟାନ ପ୍ରସ୍ତୁତି ପର୍ବ।

ନିଜ ଘରକୁ ଦେଖ, ସ୍ୱୟଂକୁ ଖୋଜ, ଜଗତରୁ ନୁହଁ।

ଯିଏ ବାହାରୁ ଖୋଜିଥାନ୍ତି, ତାଙ୍କୁ ମିଳି ନଥାଏ। କେବଳ ଥକି ଥାନ୍ତି ଓ ବିକ୍ଷିପ୍ତ ହୁଅନ୍ତି। ଖୋଜି ଖୋଜି ଜୀବନର ଆୟୁ ସରିଯାଏ।

ସବୁଠି ଏହି ପରମ୍ପରା, ଭିଡ଼ର ପରମ୍ପରା। ଭିଡ଼କୁ ଦେଖି ଦେଖି ଜନତାଙ୍କର ମନ ବି ଆକର୍ଷିତ, ବା ବିଭୋର। ସମସ୍ତେ ଅନୁକରଣ କରି, ଯୋଡ଼ିଯାନ୍ତି ଭିଡ଼ରେ।

ବାହାରେ ଯେପରି ଭିଡ଼, ମନ ଭିତରେ ମଧ୍ୟ ସେମିତି ବିଚାରର ଭିଡ଼। ଭିଡ଼, ଦୌଡ଼, ମନର ବିଜ୍ଞାନ। ଯେଉଁମାନେ ଗଲତ୍, ମନ୍ଦ, ଅସମ୍ୟକ, ଅସତ୍ୟ ପ୍ରତି ଆକର୍ଷିତ, ସେହି ମାନେ ଭିଡ଼କୁ ଯାଆନ୍ତି। ଅନୁକରଣ ବ୍ୟବସ୍ଥାରେ, ନିଜର ପରିବାର, ସମାଜ ସହିତ ଆଗାମୀ ପିଢ଼ିକୁ ଯୋଡ଼ିଥାନ୍ତି। ତେଣୁ ସମସ୍ତେ ନିଜର ସମ୍ଭାବନା ଓ ସ୍ୱଭାବକୁ ଭୁଲିଗଲେଣି।

ଧନ, ଜନ, ଜ୍ଞାନ, ପଦ, ପ୍ରତିଷ୍ଠା ହେଲା ମୁଖ୍ୟ। ଖୋଜବା ଓ ସଂଗ୍ରହ କରିବାରୁ କେହି ନୁହଁନ୍ତି ମୁକ୍ତ। ଯେଉଁଠି କିଛି ମିଳି ନଥାଏ, ସେଇଠି ଭିଡ଼। କିଛି ଆଶ୍ୱାସନା, ସ୍ନେହ, ଭରସା, ମିଳିଗଲେ, ସ୍ୱର୍ଗ ସୁଖ ଭାବୁଥାନ୍ତି। ସଂସାରୀ ସେହି ଦୌଡ଼ରୁ କିଛି ତ୍ୟାଗୀ, କ୍ରିୟାକାଣ୍ଡି, ରାଜନେତା, ବିକ୍ରେତା, କ୍ରେତା, ଧନୀ, ମାନୀ ଓ ଜ୍ଞାନୀ ଓ ସାଧୁ ସନ୍ଥବି ନିର୍ମିତ ହୁଅନ୍ତି। କିନ୍ତୁ କେହି ଅନୁଭବ ପାଆନ୍ତି ନାହିଁ।

ସେହି ଭିଡ଼ର ଜନକ ହେଉଛନ୍ତି, ସାମାଜିକ ମହାତ୍ମା। ଜଣେ ସାଧୁ ବେଶଧାରୀ ସନ୍ଥ, ଲକ୍ଷ ଲକ୍ଷ ନିରିହ ଜନତାଙ୍କୁ ବୁଦ୍ଧୁ ବନାଉଛନ୍ତି।

ତେବେ ଶଙ୍କର କହନ୍ତି ହେ ମୂଢ଼ ! କମ୍ ସେ କମ୍, ଗୋବିନ୍ଦକୁ ତ ଭଜ।

ଅର୍ଥାତ୍ ନିଜର ଅନ୍ତର ଶ୍ରବଣରେ ଯୋଡ଼। ଗତି ନକରି ଏକାନ୍ତରେ ବସ। ଆଖି ବୁଜିକରି ସ୍ଥିର, ଶାନ୍ତ ହୋଇ ବସିରୁହ।

ଶବଦର ଜାଲରେ ନପଡ଼ି, ନିଶବ୍ଦରେ ଯୋଡ଼। ମୌନ ହୁଅ। ମୌନତାର ଅନ୍ତର ସଂଗୀତ ଶୁଣ। ଶୁଣୁ ଶୁଣୁ ଧ୍ୟାନ ଘଟିଯିବ। ସେହି ହେବ ପରମ ସତ୍ୟର ସନ୍ଦେଶ। ଯେଉଁଠି ବିଶ୍ରାମ ହିଁ ବିଶ୍ରାମ। ବିଶ୍ରାମରୁ ଧ୍ୱନିକୁ ଶୁଣିବା, ଧ୍ୟାନ। ଧ୍ୟାନରେ କିଛି କରିବା ନୁହେଁ। ଶୂନ୍ୟ ବିଚାର ହେବା ତା'ର ବିଜ୍ଞାନ। ତେଣୁ ବାହାର କ୍ରିୟାରୁ ଖୋଜନାହିଁ, ନିଜେ ଶାନ୍ତ, ମୌନ, ଶୂନ୍ୟ ହୁଅ। ରାସ୍ତା ମିଳିଯିବ।

ଅସ୍ତିତ୍ୱର ଅନନ୍ତ ପ୍ରକାଶକୁ ବାହାରୁ ଦେଖୁଛ। ଧ୍ୟାନରେ ଯେବେ ଅନନ୍ତ ପ୍ରକାଶର

ଶୀତଳ ଅଗ୍ନିକୁ ଦେଖିପାରିବ, ନିଜ ଭିତରୁ, ସେଇଠି ଆନନ୍ଦ ଓ ଅମୃତର ରହସ୍ୟ ମିଳିଯିବ।

ଜାଣିବ ଅସତ୍ୟରୁ ସତ୍ୟ, ଅଜ୍ଞାନରୁ ଜ୍ଞାନ, ମୃତ୍ୟୁରୁ ଅମୃତ, ଶ୍ରମରୁ ବିଶ୍ରାମର ରାସ୍ତା ମିଳିଯିବ।

ତେଣୁ ଧ୍ୟାନ, ଅନ୍ତରରୁ ପରଦା ହଟାଇବାର କଳା। ଭିତରେ ଜମି ରହିଥିବା ବିଚାର, ବିଷୟକୁ ବିସର୍ଜନର ପରମ ବିଜ୍ଞାନ।

ଓଶୋ କହନ୍ତି- ଗୀତା ପଢ଼, ବେଦ ପଢ଼, କୋରାନ, ବାଇବେଲ, ଗୁରୁଗ୍ରନ୍ଥ ସାହିବ, ତ୍ରିପଟକ, ଧର୍ମଗ୍ରନ୍ଥ, ସବୁ ପଢ଼ିପାର। କିନ୍ତୁ ସେଇଠି ଅଟକି ରୁହ ନାହିଁ, ଆଗକୁ ଯାଅ, ସବୁଥିରେ ଧ୍ୟାନକୁ ଯୋଡିଦିଅ। ଯଥେଷ୍ଟ ସମ୍ଭାବନା ପହଞ୍ଚିବ ନିଜ ପାଖରେ।

ଧ୍ୟାନ, ଅନ୍ତର ଯାତ୍ରା ବାହାର ଯାଉଥିବା ଊର୍ଜାକୁ ଅନ୍ତର ମୁଖୀ କରିବା। ଯେଉଁଠି ଆମର ଊର୍ଜା, ବହିର୍ମୁଖୀ ହେଉଅଛି, ତାକୁ ଅନ୍ତରକୁ ମୋଡିବା ହେଉଛି ସାଧନା।

ଧ୍ୟାନରେ ଯୋଡ ଅର୍ଜୁନ ବନରେ କୃଷ୍ଣ ପହଞ୍ଚିଯିବେ। ଏହି ତ ଗୀତାର ଯଥାର୍ଥତା।

ଯେବେ ଅନ୍ତର ଖୋଲିବ, ଦେଖିବ, ଭିତର ସଂଘର୍ଷ ଶୂନ୍ୟ, ସମସ୍ୟା ଶୂନ୍ୟ। ଏସବୁ ଯେପରି ଆସିବ, ସେହିପରି ତା ବାଟରେ ଚାଲିଯିବ।

ସେହି ପ୍ରସ୍ତୁତିର ନାମ, ଧ୍ୟାନ। ଶ୍ରଦ୍ଧା, ସମର୍ପଣ ସହିତ ସ୍ୱୀକାରକୁ ଯୋଡ, ଧ୍ୟାନ ପହଞ୍ଚିଯିବ।

ଧ୍ୟାନ ବାହାର ଜ୍ଞାନରୁ ମୁକ୍ତି। ଧ୍ୟାନରେ ସବୁକିଛି ଥାଏ। ଯିଏ ନିଜକୁ ଜାଣିଗଲା, ସେ ସବୁ ପାଇଯାଏ ବୋଲି କହନ୍ତି। ଅର୍ଥାତ୍ ତାକୁ ଆଉ କିଛି ସଂସାରରୁ ଖୋଜିବାକୁ ପଡେନାହିଁ। ସେ ହୁଏ ତୃପ୍ତ, ଶାନ୍ତ, ଆନନ୍ଦିତ ଓ ସଂପୂର୍ଣ୍ଣ। ସେ ହୁଏ ଏକା ଧାର୍ମିକ ଓ ପାଏ ବିଶ୍ରାମ।

ଧ୍ୟାନ, କ୍ରିୟା ନୁହଁ, ଅକ୍ରିୟା।

ଧ୍ୟାନରେ ନଥାଏ ଜ୍ଞାନ, ନଥାଏ ମଂଜିଲ। ଧ୍ୟାନ, ଏକ ପରମ ଶୂନ୍ୟ ଅବସ୍ଥା। ଯାହାକୁ ସମାଧି କହନ୍ତି। ସମାଧି, ଅନ୍ତିମ ଉପଲବ୍ଧି। ସବୁ ସମସ୍ୟାର ସମାଧାନ, ସବୁ ରୋଗର ଔଷଧି।

ଧ୍ୟାନରୁ ଶୁଦ୍ଧ ପ୍ରେମର ଜନ୍ମ। ସେହି ହୁଏ ପରମ ଯୋଡ। ଅସ୍ତିତ୍ୱ ସହିତ ଯୋଡି ହେବାର ସିମେଣ୍ଟ। ତେବେ ଧ୍ୟାନ ଯେଉଁଠି, ବିଶ୍ରାମ ସେଇଠି। ଏହି ତ ଧର୍ମର ସାର।

■

ସାକ୍ଷୀ, ସବୁ ଯୋଗର ସାର

ସାକ୍ଷୀ, ଧ୍ୟାନ, ଜାଗୃତତା ଓ ସମ୍ୟକ ଦୃଷ୍ଟି, ସନ୍ଥଙ୍କର ଦର୍ଶନ। ଏସବୁ ଆଧ୍ୟାତ୍ମର ଗହୀରା ସନ୍ଦେଶ। ଜୀବନ ଯାତ୍ରାକୁ ସୁନ୍ଦର ଶୃଙ୍ଖଳିତ ଓ ସହଜମୟ କରିଦିଏ।

ଜାଣିବା ଜୀବନର ୪ଟି ସ୍ତର, ଯାହା ଦେଖା ଓ ଅଦେଖା ହୋଇ ଯୋଡିଥାଏ।

୧- ସାକାର ଜଗତ - ବାହାର ଜଗତ।

୨- ଭିତରର ଜଗତ - ବିଚାରର ଜଗତ।

୩- ସୂକ୍ଷ୍ମର ଜଗତ - ଭାବନାର ଜଗତ।

୪- ଶୂନ୍ୟର ଜଗତ - ସାକ୍ଷୀର ଜଗତ।

ସାକ୍ଷୀ, ଆତ୍ମାର ସ୍ୱଭାବ, ଆମର ବୁନିୟାଦୀ। ସାକ୍ଷୀର ଦୁନିଆରେ, ଆମର ଭରସା, ତ୍ରିକୋଣ ହୋଇ ଦେଖାଯାଏ, ଯାହାକୁ କେନ୍ଦ୍ରକରି, ୩ଟି ଯୋଗ ମୁଖ୍ୟତଃ ଜଣାଯାଉଛି। ସେହି ୩ଟିର ଉପଯୋଗ ଆମ୍ଭେ ଜାଣନ୍ତି।

୧- କର୍ମ ଯୋଗ- କର୍ମ ଓ କର୍ତ୍ତା ସହିତ ସାକ୍ଷୀକୁ ଯୋଡାଯାଏ।

୨- ଜ୍ଞାନ ଯୋଗ - ଜ୍ଞାନ ଓ ଜ୍ଞାତା ସହିତ ସାକ୍ଷୀକୁ ଯୋଡାଯାଏ।

୩- ଭକ୍ତି ଯୋଗ - ପ୍ରେମ ଓ ପ୍ରିୟସୀ ସହିତ ସାକ୍ଷୀକୁ ଯୋଡାଯାଏ।

କର୍ମରେ ସାକ୍ଷୀ ଯୋଡିଲେ, କର୍ମଯୋଗ।

ଜ୍ଞାନରେ ସାକ୍ଷୀ ଯୋଡିଲେ, ଜ୍ଞାନଯୋଗ।

ପ୍ରେମରେ ସାକ୍ଷୀ ଯୋଡିଲେ, ଭକ୍ତି ଯୋଗ।

ସବୁର ମୂଳ ଧ୍ୟାନ। ଧ୍ୟାନ ବିଧି ପାଇଁ ପ୍ରସ୍ତୁତି। ସାକ୍ଷୀ, ମଞ୍ଜିଲ୍ ବିଶ୍ରାମରେ ପହଞ୍ଚାଏ। ତେବେ ଧ୍ୟାନ ଆରମ୍ଭ ହେଲେ, ସାକ୍ଷୀ ମଞ୍ଜିଲ୍।

ଧ୍ୟାନ ଔଷଧି, ତେଣୁ ଧ୍ୟାନର ସଂଯୋଗ, ତିନି ତରଫରେ ଚାଲୁଛି।

୧- ସଂସାରୀ କର୍ମରେ ବଞ୍ଚନ୍ତି। କିଛି ନା କିଛି କରିଥାନ୍ତି। ଲକ୍ଷ୍ୟଥାଏ ପାଇବା।

ସେଥିରେ କର୍ତ୍ତା ଭାବନା ଆସିଯାଏ। ଯଦି କର୍ମରେ ସାକ୍ଷୀ ଯୋଡିଗଲା, କର୍ମ ଯୋଗ ହେଲା। ସାକ୍ଷୀ ନରହିଲେ, ବିଚାରର ତରଙ୍ଗ ଉଠିବ।

୨- କର୍ମ ପରେ ବିଚାର। ବିଚାରର ଫଳାଫଳକୁ ଅପେକ୍ଷା, ତା'ର ଦୁଃଖର କାରଣ। ତେବେ ବିଚାରକୁ ଦେଖ ଓ ଭିତରକୁ ଯାଅ।

୩- ଭାବରେ ଯୋଡ ଯାହା ଆହୁରି ସୂକ୍ଷ୍ମରେ ଥାଏ। ଯେପରି ଶ୍ୱାସ ଯୋରରେ ଚାଲିଲେ, ବିଚାର ଅଧିକ ହୋଇ ଗତିମାନ ହୁଏ।

ଶ୍ୱାସ ସହଜ ହେଲେ, ବିଚାର ଶାନ୍ତ ହୁଏ। ତେଣୁ ସିଧା ଯୋଡ।

ଅଷ୍ଟାବକ୍ର କହନ୍ତି, ସିଧା ସାକ୍ଷୀ ବନ।

ଏହା ଏକ କ୍ରାନ୍ତୀକାରୀ ସୂତ୍ର। ଶୁଦ୍ଧ ସାକ୍ଷୀ ଅର୍ଥ, କୌଣସି ସାହାରାର ଜରୁରୀ ନାହିଁ। ସାକ୍ଷୀରେ ଯୋଡିଲେ, ମନରୁ ମୁକ୍ତ ହେବ। ଦେଖିବା ବାଲା, ଜାଣିବା ବାଲାକୁ ଜାଣିବା ସହିତ, ବାହାରେ ଓ ଭିତରର କମ୍ପନ ଓ ଅକମ୍ପନକୁ ମଧ୍ୟ ଜାଣିପାରିବ।

ସନ୍ଥ କହନ୍ତି, ଯାହା ଅଦେଖା, ଦୂରରେ ଥାଏ, ତାହା ଦେଖାଯାଏ ନାହିଁ। ଯାହା ଦେଖନ୍ତି ପାଖରୁ, ସେଇଠି ମନ ରସେ, ତେବେ କର୍ତ୍ତା ଭାବନା ପହଞ୍ଚିଯାଏ।

ଯେବେ ଜାଣିବ, ଜାଣିବା ବାଲା ଆଉ ଜଣେ, ଶରୀର ନୁହଁ, କି ମୋର ଇନ୍ଦ୍ରିୟ ନୁହଁ, ତେବେ ତା'ର କର୍ତ୍ତାଭାବନା ଯିବ। ଅହଂକାର ବିସର୍ଜିତ ହୋଇଯିବ।

ସନ୍ଥ କହନ୍ତି, ଯିଏ ମନରେ ଯୁକ୍ତ, ସେ ଅସୁସ୍ଥ। ହଜାର ହଜାର ବେମାରୀର ମୂଳ ମନ। ୯୯% ବେସାର ନଥାଏ। ଅସନ୍ତୁଳନ ପାଇଁ ରୋଗର ଜନ୍ମ। ଔଷଧ ଦେଇ ବହୁ ଚିକିତ୍ସକ ଭଣ୍ଡାନ୍ତି।

ମନୋବିଜ୍ଞାନୀ କହନ୍ତି, ରୋଗର ମୂଳ ମନ। ମନ ବିଚାର ଗ୍ରସ୍ତ। ବିଚାରରୁ ମୁକ୍ତ ନହେଲେ ବ୍ୟକ୍ତି ଅସୁସ୍ଥ ହୁଏ। ତେବେ ସ୍ୱାସ୍ଥ୍ୟବାନ ପାଇଁ, ବିଚାର ମୁକ୍ତି ଜରୁରୀ। ଯା'ର ମୂଳ ମନ୍ତ୍ର, ଧ୍ୟାନ, ଅସ୍ତିତ୍ୱର ଧ୍ୱନି ଶ୍ରବଣ।

ତେବେ ସାକ୍ଷୀ, ଧ୍ୟାନର ଆତ୍ମା। ୨ଟି ଜିନିଷକୁ ଅଣଦେଖା କରନାହିଁ, ସାକ୍ଷୀତ୍ୱକୁ ଖଣ୍ଡିତ କରିଦେବ।

୧- ନିରହଂକାର

୨- ସମର୍ପଣ

ମହାବୀର କହନ୍ତି,ସବୁ ଜିନିଷର ଏକ ପ୍ରଭାବ ଥାଏ, ଛୋଟ ହେଉ ବା ବଡ। ତେଣୁ ସବୁ ଯୋଗର ସାର, ସାକ୍ଷୀ। ପ୍ରତି ଜିନିଷ, କଥା (ଶବଦ), କର୍ମ, ଭାବନା ଇତ୍ୟାଦି ସବୁ କିଛି ନା କିଛି ଖବର ଦିଏ, ଅସ୍ତିତ୍ୱକୁ।

For Example- ଗୈରିକ ବସ୍ତ୍ର, ସନ୍ୟାସୀଙ୍କ ପାଇଁ। ଟାଇଟ୍ ବସ୍ତ୍ର, ସୈନିକ ପାଇଁ।

ଜାଣ, ଜୀବନର ପ୍ରତ୍ୟେକ ସ୍ମରଣକୁ, ଗତିପଥ ସେଇଭଳି ଦିଗକୁ ନିଏ। ଯେଉଁଠି ଜଗତ, ସେଇଠି ସଂସାର। ଯେଉଁଠି ସାକ୍ଷୀ, ସେଇଠି ଜାଗୃତତା। କେହି କେହି କହିଥାନ୍ତି, ସମ୍ୟକତା। ପରିଭାଷା, ଅଲଗା ହୋଇପାରେ, କିନ୍ତୁ Theme ଗୋଟିଏ। ସମ୍ୟକ ଦୃଷ୍ଟି ବୁଦ୍ଧଙ୍କର, କୃଷ୍ଣଙ୍କର ସାକ୍ଷିତ୍ୱ ଓ ଓଶୋକଙ୍କର ଜାଗୃତତା। ତେବେ ସାକ୍ଷୀ, ଆତ୍ମାର ମୂଳ, ସବୁ ଯୋଗର ସାର।

ଧ୍ୟାନ, ଅନ୍ତିମ ଅନୁଭବ

ଧ୍ୟାନ, ଧ୍ୱନି ଶ୍ରବଣ । ଅସ୍ତିତ୍ୱର ପରମଧ୍ୱନିକୁ ଅନ୍ତର ଆକାଶରୁ ଶ୍ରବଣ କହିଥାନ୍ତି । ପରମ ରହସ୍ୟର ପ୍ରାକୃତିକ ସଂଦେଶ, ଯାହା ପରମାତ୍ମା ଅନୁଭବର ଏକ ସଙ୍କେତ କହିଥାନ୍ତି ସନ୍ଥ । ତେଣୁ ବ୍ୟକ୍ତି ଯେବେ ଧ୍ୟାନସ୍ଥ ହୁଏ ସେ ପାଇଥାଏ, ପରମାନନ୍ଦ ।

ବହୁତ ସାଧକ, ଧ୍ୟାନରେ ଯୋଡିବା ବେଳେ କହନ୍ତି, ପ୍ରକାଶ ଓ ଧ୍ୱନିର ସ୍ୱାଦୁ ମିଳିଯାଉଛି । ଏହା କ'ଣ ସମାଧି ଆଡକୁ ଯାତ୍ରା କି ? ପ୍ରକୃତରେ ଏହା ସମାଧି ନୁହଁ । ସମାଧି ଆଗମନର ଏକ ବସନ୍ତର ସୂଚନା । ବସନ୍ତ ଆସିଲେ, ଶ୍ରବଣ (ଧ୍ୱନି), ପ୍ରକାଶ (ନୂର), ଶକ୍ତି, ଶାନ୍ତି, ଆନନ୍ଦ, ଊର୍ଜା, ଗନ୍ଧ, ସ୍ପର୍ଶ, ଅମୃତ, ଉତ୍ସବ ଭଳି ପରିବେଶ ପହଁଞ୍ଚିଯିବ । ତେଣୁ ଅଳ୍ପ ପାଇଗଲେ, ବହୁତ କିଛି ମିଳିଗଲା ବୋଲି, ଭାବି ବ୍ୟତିବ୍ୟସ୍ତ ହୁଅନାହିଁ । ଆଗକୁ ବିରାଟ କିଛି ଅଛି । ତେବେ ସହଜରେ ଅନନ୍ତକୁ ଅପେକ୍ଷା କର । ବରଂ ଯାହା, ଯେତେବେଳେ ଆସୁଛି, ତାକୁ ସ୍ୱୀକାର କର । ସେଥିରେ ଯୁକ୍ତ ରହି, ବିଶ୍ରାମକୁ ଯାଅ ।

ଯେବେ ଧ୍ୟାନର ପୂର୍ଣ୍ଣ ଅବସ୍ଥା ଆସିବ, ସବୁ ସାକାର, ମାନ୍ୟତା, ଭାବନା ମରିଯିବ । ସବୁ କ୍ରିୟା, ଶୂନ୍ୟ ହେବ, ପାଇବ ଆନନ୍ଦର କିରଣ । କିନ୍ତୁ କିପରି ଜାଣିବ ଆନନ୍ଦର କିରଣ ?

ଜାଣିବ, ଏହି ପ୍ରକାରର ଉମଙ୍ଗ କେବେ ପାଇନଥିବ । ଅକାରଣ ଅନ୍ତର ଭିତରୁ ଏକ ସ୍ପନ୍ଦନ ପାଇବ । ପ୍ରଥମେ ଅଦ୍ଭୁତ ଓ ଅପୂର୍ବ ସ୍ୱାଦୁ ଭଳି ଲାଗିବ ନିଜକୁ ।

କଥାରେ ଅଛି ଅଭାବି ଥିଲେ, ୧ମ ଭାବର ସ୍ୱାଦୁ ଅପୂର୍ବ ଲାଗେ । ବେମାରୀ ଥିଲେ, ସ୍ୱାସ୍ଥ୍ୟ ଫେରିଲେ, ଅଦ୍ଭୁତ ଖୁସି । ଏହିଭଳି ଉମଙ୍ଗିକ ସ୍ୱାଦୁ ଅନୁଭବ ଦିଏ । ଯେବେ ତା'ର ଝଲକ ଆସେ, ଅପେକ୍ଷା କର, ସୂରଜ ଉଦୟ ପର୍ଯ୍ୟନ୍ତ ।

ଯେପରି କୁଣ୍ଡଳିନୀ ଜାଗରଣ ସାଧନାରେ, ସାଧକ ସତୋରୀର ଝଲକ

ପାଇଲେ, ବୁଦ୍ଧତ୍ୱ ବୋଲି ଭାବି ନିଅନ୍ତି। ବାସ୍ତବରେ ତାହା ବୁଦ୍ଧତ୍ୱ ନୁହଁ। ବୁଦ୍ଧତ୍ୱ ସବୁର ଶୂନ୍ୟତା। ମଞ୍ଜିଲ୍ ନଥାଇ, ବିଶ୍ରାମ ପାଏ ସାଧକ।

ତେଣୁ ଯିଏ ସତୋରୀରେ ଖୁସି, ସେ ଆଗକୁ ଯାଇ ପାରିବ ନାହିଁ। ମନରେ ଆଉ କିଛି ଆକାଂକ୍ଷାରେ ଆସିଯାଏ ପଦ, ପ୍ରତିଷ୍ଠା, ସମ୍ମାନ, ଶିଷ୍ୟଗଣ, ଆଶ୍ରମ, ବିସ୍ତାରର ଭାବରେ ଯୋଡି ଅମୁକ୍ତ ହୁଏ। ଅନ୍ତିମ ଉପଲବ୍ଧିରେ ଅହଂକାରୀ ସାଧୁଟିଏ ହୋଇ, ପୂର୍ଣ୍ଣଜନ୍ମ ପାଏ'।

ତେଣୁ ସବୁ ଲହରକୁ ଜୁଆର ନ ଭାବ।
ସବୁ କୋଇଲିରୁ କୋମଳ ସ୍ୱର ମିଳିନଥାଏ।
ସବୁ ଚେତନା ବୁଦ୍ଧ ନୁହଁନ୍ତି।
ସବୁ ବୁଦ୍ଧ ମୁକ୍ତ ନୁହଁନ୍ତି।
ସବୁ ମୁକ୍ତ ଜନ୍ମ ନିଅନ୍ତି ନାହିଁ।

ତେବେ ନିର୍ବାଣ, ଜୀବିତ ବୁଦ୍ଧ ପୁରୁଷ ଠାରେ ଘଟିଥାଏ। ଯେବେ ଦେହ ତ୍ୟାଗ କରିଥାନ୍ତି, ତାକୁ ମହାପରିନିର୍ବାଣ ଘଟିଲା ବୋଲି ସନ୍ଥ କହିଥାନ୍ତି।

ବୁଦ୍ଧତ୍ୱ ଚେତନାର କମଳ। Highest realisation of spiritualism ତେଣୁ ଜୀବନ ସାରା ସାଧକ ଭଟକି ଥାନ୍ତି।

ଜାଣିରଖ, ଆକାଶର ସବୁ ଆବାଜ, ମେଘ ନୁହଁ। ଆହୁରି ଅନନ୍ତ ଅନୁଭବ ଆସିବ। ପ୍ରତୀକ୍ଷା କରି ଆଗକୁ ଚାଲ। ସବୁ କ୍ଷେତ୍ରରେ ଗୁରୁ ଇଶାରା ଦିଅନ୍ତି। ବ୍ୟକ୍ତିର ଜିଜ୍ଞାସା ଥିଲେ, ଖୋଜ ଥିଲେ ସତ୍‌ସଙ୍ଗରୁ ମିଳିଥାଏ। ସତ୍‌ସଙ୍ଗରୁ ସଦ୍‌ଗୁରୁ ମିଳିଯାନ୍ତି। ସେ ସତ୍‌ନାମର ପରିଚୟ କରାନ୍ତି, ଶୁଣାନ୍ତି ଓ ପହଞ୍ଚାନ୍ତି। କେବଳ ବିରାଟ ଆଶ୍ରମ ନିର୍ମାଣ କରି, ଲକ୍ଷ ଲକ୍ଷ ଶିଷ୍ୟଙ୍କୁ ଆକର୍ଷିତ କଲେ, ନା ସେ ହେବ ମୁକ୍ତ, ନା କରାଇବେ କାହାକୁ ମୁକ୍ତ। ବନ୍ଧନ ତାଙ୍କର ଆଦର୍ଶ। ବାର୍ଦ୍ଧକ୍ୟ ତାଙ୍କର ସିଦ୍ଧି। କେବଳ ନାଲିବସ୍ତ୍ର ପିନ୍ଧି, ବିଦେଶୀ ଅର୍ଥ, ଭାଷା, ଢାଞ୍ଚାକୁ ବିକଶିତ କଲେ, ଅସ୍ତିତ୍ୱ ସ୍ୱୀକୃତି ମିଳି ନଥାଏ। ଏକ ସୁନ୍ଦର କାହାଣୀରୁ ଧ୍ୟାନର ଗଭୀରତାର ଅନୁଭବକୁ ବୁଝି ପାରିବା।

ଥରେ ଜଣେ ଫକୀର, ଗୋଟିଏ ବୃକ୍ଷ ମୂଳରେ ବସିଥାନ୍ତି। ସାମନା ଦେଇ ଜଣେ କାଠୁରିଆ ଯାଆନ୍ତି, କାଠ କାଟିବାକୁ। ଜଙ୍ଗଲକୁ ଯାଇ କାଠ କାଟେ। ତାକୁ ବିକି, ଯାହା ପାଏ, ତା'ର ପରିବାର ଚଳିଯାଏ।

ବହୁଦିନ ପରେ, ସେହି କାଠୁରିଆ ଦିନେ, ସେହି ଫକୀର ପାଖକୁ ଗଲା। କେହି କାହାକୁ କିଛି କହିଲେ ନାହିଁ। କାଠୁରିଆ ଭାବିଲା, ମୁଁ ତ ବହୁତ ଖୁସିରେ ଅଛି,

ତାଙ୍କୁ କାହିଁକି distrub କରିବି ? ମୋର ତ କିଛି ପାଇବାର ନାହିଁ। ମୁଁ ତ ଆନନ୍ଦରେ ଅଛି। ମୋର ସେ ଧ୍ୟାନରୁ କ'ଣ ମିଳିବ ? ମୁଁ ଯେଉଁଠି ଅଛି, ଖୁବ୍ ଭଲରେ ଅଛି।

ଦିନେ ଭାବିଲା କାଠୁରିଆ, ଆଜି ଯିବା ଫକୀର ପାଖକୁ ଓ ବସିବା, ତାଙ୍କ ପାଖେ। ଠିକ୍ ସେହିଦିନ ସେ ଗଲା, ଶାନ୍ତ ଓ ଆନନ୍ଦିତ ହୋଇ ବସିଥିଲା। ହଠାତ୍ ତା'ର ଏହି ଦଶାକୁ ଦେଖି, ଫକୀର କହିଲେ, ତୁମେ କାଠ କିପରି କାଟୁଛ ? କାହିଁକି କାଟ ଓ କ'ଣ କର ? ସେ କହିଲା ମୁଁ ଆଖ ପାଖରୁ କାଠ କାଟେ। ତାକୁ ବିକ୍ରୀ କରି ଖୁସିରେ ଚଳେ। ଫକୀର କହିଲେ, ଦିନ ଆସିବ, ଯେଉଁ ଗଛକୁ କାଟୁଛ, ସେ ସରିଯିବ। ସୁନ୍ଦର ପରିବେଶ ବି ମରିଯିବ। ବାୟୁମଣ୍ଡଳ ଠିକ୍ ନଥିବ। ତୁମେ କେଉଁଠୁ କାଠ କାଟିବ? କିପରି ଖୁସିରେ ରହିବ ? ସେ କହିଲା, ହଁ ଆଜ୍ଞା, ମୁଁ ବେଳେବେଳେ କାଟିବାପାଇଁ ଗଛ ପାଏନାହିଁ, ଫେରିଆସେ। ଦୁଃଖୀତ ହୁଅନ୍ତି ପରିବାର। କ'ଣ ଆଉ କରିବି ?

ଫକୀରର ବଡ ଦୟା ହେଲା। ସେ ଭାବିଲା, କାଠୁରିଆ ତା' କାମରେ ସୀମିତ, ତଥାପି ସମ୍ୟକ ଓ ଶାନ୍ତ ଭଳି ଲାଗୁଛି। ଫକୀର କହିଲେ, କାଠ କାଟି, ଓ ବିକି କେତେ ପଇସା ପାଅ ? ଆଉ କେତେବାଟ ଜଙ୍ଗଲରେ ଯାଅ ? ସେ କହିଲା ଯାହା ପାଏ ଖୁସିରେ ଚଳେ, ବହୁତ ରାସ୍ତାଯାଏ ନମିଳିଲେ ଫେରେ।

ଫକୀର କହିଲେ, ତୁମେ ଆହୁରି ଆଗକୁ ଯାଅ, ଆଗରେ କିଛି ଅଛି ଜାଣିବ ? ସେ ବହୁତ ଆଗକୁ ଗଲା। ଅନେକ ସମୟ ପରେ, ଗୋଟିଏ ଚନ୍ଦନ ଗଛ ପାଇଲା। ତାକୁ କାଟିଲା ଓ ବିକି ଅର୍ଥ ପାଇଲା, ଓ ଅଧିକ ଖୁସିରେ ରହିଲା। ପୁଣି ପରଦିନ ଆହୁରି ଆଗକୁ ଗଲା, ଦିନେ ଗୋଟିଏ ହୀରା ଖଣି ପାଇଲା, ହୀରା ସଂଗ୍ରହ କରି ଘରେ ରଖିଲା। ବିକ୍ରିକରି ସବୁକିଛି ସଂସାରରୁ ପାଇଗଲା। ଅନେକ ସମ୍ପଦର ଅଧିକାରୀ ହେଲା। ଧୀରେ ଧୀରେ ସେ ଅଶାନ୍ତ ହୋଇଗଲା। ଧନ ଗଲା ଓ ଚୋରୀ ଡକାୟତ ହେଲା। ବଡ ଗାଡି କିଣିଥିଲା, ତାହା ଶେଷରେ ଦୁର୍ଘଟଣା ହେଲା। ଥାନା, ଓକିଲ, ରାଜନେତା ପାଖକୁ ଗଲା। କାଠ କାଟିବା ଭୁଲିଗଲା। ଶତ୍ରୁ ବଢ଼ିଗଲେ, ନିଦ ବି ଠିକ୍‌ରେ ହେଲାନାହିଁ।

କ୍ରମେ ତା'ର ବୟସ ବଢ଼ିଲା। ହଜମ ଶକ୍ତି କମିଗଲା। ଆଖି, କାନ, ନାକ, ଚର୍ମର କ୍ଷମତା ହରାଇଲା। ସ୍ୱାସ୍ଥ୍ୟ, ଶକ୍ତି, ଶାନ୍ତି, ଖୁସି, ନିଦ୍ରା, ପ୍ରୀତି, ସବୁ ହଜିବାକୁ ବସିଲା। ପୁଣି ଚିନ୍ତାରେ ଅସୁସ୍ଥ ହେଲା। ଦିନେ ଭାବିଲା, ମୁଁ ତ ବହୁତ ଦିନ ହେବ, ଫକୀରକୁ ଦେଖା କରିନାହିଁ। ଆଜି ଯିବି, ଓ ଗଲା ବି। ଫକୀର କହିଲା ଆଉ କ'ଣ ଖୋଜୁଛ। ସେ କହିଲା, ଅନ୍ତିମ ଖୋଜ କ'ଣ ? ମୋତେ କୁହନ୍ତୁ। ଯାହାକୁ ପାଇ ମୁଁ ପରମ ଶାନ୍ତି, ଆନନ୍ଦରେ ରହି ବିଶ୍ରାମ ନେବି।

ଫକୀର କହିଲା, ଯାହାକୁ ଅନ୍ତିମରେ ଖୋଜୁଛ, ତାହା ହିଁ ମୁଁ। ସେହି ପରମ

ଧନ ବାହାରେ ନାହିଁ । ତାହା ମହଜୁଦ ଅଛି ତୁମ ଭିତରେ । ତା'କୁ ଆବିଷ୍କାର କର, ତୁମେ ପରମ ଧନକୁ, ବାହାରୁ, ମାଧ୍ୟମରୁ, ସଂସାରରୁ, ଖୋଜୁଛ ? ତାହା ତୁମ ପାଖରେ । ନା ଦୌଡ, ନା ଶବଦ, ନା ଶ୍ରମ, କେବଳ ମୌନ, ବିଶ୍ରାମରୁ ପାଇପାରିବ । ଏହା ପରମ ସତ୍ୟ । ସେହି କ୍ଷଣଠାରୁ, ସେ ଶାନ୍ତ ହୋଇଗଲା ତା'ର ବଚାର ସବୁ ମରିଗଲା । ଏପରିକି, ସେ ମୃତ୍ୟୁର ଭୟକୁ ବି ଭୁଲିଗଲା । ସେ ହୋଇଗଲା ସାକ୍ଷୀ ଦ୍ରଷ୍ଟା, ଜାଣିଲା ସବୁ ଶୂନ୍ୟ । ଶୁଣିଲା ପରମ ଶବଦ । ପୁଣି ନିଜର ସହଜ ବିଶ୍ରାମରୁ, ଧ୍ୟାନସ୍ଥ ହେଲା । ଏହିତ ଆଧ୍ୟାତ୍ମର ପ୍ରସାଦ, ପରମ ଶବଦ ଶ୍ରବଣ ହିଁ ଧ୍ୟାନର ଅନ୍ତିମ ଅନୁଭବ ।

ଧ୍ୟାନ, ଅନନ୍ତ ପ୍ରତୀକ୍ଷା, ଅଭୟର ବିଜ୍ଞାନ

ମହାଯାତ୍ରା ପାଇଁ, ଆତ୍ମାର ସ୍ନାନ ଜରୁରୀ। ଯାତ୍ରା ବିରାଟ ଆଡକୁ ଯାଉଥିବାରୁ, ଅନନ୍ତ ପ୍ରତୀକ୍ଷା କରିବାକୁ ପଡେ। ଅନନ୍ତ ପ୍ରତୀକ୍ଷା ଅର୍ଥ ପହଞ୍ଚିବା ନୁହଁ। ବହୁକାଳ ପରେ, କିଛି ଗୋଟେ ଘଟିପାରେ। କୌଣସି କ୍ଷଣରେ ବି ଘଟିପାରେ।

ସନ୍ଥ କହନ୍ତି, ଜୀବନର ଜରୁରୀ ଓ ମହାନ କାମପାଇଁ ପ୍ରତୀକ୍ଷା କେବଳ ଆବଶ୍ୟକ ନୁହେଁ। ତା ସହିତ, ପାତ୍ରତା ବି ଜରୁରୀ। ବଜାରରୁ ଜିନିଷ କିଣିବା ନୁହେଁ, ଯିବ, ସଙ୍ଗେସଙ୍ଗେ ନେଇ ଆସିବ। ଏହା ତ ପରମାତ୍ମାଙ୍କ ଯାତ୍ରା। ଏଥିରେ ସେବା, ଶ୍ରମ, ସଂଗ୍ରହ ନଥାଏ। କେବଳ ଅନନ୍ତ ଊର୍ଜା ଓ ଅନନ୍ତ ଅଭୟ ଯୋଡିଯାଏ।

ସମସ୍ତେ ଜାଣନ୍ତି, ଭୟଥାଏ ବାହାରେ ଓ ଅନ୍ୟର ପାଖରେ। କିନ୍ତୁ ଅଧିକ ଭୟ ଥାଏ ନିଜ ପାଖରେ, ନିଜ ଭିତରେ। ପ୍ରଥମେ, ସେଥିରୁ ମୁକ୍ତ ହୋଇ, ଅଭୟ ହୋଇଯାଅ। ତେଣୁ ତରବର ହୁଅନାହିଁ କିମ୍ବା କୁଆଡେ ଦୌଡ ନାହିଁ। ବରଂ ଧୀରସ୍ଥିର, ଶାନ୍ତ, ମୌନ ହୋଇଯାଅ। ସଂସାରୀ, ତାଙ୍କ ପରିଭାଷାରେ ଧୈର୍ଯ୍ୟ କହିଥାନ୍ତି। ମହାବୀର, ବୁଦ୍ଧ ଓ ସମସ୍ତ ମହାତ୍ମାମାନେ କହନ୍ତି, ଅନନ୍ତ ଯାତ୍ରାପାଇଁ, ଅନନ୍ତ ଧୈର୍ଯ୍ୟ ସହିତ ଅଭୟ ଜରୁରୀ। ସହଜ, ଶାନ୍ତ, ଶୂନ୍ୟ ରହିଲେ, ସହାୟକ ହେବ।

ବହୁଦିନ ଧରି, ସହଜ ପ୍ରତୀକ୍ଷା ପରେ, ସାଧକର ଗୁଣ ଧର୍ମ ବଦଳିଯାଏ। ଶରୀର, ମନ, ଭାବ, ଶ୍ୱାସ ସହଜ ଓ ଶୁଦ୍ଧ ହୋଇଥାଏ। ବିଚାର ଶୂନ୍ୟ ହୋଇ, ସହଜ ବିଶ୍ରାମରେ ଯୋଡିଯାଏ। ତାହା ଆତ୍ମ ସ୍ନାନ ପାଇ ଆଗକୁ ନେବ।

ଅନନ୍ତ ସ୍ନାନର ୪ଟି ଘାଟ-
୧- ସାକ୍ଷୀ।
୨- ଧ୍ୟାନ।
୩- ସମାଧି।
୪- ସୁମିରଣ।

ଯଦି ସଫଳତା ଆଶାରେ ଯୁକ୍ତ ହୁଅ, ତୁମର ଦୃଷ୍ଟିଚକ୍ର ଘୁରିଯିବ। ଅର୍ଥାତ୍ ତୁମର ଊର୍ଜା, ନକାରତ୍ମକ (Negative) ରୂପ ଧାରଣ କରିବ।

ମଣିଷର ସ୍ୱଭାବ ସହଜ। ସହଜ ବ୍ୟକ୍ତିର ଊର୍ଜା ଏକା, ପରମ ଊର୍ଜା ହୋଇ ବିକଶିତ ହୁଏ। ତେଣୁ ବ୍ୟସ୍ତ ନ ହୋଇ, ବୃକ୍ଷ ଭଳି ସ୍ଥିର ଓ ସହିବା ଶିଖ। ବର୍ଷା, ଖରା, ଶୀତ, ଝଡ, ବତାସ, ଯେତେ ଆସୁ, ସବୁକୁ ସହିଯିବ। ଯେବେ ବୃକ୍ଷଟି ହେବାପାଇଁ ମଞ୍ଜିଟିକୁ ବୁଣିବ, ତା'ର ବେଉଷଣ ମଧ୍ୟ କରିବ ଓ ଯତ୍ନ ନେବ। ତେବେ ତାହାର ସମ୍ଭାବନା ବିକଶିତ ହେବ, ଏହା ଶାଶ୍ୱତ ସନାତନ ପରମ୍ପରା। ତେଣୁ ଦୃଷ୍ଟିକୋଣ ନିର୍ମଳ, ସମ୍ୟକ, କୋମଳ ଓ ସବୁଜ ହୋଇଯାଉ। ଧୈର୍ଯ୍ୟ ଓ ଅଭୟ ସହିତ ଅନନ୍ତ ପ୍ରତୀକ୍ଷା ମିଶିଯାଉ।

ସୂତ୍ର କହେ- ଆଖି ବନ୍ଦ କର। ସୁରକ୍ଷାର ଦୃଷ୍ଟିକୋଣକୁ ହଟାଅ। କାମନାରୁ ମୁକ୍ତ ରୁହ।

ମନେକର, ତୁମେ ଭୟରୁ ମୁକ୍ତି ପାଇଁ, ଗୋଟିଏ ବଡ ଦିୱାଲ ତିଆରି କରିବ। ବାସସ୍ଥଳୀକୁ କେହି ଯେପରି ପଶି ନପାରନ୍ତୁ। କିନ୍ତୁ ସୁରକ୍ଷିତ ନୁହଁ। ଅସ୍ତିତ୍ୱ ଖୋଦ୍ ପରିବର୍ତ୍ତନଶୀଳ। ତୁମେ ଅପରିବର୍ତ୍ତିତ କିପରି ହେବ ?

ହଁ ହୋଇପାରେ। ସବୁ ପରିବର୍ତ୍ତନ ଭିତରେ, ଏକ ଅପରିବର୍ତ୍ତନୀୟ ତତ୍ତ୍ୱ ଛପିରହିଛି, ନିଜ ଭିତରେ, ତାକୁ ଜାଣିପାର।

ଏତିକି କହିବ, ଭୌତିକ ଜଗତରୁ ସୁରକ୍ଷା ମିଳିପାରେ, କିନ୍ତୁ ଭିତରୁ ନୁହଁ। ଭିତର ଜଗତରୁ ସୁରକ୍ଷା ମିଳେ, ଯଦି ଅଭୟ ଥିବ।

ବୁଦ୍ଧ କହନ୍ତି, ଶରୀରକୁ ପୂର୍ଣ୍ଣତାରେ ଦେଖ। ଯେପରି ସୁନ୍ଦର ଦେଖୁଛ, ତାହା ସ୍ଥିର ରହୁଛି କି ? ପରମାତ୍ମାଙ୍କର ବିଚିତ୍ର ଦୃଷ୍ଟି, ସବୁର ରୂପାନ୍ତରଣ, ତାଙ୍କରି ବ୍ୟବସ୍ଥା। ଧନକୁ ଦେଖ, କାମକୁ ଦେଖ, କ୍ରୋଧକୁ ଦେଖ, ବିଚାରକୁ ଦେଖ, ସବୁକୁ ନିରୀକ୍ଷଣ କର। ଦେଖୁଦେଖୁ ହଜିଯାଉଛି। ଆତ୍ମ ନିରୀକ୍ଷଣ କରୁ କରୁ ତୁମର ଊର୍ଜା, ବିରାଟକୁ ଯିବ। ତୁମେ ପାଇବ ଅନନ୍ତ ସୁରକ୍ଷା। କିନ୍ତୁ ସଂସାରୀ, ଅଧିକ ସୁରକ୍ଷା ଚାହାଁନ୍ତି, ଯାହା ଅପ୍ରାପ୍ତ। ଆଧ୍ୟାତ୍ମ ଯାତ୍ରା ପାଇଁ, ରକ୍ଷାକବଚ ଜରୁରୀ, କିନ୍ତୁ ଅସ୍ତିତ୍ୱଗତ। ତେଣୁ ସାଧକ ବଜ୍ର ପରି ରହୁ। ଭିତରେ ସହଜତା ଥାଉ। ଯେପରି ବୁଦ୍ଧଙ୍କର ଗୋଟିଏ ପରମ୍ପରା ଦେଖାଯାଏ, ବଜ୍ରଯାନ। ଆଉ ଗୋଟେ ହୀନ ଯାନ। ଏସବୁ ବ୍ୟବସ୍ଥା, କାଳ୍ପନିକ ନୁହେଁ ବରଂ ବୈଜ୍ଞାନିକ।

ବର୍ତ୍ତମାନ ବୈଜ୍ଞାନିକ, ବାହାର କରିବାକୁ ଯାଉଛନ୍ତି ଏପରି ଯନ୍ତ୍ର, ଯାହାଦ୍ୱାରା ବିଦ୍ୟୁତ ତରଙ୍ଗରୁ, ବ୍ୟକ୍ତିର ଖବର ନେଇହେବ। ଅବଶ୍ୟ ମେଡିକାଲ୍ ସାଇନ୍ସରେ କେତେଟା ବ୍ୟବହାର ହେଉଛି। Criminal findings ପାଇଁ ମଧ୍ୟ ପ୍ରଶାସନ ପ୍ରୟୋଗ କଲେଣି।

କିନ୍ତୁ ପୂର୍ଣ୍ଣଭାବେ ବିକଶିତ ନୁହଁ। ସମୟ ଆସିଲାଣି, ତୁମେ ପ୍ରଭାବିତ ନହୋଇ, ସବୁ ଜାଣି ପାରିବ।

For example- କିଏ କ'ଣ ଭାବୁଛି ?
କ'ଣ ପାଇଁ ଲାଳାୟିତ ?
କେଉଁ କର୍ମପାଇଁ ବ୍ୟତିବ୍ୟସ୍ତ ?

ସବୁ ବିଚାରର ଖବର, ବୈଦ୍ୟୁତିକ ଯନ୍ତ୍ର ପାଖରୁ ମିଳିପାରିବ। ଜଗତର ସାରା ଉପଦ୍ରବ କମିବାରେ ସହଯୋଗ ହେବ। ସବୁର ମୂଳ ବାସନା ମୁକ୍ତ ସମାଜ। ବ୍ୟର୍ଥରୁ ମୁକ୍ତି, ଅପରିଗ୍ରହରେ କରାଏ ଯୁକ୍ତ। ତେଣୁ ଶାନ୍ତ ରହି ଶିଖ ଓ ଶୂନ୍ୟରେ ଲାଖ।

ଯେପରି, ସବୁ ପଥର ସମାନ ନୁହେଁ, ବ୍ୟକ୍ତି ବି ସେହିପରି। ବ୍ୟକ୍ତିର ଚମକ ଭିତରେ ଥାଏ। ଯିଏ ସହଜ, ବୈରାଗ୍ୟ, ଅଭୟ, ଶାନ୍ତ, ବିଶ୍ରାମ ଯୁକ୍ତ, ତା'ରି ଆଖି ଖୋଲିଥାଏ। ଭିତର ସର୍ବକ୍ଷଣରେ ସହଜ ରହିଲେ, ବାହାରେ ସୁଗନ୍ଧ ଖେଳିଯାଏ।

ସୂତ୍ର କହେ, ବାହାରେ ଯେପରି ରୋସନି, ଭିତରେ ମଧ୍ୟ। ଭିତର ପ୍ରକାଶ, ବାହାରକୁ ଦେଖାଯାଏ ନାହିଁ।

ଜାଣ, ଅନ୍ଧାରରେ ଛାୟା ନଥାଏ। ବାହାର ପ୍ରକାଶର ଛାଇ ଥାଏ। ସେହି ହୁଏ ଭୟ। ତେବେ ସାହସ ବଢ଼ାଅ, ଉପାୟ ଅଛି।

ଛୋଟ ଛୋଟ କଥାରୁ ପ୍ରଭାବିତ ହେବ। ସମ୍ବନ୍ଧ, ଭୟ ଓ ସାହସ କଥା ଜାଣ। ଭିତରୁ ଭୟ ମୁକ୍ତ ହୁଅ। ସାହାସୀ ହେବ, ଯାହା ପାଇଁ ଧ୍ୟାନର ପ୍ରସ୍ତୁତି ଜରୁରୀ।

ସାହସ, ସହଜ, ଅନନ୍ତ ପ୍ରତୀକ୍ଷା, ବ୍ୟକ୍ତିତ୍ୱ, ସବୁ ସମଷ୍ଟି ସହିତ ମିଳିଗଲେ, ସେ ହୋଇଯାଏ ଅଭୟ।

୧ ମରୁ ମନରୁ ଗୋଟେ ଛୋଟ ଭୟକୁ ଛାଡ। ଅର୍ଥାତ୍ ଛୋଟ ଛୋଟ ସମ୍ୟକ କାମ କରିବାରେ ସାହସ ବଢ଼ାଅ। କ୍ରିୟାରୁ ଅକ୍ରିୟାକୁ ଯାଅ, ଅନନ୍ତ ପ୍ରତୀକ୍ଷା କରି ବିଶ୍ରାମ ପାଅ। ଧ୍ୟାନ ଘଟିଯିବ, ଏହିତ ଅଭୟ ଓ ଅନନ୍ତ ପ୍ରତୀକ୍ଷାର ବିଜ୍ଞାନ।

■

ଅନ୍ତିମ ମୃତ୍ୟୁ ଧ୍ୟାନ

ମୃତ୍ୟୁରୁ ମୁକ୍ତି ସମ୍ଭବ ନୁହେଁ। କିନ୍ତୁ ସନ୍ଥ କହନ୍ତି, ମୃତ୍ୟୁ ହୁଏନାହିଁ। ଯଦି ହୁଏ, ଶରୀର, ମନ, ବିଚାର ଓ ଭାବର। ତେଣୁ ଯିଏ ସବୁର ଉର୍ଦ୍ଧ୍ୱରେ, ସେ ତ ମୃତ୍ୟୁକୁ ଜିତିଥାଏ। ସେହିଁ ଜାଣିପାରେ, ଜୀବନ କ'ଣ? କାହାର ମୃତ୍ୟୁ ହୁଏ। କାହାର ମୃତ୍ୟୁ ହୁଏ ନାହିଁ।

ଯିଏ ଭିତର, ଶୂନ୍ୟର, ଅସ୍ତିତ୍ୱର ଅପରିବର୍ତ୍ତନ ତତ୍ତ୍ୱକୁ ଅନୁଭବ ପାଏ, ତା'ର ମୃତ୍ୟୁର ଭୟ କ'ଣ? ଯେ ପର୍ଯ୍ୟନ୍ତ ଭିତର ଅନ୍ତର୍ଯ୍ୟାମୀଙ୍କୁ ନ ଜାଣିଛ, ସେ ପର୍ଯ୍ୟନ୍ତ ମୃତ୍ୟୁ ରହିବ, ଭୟ ରହିବ ଓ କାମନା ରହିବ। ବ୍ୟକ୍ତିର ଦୂରଦୃଷ୍ଟି ନାହିଁ। ତା'ର କ୍ଷୁଦ୍ର ଦୃଷ୍ଟି ପାଇଁ, ଅନ୍ତର ଦ୍ୱୀପକୁ, ନା ଜାଣିପାରେ, ନା ଜାଳିପାରେ। ତା'ର ଭରସା ଧୈର୍ଯ୍ୟ, ଅଭୟ ନାହିଁ ଭିତରେ। ତେବେ ବାହାରୁ କିପରି ଆସିବ? ସେହି ଭୟ, କାମ, ଅହଂକାର ପାଇଁ, ସବୁ କ୍ଷଣରେ ମୃତ୍ୟୁପାଏ।

କିଛି ଭାବନ୍ତି, ମୋର ଏବେ ମୃତ୍ୟୁ ହେବ ନାହିଁ। ଅନ୍ୟର ପାଳି ଏବେ, ମୋର ବିଳମ୍ବରେ। କିନ୍ତୁ ପ୍ରତିକ୍ଷଣରେ ଖବର ପାଏ ମୃତ୍ୟୁର। ପରିଜନ, ବନ୍ଧୁବାନ୍ଧବ, ଓ ଅଜଣା ବ୍ୟକ୍ତିର ଶବ, ଶ୍ମଶାନକୁ ଯାଏ। କିନ୍ତୁ ନିଜର ପାଳି ଛପି ରହିଛି, ପୁରା ବିସ୍ମରଣ। ସେଠୁ ଫେରିଲା ପରେ, ପୁଣି ସଂସାର ବାସନାରେ ଯୋଡିଯାଏ।

ଧନ, ପଦ, ପ୍ରତିଷ୍ଠା, ଅହଂକାରରେ ଯୋଡି, ଅସ୍ତିତ୍ୱର ପରମ ନିୟମର ଉପଯୋଗକୁ ଚିନ୍ତନ କରିବାକୁ ଫୁରସତ୍ ପାଏନାହିଁ। କିନ୍ତୁ ଯିଏ ସ୍ମରଣ କରେ, ମୃତ୍ୟୁ ଆସିଲେ ଅନ୍ୟକୁ ବା ତା'କୁ, ସେ ଜାଗ୍ରତ ଥାଏ। ସର୍ବଦା ସହଜ ଓ ସମ୍ୟକ ରହେ।

ତେବେ ସନ୍ଥ କହନ୍ତି, ଯଦି ପ୍ରଜ୍ଞାବାନ ନିଜକୁ ଭାବୁଥାଅ, ମହତ୍ତ୍ୱକାଂକ୍ଷାର ସ୍ୱପ୍ନକୁ ହଜାଇଦିଅ। ଅର୍ଥାତ୍ ପ୍ରତିକ୍ଷଣରେ ମୃତ୍ୟୁକୁ ଜାଣ Pending ଅଛି।

ମୃତ୍ୟୁର ସ୍ମରଣ ପାଇଁ, ବୁଦ୍ଧ ତାଙ୍କ ସନ୍ନ୍ୟାସୀଙ୍କୁ ଶ୍ମଶାନକୁ ପଠାନ୍ତି, ବୈରାଗ୍ୟ

ଆସିବା ପାଇଁ। ତେବେ ଏତିକି ଜାଣ, ମୃତ୍ୟୁ ହୁଏ କିନ୍ତୁ ଶରୀରର, ମନର, ଭାବର। ତା'କୁ ଶୁଦ୍ଧିକରଣରେ ଯୋଡ, ଏହିତ ସାଧନା।

ଜାଣ, କ'ଣ ଅଛି ? ସେହି ଚେତନା, ସାକ୍ଷୀ, ଆତ୍ମ ସ୍ୱରୂପକୁ ଖୋଜିବାର ଗୋଟିଏ ମାର୍ଗ ଧ୍ୟାନ। ଧ୍ୟାନ, ହୋଷର ମୃତ୍ୟୁ, ସମାଧି ମହାମୃତ୍ୟୁ। ତେବେ ଯିଏ ଧ୍ୟାନକୁ ଯିବ, ମୃତ୍ୟୁର ଅସଲି ସ୍ୱରୂପକୁ ଜାଣିବ।

ସନ୍ଥ କହନ୍ତି, ଯଦି ମୃତ୍ୟୁ ନଥାନ୍ତା, ସନ୍ୟାସତା, ପରମାତ୍ମା, ଈଶ୍ୱର, ଭଗବାନ, ଧର୍ମ, ପୂଣ୍ୟ, ସେବା ଉଠନ୍ତା ନାହିଁ। ଏପରିକି ପୂଜାପାଠ, କ୍ରିୟାକାଣ୍ଡ, ଦାନଦକ୍ଷିଣା, ପ୍ରାର୍ଥନା, ଧ୍ୟାନ, ଜଗତରେ ନଥାନ୍ତା।

ତା' ସହିତ ହୋଇ ନଥାନ୍ତେ, କୃଷ୍ଣ, ଜେସସ, ମହାବୀର ଓ ବୁଦ୍ଧ। ପୃଥିବୀରେ ମନୁଷ୍ୟ ଜନ୍ମ ହୋଇ, କେବଳ ପଶୁପକ୍ଷୀ, କୀଟପତଙ୍ଗ ଭଳି ଜୀବନ କଟାନ୍ତେ। ତେଣୁ ମୃତ୍ୟୁର ବଡ କୃପା, ତାଙ୍କରି ସ୍ମରଣ ପାଇ, ବ୍ୟକ୍ତି ହୁଏ ଜାଗ୍ରତ, ସହଜ ଓ ସମ୍ବେଦନଶୀଳ। ଯେବେ ସେହି ସ୍ମରଣ ଆସିଲା, ଗୌତମ ବୁଦ୍ଧ ହେଲେ। ତେବେ ସମସ୍ତଙ୍କର ଆସିବା ଅପରିହାର୍ଯ୍ୟ। କିନ୍ତୁ ସ୍ମରଣରୁ ଭ୍ରାନ୍ତି ଘଟିଥାଏ।

ଜାଣ, ମୃତ୍ୟୁକୁ ଜାଣିବା, ଅମୃତପ୍ରାପ୍ତି। ମୃତ୍ୟୁ ଅଶୁଭ ନୁହେଁ କି, ଭୟ ନୁହେଁ। ଆଗାମୀ ଯାତ୍ରା ପାଇଁ, ଏକ ସୁନ୍ଦର ପ୍ରସ୍ତୁତି। ସେହି ଅନ୍ତିମ ରହସ୍ୟକୁ ଜାଣିବାର ପରମଜ୍ଞାନ, ଧ୍ୟାନ। ଧ୍ୟାନ ଛଡା କୌଣସି ମୁକ୍ତି ନାହିଁ। ନା ଶାନ୍ତି, ନା ଆନନ୍ଦ ନା ପ୍ରେମ, ନା ବିଶ୍ରାମ, ନା ସମାଧିର ପ୍ରାପ୍ତି ହେବ ?

ତେବେ ଜୀବତ ଅବସ୍ଥାରେ, ମୃତ୍ୟୁକୁ ଜାଣ, ଜାଣିବାର ବିଜ୍ଞାନର ନାମ, ଧ୍ୟାନ। ଜୀବନକୁ ସମାଧିରେ ଯୋଡ, ଜାଣିବ ଜୀବନ କ'ଣ ? ମୃତ୍ୟୁ କ'ଣ ? ନିଜର ଶାଶ୍ୱତ, ଚୈତନ୍ୟ ସାକ୍ଷୀ, ଆତ୍ମ ସ୍ୱରୂପକୁ, ଜାଣିବ, ସେହି ଅନୁଭବ ବ୍ରହ୍ମନାଦର ପରମ ଧ୍ୱନି। ଯିଏ ଶୁଣିବ, ସେହି ଶ୍ରୋତାର ମୃତ୍ୟୁ ହୁଏ ନାହିଁ।

ସେହି ଜାଣେ, ମୁଁ ହିଁ ସେହି ଅଜନ୍ମା, ଶାଶ୍ୱତ ଅବ୍ୟକ୍ତ ସତ୍ୟର ସତ୍ତା। ସେହି ପାଇଯାଏ ଅମୃତ, ବା ଅସ୍ତିତ୍ୱର ଚୈତନ୍ୟ। ସେ ବ୍ରହ୍ମ ଚୈତନ୍ୟ ସହିତ ମିଶି ଏକାକାର ହୁଏ। ଜୀବନରେ ଥାଇ, ଅମୃତକୁ ପାଇଯାଏ। ଜାଣେ-

- ଭିତରୁ
- ସହଜତାରୁ
- ବିଶ୍ରାମରୁ
- ଶୂନ୍ୟତାରୁ
- ସମାଧିରୁ, ଯା'ହାର ମୂଳ ଧ୍ୟାନ, ଧ୍ୟାନର ବୀଜ (ମଞ୍ଜି) ଓଁକାର,

The Master Key of all Sadhana- ସେହି ହିଁ ଅସ୍ତିତ୍ୱର ସ୍ପନ୍ଦନ, ଯା'ର ମୃତ୍ୟୁ ନାହିଁ କି ଜନ୍ମ ନାହିଁ। ସେ Circular ହୋଇ ବିଚରଣ କରୁଥାଏ। ତେଣୁ ସନ୍ଥ କହନ୍ତି, ମୃତ୍ୟୁରୁ ମୁକ୍ତି ନାହିଁ କିନ୍ତୁ ଅତିକ୍ରମଣ ଅଛି।

ରାମ, କୃଷ୍ଣ, ଜେସସ, କବୀର, ନାନକ, ବୁଦ୍ଧ, ମହାବୀର, ପତଞ୍ଜଳୀ, ଗୋରଖ, ଚୈତନ୍ୟ, ପଞ୍ଚସଖା, ଭୀମ ଭୋଇ, ଜୟଦେବ, ଓଶୋଙ୍କ ସହିତ ଆଉ ବହୁତ ମହାପୁରୁଷଙ୍କର ମୃତ୍ୟୁ ନାହିଁ। ଅର୍ଥାତ୍ ସେ ମୃତ୍ୟୁକୁ ବିଜୟ କରି ଯାଇଛନ୍ତି।

ସେହି ବିଜୟର ଅନ୍ୟନାମ ଧ୍ୟାନ, ମୃତ୍ୟୁର କଳାକୁ ଜାଣିବାର ବିଜ୍ଞାନ।

ଧ୍ୟାନ, ଅମୃତର ରାସ୍ତା। ସେହି ଧ୍ୟାନ ଦ୍ୱାରା ଅନ୍ତିମ ଓ ଜାଗ୍ରତ ମୃତ୍ୟୁକୁ ଜାଣିବାର ରହସ୍ୟ।

ତେଣୁ ଧ୍ୟାନରେ ଯୋଡ ଓ ସମାଧିରେ ଯୋଡ।

ସମାଧି, ଅନ୍ତିମ ମୃତ୍ୟୁ। ମୃତ୍ୟୁକୁ ଏହି ଶରୀରରେ ଥାଇ ଅନୁଭବର ବ୍ୟବସ୍ଥା, ଯାହା ଭାରତୀୟ ଋଷିଙ୍କର ଆବିଷ୍କାର। ତେବେ ଅନ୍ତିମ ମୃତ୍ୟୁର ଅର୍ଥ, ସମାଧିସ୍ଥ ବ୍ୟକ୍ତିର ୨ୟ ଜନ୍ମ ହୁଏନାହିଁ। ଜନ୍ମ ପ୍ରାପ୍ତି ତାଙ୍କର ସ୍ୱତନ୍ତ୍ରତା। ଏହା ଅସ୍ତିତ୍ୱର ବ୍ୟବସ୍ଥା।

■

ଧ୍ୟାନରୁ ଭକ୍ତି, ଭକ୍ତି ହିଁ ଅହୋଭାବ

ଭକ୍ତିର ବିଜ୍ଞାନ ହିଁ ଅହୋଭାବ (gratitude)। Science of devotion is gratitude. ସନ୍ଥ କହନ୍ତି, ଭକ୍ତି ହିଁ ସାଧନା। ଭକ୍ତି ହିଁ ସିଦ୍ଧି। ଭକ୍ତିର କିଛି ରୂପ ନାହିଁ। ପ୍ରେମର କ'ଣ କିଛି ରୂପ ଥାଇପାରେ? ତେବେ ଭକ୍ତିର ତ ଗୋଟିଏ ରୂପ, ଗୋଟିଏ ସ୍ୱାଦ। କୌଣସି ଭେଦ ଥାଏ, ବିଜ୍ଞାନରେ। ଭେଦଭାବ ଥାଏ ବୁଦ୍ଧିରେ, ମାନସିକତାରେ, ବିଚାରରେ। ଭକ୍ତି ତ ହୃଦୟର କଥା, ନିର୍ବିଚାରରୁ ଜନ୍ମ।

ହିନ୍ଦୁଙ୍କର ବୈଜ୍ଞାନିକ ଧର୍ମର ଆଧାର ଅଲଗା। ମୁସଲମାନ, ଇସାଇ, ଜୈନ, ବୌଦ୍ଧ, ଶିଖ ମାନଙ୍କର ଧର୍ମର ପରିଭାଷାରେ ଧାରଣା ମଧ୍ୟ ଭିନ୍ନ ଭିନ୍ନ। ତେଣୁ ଭକ୍ତିର ଧାରାରେ ମଧ୍ୟ ଭେଦଭାବ ଥିଲା ଭଳି ଲାଗେ। ବାସ୍ତବିକ, ଭକ୍ତିରେ କିଛି ନଥାଏ ଭେଦଭାବ। ସ୍ଥୁଳରେ ଆଖିକୁ ଦେଖାଯାଏ। ଭିତରେ ସୂକ୍ଷ୍ମତାର ସ୍ୱାଦୁ ଭିନ୍ନ। ସମସ୍ତେ ଭକ୍ତିରେ ଏକ ହୋଇଯାନ୍ତି। ଯେଉଁ ମାର୍ଗରେ ଜଣେ ଭକ୍ତ ଯାଉ ନା କାହିଁକି, ଅନ୍ତର ସ୍ଥଳର ଘଟଣା ଗୋଟିଏ।

ସନ୍ଥ କହନ୍ତି, ଭକ୍ତି ହିଁ ସାଧନା ଓ ସିଦ୍ଧି। ସେହି ଭକ୍ତି ପରମ ପ୍ରେମ, ଅସ୍ତିତ୍ୱ ସହିତ ଯୋଡି ହେବାର cement (ସିମେଣ୍ଟ)। ତେଣୁ ୧ମ ଓ ଅନ୍ତିମ ପାହାଚରୁ କିଏ କମ୍, କିଏ ବେଶୀ, କହିବା ମୁସକିଲ। ସବୁ ପାହାଚ ଗୁରୁତ୍ୱପୂର୍ଣ୍ଣ। ଗୋଟିଏ ପାହାଚକୁ ଛାଡିଗଲେ, ଆଗକୁ ଯାଇପାରେ ନାହିଁ କି, ମଞ୍ଜିଲରେ ପହଞ୍ଚିପାରେ ନାହିଁ, ସାଧକ।

ମୋଟ ଉପରେ ସ୍ମରଣ ରଖ, ଭକ୍ତିର ମାର୍ଗ ଅହୋଭାବ।

ଅହୋଭାବ (gratitude) ତା'ର ବିଧି।

କିନ୍ତୁ ସାଧାରଣ ଲୋକ କାମ, ବାସନାରେ ଯୋଡିଥାନ୍ତି। ତେଣୁ ତାଙ୍କ ଊର୍ଜା ଓ ଚେତନା ଉଭୟ ବହିର୍ଗାମୀ। ଯେଉଁଠି ସମ୍ୟକ, ସାଧୁ ପୁରୁଷ, ରାମନାମରେ ଯୋଡିଯାନ୍ତି, ତାଙ୍କର ଊର୍ଜା ଅନ୍ତରମୁଖୀ ହୁଏ।

ତେବେ ଯିଏ ବାସନାକୁ ଦେଖେ, ତା'ର ଅଭାବ ରହେ। ତା' ପାଖେ ଯାହା

ଥାଏ, ବା ସେ ଯାହା ପାଇଥାଏ, ତାକୁ ଦେଖେନାହିଁ। ଯାହା ନଥାଏ, ଅଦେଖା, ତାକୁ ଦେଖେ ଓ ଖୋଜେ ପାଇବା ପାଇଁ। ଏହି ସବୁ ଦୁଃଖର ମୂଳ ।

ମନେକର, ତୁମ ପାଖରେ ଲକ୍ଷେ ଟଙ୍କା ଅଛି। ସେଥିରେ ତୁମେ ଖୁସି ନୁହଁ। ଅନ୍ୟର କୋଟିଏ ଟଙ୍କାକୁ ନଜର।

ସେହିପରି ନିଜର ସ୍ତ୍ରୀ ସୁନ୍ଦର ଓ ଯୋଗ୍ୟ ଥିଲେ ମଧ୍ୟ, ଅନ୍ୟ (ପଡୋଶୀର) ସ୍ତ୍ରୀକୁ ଦେଖନ୍ତି ଓ ଗୁଣବତୀ ବୋଲି ଭାବୁଥାନ୍ତି। ଏହାର ମୂଳ, ଯାହା ଅଛି, ତାକୁ କେହି ଦେଖନ୍ତି ନାହିଁ। ଯାହା ନାହିଁ, ଅଭିଯୋଗ କରନ୍ତି। ଏହାହିଁ ସଂସାରର ପୀଡା।

ତେବେ ଯାହା ପ୍ରାପ୍ତ, ତାହା ଅସ୍ତିତ୍ୱ ଦତ୍ତ। ତାକୁ ସମ୍ମାନ ଦିଅ ଓ ସ୍ୱୀକାର କର। ଯାହା ନାହିଁ ଶ୍ରମରୁ ପାଇଯିବ, ଏହି ଧାରଣା ଛାଡ। ଯେବେ କିଛି ମିଳୁ ବା ନମିଳୁ, ସବୁକୁ ସ୍ୱୀକାର କରିବା, ତଥାତା। ତେଣୁ, ପ୍ରତ୍ୟେକ ସମ୍ୟକ ପୁରୁଷ, ଅହୋଭାବର ବିଜ୍ଞାନକୁ ଜାଣନ୍ତୁ, ଯେଉଁଠୁ ଭକ୍ତିର ଜନ୍ମ ନେବ।

ଯେବେ ପ୍ରଭୁଙ୍କ ସ୍ମରଣରେ ଯୋଡିଯିବ, ସବୁ ଦରଜ, କଷ୍ଟ ହଜିଯିବ। ଏହିତ ଅହୋଭାବର ରହସ୍ୟ। ସବୁ ପୀଡା, ମିଠା ଲାଗିବ। ଭକ୍ତଟିଏ ସଂସାରରେ ବା ସମସ୍ୟାରେ ଥିଲେ ବି, ସ୍ୱର୍ଗ ପ୍ରାପ୍ତିପରି ଲାଗିବ, ଆନନ୍ଦ ବରଷିବ ତା'ରି ପାଖେ।

ଯଦି ନିଜେ ଖୁସି ନୁହଁ, ନିଜର ଉପଲବ୍ଧିରେ କଷ୍ଟ ଆସିବ ଓ ଦୁଃଖ ପାଇବ। ସବୁ ପରିସ୍ଥିତିରେ ସ୍ୱର୍ଗରେ ଥାଇ ମଧ୍ୟ, ନର୍କ ବାସ ହେବ।

ମୋଟ ଉପରେ ସ୍ୱର୍ଗ ଦେଖାଯାଏ ନାହିଁ, ନର୍କ ଆଖିକୁ ଦେଖାଯାଏ ଯିଏ ଅସମ୍ୟକ। ତେବେ ଯିଏ ସମ୍ୟକ, ସହଜ ପ୍ରେମୀ, ତା'ର ଦରଜ, କଷ୍ଟ, କାବ୍ୟ ସୃଷ୍ଟି କରିବ। ଅକାରଣ ଖୁସିରେ ନାଚି ଉଠିବ ଓ ସଂଗୀତ ଝରିବ ଅନ୍ତରରୁ। ତେବେ ଯାହା ହେଉ, ଯାହା ଥାଉ, ଖୁସିରେ ରୁହ। ସ୍ମରଣ ରଖ, ମୋର ପାତ୍ରତା ନଥାଇ, ପରମାତ୍ମା ମୋତେ ଦେଲେ। ଦେଖନ୍ତୁ! ଅସ୍ତିତ୍ୱକୁ କେହି କେବେ ନ ମାଗି ବି, ସେ ଶରୀର, ମନ, ବୁଦ୍ଧି, ବିବେକ ପ୍ରାପ୍ତ ହୋଇଥାଏ। ତା'କୁ ଉପଯୋଗ କର। ଖୁସିରେ ରୁହ। ଜାଣ, ମୁଁ ଭାଗ୍ୟବାନ।

- ଆଖି ପାଇଛି, ଦେଖୁଛି,
- କାନ ପାଇଛି, ଶୁଣୁଛି,
- ନାକ ପାଇଛି, ଶ୍ୱାସ ନେଉଛି,

ଯାହା ଜରୁରୀ ଅସ୍ତିତ୍ୱ ଖଞ୍ଜିଛନ୍ତି। ଏହି ଭାବନାରୁ ଶୁଦ୍ଧ ପ୍ରେମର ଜନ୍ମ ନିଏ। ପରିସ୍ଥିତି ଆସେ, ତାହା ଭକ୍ତି ହୋଇଯାଏ।

ଭକ୍ତି, ତୁମ ମରଜିରେ ଆସେ ନାହିଁ। ପରମାତ୍ମାଙ୍କ ମରଜିରେ ଥାଏ। ତେବେ ସନ୍ଥ ଛାଡିଦିଏ, ଅସ୍ତିତ୍ୱ ଉପରେ। କେବଳ ସମ୍ୟକ ଶ୍ରମ କରେ। ଯାହା ମିଳୁ ବା ନମିଳୁ,

ସ୍ୱୀକାର କରେ, ବିନା ଅଭିଯୋଗରେ । ଜାଣିଛ, ଭକ୍ତିର ଆଗମନ ପାଇଁ ଏହା ଏକ ଉପକରଣ । ଅଭିଯୋଗ ନରହିଲେ, ଅହୋଭାବ (ଶୁଦ୍ଧ ଶ୍ରଦ୍ଧା) ଜନ୍ମ ନିଏ । ଅହୋଭାବ ଏକ ଅନ୍ତର ଆଚରଣ । ଧନ୍ୟବାଦ, ସାଧୁବାଦ, କୃତଜ୍ଞତା ତା'ର ଆଧାର । ଆଉ କିଛି ନଥାଏ ସେହି ବ୍ୟବସ୍ଥାରେ । ଅହୋଭାବ ଯେବେ ଆସେ, ଅଜ୍ଞାନତା, ଅନ୍ଧକାର ସବୁ ହଜିଯାଏ ।

ସ୍ନେହ, ପ୍ରେମ, ଶ୍ରଦ୍ଧା, ଭକ୍ତିର ରୂପ ନିଏ । ନିରନ୍ତର ଯାତ୍ରା ଚାଲୁଥିଲେ, ଭକ୍ତି, ଭକ୍ତ ଓ ଭଗବାନ ସବୁ ମିଶି, ଭଗବତ୍ତା ହୋଇଯାଏ । ଏହି ହେବ ବିଧି ଓ ସିଦ୍ଧି ।

ଭକ୍ତି ହଜାଇବାର କଳା, ଏହାର ବିଧି ଅହୋଭାବ । ନିଜର ଅହଂକାର, କର୍ତ୍ତା ଭାବନା, କାମନା ସବୁ ରୂପାନ୍ତରିଣ ହୋଇ, ଓଁକାର, ଶବଦ ଓ ରାମନାମରେ ବିସ୍ତାର ପାଏ । ଏହା ମୃତ୍ୟୁର କଳା ଓ ଜାଗ୍ରତ ବିଶ୍ରାମ, ଯା'ର ଅନ୍ୟନାମ ଧ୍ୟାନ ।

ସନ୍ଥ କହନ୍ତି, ଯେବେ ସଦ୍‌ଶିଷ୍ୟ, ସଦ୍‌ଗୁରୁ, ସତ୍‌ନାମର ମହାମିଳନ ଘଟେ, ସତ୍ୟ ପ୍ରଘଟ, ପାଏ । ଏହା ପରମ ସତ୍ୟ, ଯା'ର ମୂଳ ଧନ, ଅହୋଭାବ (ଶୁଦ୍ଧଶ୍ରଦ୍ଧା) । ସେହି ଗନ୍ତବ୍ୟକୁ ଯିବାର ରାସ୍ତା- ଧ୍ୟାନ ।

Meditation is the gratitude to existence. ଧ୍ୟାନ, ଅସ୍ତିତ୍ୱକୁ ସ୍ମରଣ, ଯାହାକୁ ସ୍ୱୟଂର ଶୂନ୍ୟତାରୁ ଶ୍ରବଣ କହିଥାନ୍ତି, ସନ୍ଥ ।

ତେବେ ସଂସାରରୁ ସମାଧି ।
ସମାଧିରୁ ସମ୍ବୋଧି ।
ଅହଂକାରରୁ ଓଁକାର ।
ଶ୍ରମରୁ ବିଶ୍ରାମ ।
ଆକାରରୁ ନିରାକାର ।
ଝୋରବାରୁ ବୁଦ୍ଧ ।
ସମ୍ବନ୍ଧରୁ ସମଷ୍ଟି ।
ସମସ୍ୟାରୁ ସମାଧାନ ।
ବୁଦ୍ଧିରୁ ବୁଦ୍ଧତ୍ୱ ।

ସଂସାରୀରୁ ସନ୍ଥତ୍ୱକୁ ଯାତ୍ରା, ଯାହାକୁ ଶିବତ୍ୱ, କୃଷ୍ଣତ୍ୱ, ବୁଦ୍ଧତ୍ୱ କହନ୍ତି । ତାହାର ଉପଲବ୍ଧି, ସମସ୍ତ ମାନବର ଜନ୍ମଗତ ଅଧିକାର । କିନ୍ତୁ ଜଣେ ଦୁଇଜଣଙ୍କ ଦ୍ୱାରା ଧ୍ୟାନ ଘଟିତ ହେଲେ, କିଛି ପରିବର୍ତ୍ତନ ସମ୍ଭବ ନୁହେଁ, ଯଦି ଘରେ ଘରେ ସହଜ, ସମ୍ୟକ ଧ୍ୟାନ ପହଞ୍ଚେ ଓ ଉପଯୋଗରେ ଲାଗେ, ଅବଶ୍ୟ ନୂତନ ମନୁଷ୍ୟତାର ଜନ୍ମ ନେବ ଓ ଧରିତ୍ରୀରେ ଧାର୍ମିକତାର ପ୍ରାଣ ପ୍ରତିଷ୍ଠା ହେବ ଏହା ପରମ ସତ୍ୟ । ତେବେ ସମସ୍ତ ସନ୍ଥଙ୍କର ଉଦ୍‌ଘୋଷଣା, ଧ୍ୟାନ ବୁଦ୍ଧତ୍ୱର ବିଜ୍ଞାନ । ■

ଆୟୋଜନ ଅନେକ, ପ୍ରୟୋଜନ ଏକ

ସଂବୁଦ୍ଧ ଯିଏ ସ୍ୱୟଂରେ ସ୍ଥିତ। ସେ ସ୍ୱୟଂର ପରିଚିତ୍ତ ପୁରୁଷ। ତେବେ ସେ ଏକା ସ୍ୱାସ୍ଥ୍ୟବାନ। ତାଙ୍କୁ ଧାର୍ମିକ, ଆନନ୍ଦିତ, ସ୍ୱୟଂ ବୋଧ ଓ ସମାଧିସ୍ଥ କହିଥାନ୍ତି।

ସଂଯୁକ୍ତ ରାଷ୍ଟ୍ରସଂଘର ପରିଭାଷାରେ, ଯିଏ ଶାରିରୀକ, ମାନସିକ, ଭାବନାତ୍ମକ ଓ ଆଧ୍ୟାତ୍ମିକ ରୂପରେ କୁଶଳ ସେହି ହିଁ ସ୍ୱାସ୍ଥ୍ୟବାନ। ସଂସାରୀଙ୍କ ଭାଷାରେ ମୋଟା, ତାଗଡା, ଶକ୍ତିବାନ ଓ ଧନବାନଙ୍କୁ କୁହାଯାଇଥାଏ। ବାସ୍ତବରେ ଯିଏ ଶୂନ୍ୟ ପୁରୁଷ, ସେ ହୁଏ ସ୍ୱାସ୍ଥ୍ୟବାନ। ତେବେ ସେହି ପରମ ସ୍ୱଭାଗ୍ୟ ଉପଲବ୍ଧି ପାଇଁ, ଚାରୋଟି ପାହାଚ ଉପରେ ଏକ ସମ୍ୟକ ଦୃଷ୍ଟିପାତ।

୧. ଶାରିରୀକ ସ୍ୱାସ୍ଥ୍ୟ:- ଏହା ୧ମ ପାହାଚ। ସମ୍ୟକ ଆହାର, ସମ୍ୟକ ବିହାର, ସମ୍ୟକ ନିଦ୍ରା (ଔଷଧି) ଆବଶ୍ୟକ। ସାତ୍ତ୍ୱିକ ଭୋଜନ, ଶ୍ରମ ଓ ଉପାର୍ଜନ ଓ ପ୍ରାଣାୟମ ଆସନକୁ ଧ୍ୟାନ ଜରୁରୀ।

୨. ମାନସିକ ସ୍ୱାସ୍ଥ୍ୟ:- ଏହା ୨ୟ ପାହାଚ, ଯା'ର ଜନ୍ମ ହୁଏ ପ୍ରଜ୍ଞା ଓ ବିବେକରୁ। ସମ୍ୟକ ଦୃଷ୍ଟି, ସମ୍ୟକ ଜାଗୃତୀ, ସମ୍ୟକ ବାଣୀ, ସମ୍ୟକ ସମ୍ବନ୍ଧ, ସମ୍ୟକ ସଂକଳ୍ପନା, ସମ୍ୟକ କର୍ମ ଓ ସମ୍ୟକ ସ୍ୱୀକାରରୁ ସମ୍ୟକ ଧ୍ୟାନ ଓ ସମାଧିର ଜନ୍ମ। ଏହି ହେଲା ମାନସିକ ସ୍ୱାସ୍ଥ୍ୟର ବିଜ୍ଞାନ।

୩. ଭାବନାତ୍ମକ ସ୍ୱାସ୍ଥ୍ୟ:- ଭାବ ପ୍ରବଣତାରୁ ବହୁତ ସମ୍ୟକ ଓ ଅସମ୍ୟକ ଘଟଣା ଜୀବନ ଯାତ୍ରାରେ ଘଟେ। ମଣିଷ ଯଦି ସନ୍ତୁଳିତ ରହିଲା, ତା'ର ଭାବନା ଶୁଦ୍ଧ ହୋଇଯିବ। ତେବେ ନିରାକାର ବା ଅସ୍ତିତ୍ୱ ସହିତ ସେ ଯୋଡିଯିବ। ଫଳରେ କାମ, ଲୋଭ, ମୋହ, ଇର୍ଷା, ଦ୍ୱେଷ ଓ ଅହଂକାର ତା'ର ବିଦା ହେବାକୁ ଲାଗିବ।

୪. ଆଧ୍ୟାତ୍ମିକ ସ୍ୱାସ୍ଥ୍ୟ:- ସାକାର/ ସଗୁଣ, ନରାକାର/ ନିର୍ଗୁଣ, ନିରହଂକାର/ ସତ୍ୟ ସହିତ ଯୋଡିବା ବୁଝାଯାଏ। ପୂର୍ଣ୍ଣତା ଓ ପରମ ବିଶ୍ରାମ ପାଇଁ ଧ୍ୟାନ, ସାକ୍ଷୀ, ସମାଧି,

ସୁମିରଣ ଓ ସମ୍ବୋଧୀର ଉପଲବ୍ଧି ଜରୁରୀ। ସ୍ୱୟଂର ଓ ସମଷ୍ଟିର ପରିଚୟ ଓ ମିଳନରୁ ସ୍ୱୟଂର ପରମ ସମାଧି ଘଟିଥାଏ।

ସେଥିପାଇଁ, ସଂସାରୀ ଓ ସନ୍ୟାସୀ ସମସ୍ତଙ୍କର ଆୟୋଜନ ଅନେକ କିନ୍ତୁ ପ୍ରୟୋଜନ ଏକ। ସେହି ଜୀବନ ରହସ୍ୟ ସମ୍ବନ୍ଧରେ ୩ଟି ଦୃଷ୍ଟିକୋଣ।

୧. ୧ମରେ, ହିନ୍ଦୁ କହନ୍ତି ଉପନିଷଦ, ବେଦ ଓ ଗୀତା ସବୁରେ ପରମତତ୍ତ୍ୱ ଏକ। ତାହା ଆତ୍ମା ନୁହଁ ପରମାତ୍ମା। ବ୍ୟକ୍ତି ନୁହଁ, ସମଷ୍ଟି।

୨. ୨ୟରେ, ଜୈନ କହନ୍ତି, ପରମତତ୍ତ୍ୱ ଏକ ନୁହେଁ ଅନେକ। ପରାମାତ୍ମା ନୁହଁ ଆତ୍ମା। ସମଷ୍ଟି ନୁହଁ ବ୍ୟକ୍ତି।

୩. ୩ୟରେ, ବୁଦ୍ଧଙ୍କ ଦୃଷ୍ଟିରେ
- ନା ଆତ୍ମା, ନା ପରମାତ୍ମା।
- ନା ସମଷ୍ଟି, ନା ବ୍ୟକ୍ତି।
- ସବୁ ପରମ ଶୂନ୍ୟତା।

ଏହି ଧର୍ମ ଧାରା ସହିତ, ବିଶ୍ୱର ବହୁ ମହାତ୍ମାଙ୍କ ଭିତରେ ମତଭେଦ, ଦେଖାଯିବା ସ୍ୱାଭାବିକ। କିନ୍ତୁ ଯିଏ ଅନୁଭବୀ, ସେ ତିନି ଦୃଷ୍ଟିକୋଣକୁ ଗୋଟିଏ ବୋଲି କହିଥାନ୍ତି। ପଣ୍ଡିତ, ପୁରୋହିତ, ସାମାଜିକ ଜ୍ଞାନୀ ରହନ୍ତି ବିବାଦର ଘେରରେ। କାରଣ ସେ ଶବ୍ଦରେ ବନ୍ଧା।

ଶଙ୍କର, କୃଷ୍ଣ, ମହାବୀର, ବୁଦ୍ଧ, ଗୋରଖ, ପତଞ୍ଜଳୀ ଓ ଓଶୋ କେହି ପଣ୍ଡିତ ନଥିଲେ। ସେମାନେ କୌଣସି ବିଚାର ଓ ଦର୍ଶନକୁ ପ୍ରତିପାଦନ କରି ନାହାନ୍ତି। କେବଳ ଅନୁଭବ ସତ୍ୟକୁ କହିଛନ୍ତି, ଯାହା ଜାଣନ୍ତି। ସେହି ସତ୍ୟର ପରିଚୟ ପାଇଁ ପ୍ରୟୋଜନ ଗୋଟିଏ। ଯାହାକୁ ଏକ ଓଁକାର ସତ୍‌ନାମ ବୋଲି ଋଷିଙ୍କର ଉଦ୍‌ଘୋଷଣା। ଓଁକାର, ବିଶ୍ୱର ସମସ୍ତ ଧର୍ମଧାରାର ଗୋଟିଏ ନିର୍ବିବାଦୀୟ ତତ୍ତ୍ୱ। ତାହାକୁ ପ୍ରଣବ, ସତ୍‌ନାମ, ଅଣାକାର, ଅଜପା, ନିରାକାର, ନିରଞ୍ଜନ, ଏକ ହାତର ତାଳି ଓ ନିଶବ୍ଦ ଧ୍ୱନି ବୋଲି କହିଥାନ୍ତି। ସେହି ଆଦି ଧ୍ୱନି ଏକା ନିତତ୍ତ୍ୱ ଓ ଧ୍ୟାନର ଉଦ୍‌ଗମ। ଧ୍ୟାନ ବୁଦ୍ଧତ୍ୱର ବିଜ୍ଞାନ, ଯା'ର ବ୍ରହ୍ମବୀଜ ଓଁକାର। ତା'ରି ପରିଚୟ, ଶ୍ରବଣ ଓ ମିଳନରୁ ସମାଧି ପହଞ୍ଚେ। ସମାଧି, ସବୁ ସମସ୍ୟାର ସମାଧାନ। ସେହି ସମାଧିର ଉପଲବ୍ଧି ପାଇବା ସମସ୍ତଙ୍କର ଜନ୍ମଗତ ଅଧିକାର। ଓଶୋ କହନ୍ତି - ଓଁକାର ଆମର ମୂଳ (ଉଦ୍‌ଗମ)। ଓଁକାର ଆମର ଗନ୍ତବ୍ୟ।

ତେବେ ସେହି ଓଁକାର ଆମ ଭିତରେ ଓ ସବୁଠି ବିଦ୍ୟମାନ। ତେଣୁ ତାଙ୍କୁ ଅସ୍ତିତ୍ୱ କୁହାଯାଏ। ସେହି ଓଁକାର (ବ୍ରହ୍ମନାଦ)ର ପରିଚୟ, ସ୍ୱର୍ଗ। ଅପରିଚୟ ନର୍କ ଓ ମିଳନ ହିଁ ମୋକ୍ଷ (ନିର୍ବାଣ)। ସେହି ହିଁ ସ୍ୱାସ୍ଥ୍ୟ, ସଂବୁଦ୍ଧ ଓ ମୁକ୍ତିର ପରିଭାଷା। ତାହା ପାଇଁ ନାହିଁ ଅନେକ ଆୟୋଜନ, କେବଳ ଗୋଟିଏ ପ୍ରୟୋଜନ।

■

ଆଚାର୍ଯ୍ୟଶ୍ରୀଙ୍କର ଏକ ପରିଚୟ

ଆଚାର୍ଯ୍ୟଶ୍ରୀ ସ୍ୱାମୀ ଜଗନ୍ନାଥ ବିଶ୍ୱରେ ଜଣେ ଦିବ୍ୟାଙ୍ଗ ସଂବୁଦ୍ଧ ସନ୍ଥ। ତାଙ୍କରି ପରିଚୟ ଉପରେ କିଛି ସନ୍ଦେଶ।

- ସନ୍ୟାସୀ ନାମ- **ସ୍ୱାମୀ ଜଗନ୍ନାଥ,** ସଂବୁଦ୍ଧ ନାମ- ଓଶୋ ଜଗନ୍ନାଥ।
- ସଂସାରୀ ନାମ- ଶ୍ରୀ ଜଗନ୍ନାଥ ନାୟକ
- ଜନ୍ମ ସ୍ଥାନ - ବାହାରବିଲ (ଧୁଷୁରୀ)
  ଜିଲ୍ଲା - ଭଦ୍ରକ, ଓଡିଶା
- ପିତାଙ୍କ ନାମ - ସ୍ୱର୍ଗତ ନୃସିଂହ ଚରଣ ନାୟକ - କୃଷ୍ଣଭକ୍ତ
- ମାତାଙ୍କ ନାମ - ସ୍ୱର୍ଗତା ଲକ୍ଷ୍ମୀପ୍ରୀୟା ନାୟକ - ଓଶୋ ସନ୍ୟାସୀନି
- ପତ୍ନୀଙ୍କ ନାମ - ଶ୍ରୀମତି କୁନ୍ତଳା ନାୟକ - ଶିକ୍ଷୟୀତ୍ରୀ ଓ ଓଶୋ ସନ୍ୟାସୀନି।
- ପୁତ୍ର - ଡା. ପ୍ରୀତିଶ ଶଙ୍କର ନାୟକ - ଓଶୋ ସନ୍ୟାସୀ, ସରକାରୀ ଡାକ୍ତର
- ପୁତ୍ରବଧୂ - ଡା. ଅଂଜୁ - ବୃତ୍ତିରେ ଡାକ୍ତରୀ
- କନ୍ୟା - ପ୍ରଶାସିକା ଚିନ୍ମୟୀ ନାୟକ
- ଜାମାତା - ଇଂ. ପୃଥ୍ୱୀ ରାଜ ଜେନା

<u>ସ୍ୱାମୀଜୀଙ୍କର ଅତୀତ -</u>

- ଭଦ୍ରକ ମହାବିଦ୍ୟାଳୟ ଓ ରବିଶଙ୍କର ବିଶ୍ୱବିଦ୍ୟାଳୟର ଛାତ୍ର
- ହରେକୃଷ୍ଣ ମହାବିଦ୍ୟାଳୟ, କୁପାରୀର ବାଣିଜ୍ୟ ଅଧ୍ୟାପକ
- ରାଉରକେଲା ଇସ୍ପାତ କାରଖାନାର ଅଧିକାରୀ
- କଳିକଳୁଷ ନାଶନ ସେବା ସମିତି, କଟକର ସଭ୍ୟ
- ଓଶୋଧାରା, ସନ୍ଥ ସଂଘର ସଭ୍ୟ
- ବାହାର ବିଲ ସନ୍ତୋଷୀମା ମନ୍ଦିର କମିଟିର ପୁରୋଧା

<u>ବର୍ତ୍ତମାନ ସ୍ୱାମୀଙ୍କର ଯାତ୍ରାର ସଙ୍କେତ -</u>

- ଓଶୋ ସୁଗନ୍ଧର ଆଚାର୍ଯ୍ୟ
- ପରିଚାଳକ, ନିଶୁଳ୍କ, ଧ୍ୟାନ ଅଭିଯାନ, ଓଡ଼ିଶା
- ପ୍ରତିଷ୍ଠାତା ଓ ସଞ୍ଚାଳକ- ଓଶୋ ଜୀବନ, ଜାଗୃତୀ କେନ୍ଦ୍ର, ରାଉରକେଲା, ଭୁବନେଶ୍ୱର ଓ ପୁରୀ
- ଲେଖକ - ୨୨ଖଣ୍ଡ ଆଧ୍ୟାତ୍ମିକ ଗ୍ରନ୍ଥର ରଚୟିତା।
- ସର୍ଜନା - ଆତ୍ମ ଯାତ୍ରାକୁ ଶିକ୍ଷା ଭିତ୍ତିକ ବ୍ୟବସ୍ଥା (ଓଡ଼ିଆରେ)
- ତାଙ୍କର ସନ୍ୟାସୀଙ୍କର ସଂଖ୍ୟା- ୧୮୦ ଜଣ (ଭାରତରେ)
- ଉତ୍କଳରେ ବିଭିନ୍ନ ସ୍ଥାନରେ ସତ୍‌ସଙ୍ଗ ଓ ଧ୍ୟାନ ସମାଧି ଶିବିରର ଆୟୋଜକ ଓ ସଞ୍ଚାଳକ।
- ଓଶୋଙ୍କ ସ୍ୱପ୍ନକୁ ଉତ୍କଳରେ ପ୍ରତି ଦ୍ୱାର ଦେଶରେ ପହଞ୍ଚାଇବା ପରମଲକ୍ଷ୍ୟ।
- ସଭ୍ୟ, ଓଶୋ ଜୀବନ ଜାଗୃତୀକେନ୍ଦ୍ର

BLACK EAGLE BOOKS

www.blackeaglebooks.org
info@blackeaglebooks.org

Black Eagle Books, an independent publisher, was founded as a nonprofit organization in April, 2019. It is our mission to connect and engage the Indian diaspora and the world at large with the best of works of world literature published on a collaborative platform, with special emphasis on foregrounding Contemporary Classics and New Writing.

www.ingramcontent.com/pod-product-compliance
Lightning Source LLC
Chambersburg PA
CBHW020530080526
44583CB00013B/803
* 9 7 8 1 6 4 5 6 0 4 3 7 2 *